KB134957

주식에 대한
경제적 이익과 의결권

김 지 평

景仁文化社

서 문

매년 3월이 되면 대부분의 주식회사는 주주총회 준비로 분주하다. 그리고 주주들도 자신이 투자한 주식회사의 실적을 확인하고 주주총회에서 어떻게 의결권을 행사할 지에 대해서 고민하게 된다. 그런데 왜 주식회사는 중요한 사항에 대한 최종적인 의사결정을 위해 주주총회 결의를 거쳐야 하고, 왜 주주는 시간과 비용을 감수하면서 주주총회에서 의결권을 행사하는 것일까? 이는 주식회사의 지배구조에 대한 근본적인 질문 중의 하나이다.

이 질문에 대한 회사법 학자들의 전통적인 대답은 주주는 기업의 가치, 즉 주식의 가치에 대하여 가장 직접적인 이해관계를 가지기 때문이라는 것이다. 인수합병이나 경영진의 선임 및 교체 등의 회사의 중요한 의사결정에 따라서 기업가치가 변동하는 경우, 이는 바로 주가에 반영되어 주주의 이익 혹은 손실로 이어진다. 이에 비해 채권자 등 다른 이해관계자들은 회사가 도산상태에 빠지지 않는 이상, 회사의 의사결정에 대하여 직접적으로 이익이나 손해를 보지는 않아서 덜 직접적인 이해관계를 가진다. 그러므로 주주는 시간과 비용을 감수하고라도 다른 누구보다도 회사의 의사결정에 참여하여 주식의 가치를 극대화하고 회사의 이익을 증진시킬 의향이 있다. 이러한 전제에서 주주에게 회사의 의사결정에 대한 최종적인 권리, 곧 주주총회에서의 의결권이 인정된다. 바꾸어 말하면 회사의 이익을 극대화하기 위해서는 다른 누구보다도 주주에게 의사결정을 맡기는 것이 가장 효율적이라는 것이다.

그러나 최근 들어서 주식스왑계약 등 장외 파생상품 시장의 확대 및 주식 대차 거래의 증가로 인하여 위와 같은 전통적 이론에 반하여 주주가 주가의 변동에 대해서 이해관계를 가지지 않거나, 오히려 주가가 하락할수록 이익을 보는 경우들이 생기게 되었다. 그리고 위와 같은 주주들이 주주총회에서 오히려 주가가 하락하는 방향으로 의결권을 행사하여 회사 및 다른 주주들에게 손해를 끼치는 사례도 나타나고 있다. 이는 주주에게 의결권을 인정하는 전통적인 대전제에 반하는 것이어서, 과연 이러한 주주들에게까지 의결권을 인정하는 것이 바람직한 것인가에 대한 다양한 논란이 있다. 본서에서는 이와 같이 의결권을 가지는 주주가 오히려 회사의 가치 변동에 대하여 이해관계를 가지지 않거나 반대의 이해관계를 가지는 현상을 분석하고, 이러한 현상을 어떻게 규제하는 것이 회사 및 주주 전체의 이익 극대화, 그리고 이를 통한 사회 전체의 부의 증진을 위하여 바람직한 것인지를 생각해 보았다.

본서는 저자의 2011년 서울대학교 박사학위논문을 정리한 것이다. 돌이켜 보면 대학원 석사과정 시절 김 건식 선생님 및 송옥렬 선생님의 강의를 듣게 되면서 처음 회사법 및 증권법에 흥미를 가지게 되었다. 단순히 법조문 및 판례의 나열이 아니라 그 근저에 있는 생각과 이치를 깨우쳐 주셨기 때문이다. 그래서 실무에 나가서도 기업인수합병 및 증권규제 관련 분야에서 경험과 실력을 쌓고 싶어서 김·장 법률사무소에 입사하였고, 사무실에서 관련 분야에서 일을 할 수 있는 기회를 주신 덕분에 회사법 및 증권법 분야에 대한 시각을 넓힐 수 있었다. 대학원을 다니면서 학업과 업무를 병행하는 것은 고생스러웠지만, 실무에서 쌓은 경험들이 학교에서 배우는 이론을 이해하는 데에 있어서 많은 도움이 되었고, 반대로 학교에서 배운 이론적인 원리들을 실무에 응용하여 어려운 사례들을 합리적으로 풀어나갈 수 있었다. 그래서 지난 4년간 직장 생활과 대학원을 병행하면서 일시적으로 피곤하고 힘이 들 때도 있었지만 항상 즐겁고 행복했었다.

사람은 혼자 되지 않는다는 말을 절감한다. 무엇보다 생각나는 분은 지도교수이신 김건식 선생님이다. 부족한 제자를 항상 따뜻한 시선으로 격려해 주셨고, 공부를 계속할 수 있도록 다독여 주시고 기회를 주셨다. 선생님으로부터 학문적으로나 인격적으로나 너무나 많은 가르침과 은혜를 받았다. 학위논문 심사위원장이셨던 박준 교수님께도 존경과 감사의 말씀을 올린다. 각주 한자한자까지 꼼꼼히 보시면서 지도해 주시는 모습을 뵈면서 학문을 하는 자세에 대해서 다시 한 번 생각하게 되었다. 석사과정 시절부터 저자에 대해 과분한 칭찬과 격려를 해 주시고, 회사법의 기본이론을 명쾌하게 가르쳐 주신 송옥렬 선생님께도 감사의 말씀을 올린다. 논문심사과정에서 지도와 격려를 통해 용기를 주신 정순섭 교수님, 윤영신 교수님께도 감사드린다. 그리고 학교에서 좋은 가르침을 주시고 따뜻하게 격려해 주신 신희택 교수님, 김화진 교수님, 정상조 교수님, 박준석 교수님, 이상원 교수님께도 감사의 말씀을 올린다.

저자를 오늘에 이를 수 있도록 해 주신 아버님과 어머님께는 무어라 감사의 말씀을 드려야 할 지 모르겠다. 항상 즐거운 마음, 여유있는 마음, 꼭 이루겠다는 마음을 가지고 삶의 어려운 파도들을 잘 넘을 수 있게 제 마음의 등대가 되어 주셨다. 부족한 사위를 아껴 주시고, 챙겨 주신 장인어른과 장모님께도 감사의 말씀을 드리고 싶다. 마지막으로 일이다 공부다 여러 핑계로 가족과 시간을 보내지 못하는 남편을 이해해 주고 격려해 준 사랑하는 아내와 우리 인서, 인준이에게도 고맙고 사랑한다는 말을 전하고 싶다.

하나님께서 부족한 저자가 학위를 받고 이렇게 출간을 할 수 있는 영광을 주신 것은 이를 새로운 시작으로 여기고 계속 정진하라는 뜻이라고 생각한다. 앞으로도 학문에 있어서나 실무에 있어서나 계속 노력하여 우리 사회를 위하여 조금이나마 기여할 수 있었으면 한다.

목 차

서문

제 1 장

서 설

주주는 일반적으로 주식에 대하여 경제적 이익 내지는 경제적 이해
관계를 가진다. 주식의 가치 변동으로 인한 이익 혹은 손실을 보기도
하며, 배당 등 주식을 통한 경제적 급부를 향유한다[1]. 그러므로 주주가
주식의 가치를 극대화하는 방향, 곧 회사의 가치를 극대화하는 방향으
로 의사결정을 할 인센티브가 있다고 여겨진다. 이러한 전제에서 주식
에 대한 경제적 이익에 비례하여 주주에게 회사의 최종적인 의사결정
권, 곧 주주총회에서의 의결권이 인정된다.

그러나 최근 들어서 위와 같은 전통적 이론에 반하여 주식에 대한
이해관계와 의결권이 분리되는 현상이 많이 발생하게 되었다. 이를 본
서에서는 **의결권 분리**라고 부른다. 주식스왑계약 등 장외 파생상품 시
장의 확대 및 주식 대차 거래의 증가 등이 그 원인의 하나이다.

본서에서는 의결권 분리 현상을 분석 및 유형화하고, 이러한 현상의
사회적 비용과 효익에 대한 검토를 통하여 위와 같은 현상이 바람직한
것인지를 생각해 보고자 한다. 나아가 의결권 분리현상이 문제가 있다
면 이를 적절히 규제하기 위한 방안이 무엇인지에 대해서 검토한다.

우선 논의의 전제로서 제2장에서는 의결권 분리현상을 분석 및 유형

---

[1] 본서에서는 주식의 가치변동에 의하여 경제적 이익 혹은 손실을 보게 되는 것을
   주식에 대한 경제적 이해관계 혹은 주식에 대한 이해관계라고 표현하기로 한다.

화하여 살펴보고, 나아가 의결권 분리가 문제된 구체적 사례들을 검토한다. 의결권 분리의 장단점 및 그 규제방안의 검토를 위해서는 이를 유형화하여, 각 유형에 따라 관련 사례를 검토하는 것이 효율적이다. 의결권 분리에 대해서는 미국을 중심으로 활발한 논의가 이루어지고 있다. 그러나 미국의 방법론은 우리 회사법 체계와는 맞지 않는 면이 있다. 따라서 본서에서는 우리법제에 기초한 개념체계에 따라 의결권 분리를 유형화하여 검토한다.

이에 기초하여, 제3장에서는 의결권 분리의 문제점 및 규제의 필요성에 대해서 살펴본다. 의결권 분리에 대해서는 찬반양론이 분분하다. 의결권 분리의 장점으로는 정보의 결집 혹은 인수·합병의 활성화 등이 주장된다. 그러나 제3장에서 자세히 살펴보는 바와 같이 이러한 장점은 그 자체로 궁극적인 목적이 될 수 없거나 경영권 방어수단 제한과 같은 다른 제도적 대안을 통해서도 달성할 수 있다. 그러므로 이를 이유로 반드시 의결권 분리를 허용하여야 한다거나 이를 촉진하여야 한다고 보기는 어렵다. 반면에 의결권 분리는 회사 의사결정의 왜곡이라는 본질적 문제점이 있다. 이러한 문제점을 해결하기 위하여 의결권 분리를 규제할 필요가 있다.

다음으로는 이러한 전제에서 제4장에서 의결권 분리의 문제점을 해결하기 위한 방안에 대해서 살펴본다. 이러한 방안으로는 주식에 대한 이해관계를 가지지 않는 자의 의결권 행사를 제한하거나 이와 대칭하여 주식에 대한 이해관계를 가지는 자에 대하여 의결권을 인정하는 방법을 생각할 수 있다. 이러한 실체적 규제방안에 대해서는 현행 회사법제 및 증권법제 하에서의 해석론을 통하여 이러한 규제를 시행할 수 있는지 여부와 그렇지 않을 경우 입법을 통하여 이를 도입할 필요가 있는지 여부를 검토할 필요가 있다.

위와 같은 실체적 규제방안 이외에도, 절차적으로 지분공시제도2)의

개선을 통하여 의결권 분리 여부에 대한 정보를 시장에 효율적으로 전달하는 것도 중요하다. 이를 통해 자본시장의 효율성을 증대하고 기업지배구조를 보다 효과적으로 개선할 수 있다. 이는 지분공시제도의 목적 중의 하나이기도 하다. 동시에 의결권 분리에 대한 실체적 규제의 효율적 시행을 위한 제도적 기반을 마련할 수 있다. 이에 대해서는 제5장에서 다룬다. 우선 현재의 지분공시제도를 통하여 의결권 분리 현상이 효과적으로 공시될 수 있는지 여부를 살펴본다. 그리고 현재의 법제도로 부족한 부분이 있다면 이를 어떻게 개선하는 것이 효과적인지에 대해서 검토한다.

---

2) 5% 보고제도 혹은 10% 보고제도와 같이 일정 주주의 주식보유관계를 공시하는 제도를 이하에서는 지분공시제도라고 한다.

제 2 장

의결권 분리 현상에 대한 고찰

제1절 의결권 분리 현상 개관

제1항 의결권 분리 현상에 대한 논란의 배경

주식회사의 주주는 원칙적으로 하나의 주식에 대하여 하나의 의결권을 가진다(상법 제369조 제1항). 이와 같이 일반적인 회사법 이론에서는 주식과 의결권은 서로 연결되어 있다고 본다[1]. 주주가 주식의 가치 혹은 회사의 가치를 극대화하는 방향으로 의결권을 행사하고, 경영진을 견제할 인센티브가 있기 때문이다[2]. 그러므로 주식에 대한 이해관계를 가지지 아니하면서 그 의결권만을 취득하는 소위 "Vote Buying"에 대해서는 이론적 논란이 있어 왔다[3]. 회사의 이익을 극대화할 인센티브

---

[1] Frank H. Easterbrook, Daniel R. Fischel, Voting in Corporate Law, 26 J.L. & Econ.(1983), 395면 및 410면.

[2] Frank H. Easterbrook & Daniel R. Fischel, The Economic Structure of Corporate Law, Harvard Univ. Press (1996), 63면 이하에 의하면 미국의대부분의 주의 회사법 하에서는 주주에게 의결권을 주지 않거나 복수의 의결권을 주는 것도 가능하고, 보통주 주주가 아닌 채권자나 우선주 주주들에게 의결권을 주는 것도 가능하지만, 실제로 대부분의 회사들은 보통주 주주들에게 의결권을 인정하고, 1주 1의결권 원칙을 채택하고 있다고 한다. 그 이유는 보통주 주주들이 회사재산에 대해서 가장 후순위 청구권을 가지는 residual claim holder로서 이들이야말로 회사의 이익을 위하여 의결권을 행사할 incentive를 가지고 있기 때문이라고 한다. 즉 선순위로 고정된 이익을 분배 받아 가는 채권자나 우선주 주주들에 비해서 보통주 주주들은 위와 같이 분배된 이후의 나머지 이익에대해서 이를 모두 분배 받게 되기 때문에 회사가 새로운 프로젝트에 투자하여 그 이익을 극대화할 수 있는 방향으로 의사결정을 할 incentive를 가장 많이 가지고 있는 것이다.

[3] Thomas J. André, Jr., A Preliminary Inquiry into the Utility of Vote Buying in the Market for Corporate Control, 63 S. CAL. L. REV. 533, 1990, 540면 Robert Charles Clark, Vote Buying and Corporate Law, 29 CASE W. RES. L. REV. 776, 1979, 806면 등

가 없는 자가 의결권을 행사하기 때문이다.

그러나 최근 들어서 주식에 대한 경제적 이해관계와 의결권이 분리되는 경우가 과거에 비해 더욱 많이 발생하게 되었다. 특히 최근 몇 년간 미국, 영국, 캐나다 등 선진국들의 상장회사 적대적 인수합병 및 기업경영권 분쟁에 있어서 의결권 분리가 자주 이용되어 왔다[4]. 그리하여 미국 등 각국에서는 회사법 혹은 증권거래법적 관점에서 주식에 대한 이해관계와 의결권이 대응되지 않는 경우를 어떻게 취급할 것인지가 심도 있게 논의되고 있다.

제2항 의결권 분리 현상의 심화원인
제1목 주식대차거래의 확대 및 장외 파생상품 시장의 발달

최근에 의결권 분리현상이 많아진 것은 주식대차거래의 확대 및 장외 파생상품 시장의 발달에 기인한다[5]. 이에 의하여 주식대차계약을 통한 기준일 포획(record date capture) 거래[6]나 파생상품 딜러와의 주식스왑 거래 등을 통한 의결권 분리가 용이해졌다.

제2목 헤지펀드의 활성화

또한 **헤지펀드**의 활성화[7]에 의해서 의결권 분리에 대한 수요도 증

---

4) Henry T. C. Hu & Bernard S. Black, Equity and Debt Decoupling and Empty Voting II: Importance and Extensions, 156 U. Pa. L. Rev. 625 (2008), 669면 이하.
5) Henry T. C. Hu, Misunderstood Derivatives: The Causes of Informational Failure and the Promise of Regulatory Incrementalism, 102 Yale L.J. 1457 (1993). 1459면 Securities and Exchange Commission, Concept Release on the U.S. Proxy System, 75 Fed. Reg. 42,982, 43,017-20 (July 22, 2010), 141면.
6) 기준일 포획거래에 대한 자세한 설명은 제3절 제2항 제2목 1. 참고.

가하고 있다. 외국의 대규모 헤지펀드들은 다양한 거래기법을 통하여 투자자산을 운용한다. 장외파생상품 거래 및 주식대차 거래 등도 이러한 투자기법의 중요한 부분을 차지한다. 경영권 인수를 통한 수익창출을 위하여 피투자회사의 의결권을 확보하면서, 동시에 투자위험부담을 줄이기 위하여 주식스왑[8] 등 장외파생상품을 통하여 위험을 헤지하는 경우가 많다.

우리나라에서는 헤지펀드의 설립이 허용되지 않으나[9], 사모투자전문회사를 통하여 유사한 형태의 투자가 이루어지고 있다. 자본시장과 금융투자업에 관한 법률은 사모투자전문회사가 피투자회사가 발행한 증권에 대한 투자위험을 회피하기 위한 목적으로 파생상품 투자를 하는 것을 허용한다(동법 제270조 제1항 제4호 및 제271조 제1항 제2호, 동법 시행령 제292조 제4항). 그러므로 사모투자전문회사가 특정 회사의 주식을 취득한 후 장외파생상품계약을 통하여 그 경제적 이해관계

---

7) 헤지펀드의 활동에 대한 장점 및 단점에 대해서는 다양한 논의가 이루어지고 있다. 일반적으로 그 단점으로는 레버리지 투자 및 파생상품 이용으로 인한 지나친 손실확대의 가능성, 정보 미공시로 인한 투자자의 역선택 가능성, 기업지배권 획득으로 인한 대리비용의 증가 등이 지적되고, 장점으로는 시장 유동성의 증가, 차익거래의 활성화로 인한 시장 가격형성의 효율성 증대, 기업지배권 시장의 활성화로 인한 기업 지배구조 개선 등이 지적되고 있다. Troy A. Paredes, On the Decision to Regulate Hedge Funds: The SEC's Regulatory Philosophy, Style, & Mission, 2006 U. Ill. L. Rev. 975 (2006). 986면 이하 Andrea Zanoni, Hedge Funds' Empty Voting in Mergers and Acquisitions: A Fiduciary Duties Perspective, Global Jurist, Vol. 9, No. 4, 2009, available at SSRN: http://papers.ssrn.com/sol3/papers.cfm?abstract_id=1285589, 6면 이하.

8) 주식스왑으로 인한 이해관계 이전에 의한 의결권 분리의 구체적 모습에 대해서는 제2장 제2절 제2항 1. (1) (나)에서 따로 살펴본다.

9) 헤지펀드의 특성 중 일부가 자본시장과 금융투자업에 관한 법률 상 허용되지 않기 때문이다. 노 희진, 사모펀드 제도 선진화 방안, 자본시장연구원(2010), 24면 이하에서는 이와 관련하여 펀드 설립 등록, 투자자 요건, 투자제한 및 차입제한 등 운용규제 등을 개선하여 외국의 헤지펀드와 유사한 형태의 사모집합투자기구의 설립을 가능하도록 하는 방안을 모색하고 있다.

를 제3자에게 이전하고 의결권만을 행사하는 것도 충분히 가능하다. 실제로 금융감독원 가이드라인[10)에서도 사모투자전문회사가 피투자회사 대주주와의 풋옵션 계약을 통해 주식의 가격하락으로 인한 위험을 이전하는 것이 허용된다.

또한 외국에서 설립된 헤지펀드들의 국내 기업에 대한 투자는 가능하므로, 이와 관련하여 의결권 분리가 문제될 수 있다. 헤지펀드의 국내 투자 현황에 대한 자료는 많지 않아 정확한 현황파악은 어려우나 일부 자료에 의하면, 2007년 말 현재 국내에서 자산의 50% 이상을 투자하고 있는 헤지펀드는 10개 내외이고, 그 규모는 3조원에 이른다[11]. 주요 투자사례로는 SK텔레콤 주식에 대한 타이거펀드의 투자, 서울증권에 대한 퀀텀펀드의 투자, 이비티네트웍스에 대한 Amaranth의 투자, 시큐어소프트에 대한 Corevest Partners의 투자 등이 있고[12], 그 외에도 Peter

---

10) 2005. 7. 18.자 금감원 보도자료(PEF활성화관련 가이드라인 마련) 참고. ; 위 가이드라인에서는 다음과 같은 기준을 준수하는 경우에는 이를 사모투자전문회사의 경우 제한되는 금전대여적 성격의 투자로 보지 않고 자본시장법 상 허용되는 옵션부투자라고 하고 있다. 이러한 옵션 부 투자의 실제 사례는 본서 제2장 제3절 제1항 1. (1) (나)에서 별도로 설명하도록 한다.

　가. 피투자회사와는 어떠한 콜옵션이나 풋옵션약정을 하지 않을 것
　나. 경영권참여를 통한 기업가치 제고라는 PEF목적 달성에 필요한 합리적인 수준
　　일 것
　- 옵션약정 당사자 사이에 콜옵션과 풋옵션이 동시에 존재하지 않을 것
　- 단순 기간경과를 옵션행사요건으로 하지 않을 것
　- 옵션행사가격은 행사 당시 시가(시가가 없는 경우 본질가치)를 초과하지 않을 것.
　　다만, 원금보장특약은 가능함.
　- 금전대여의 실질을 갖는 과도한 담보[이행적립금(적금가입등), 단기간내 현금확보
　　를 추구하는 처분신탁, 최대주주 및 그 특수관계인의 인적 담보]를 징구 또는 제공
　　하지 않을 것
　다. 옵션부 투자 내용을 미리 계약으로 정하고 즉시 금융감독원에 보고할 것
　- 옵션행사조건, 이행담보내역, 옵션행사가격 산정방법 및 산정기관 등
11) 노희진, 김규림, 헤지펀드의 국내 허용방안, 한국증권연구원(2008), 54면.
12) 오용석, 미국 헤지펀드 규제 현황과 시사점, 한국은행 조사연구실(2007), 13면

Beck & Partners, Evolution Capital Management 등의 투자사례도 있다[13]. 또한 최근에는 외국계 헤지펀드들이 국내 주식시장에서 주식 대차를 통한 공매도를 주요한 투자기법의 하나로 사용한다는 보도도 있었다[14]. 금융위기 이후 많은 헤지펀드들이 한국을 비롯한 아시아를 주된 투자처로 고려하고 있다[15]. 그러므로 헤지펀드에 의한 의결권 분리는 국내에서도 충분히 문제될 수 있다[16].

제3목 주주에 대한 규제 회피

헤지펀드 등 외부 투자자에 의한 의결권 분리뿐만 아니라 회사 경영진 혹은 지배주주에 의한 의결권 분리도 문제된다. 지배주주들이 지분 공시의무 및 각종 규제 회피 내지 투자위험 분산을 목적으로 의결권 분리를 이용하는 경우도 있다[17].

제4목 분산투자에 의한 의결권 분리 유인 증가

준강형 자본시장이론[18]에 의하면 시장에서의 새로운 정보는 즉각

---

13) 머니투데이 2009. 10. 13. 자 기사.
14) 중앙일보 2010. 10. 15.자 기사.
15) 한국경제 2010. 12. 1. 자 기사.
16) 성희활, 국내 헤지펀드의 본격 도입에 따른 규제체계 정비방향에 대한 고찰, KRX Market 제63호, 2010, 8면에 의하면 우리나라는 금융 선진화의 핵심 과제 중의 하나로 헤지펀드의 도입과 육성을 추진해 왔으며, 2009년 자본시장과 금융투자업에 관한 법률 시행시 헤지펀드 도입 1단계 조치로서 '적격투자자만을 위한 사모집합투자기구'가 도입되었고, 현재 2단계 조치로서 '일반투자자 대상 헤지펀드'와 '공모형 재간접펀드'의 본격도입이 추진되고 있다. 우리나라에서 헤지펀드가 본격적으로 도입되는 경우 헤지펀드를 통한 의결권 분리 현상이 더욱 문제될 수 있으며, 위 논문 31면에서도 헤지펀드의 의결권 분리현상에 대한 규제 여부를 검토할 필요가 있음을 지적하고 있다.
17) 본서 제2장 제3절 제2항 2. 참고.

당해 주식의 가치에 반영된다. 따라서 구조적으로는 시장에서의 전체적인 주가 변동폭, 즉 지수변동을 초과하는 수익을 내는 것이 매우 어렵다. 그러므로 투자자들은 지수변동을 초과하는 수익을 목표하여 위험만 증가시키기보다는 전체 주식시장의 변동을 반영하는 Market Portfolio에 투자하기를 원하는 경향이 있다고 한다. 그러나 실제로 이러한 이상적인 Market Portfolio를 구성하기는 매우 어렵다. 그러므로 대부분 주식시장의 지수변동에 추종하는 Index Pportfolio에 투자하게 된다. Exchange Traded Funds(ETF)가 그 대표적인 예이다. Index Portfolio를 운영하는 기관투자자는 특정회사 주식의 가치변동에는 큰 관심이 없다. 당해 기관투자자의 목표는 전체 시장 지수변동에 추종하는 수익율을 달성하는 것이기 때문이다. 그러므로 주식 대차거래 등 의결권 분리를 야기하는 거래를 선호하게 된다. 개별 주식에 대한 의결권을 직접 행사하지 못하더라도 이러한 거래를 통해 수익을 얻을 수 있다면 운용비용을 낮출 수 있어서 **Index Portfolio**의 수익률을 높일 수 있기 때문이다[19].

다만 위와 같은 논의는 상당 수의 기관투자자가 Index Portfolio에 투자하는 경우를 전제로 하고 있다. 그러므로 특히 우리나라의 경우와 같이 기관투자자가 Index Portfolio에 투자하기 보다는 특정 회사 주식에 투자하여 당해 주식의 가치를 증대하여 수익을 창출하는 경우가 많다면, 위와 같은 논의의 적용은 한계가 있다[20].

---

18) 투자자에게 공개된 모든 정보가 자본시장 시스템에 의하여 신속하고 정확하게 증권가격에 반영된다는 이론을 말한다. 자본시장의 효율성에 대해서는 준강형 자본시장 이론 이외에 약형 자본시장 이론 및 강형 자본시장 이론이 있다. 대체적인 실증연구에 의하면 실제 자본시장은 중간적 형태인준강형 자본시장에 가깝다고 한다. 박정식, 박종원, 조재호 공저, 현대재무관리 제6판(2004), 다산출판사, 849면.

19) Michael Zurkinden, Corporate Vote Buying: The New Separation of Ownership and Control (February 6, 2009), Available at SSRN: http://ssrn.com/abstract=1338624, 22면 이하.

20) 정순섭, 미국의 펀드 의결권행사 공시제도, 기업지배구조 리뷰 통권36호, 2008,

제2절 의결권 분리 현상의 법적 분석 및 유형화

제1항 의결권 분리현상의 법적 분석 체계

의결권 분리 현상을 이해하기 위해서는 일정한 개념체계를 상정하여 이를 통해 사안을 분석하는 것이 효율적이다. 이러한 개념체계에 대한 논의는 주로 미국에서 활발하다[21]. 그러나 미국의 개념체계가 우리의 경우에 그대로 적용되기는 어렵다. 이는 미국 법제와 우리 법제의 차이 때문이기도 하고, 미국의 개념체계가 그 자체로 논리정합적이지 못한 부분이 있기 때문이기도 하다.

우선 의결권 분리현상에 대한 미국의 논의에 있어서 의결권(voting right) 혹은 의결권 소유(voting ownership)는 주주로서의 정식 의결권(formal voting right)뿐만 아니라 의결권 행사내용에 영향을 미칠 수 있

29면에 의하면, 기관투자자가 적극적으로 의결권을 행사할 유인이 있는지에 대해서는 찬반 양론이 대립한다. 찬성론에서는 기관투자자는 투자기업의 의사결정에 적극적으로 참여하여 자신에 대한 투자자의 이익을 보호하고, 기업의 투명성을 제고할 유인이 있다고 한다. 전통적인 "hold or trade" 정책을 고수할 경우 펀드가 보유하고 있는 주식규모에 비추어 반드시 펀드는 대규모의 투자손실을 각오하지 않고는 보유주식을 처분할 수 없으며, 결과적으로 당해 펀드 및 최종적인 투자자의 이익을 침해할 수 있다는 것이다. 그러나, 이에 대해서는 다음과 같은 반론이 있다. 첫째, 기관투자자는 특정 기업가치의 극대화 보다는 운용수익의 극대화를 위하여 행동할 것이라는 점이다. 둘째, 기관투자자는 자산운용의 전문가이지 회사경영이나 경영판단에 관한 전문성은 부족하여 실효적인 의결권 행사를 위해서는 다른 전문가의 조력 등 별도의 비용이 필요하다는 점이다.

21) Henry T. C. Hu & Bernard S. Black, Equity and Debt Decoupling and Empty Voting II: Importance and Extensions, 156 U. Pa. L. Rev. 625 (2008), 637면 이하 등.

는 사실적인 혹은 법률적인 의결권 행사권한 전반을 포함하고, 양자를 특별히 구분하지 않는다[22]. 이는 의결권 구속계약의 회사법적 효력을 인정하는 미국 회사법의 관점에서는 타당하다[23]. 미국에서는 의결권 구속계약 등을 통하여 주주에게 의결권의 행사를 청구할 수 있는 경우, 이에 대한 확인판결, 특정 이행 등이 가능하다. 그러므로 실제로 그 의결권 행사를 회사에 대항할 수 있다. 그러나 우리 법 하에서는 의결권 구속 계약 등의 회사법상 효력에 대한 명확한 법규가 없다. 그러므로 뒤에서 살펴보는 바와 같이 당사자 간의 채권적인 효력만을 인정하는 것이 일반적인 견해이다. 의결권 구속계약에 의한 의결권 행사를 회사에 대항할 수 없고, 주주가 의결권 구속계약에 위반하여 의결권을 행사하더라도 주주총회의 결의는 유효하다. 단지 계약위반을 원인으로 금전에 의한 손해배상만을 청구할 수 있다[24]. 따라서 우리 법 하에서 의결

---

22) 의결권 구속계약을 통하여 법률적 권한을 가진 경우뿐만 아니라 시장관행 등에 의하여 주식스왑계약의 당사자로서 그 상대방인 파생상품 딜러가 주식을 소유하면서 자신의 의사대로 의결권을 행사할 것이라는 기대를 가지고 있는 경우(본서 제2장 제3절 제2항 제1목 1.의Perry Corp. Rubicon Ltd. 사례 참고) 등 사실적으로 이러한 권한이 인정되는 경우도 포함한다. Henry T, C. Hu, Bernard Black, Hedge Funds, Insiders, and the Decoupling of Economic and Voting Ownership: Empty Voting and Hidden (Morphable) Ownership, Journal of Corporate Finance, vol. 13, 2007, 345면 이하.

23) 미국 모범회사법 7.31 (b)에서는명문으로 의결권 구속계약(voting agreement 혹은 vote pooling agreement)의 효력을 승인하는 규정을두고 있다.(http://www.abanet.org/buslaw/library/onlinepublications/mbca2002.pdf) 동법 7.22(c)에서는 취소불가능한 의결권 위임을 인정하므로 이를 통해 의결권 구속계약의 이행을 보장할 수 있다. New York Bus. Corp. Law 620(a)에서도 동일한 취지의 규정을 두고 있다. 이를 통하여 의결권 구속계약의 이행을 확보하는 구제수단으로 의결권구속계약 대로 의결권을 행사할 것을 명하는 특정 이행 판결이 인정될 수 있다. 이는 손해배상만으로는 의결권 구속계약의 목적을 달성할 수 없다는 점을 고려한 것이라고 한다. Jeffrey D. Bauman, Alan R. Palmiter, Frank Partnoy, Corporations Law and Policy-Materials and Problems 6th ed., Thomson West, 2007, 347면

24) 이철송, 회사법강의(제19판), 박영사, 2011, 454면 권기범, 현대회사법론(제3판),

권 분리현상을 분석할 때에는, 주식의 소유를 통하여 회사에 대항할 수
있는 의결권이 있는 경우와 의결권 구속계약 등을 통하여 채권적 효력
만이 있는 경우를 구분하여야 한다.

또한 미국의 개념체계는 그 자체로 논리정합적이지 못한 부분이 있
다. 예를 들어서 주식에 대한 이해관계에 비해서 의결권을 더 많이 가
지고 있는 경우를 **Empty Voting**이라고 한다. 이에 비해 주식에 대한 이
해관계에 비하여 의결권을 덜 가지고 있는 경우를 **Hidden Ownership**이
라고 한다. 다만, 이러한 경우 법적으로는 의결권 혹은 의결권 행사내용
을 결정할 수 있는 권리가 없으나 사실상 의결권 행사에 영향력을 가진
경우가 있는데, 이를 **Hidden(Morphable) Ownership**이라고 따로 표현한
다[25]. 그러나 이는 정식 의결권뿐만 아니라 의결권 행사내용에 영향을
미칠 수 있는 사실적인 혹은 법률적인 권한 전반을 의결권 혹은 의결권
소유(voting ownership)라고 정의하는 것과 모순된다. Hidden(Morphable)
Ownership의 경우에는 주식에 대한 이해관계와 의결권이 일치한다. 따
라서 양자가 차이가 나는 Empty Voting 혹은 Hidden Ownership과는 달
리 보는 것이 타당하다.

그러므로 이하에서는 우리 법제 하에서 의결권 분리현상을 분석하
기 위한 나름의 개념 체계를 제시해 보고자 한다.

제1목 의결권 보유

의결권 보유로는 주식을 소유한 주주로서 의결권을 가지는 경우와

삼지원, 2010, 592면 정동윤, 주주의 의결권 행사에 관한 계약의 효력, 법조 23권,
12면.

25) Henry T. C. Hu & Bernard S. Black, Equity and Debt Decoupling and Empty
Voting II: Importance and Extensions, 156 U. Pa. L. Rev. 625 (2008), 638면.

의결권 구속계약이나 의결권 백지위임 등을 통하여 의결권 행사내용을 결정할 수 있는 채권적 권리를 가진 경우가 있다26). 다만 양자는 그 법률적 효력에 차이가 있다. 의결권 보유 중 주식을 소유한 경우에는 그

---

26) 본서에서는 의결권 보유의 형태를 주주로서 의결권을 가져서 회사에 이를 대항할 수 있는 경우와 의결권구속계약 혹은 백지위임을 통한 채권적 권리만이 있어서 회사에이를 대항할 수 없는 경우로 구분한다. 이러한 권리의 법적 효력에따라서 의결권 분리의 문제점의 정도 및 규제의 수준 등이 차이가 날 수 있기 때문이다. 이에 비해 의결권 보유를자신의 이익을 위하여 의결권을 행사하는 경우와 타인의 이익을위하여 의결권을 행사하여야 하는 경우로 나누어 생각할 수도 있다.

예를 들어서 일반 신탁의 대상자산이 주식인 경우 수탁자가 주주로서 의결권 행사를 포함한 주식의 관리, 처분 권한을 가진다(신탁법 제28조). 자본시장과 금융투자업에 관한 법률상의 투자신탁 및 투자익명조합에 있어서도 신탁계약을 통해 투자대상 주식이 투자신탁의 신탁재산에 편입되고 주주명부상으로도 신탁업자가 주주로 등재된다(자본시장과 금융투자업에 관한 법률 제188조). 자본시장과 금융투자업에 관한 법률 제184조 제2항에 의하여 투자신탁재산에 속하는 주식의 취득 및 처분 등 운용 및 주식의의결권 행사에 대한 권한은 투자신탁의 집합투자업자에게 귀속한다. 즉 이는 주주로서 의결권을 가지는 경우에 해당하고 회사에 그 의결권 행사를 대항할 수 있다. 그러나 신탁법 제28조에서 수탁자에게 신탁의 본지에 따라서 신탁재산을 관리할 의무를 부여하고 있고, 자본시장과 금융투자업에 관한 법률 제79조 제1항에서도 집합투자업자에게 투자자에 대하여 선량한 관리자의 주의로써 집합투자재산을 운용할 의무를 부과하고 있다. 따라서 신탁업자 내지 수탁자는 투자자 내지 위탁자의 이익을 위하여 의결권을 행사할 의무를 가진다는 점에서 일반적인 주주가 의결권을 가지면서 자신의 이익을 위하여 의결권을 행사하는 경우와는 다르다.

그러나 본서에서는 이러한 기준에 의하여 의결권보유를 구분하지는 않는다. 이는 다음의 두 가지 이유 때문이다. 우선 타인의 이익을 위하여 의결권 행사를 할 의무가 있는지 여부의 문제는 위탁자와 수탁자 간의 해당 자산에대한 선관주의 의무위반 여부 혹은 대리비용의 문제로서 비단 주식의의결권 행사에 국한된 문제는 아니다. 다음으로 본서에서 다루는 것은 주식에 대한 이해관계가 없는 자가 의결권을 행사하여 회사 내지 주식의 가치 상승에 반하는 방향으로 의사결정이 됨으로써 회사 전체 혹은 다른 주주 전체에게 손해가 발생할 위험에 관한 것이다. 그러므로 수탁자의 의무위반으로 인한 특정 위탁자의 손해발생에 대한 문제와는 다른 차원의 것이다.

의사대로 의결권을 행사할 수 있고, 이를 회사에 대해서도 대항할 수 있다. 그러므로 가장 권리가 강한 경우이다. 이에 비해서 의결권 구속계약의 경우에는 회사에 대항할 수 있는 효력은 없으므로, 주주가 이에 따르지 아니하고 의결권을 다른 방향으로 행사할 수 있다. 의결권 백지위임의 경우에도 뒤에서 살펴보는 바와 같이 위임인인 주주가 위임을 철회하고 자신의 의사대로 의결권을 행사할 수 있다[27].

1. 주주로서 의결권을 가지는 경우

주식을 소유한 주주로서 의결권을 가지는 경우[28]에는 당연히 회사에 대하여도 그 의결권 행사를 대항할 수 있다. 이는 아래 2.에서 설명

---

27) 반대로 의결권을 가지고 있지 않은 경우도 두 가지로 나누어 볼 수 있다. 주식을 아예 가지고 있지 않은 경우와 주식을 소유하면서 그 의결권 행사에 대한 권리를 의결권구속계약 혹은 의결권 백지위임 등을 통하여 제3자에게 이전한 경우이다. 후자의 경우에는 위 계약에 반하여 주주가 의결권을 행사하는 경우 당해 의결권 행사는 유효하나 손해배상 책임의 문제가 생길 수 있다는 점에서 전자보다는 정도가 약하다. 결국 주식을 아예 소유하고 있지 않아 의결권이 없는 경우와 주식을 소유하여 의결권을 행사하는 경우라는 양 극단 사이에, 주식을 가지면서 의결권 구속계약 혹은 의결권 백지위임을 통해 의결권을 이전하여 의결권이 없는 경우 및 주식을 가지지 않으면서 위 계약을 통해 의결권을 이전 받은 경우라는 중간적 형태가 있게 됨을 알 수 있다. 즉 의결권의 보유 형태는 이분법적으로 구분하기보다는 위와 같은 스펙트럼의 형태로 보는 것이 타당하다.
28) 여기서 주식의 소유라고 함은 주식의 소유자로서 그 의결권 행사를 회사에 대항할 수 있는 자를 말한다. 상법 제336조 및 제337조에 의하여 주식을 취득하여 명의개서를 마친 경우뿐만 아니라 자본시장과 금융투자업에 관한 법률 제315조 이하의 실질주주도 이에 해당한다고 할 수 있다. 또한 대법원2004. 3. 26.선고 2002다29138판결 등 다수의 판결에서 대법원은 상법 제332조의 해석과 관련하여 주식을 인수함에 있어 타인의 승낙을 얻어 그 명의로 출자하여 주식대금을 납입한 경우에는 실제로 주식을 인수하여 그 대금을 납입한 명의차용인만이 실질상의 주식인수인으로서 주주가 된다고 할 것이고 단순한명의대여인은 주주가 될 수 없다고 판시하였다. 그러므로 이러한 타인 명의의 주식인수에 있어서 명의차용인도 주식의 소유자로서 인정될 수 있다. 양승규, 명의차용에 의한 주식인수와 주주자격, 법학(서울대, 통권 51호), 71-74면.

하는 의결권 구속계약 혹은 의결권 백지위임을 통하여 의결권 행사내용을 결정할 수 있는 채권적 권리만을 가지는 경우와는 구분된다. 본서에서는 이를 주주로서 의결권을 가지는 경우 혹은 의결권의 소유라고 부른다.

2. 의결권 구속계약 혹은 의결권 백지위임에 의한 의결권 보유

주주로서 의결권을 가지는 경우 외에 의결권 구속계약 혹은 의결권 백지위임에 의한 의결권 보유도 생각할 수 있다[29]. 주주와 그 상대방 간의 법률행위에 의하여 상대방이 의결권의 행사내용을 결정할 수 있는 권리를 가지기 때문이다.

(1) 의결권 구속계약

주주가 아닌 자에게 의결권 행사내용을 결정할 권리를 부여하는 계약, 다시 말하여 주주가 다른 주주 또는 제3자와 의결권을 일정한 방향으로 행사할 것을 약정하는 내용의 계약을 의결권 계약(voting agreement) 또는 의결권 구속계약이라고 한다. 의결권 구속계약은 선량한 풍속 기타 강행법규나 주식회사의 본질에 위배되지 않는 한 유효하다고 보는 견해가 대부분이다[30].

---

29) 현행법상으로도 계약을 통하여 의결권을 가지는 것이 주식 내지 의결권의 보유 형태로서 인정되고 있다. 금융지주회사법 제2조 제1항 제8호 다목에서는 동일인이 자기 또는 타인의 명의로 주식을 소유하거나 계약 등에 의하여 의결권을 가지는 것을 주식의 보유라고 하고 있다. 자본시장과 금융투자업에 관한 법률 제133조 제3항 및 동법 시행령 제142조 제3호에서도 법률의 규정이나 금전의 신탁계약·담보계약, 그 밖의 계약에 따라 해당 주식 등의 의결권(의결권의 행사를 지시할 수 있는 권한을 포함함)을 가지는 경우를 주식의 보유라고 하고 있다.

30) 권오성, 의결권구속계약에 관한 소고, 변호사38집(2008.01), 293면 ; 이철송, 회사법강의(제19판), 박영사, 2011, 454면 권기범, 현대회사법론(제3판), 삼지원, 2010, 591면, 독점거래 및 공정규제에 관한 법률 시행령 제3조 제2호 등 참조

다만 그 효력과 관련하여 앞서 본 바와 같이 미국에서는 회사법상 구속력을 인정한다. 그러나 우리 법에서는 이러한 명확한 법규가 없다. 따라서 당사자 간의 채권적인 효력만을 인정하는 것이 일반적인 견해이다[31]. 그러므로 의결권 구속계약에 위반하여 의결권을 행사하더라도 주주총회의 결의는 유효하고, 상대방이 그 주주총회 결의의 무효 혹은 취소를 주장할 수 없다[32]. 단지 계약위반으로 인한 손해배상만을 청구할 수 있다[33]. 그러므로 주주가 주식을 소유하여 의결권을 행사하는 경우와는 다르다.

---

31) 권오성, 의결권구속계약에 관한 소고, 변호사38집(2008.01), 303면 이철송, 회사법강의(제19판), 박영사, 2011, 454면 권기범, 현대회사법론(제3판), 삼지원, 2010, 592면 그 근거로는 단체법 상의 거래에 혼란을 주어서는 안된다는 점 혹은 채권적인 의결권 구속계약을 조직법적 효력을 가지는 정관과 같이 볼 수는 없다는 점 등을 들고 있다. 그러나 이는 지나치게 추상적이어서 실질적인 근거를 제시하지 못하고 있다. 오히려 상법 제369조 제1항 등 주주에게 의결권을 인정하는 근거의 강행규정성(정동윤, 손주찬, 대표편집, 주석상법 회사편 제3권, 한국사법행정학회, 98면)에 비추어 명문의 예외규정이 없는 이상 주주 이외의 자에게 의결권을 인정할 수 없다는 점을 근거로 드는 것이 타당하다고 본다.

32) 대법원 2002. 12. 24 선고 2002다54691 판결도 같은 입장이다. 위 판례에서 대법원은 주주권은 주식의 양도나 소각 등 법률에 정하여진 사유에 의하여서만 상실되고 단순히 당사자사이의 특약이나 주주권 포기의 의사표시만으로 상실되지 아니하며 다른 특별한 사정이 없는 한 그 행사가 제한되지도 아니한다고 하였고(대법원 1999.7.23. 선고99다14808 판결 참조), A가 1998.8.3. 향후 7년간 주주권 및 경영권을 포기하고 주식의 매매와 양도 등을 하지 아니하며 원고 B에게 정관에 따라 주주로서의 의결권행사권한을 위임하기로 약정하였고, 이에 따라 원고 B가 A의 주주로서의 의결권을 대리행사할 수 있게 되었지만, 이러한 사정만으로는 A가 주주로서의 의결권을 직접 행사할 수 없게 되었다고 볼 수 없다고 하였다. 따라서 A가 위 의결권 위임약정에 위반하여 주주총회에서 의결권을 행사하였다고 하더라도 그러한 임시주주총회 결의가 모두 존재하지 아니한다고 판단할 수는 없다고 하였다.

33) 이철송, 회사법강의(제19판), 박영사, 2011, 454면 권기범, 현대회사법론(제3판), 삼지원, 2010, 592면 송옥렬, 상법강의, 홍문사, 2011, 845면 정동윤, 주주의의결권 행사에 관한 계약의 효력, 법조 23권, 12면.

의결권 구속계약을 통한 의결권의 보유는 그 행사형태에 따라 두 가지로 나누어 생각할 수 있다[34]. 우선 의결권 구속계약을 통하여 상대방이 주주의 의결권 행사내용을 결정하고, 그 지시에 따라 주주가 의결권을 행사하는 경우이다. 이러한 경우에는 의결권 보유자는 의결권 행사내용을 결정하고 이를 지시할 권리만을 가진다. 다음으로는 의결권 구속계약에 따라 주주가 상대방에게 의결권 행사를 위한 백지위임장을 교부하여 이를 통해 상대방이 주주의 의결권을 직접 대리행사하는 경우이다. 후자의 경우에는 뒤에서 논하는 의결권 백지위임이 결합된 형태이다. 양자 모두 상대방이 의결권 구속계약을 통해 의결권 행사 내용을 결정할 수 있는 권리를 가진다는 점에서는 동일하므로, 본서에서는 이를 특별히 구분하지 않기로 한다[35].

(2) 의결권 백지위임

다음으로는 의결권 백지위임을 통하여 주주를 대리하여 의결권 행사내용을 결정할 수 있는 권리를 가진 경우가 있다. 이는 실제로 의결권 보유라는 관점에서는 의결권 구속계약을 통한 의결권 행사와 본질적으로 차이가 없다. 그 이유는 다음과 같다.

우선 의결권 구속계약과 동일하게 일정 기간 동안의 주주총회 전부에 대하여 포괄적이고 장기적인 의결권 위임이 가능한지가 문제될 수

---

34) 안강현, Vote-Buying, 법조 584권, 2005, 66면에서도 의결권 구속계약 등을 통한 의결권의 확보는 대상주주에 대한 의결권 행사지시를 통해 대상주주가 의결권을 직접 행사하게 하는 형태와 대상주주로부터 의결권을 위임받는 형태의 두 가지가 있다고 한다.

35) 자본시장과 금융투자업에 관한 법률 제133조 제3항 및 동법 시행령 제142조 제3호에서도 "법률의 규정이나 금전의 신탁계약·담보계약, 그 밖의 계약에 따라 해당 주식 등의 의결권(의결권의 행사를 지시할 수 있는 권한을 포함한다)을 가지는 경우"를 주식의 보유라고 규정하면서, 의결권을 가지는 경우와 그 행사를 지시할 수 있는 권한을 가지는 경우를 구분하지 않고 포괄하여 주식의 보유로 보고 있다.

있다. 이에 대해서는 학설의 대립이 있다. 이를 부정하는 견해[36)에 따르면, 주주총회 때마다 대리권이 수여되어야 한다고 한다. 주주에게 주주총회마다 대리권 수여 여부에 대하여 판단할 기회를 주고, 장기적인 또는 기간을 정하지 않은 대리권이 회사의 경영자 등에 의하여 회사의 지배수단으로 이용되는 것을 막을 필요가 있다는 것이다. 그러나 일반적으로는 장기적인 의결권 위임을 허용하는 견해[37)가 많다. 외국에 거주하는 주주가 대리인을 두는 경우, 은행 등의 관리를 받는 회사의 경우, 회사의 지배권의 분배와 관련하여 필요한 경우 등에는 장기적인 대리권의 수여가 필요하다. 또한 장기적인 대리권수여를 금지하는 명문의 법률규정도 없다. 그러므로 장기적인 대리권수여를 인정하는 것이 타당하다[38). 게다가 뒤에서 살펴보는 바와 같이 의결권 위임의 자유로운 철회가 가능하므로, 장기 위임을 인정한다고 하더라도 부정설이 주장하는 부작용이 많이 발생할 것으로 보이지는 않는다[39).

---

36) 이철송, 회사법강의(제19판), 박영사, 2011, 450면 임홍근, 회사법(2000), 법문사, 378면 이기수, 회사법, 박영사(2009), 376면.

37) 최기원, 신회사법론(제12대정판), 박영사, 468면 ; 정찬형, 상법강의(상) 제14판, 박영사, 2011, 785면 정동윤, 회사법(제6판), 2000, 박영사, 334면 최준선, 회사법(제2판), 2006, 삼영사, 184면 권기범, 현대회사법론(제3판), 삼지원, 2010, 583면 강희갑, 회사법강의, 2004, 책과 사람들, 459면 채동헌, 주식회사와 법(2004), 청림출판, 127면 송옥렬, 상법강의, 홍문사, 2011, 840면.

38) 상장회사의 경우 자본시장과 금융투자업에 관한 법률 제152조 및 동법 시행령 제163조의 의결권 대리행사 규제를 받게 되는 경우에는 당해 주주총회 특정의안에 대한 대리행사 권유만이 허용되게 되므로 장기적인 의결권 위임이불가능하다. 그러나 자본시장과 금융투자업에 관한 법률 제152조 및 동법 시행령 제162조에 의하면 위 규제는 의결권대리행사에 대한 권유가 없이 주주가 자발적으로 대리인에게 위임장을 교부하거나, 10인 미만의 주주에게 의결권 대리행사를 권유하는 경우에는 적용이 없다. 사실 의결권의 백지위임은 주로 위와 같이 소수의 주주 사이에서 생기게 될 것이므로 상장회사의 경우에도 장기간의 의결권 백지위임이 가능하다.

39) 대법원 2002. 12. 24 선고 2002다54691 판결에서도7년간의 의결권 행사권한 위임이 유효하다는 전제에서 쟁점에 대한 판단을 진행하여, 장기적인 의결권행사를 위한 대리권 수여를 인정하였다고 볼 여지가 많다.

다음으로는 대리권 수여의 철회가 인정되는지 여부가 문제된다. 대리권의 수여는 위임의 일반법리에 따라 철회가 가능하다고 보는 것이 통설이다[40]. 대부분의 학설과 판례는 대리권을 철회하지 않는다는 합의가 있었다고 하더라도 철회가 가능하다고 본다[41]. 그 근거로 대리권 수여를 철회할 수 없다면 사원지위의 분리금지의 원칙에 반한다는 점을 들기도 한다[42]. 결국 의결권을 위임한 주주가 이를 철회하고 주주총회에서 직접 의결권을 행사하는 것은 가능하다.

이러한 점을 종합하여 본다면, 백지위임장을 통해 의결권을 위임하는 경우와 의결권구속계약을 통하여 상대방의 의사에 따라 의결권을 행사하기로 약정하는 경우가 실질적으로 큰 차이가 없다는 것을 알 수 있다. 실제로 의결권 구속계약의 이행을 보장하기 위하여 백지위임장이 교부되는 경우도 많다. 물론 의결권 구속계약은 특정 급부의 대가로서 이루어지는 경우가 많아서, 이를 불이행할 경우 채무불이행으로 인한 손해배상 청구가 가능하다. 반면에 의결권 위임의 경우 민법 제689조에서 기본적으로 위임 상호해지의 자유를 인정하고 있고, 당사자일방이 부득이한 사유 없이 상대방의 불리한 시기에 계약을 해지한 때에 한하여 손해배상청구를 인정한다. 그러나 이러한 손해배상의 문제를 제외한

---

40) 박상근, 주주권의 포기와의결권의 대리행사, 상사판례연구 제7권(2007.05), 32면
41) 대법원 2002. 12. 24 선고 2002다54691 판결 정동윤, 회사법(제6판), 2000, 박영사, 335면 권기범, 현대회사법론(제3판), 삼지원, 2010, 583면 강희갑, 회사법강의(2004), 책과 사람들, 459면 임홍근, 회사법(2000), 법문사, 378면.
42) 박상근, 주주권의 포기와의결권의 대리행사, 상사판례연구 제7권(2007.05), 32면 위임이위임인의 이익과 함께 수임인과 제3자의 공동의 이익을 목적으로 한 경우는 위임인이 임의로 위임을 해지할 수 없으므로(곽윤직 대표편집, 민법주해 XV, 598면), 의결권 위임의 경우에도 수임인 혹은 제3자의 이익을 위한 의결권 위임의 경우에는 임의로 위임을 해지하고 대리권을 철회할 수 없다는 반론도 가능하다고 한다. 그러나 개인법적인 원리를 단체법적인 상황에 그대로 적용할 수는 없다는 점에서 의결권의 경우에는 철회할 수 없는 의결권행사 대리권은 허용되기 어렵다고 한다.

다면, 본서의 관점에서 양자의 차이는 실질적으로 없다고 할 수 있다43). 따라서 이하에서는 양자를 구분할 별도의 필요가 없는 이상 양자를 함께 설명하도록 하겠다.

제2목 주식에 대한 이해관계

주식에 대한 이해관계는 주식가치의 변동 혹은 그로 인한 배당수익 등을 통해 경제적 이득을 향유하거나 혹은 손실을 부담하는 관계를 말한다. 주식에 대한 이해관계는 주식을 통한 경제적 이익과 비례관계에 있는 것이 보통이나, 그 경제적 이익과 반비례하는 음의 방향(negative)에서 존재할 수도 있다. 즉 주식가치가 하락하는 경우 오히려 이익을 보는 경우도 있다. 주식을 소유한 경우 주식에 대하여 이해관계를 가지게 되나, 주식을 소유한 경우 이외에도 아래에서 보는 바와 같이 연관자산 혹은 관련부수자산을 통해서도 주식에 대하여 이해관계를 가질 수 있다.

1. 연관자산을 통한 주식에 대한 이해관계

주식에 대한 이해관계는 직접적 주식 소유 이외에, 간접적으로 주식에 의한 경제적 이익과 동일한 이익을 제공하는 **연관자산(coupled asset)**의 보유를 통해서도 형성될 수 있다44). 연관자산이란 주식스왑이나 옵

---

43) 의결권 구속계약의 경우 의결권 보유자의 지시에 의하여 주주가 의결권을 행사하나, 위임의 경우에는 주주를 대리하여 의결권보유자가 직접 의결권을 행사한다. 그러나 의결권 구속계약의 경우에도 실제로는 의결권 보유자가 의결권행사 내용을 사전에 결정하고 이를 반영한 의결권 위임장을 통해 의결권을 행사하는 경우도 많다. 그러므로 양자의 경우에 있어서 의결권 행사 내용의 결정권한 혹은 행사방식에 본질적 차이가 있다고 보기는 어렵다.

44) 연관자산 및 아래에서 설명하는 관련부수자산의 개념은 미국에서 논의되고 있는 것이나, 우리법하에서도 효과적으로 사용될 수 있다. Henry T. C. Hu & Bernard S. Black, Equity and Debt Decoupling and Empty Voting II: Importance and

선, 선물 등 파생상품 혹은 주식 대차 계약 등 주식에 의한 경제적 이익
과 동일한 이익을 제공하는 자산 내지 계약상 지위를 말한다. 그 구체
적 태양은 제2절 제2목 1. (나) 가) 및 나)에서 설명한다. 주주가 주식을
소유하면서 동시에 연관자산을 가지는 경우에는, 주식에 대한 전체 이
해관계가 연관자산으로 인하여 0이 되거나 음이 될 수 있다. 이해관계
가 변화하는 경우에도 주식스왑계약과 같이 주가에 상관없이 이해관계
가 0 또는 음의 값이 될 수도 있고, Call Option, Put Option 혹은 Collar
계약과 같이 주가가 일정 구간에 있는 경우에만 이해관계가 변화할 수
도 있다[45].

2. 관련부수자산을 통한 주식에 대한 이해관계

연관자산 이외에 **관련부수자산(related non-host assets)**의 보유에 의
하여도 주식에 대한 이해관계가 변화할 수 있다. 관련부수자산은 연관
자산처럼 주식에 의한 경제적 이익과 동일한 이익을 제공하지는 않지

Extensions, 156 U. Pa.L. Rev. 625 (2008), 638면.

45) 상하한 옵션거래(Collar)란 이자율 혹은 주가의 큰 움직임과 관계없이 일정한 범
위 내로 위험을 제한하기 위한 옵션거래를 말한다. 콜 옵션을 매도하고 풋옵션을
매입하거나 반대로 거래하는 경우를 생각해 볼 수 있다. 예를 들어서 50달러에
거래되는 주식의 경우, 무비용Collar 계약을 45달러와 60달러 사이에 체결한다
면, 주가가 45달러 이하로 하락하거나 60달러 이상 상승하게 되는 경우에는 더
이상 그 주가변동으로 인한 이익 혹은 손실을 부담하지 않게 되므로 주식에 대한
순 경제적소유가 0으로 감소하게 될 수 있다. 위의 예에서 기준가45달러의 풋옵
선을 매입하고, 기준가60달러의 콜옵션을 매도하는 경우, 주가가 60달러 이상 상
승하는 경우에는 그 차액을 지불하여야 하여 이익이 제한되지만, 주가가45달러
이하로 하락하는 경우에는 그 차액을 지급받게 되므로 손실도 제한되게 된다. 즉
주가가 45달러와 60달러 사이에 있는 경우에만 주가 변동에 의한 이해관계를 가
진다. 실제로 시장에서는 매입하는 옵션비용과 매도하는 옵션의 수익이 같아서
비용의 부담이 없는 Zero Cost Collar가 많이 거래된다. Shaun Martin & Frank
Partnoy, Encumbered Shares, 2005 U. ILL. L. REV. 775, 2005, 780면 Anish
Monga, Using Derivatives to Manipulate the Market for Corporate Control, 12
STAN. J. L. BUS. & FIN. 186, 2006, 205-207면.

만, 당해 주식의 가치 변동과 관련이 있는 일체의 자산을 말한다. 당해 회사 주식의 가치와 관련이 있는 다른 회사 주식 등이 이에 해당할 수 있다.

예를 들어 주주 A가 갑 회사의 주식을 보유하면서 주식스왑계약을 통하여 당해 주식에 대한 이해관계를 모두 헤지하였다고 하자. A는 위 갑 회사와 합병이 예정되어 있는 을 회사의 주식도 상당부분 소유하고 있다. 그렇다면 합병 비율 등을 갑 회사에 불리하게 결의하여 을 회사의 주주로서 이익을 볼 수 있는 인센티브가 있다. 이러한 경우 A는 갑 회사 주식에 대한 이해관계를 주식스왑이라는 연관자산의 취득을 통하여 0으로 만들었다. 그러나 A는 을 회사의 주식이라는 관련부수자산을 가지고 있다. 그러므로 결국 합병비율이 갑 회사 주주에게 불리하게 설정되어 갑회사 주식의 가치가 하락할수록 A에게는 이익이 된다. 따라서 A의 갑 회사 주식에 대한 이해관계는 음의 방향이 된다.

제3목 의결권 과다보유 및 과소보유

주주가 연관자산이나 관련부수자산을 보유하지 않고 단지 회사 주식만을 가지고 있는 경우, 주주는 그 이해관계에 비례하여 의결권을 가진다. 주식에 대한 이해관계에 비해서 의결권을 더 많이 가지고 있는 경우를 **의결권 과다보유**라고 부르기로 한다. 심지어는 주식에 대해서 이해관계가 아예 없거나 오히려 음의 이해관계가 있는 경우도 있을 수 있다[46]. 이에 비해 주식에 대한 이해관계보다 의결권을 덜 가지고 있는 경우를 **의결권 과소보유**라고 부른다. 의결권 과소보유는 의결권의 보유에 의한 각종 규제 혹은 공시의무를 부담하지 않기 위하여 이용될 수도 있다. 위 의결권 과다보유와 의결권 과소보유를 총칭하여 의결권 분리라고 한다.

---

46) 이러한 경우에는 오히려 의결권을 행사하는 자가 주가를 하락시킬 인센티브를 가지고 있으며, 이를 미국에서는 Negative Voting 이라고 부른다.

제2항 의결권 분리 현상의 유형화

우리나라에서는 아직 실제 사건을 통해 의결권 분리현상이 본격적으로 문제되고 있지는 않다[47]. 그러나 우리 법제상으로도 주식에 대한 이해관계와 의결권이 분리되는 경우들이 적지 않다. 그러므로 우리 법제 하에서의 의결권 분리현상을 포괄할 수 있는 분류기준을 마련하고 이에 따라 적절한 법적 접근 방안을 모색해 볼 필요가 있다. 이하에서는 이러한 관점에서 우리 법제 상 주식에 대한 이해관계와 의결권의 분리현상을 유형화하여 고찰한다. 이러한 유형화를 통하여 의결권 분리현상을 법적으로 어떻게 다룰 것인지를 효과적으로 논의할 수 있다.

이러한 유형화의 방법은 다음과 같다. 우선 의결권 과다보유를 보자. 이는 주식 소유를 통해 회사에 대항할 수 있는 의결권을 소유한 경우와, 주식을 소유하지 않고 의결권의 행사에 관한 채권적 권리만을 보유하여 이를 회사에 대하여 대항할 수 없는 경우로 나눌 수 있다. 또한 각각의 경우에 있어서 법률에 의한 의결권 과다보유의 경우와 계약 등 법률행위를 통한 의결권 과다보유의 경우를 나누어 생각할 수 있다. 특히 계약 등 법률행위를 통하여 의결권 과다보유 혹은 의결권 과소보유를 유발하는 경우를 통틀어서 **의결권 분리거래**라고 부르기로 한다. 의결권 분리거래 중에는 의결권 구속계약 혹은 백지위임장의 수취와 같이 주

---

47) 박영석, 국내 의결권거래에 관한 실증연구, CGS 제40권, 2008, 8면에서는 우리나라에서의의결권 거래에 대한 실증연구를 진행하였다. 동 연구에서는 기준일 전에 주식을 취득한 후 기준일 직후에 주식을 처분하는 등의 방법으로 주주총회에서 의결권을 행사하는 시점에는 주식을 가지고 있지 않게 되는 거래가 어느 정도 이루어지는지를 조사하였고, 특히 경영권 분쟁과 관련하여 이러한 거래가 많이 이루어질 경우 기준일 전에는 양의 초과 수익율이 기준일 후에는 음의 초과 수익율이 나타날 것이라고 가정하였다. 그러나 실제 연구 결과상으로는 통계적으로 유의미한 결과가 나타나지 않았다고 한다.

식을 소유하지 않으면서 의결권 행사권리만을 취득하는 전통적인 의결권 분리거래(아래 표에서 D 및 F의 경우)가 있다. 반면에 주식을 소유하여 회사에 대항할 수 있는 의결권을 취득하면서 그 경제적 이해관계를 이전하여 의결권 분리를 야기하는 신종 의결권 분리거래(아래 표에서 B 및 H의 경우)도 있을 수 있다. 의결권 과소보유도 주식의 소유여부 및 그 원인이 법률의 규정인지 법률행위인지 여부에 따라 분류가 가능하다. 이를 표로 나타내 보면 다음과 같이 8가지의 경우로 나눌 수 있다.

	의결권 과다보유		의결권 과소보유	
	주식 소유	주식 불소유	주식 소유	주식 불소유
법률에 의한 경우	A	C	E	G
법률행위에 의한 경우 (의결권 분리거래)	B	D	F	H

제1목 의결권 과다보유

1. 주식을 소유한 경우

주식을 소유하면서 이에 대한 이해관계를 가지지 않는 경우에는 의결권 과다보유에 해당한다. 이러한 경우로는 법률에 의한 경우와 법률행위에 의한 경우가 있다.

(1) 법률에 의한 의결권 과다보유 (A유형)

이러한 유형으로는 일반 신탁, 투자신탁 및 투자익명조합이 일응 문제될 수 있다. 일반 신탁의 대상자산이 주식인 경우 의결권 행사를 포함한 주식의 관리, 처분 권한은 수탁자가 보유한다(신탁법 제28조). 그러나 그 신탁재산은 수탁자에 대한 강제집행의 대상이 되거나 수탁자의 파산재단에 속하지 아니하는 등 수탁자의 고유재산과 구별되며(신탁법 제21조, 제22조, 제30조), 주식에 대한 이해관계는 수익자가 가진다[48]. 그러므로 수탁자는 의결권 과다보유에 해당한다고 볼 수 있다.

자본시장과 금융투자업에 관한 법률상의 투자신탁 및 투자익명조합에 대해서도 마찬가지 문제가 제기될 수 있다. 투자신탁의 위탁자와 수탁회사가 자본시장과 금융투자업에 관한 법률 제188조에서 정하는 바에 따라 신탁계약을 체결함으로써, 당해 주식이 투자신탁의 신탁재산에 편입되고 주주명부상으로도 신탁업자가 주주로 등재된다[49]. 이 경우 역시 신탁재산은 분별 관리되므로, 주식에 대한 이해관계는 수익자가 가진다. 그러나 자본시장과 금융투자업에 관한 법률 제184조 제2항에 의하여 투자신탁재산에 속하는 주식의 취득 및 처분 등 운용 및 주식의 의결권 행사에 대한 권한은 투자신탁의 집합투자업자에게 귀속한다[50].

---

48) 대법원 2006.5.12. 선고 2004두312 판결에서는 주식 신탁의 경우 수익자가 여전히 주식에 대한 이해관계를 보유하고 있다는 점을 고려하여 증권회사가 종합금융회사를 흡수 합병하면서 취득하게 된, 계열회사인 생명보험회사의 주식을 은행에 신탁한 경우, 구 독점규제 및 공정거래에 관한 법률 제9조 제2항에서 정한 '처분'에 해당하지 않는다고 보았다. 즉 동법 제7조의2가 같은 법의 규정에 의한 주식의 취득 또는 소유는 취득 또는 소유의 명의와 관계없이 실질적인 소유관계를 기준으로 하도록 규정하고 있는 점 등에 비추어, 같은 법 제9조 제2항에서 말하는 '처분'이란 회사의 합병 등으로 취득 또는 소유하게 된 계열회사의 주식에 대하여 그 의결권행사를 잠정적으로 중단시키는 조치를 취하거나 그 주식을 다른 금융기관 등에 신탁하는 것만으로는 부족하고, 상호출자의 상태를 완전히 해소할 수 있도록 그 주식을 다른 사람에게 실질적으로 완전히 소유권 이전하여 주는 것을 의미한다고 하였다.
49) 자본시장과 금융투자업에 관한 법률 제309조, 제302조, 증권등 예탁업무규정 제2조 제1항에 의하여 신탁업자에서 증권예탁원으로의 예탁이 가능하다. 이에 따라 신탁업자가 증권예탁원이 작성·비치하고 있는 예탁자계좌부에 기재되게 되고, 증권예탁원이 신탁재산인 주식에 관하여 주주명부상의 명의인이 되며, 발행회사의 실질주주명부에도 신탁업자가 등재되게 된다.
50) 최한준. 실질주주의 법리에 관한 연구-실질주주의 유형과 그 보호를 중심으로-, 고려대학교 박사학위논문, 149면에 의하면 투자신탁의 경우 수익자와 위탁회사와의 집단적 신탁관계는 다분히 위탁회사가 신탁재산의 운용권을 가지고 있는

그러므로 법문 상으로는 집합투자업자가 의결권을 가지되, 주식에 대한
이해관계는 수익자가 가지는 것으로 볼 수 있다. 그러므로 투자신탁의
집합투자업자는 의결권을 과다 보유하고 있다는 지적이 가능하다[51]. 투
자익명조합의 경우도 다르지 않다. 자본시장과 금융투자업에 관한 법률
제184조에 의하면, 투자익명조합재산에 속하는 주식의 의결권 행사는
그 투자익명조합의 집합투자업자가 수행한다. 그러나 대내적으로는 주
식의 가치 변동으로 인한 이해관계는 실제 금전을 출자한 투자익명조
합원이 주로 가지게 된다[52].

(자본시장과 금융투자업에 관한 법률 제2조) 능동수탁이라고 할 수 있는데, 능동
신탁의 본질은 신탁재산의 소유권이 신탁의 목적 범위 내에서 수탁자에게로 절
대적으로 이전하는 것이므로, 신탁재산의 소유권은 당연히, 수탁자의 위치도 겸
하고 있는 위탁회사에게 절대적으로 이전된다고 한다. 그러므로 수익자가 비록
현실적으로는 자금의 실질적인 출처라 할지라도 그것이 신탁재산을 구성하여 위
탁회사에게 절대적으로 이전 된 만큼 법률상으로는 주식의 실질적인 소유자라고
할 수 없다고 한다. 수익자는 투자신탁의 이러한 신탁재산에 속하는 주식에 대해
서는 직접적인 권리를 가질 수 없고, 다만 수익증권에 의해서, 여러 회사의 주식
과 관련된 수익의 권리로서 신탁상의 수익권을 취득하게 된다.

51) 물론 주식의 가치변동에 의하여 집합투자업자의 성과보수 등이 달라지나, 그렇다
고 하여 집합투자업자가 주식의 가치 변동에 비례하는 정도의 경제적 위험에 노
출되어 있는 것은 아니다.

52) 투자회사 등 그 이외의 집합투자기구의 경우에도 같은 문제가 있는 것은 아닌지
를 검토해 보자. 자본시장과 금융투자업에 관한 법률 제182조 제1항에서는 투자
신탁과 투자익명조합 이외의 다른 집합투자기구 즉 투자회사·투자유한회사·투
자합자회사 및 투자조합은 투자회사 등이라 하여 달리 규율하고 있다. 동법 제
184조에서는 투자회사 등의 집합투자재산에 속하는 지분증권의 의결권행사는 그
투자회사 등이 수행하여야 한다고 규정한다. 즉 투자회사 등이 주식에 대하여 이
해관계를 가지고, 의결권 행사 역시 투자회사 등이 수행한다. 그러므로 주식에
대한 이해관계와 의결권이 일치하지 않는다고 말하기 어렵다. 물론 당해 주식의
가치변동으로 인한 이해관계를 궁극적으로 가지는 자는 투자회사 등의 투자자이
다. 그러나 이는 비단 투자회사 등에 국한된 문제가 아니라 일반적으로 회사가
주주인 대부분의 경우에 있어서 공통되는 문제이다. 즉, 위 문제는 투자자와 회
사 대표자간의 대리비용의 문제로 보는 것이 타당하고, 본서에서 논하고 있는 의
결권 분리 문제로 접근하는 것은 문제의 본질을 흐리는 것으로 생각된다.

그러나 신탁법 제28조에서 수탁자에게 신탁의 본지에 따라서 신탁
재산을 관리할 의무를 부여하고 있고, 자본시장과 금융투자업에 관한
법률 제79조 제1항에서도 집합투자업자에게 투자자에 대하여 선량한
관리자의 주의로써 집합투자재산을 운용할 의무를 부과하고 있다. 그러
므로 일반적인 의결권 과다보유와는 차이가 있다. 게다가 자본시장과
금융투자업에 관한 법률 제87조 제1항에서는 집합투자업자의 의결권
행사에 있어서 이해상충이 발생하는 일정한 경우53)에 있어서 집합투자
업자의 의결권 행사를 제한하고 있다. 즉 의결권 행사가 제한되는 경우
에는 그 자체로 의결권 과다보유라고 볼 수 없다. 결국 위 신탁업자 혹
은 집합투자업자의 의결권 과다보유의 문제는 일반적인 주주의 의결권
과다보유의 문제와는 다른 차원의 것이다. 신탁업자 혹은 집합투자업자
가 의결권 과다보유로 인하여 주식의 가치를 극대화하는 방향으로 의
결권 행사를 하지 않는다고 하여도, 이는 집합투자업자와 투자자 간의
대리비용 문제54)의 측면에서 검토되는 것이 바람직하고, 본서에서 논하

자본시장과 금융투자업에 관한 법률 제87조 제1항에서는 집합투자업자의 의결
권 행사에 있어서 이해상충이 발생하는 일정한 경우에 있어서 집합투자업자의
의결권행사를 제한하고 있다. 그런데 이러한 제한의 적용을 받는 집합투자업자
를 투자신탁이나 투자익명조합의 집합투자업자에 한정한다. 이는 투자신탁이나
투자익명조합의 경우 주식에 대한 이해관계와 의결권이 일치하지 않는다는 점에
서 다른 집합투자기구와 다른 특징이 있다는 점이 반영된 것으로 보인다.
53) 다음 각호의 경우를 말한다.
1. 다음 각 목의 어느 하나에 해당하는 자가 그 집합투자재산에 속하는 주식을
발행한 법인을 계열회사로 편입하기 위한 경우가. 그 집합투자업자 및 그와 대통
령령으로 정하는 이해관계가 있는 자나. 그 집합투자업자에 대하여 사실상의 지
배력을 행사하는 자로서 대통령령으로 정하는 자 2. 그 집합투자재산에 속하는
주식을 발행한 법인이 그 집합투자업자와 다음 각 목의 어느 하나에 해당하는
관계가 있는 경우 가. 계열회사의 관계가 있는 경우 나. 그 집합투자업자에 대하
여 사실상의 지배력을 행사하는 관계로서 대통령령으로 정하는 관계가 있는 경
우 3. 그 밖에 투자자 보호 또는 집합투자재산의 적정한 운용을 해할 우려가 있
는 경우로서 대통령령으로 정하는 경우.
54) 집합투자에 있어서의 대리인문제에 대한 자세한 설명으로는 김건식, 정순섭, 자

는 의결권 분리에 대한 회사법 혹은 증권법적 취급의 문제로 다루는 것은 바람직하지 않다. 마지막으로 위 신탁업자 내지 집합투자업자는 주식에 대한 직접적인 이해관계를 가지지 않으나 주식의 가치가 상승할수록 수익자 내지 투자자로부터 높은 평가를 받게 되고 그에 비례하는 운용수수료도 취득한다. 따라서 주식의 가치에 대하여 전혀 이해관계가 없다고 보기는 힘들다. 그러므로 A유형의 의결권 과다보유로서 일반신탁, 투자신탁 및 투자익명조합의 문제는 본서에서 자세히 다루지 않는다.

(2) 법률행위를 통한 의결권 과다보유 (B유형)

(가) 주식스왑계약 등 파생상품 계약을 통한 경우

주식스왑계약은 일정기간 동안 양 당사자가 주식의 가치변동으로 인한 현금흐름과 그러한 가치변동과 관련이 없는 고정현금흐름을 서로 교환하는 계약을 말한다[55]. 주주가 주식스왑계약을 체결한다면, 당해 주주는 주식에 대한 이해관계를 가지지 않으면서 의결권만을 행사할 수 있다.

예를 들어서 주주 A가 상대방인 B와 주식스왑계약을 체결하여 주식으로 인한 현금흐름, 즉 주식의 가치 변동 및 배당 등으로 인한 일정기간 동안의 손익을 B에게 이전하고, 그 대가로 B로부터 당해 주식의 최초 가치에 대하여 일정 기간 동안의 고정이자 수익을 지급받는 경우를 생각할 수 있다. A와 B가 1년 동안 위와 같은 형태의 주식스왑계약을 체결한다고 가정하고 이를 표로 나타내 보면 다음과 같다.

본시장법 제2판, 2010, 두성사, 621면 이하 및 김병연, 자산운용에 있어서 이해상충규제에 관한 재검토 : 이해관계인과의 거래 및 대규모기업집단규제와 관련하여, 증권법연구 9권 1호(2008.06), 53면 이하 참조.
55) 박정식, 박종원, 조재호 공저, 현대재무관리 제6판(2004), 다산출판사, 849면

	A의 현금흐름 (주식가치변동)	B의 현금흐름 (고정이자 수익)
연초 주식 및 현금가치	1억원	1억원
주식에 대한 배당	+1,000만원	
연말 주식 가치 하락	-2,000만원	
연말 고정이자수익발생		500만원
총계	9,000만원	1억500만원
주식스왑결제 전 손익	**-1,000만원**	**500만원**
주식스왑결제	+1,500만원	-1,500만원
주식스왑결제 후 손익	**500만원**	**-1,000만원**

위의 표를 살펴보면 주식스왑계약을 통해 A는 1억원의 주식 소유로 인한 변동현금흐름을 현금 1억원에 고정이자율 5%를 적용한 고정현금흐름과 교환하게 된다. 따라서 연말 주식스왑 결제시점에서 변동현금흐름과 고정현금흐름의 차액 1,500만원을 B로부터 지급받게 된다. 그러므로 B가 주식에 대한 이해관계를 가지게 되어, 주식 가치 하락으로 인한 손실 1,000만원을 부담한다. 위 표는 주식가치하락으로 손실이 발생하는 경우를 가정하고 있지만, 이익이 발생하는 경우에도 마찬가지이다. 이 경우에는 주식가치 상승에 의한 이익과 고정이자수익의 차액을 A가 B에게 지급하므로, 여전히 B가 주식에 대한 이해관계를 가진다.

주식스왑계약 이외에도 일정 시점에 특정 가격으로 주식을 매각할 수 있는 **풋옵션**을 취득하거나, 일정 시점에 특정 가격으로 주식을 매수할 수 있는 **콜옵션**을 발행하는 경우에도 주식에 대한 이해관계를 일부 이전할 수 있다. 예를 들어서 주주 A가 현재 1억원 상당의 주식을 1년 후에 1억 500만원에 팔 수 있는 풋옵션을 B로부터 취득하였다고 하자. 이 경우 A의 이해관계는 다음과 같다.

	A의 현금흐름(주식가치변동)	B의 현금흐름
연초 주식 및 현금가치	1억원	1억원
주식에 대한 배당	+1,000만원	
연말 주식 가치 하락	-2,000만원	
연말 고정이자수익 발생		500만원
총계	9,000만원	1억500만원
풋옵션 결제전 손익	**-1,000만원**	**500만원**
풋옵션 결제	+2,500만원	-2,500만원
풋옵션 결제 후 손익	**1,500만원**	**-2,000만원**

이 경우에는 배당수익은 A에게 귀속된다는 점에서 풋옵션 결제 후 손익이 주식스왑계약과는 차이가 있다. 그러나 주식가치 하락으로 인한 손실이라는 이해관계는 주주 A가 아닌 B가 부담한다는 점에서 주식에 대한 이해관계가 일부 이전된다. 주가의 변동에 의한 전체 이해관계 중 풋옵션 행사가격보다 주가가 하락할 위험 내지 그로 인한 손실에 대한 이해관계만이 이전되기 때문이다. 사전적으로 주주는 풋옵션 가격보다 주가가 낮아질 위험은 우려할 필요가 없다. 즉 주주가 경제적 이해관계를 일부 가지지 않으면서 의결권을 행사하는 경우이다.

(나) 주식 대차계약을 통한 경우

주식대차는 대여자가 주식의 소유권을 차입자에게 이전하고, 차입자는 대차거래 기간이 종료한 후에 동일한 종류와 수량의 주식을 반환하기로 약정하는 소비대차계약이다[56]. 차입자는 주주로서 주식에 대한 의

---

56) 허항진, 국제적 증권담보거래에 대한 법적 소고, 상사법연구 28권 2호(통권63호), 2009, 210면 송치승, 주식대차의 구조이해와 우리나라 주식대차의 개선방안, 한국증권연구원, 2003, 16면, 정승화, 유가증권 대차거래제도의 발전과제, 증권예탁 제49호, 2004, 7면 김좌광, 유가증권대차거래의 과세상의 문제점, 조세연구 3집 (2003), 147면 이하 정순섭, 국제증권금융거래에 관한 법적 문제 : 리포 거래를 중심으로, 경영법률 14집 2호, 2004, 161면 등에 의하면 유가증권도 대체물의 일종이라고 할 것이므로 유가증권대차거래도 원칙적으로 민법상소비대차계약의 한

결권을 가진다. 일반적으로 차입자는 대차거래기간 중의 배당 등 당해 주식
으로부터 취득한 수익을 대여자에게 반환하기로 약정하는 경우가 많다[57].

A가 주주 B로부터 정기주주총회 기준일 이전에 1억원 상당의 주식
을 차입하고, 기준일 이후에 이를 반환하기로 약정하였다고 하자. 2-3일
정도의 주식대차거래 기간 동안 주가는 1% 정도 변동하였다. 주식 차
입자인 A와 대여자인 B의 이해관계는 다음 표와 같다.

	A의 현금흐름(주식가치변동)	B의 현금흐름
주식대차일 현재 주식 가치	+1억원	-1억원
주식 가치 하락	-100만원	
주식 대차거래 수수료 지급	-1만원	+1만원
주식대차 결제	-9,900만원	+9,900만원
최종 손익	**-1만원**	**-99만원**

이 경우 주식 차입을 통해 주주가 된 A의 경우 주식대차기간 동안의
주식가치 하락분 -100만원은 부담하지 아니하고, 주식대차거래 수수료
1만원만을 부담한다. 즉 A는 주식에 대한 이해관계는 가지지 않으면서,
기준일 시점의 주주로서 의결권을 행사한다.

형태라고 한다. 다만 유가증권이라고 하더라도 번호 등을 통하여 특정할 수 있는
경우의 대차거래는 소비대차의 일종이라기보다는 유가증권의 사용대차라고 보는
것이 타당할 것이다. 그러므로 여기서 주식 대차계약이라 함은 주식의 소비대차
거래에 한정하는 것으로 보기로 한다. 이러한 형태의 주식대차계약은 주식의소
유권은 이전하면서 경제적 이해관계는 여전히 보유한다는 점에서, 주식 소유권
이전 없이 경제적 이해관계만을 보유하는 주식스왑과 차이가 있다고 한다.

57) 자본시장과 금융투자업에 관한 법률 제166조, 동법 시행령제182조, 금융투자업
규정 제5-26조 및 한국예탁결제원 증권대차거래의 중개 등에 관한 규정 제35조
에 의하면 대차증권에 대한 배당금 등 처리와 관련하여 차입자는 대차증권으로
인한 배당금, 분배금, 이자, 신주인수권증서 및 새로이 발행되는 증권(이하 "배당
금등"이라 한다)을 세칙으로 정하는 방법에 따라 대여자에게 인도 또는 지급하여
야 한다고 규정하고 있다.

2. 주식을 소유하지 않은 경우

주식을 소유하지 않으면서 의결권을 보유하는 경우에도 의결권 과다보유에 해당한다. 이 역시 법률에 의한 경우와 법률행위에 의한 경우로 나눌 수 있다.

(1) 법률에 의한 의결권 과다보유 (C유형)

(가) 명의개서 미필의 반사적 효과로서 의결권이 인정되는 경우

우선 상법 상 명의개서 미필에 의한 반사적 효과로서 구 주주가 의결권을 가지게 되는 경우가 있다. 단, 이는 실질주주명부 제도가 적용되는 상장회사의 경우에는 적용이 없고(자본시장과 금융투자업에 관한 법률 제316조), 비상장회사 주주의 경우에만 문제된다. 주식 취득자가 주주명부 폐쇄일이나 기준일까지 명의개서를 과실로 실기하거나, 또는 배당이익과 의결권의 행사 등에는 관심이 없고 오로지 전매차익만을 목적으로 하고 있어서 명의개서를 하지 않을 수 있다[58]. 명의개서를 하지 않으면, 회사로부터 주주로 취급받지 못하기 때문에[59] 배당금의 지급청구나 신주인수권의 행사, 의결권의 행사 등이 불가능하다. 그러나 주주명부에 남아 있는 자(명의상의 주주)는 이미 주식을 매각하여, 투자금의 회수를 하였기 때문에 이를 주주로 인정하는 것은 불합리하다. 그러므로 신주인수권의 행사(협의의 실기주 문제)나 배당금이나 합병교부금 지급청구권의 행사(광의의 실기주 문제)에 의한 이익은 명의개서를 하지 않은 주식취득자에게 돌아가야 한다는 것이 일반적인 견해이다[60].

---

58) 김교창, 이른바 실념주의 문제, 변호사(서울제일변호사회), 1979.4.(제10집), 212면.
59) 상법 제337조 제1항.
60) 정동윤, 상법(상) 제5판, 법문사, 2010, 496면 정찬형, 상법강의(상) 제14판, 박영사, 2011, 707면 이철송, 회사법강의(제19판), 박영사, 2011, 298면, 김건식, 명의개서의 해태와 무상발행신주의 귀속. 판례월보, 1989년 4월호(통권 223호). 73면. 이에 대하여 대법원은 대판 1988.6.14, 87다카2599, 2600 판결에서 피고 Y회사가 소외 B회사의 기명주식을 실질적으로 취득하였으나 피고 Y회사가 기명주식

그러므로 주식 가치변동으로 인한 손익 및 배당금 수익 등 주식에 대한 이해관계는 명의개서 미필의 주식 취득자가 가진다[61]. 반면에 명의개서 미필의 주식 취득자는 상법 제337조에 의하여 회사에 대하여 의결권 행사를 주장할 수 없다. 그러므로 주식에 대하여 이해관계는 있으나 의결권을 가지지 못한다. 반사적으로 주식을 양도한 자의 경우에는 주식에 대한 이해관계 없이 의결권만을 보유한다. 다만 대법원 판례에 의하면[62], 주식회사의 입장에서 주주명부상의 주주가 실제로 주식을 소유하고 있는 자가 아니라는 점을 회사가 알았거나 중대한 과실로 알지 못하였고 또한 이를 용이하게 증명할 수 있는 경우라면, 그 의결권 행사를 거절할 수 있다. 이러한 경우에는 의결권 과다보유에 해당하지 않는다.

(나) 명의개서폐쇄기간 내지 기준일 이후 주식을 처분한 경우

비상장회사는 임시주주총회에 대해서는 상법 제354조의 기준일 혹은 주주명부폐쇄기간을 설정하지 않는 경우가 많으나, 정기주주총회에 대해서는 정관으로 사업연도 말일을 기준일로 하여 정기주주총회에서 의결권을 행사할 주주를 정하는 경우가 대부분이다. 상장회사는 주주를 확정하기 위하여 자본시장과 금융투자업에 관한 법률 제315조 및 제316조의 실질주주명부 작성이 필요하기 때문에 실무상 임시주주총회와 정기주주총회를 불문하고 기준일 혹은 주주명부 폐쇄기간을 정하지 않

의 명의개서를 하지 아니하고 있었고 소 외 A회사가 그 주주로 기재되어 있었다면 원고 X가 이 사건 신주에 대하여 소외 A회사(주주명부상의 명의주주)를 채무자, 소외 B회사를 제3채무자로 하여 한 주식압류는 무효라고 할 수 없다고 하여 협의의 실기주는 주주명부상의 명의주주에게 귀속함을 전제로 판시를 한 바 있다. 이에 대하여 찬성하는 취지로는 임재호, 명의개서전의 주식양수인의 지위, 사회과학논총(안동대학사회과학연구소), 1989.12., 9면. 10-14면.

61) 다만 위의 경우에 있어서의 반환청구의 법리에 대해서는 부당이득설, 사무관리설, 준사무관리설 등 학설상의 다툼이 있다. 이철송, 회사법강의(제19판), 박영사, 2011, 298면.

62) 대법원 1998. 9. 8. 선고 96다45818 판결.

을 수 없다[63]. 기준일 혹은 주주명부 폐쇄기간 이후에 주식을 취득한
자는 의결권을 행사할 수 없다. 그리고 이에 대한 반사적 효과로서 기
준일 혹은 주주명부폐쇄기간 이후에 주식을 매각한 자는 의결권을 행
사할 수 있다[64].

(2) 법률행위를 통한 의결권 과다보유 (D유형)

(가) 의결권 구속계약을 통한 경우

앞서 본서 제2장 제2절 제1항에서 살펴 본 바와 같이 주주가 아니어
서 주식에 대한 이해관계를 가지지 않는 자가 의결권 구속계약을 통하
여 의결권을 보유한 경우도 의결권의 과다보유에 해당한다.

(나) 의결권의 백지위임을 통한 경우

본서 제2장 제2절 제1항에서 살펴 본 바와 같이 주주로부터 의결권
을 백지위임받은 자는 주식에 대하여 이해관계를 가지지 않으면서 의
결권을 과다보유하게 된다.

---

63) 한국상장회사협의회 상장회사 표준정관 제13조 제1항에서는 이 회사는 매년 1월
　　1일부터 1월 31일까지 권리에 관한 주주명부의 기재변경을 정지한다고 규정하
　　고, 동조 제2항에서는 이 회사는 매년 12월 31일 최종의 주주명부에 기재되어
　　있는 주주를 그 결산기에 관한 정기주주총회에서 권리를 행사할 주주로 한다고
　　규정하고 있다. 또한 배당과 관련해서도 동 정관 제45조 제3항에서 이익의 배당
　　은 매 결산기말 현재의 주주명부에 기재된 주주 또는 등록된 질권자에게 지급한
　　다고 규정하고 있다.
64) 이러한 경우 배당기준일 제도에 의하여 기준일 이후에 주식을 매각한 주주의 경
　　우 배당을 받게 되므로 주식에 대한 경제적 이해관계를 아예 부담하지 않는 것은
　　아니라는 주장도 가능하다. 그러나, 실무상으로는 상장회사 주식의 경우 기준일
　　시점에서 배당락에 의하여 주가가 하락하게 되고 비상장회사 주식의 경우에도
　　배당금을 주식가치에서 차감하여 매매가격을 계산하게 된다. 그러므로 실제로
　　배당으로 인한 이익도 상당 부분은 주식매수인에게 돌아가게 된다.

제2목 의결권 과소보유

1. 주식을 소유한 경우

(1) 법률의 규정에 의한 의결권 과소보유 (E유형)

(가) 명의개서 미필 주주

명의개서 미필 주주는 주식에 대한 이해관계를 가지면서 의결권을 행사하지 못한다. 다만 대법원 판례에 의하면 회사가 주식 양도 사실을 알고 있었음에도 정당한 사유 없이 명의개서를 거절한 경우65), 명의개서 미필 주식 취득자에 대하여 회사가 주식양도 사실을 알고 이를 주주로 인정한 경우66)에는 의결권 행사가 가능하다. 또한 타인의 승낙을 얻어 그 명의로 출자하여 주식대금을 납입한 경우에는, 실제로 주식인수 대금을 납입한 명의차용인을 주주로 보아야 한다는 것이 대법원 판례67)이다. 그러므로 이러한 경우에도 명의개서 없이 의결권 행사가 가능하다. 위와 같은 경우에는 주식에 대한 이해관계와 의결권이 일치한다.

(나) 명의개서폐쇄기간 내지 기준일 이후 주식을 취득한 주주

앞서 살펴 본 바와 같이 주주총회를 위한 기준일 혹은 명의개서 폐쇄일 이후에 주식을 취득한 자는 주식에 대한 이해관계가 있음에도 불구하고 의결권을 행사하지 못한다.

또한 상법 제350조에서는 명의개서 폐쇄 기간 중에 전환된 주식의 주주는 그 기간중의 총회의 결의에 관하여는 의결권을 행사할 수 없다고 한다. 기준일에 대해서는 명확한 언급이 없다. 그러나 기준일 제도와 명의개서 폐쇄기간 제도 모두 의결권을 행사할 자를 확정하기 위한 제

---

65) 대법원 1993.7.13. 선고 92다40952 판결.
66) 대법원 2001. 5. 15. 선고 2001다12973 판결.
67) 대법원 2004. 3. 26. 선고 2002다29138 등 다수.

도라는 점을 고려하면, 기준일 이후에 전환을 한 자에 대해서도 의결권
이 인정되지 않는다고 해석하는 것이 타당하다. 이러한 경우 의결권 과
소보유에 해당한다. 상법 제516조 제2항 및 상법 제516조의 8은 위 규
정을 전환사채권자의 전환청구 혹은 신주인수권부사채권자의 신주인수
권 행사에 대해서도 준용하고 있다. 그러므로 이러한 경우에도 의결권
과소보유에 해당한다.

(다) 개별 규제법령에 의한 의결권 제한

상법 제369조 제3항에 의하면 회사, 모회사 및 자회사 또는 자회사
가 다른 회사의 발행주식의 총수의 10분의 1을 초과하는 주식을 가지고
있는 경우 그 다른 회사가 가지고 있는 회사 또는 모회사의 주식은 의
결권이 없다. 이러한 **상호주 보유규제**의 근거로는 여러 가지가 논의되
고 있으나, 본질적인 근거로는 상호주 보유의 경우 실질적으로 각 회사
가 자기주식을 간접적으로 취득하게 되어 자본충실이 저해된다는 점
및 상호주 보유를 통해 양 회사의 경영진이 출자 없이 상호적으로 회사
를 지배할 수 있게 되어[68] 회사지배가 왜곡된다는 점 등이 있다[69].

---

68) 上柳克郎 등 편저, 新版註釋會社法(5), 有斐閣, 233면.
69) 정동윤, 손주찬, 대표편집, 주석상법 회사편 제3권, 한국사법행정학회, 103면 이
   하 이철송, 회사법강의(제19판), 박영사, 2011, 337면 및 김상규. 상호주 규제에
   관한 연구, 법학논총 14집(97.10), 95면 이하에서는 위 두 가지 근거 이외에 사단
   성의 파괴를 들고 있다. 이에 의하면 상법 제169조에서 회사를 사단으로 규정한
   이상 회사는 일정한 목적과 조직 하에 결합된 자연인의 단체이어야 하는데, 주식
   을 상호보유하고 있는 경우에는 상호 보유하는 비율만큼 자연인에 기반한 출자
   가 이루어지지 않는 문제점이 있다는 것이다. 그러나 다음과 같은 이유에서 이러
   한 주장은 타당하지 않다고 생각된다. 일반적으로 사단이라 함은 일정한 목적에
   기초한 법인격을 가진 구성원의 집합을 말한다고 정의되고 있고(곽윤직대표집필,
   민법주해 제1권, 박영사, 465면), 그 구성원이 법인인지 자연인인지는 중요하지
   않다. 실제로 거래계에서는 주주가 법인으로만 구성된 주식회사도 흔하게 설립
   되고 있으며, 중요한 것은 주식의 상호보유가 있는지 여부이지 단지 주주 중에
   자연인이 없다는 이유만으로 특별한문제가 생기는 것은 아니다. 특히 상법 제517
   조에서 사원이 1인이 된 경우를 회사의 해산사유로 규정하지 않아서 1인 회사를

독점규제 및 공정거래 등에 관한 법률 제11조에 의하면 상호출자제한기업집단에 속하는 회사로서 금융업 또는 보험업을 영위하는 회사는 국내계열회사주식에 대하여 일정한 경우를 제외하고는 의결권을 행사할 수 없다. 또한 동법 제16조에 의하면 공정거래위원회는 동법 제7조 기업결합의 제한, 동법 제8조의2 지주회사 등의 행위제한, 동법 제9조 상호출자의 금지 등 각종 금지 규정에 위반한 경우, 시정조치의 일환으로 주식의 전부 또는 일부의 처분명령을 할 수 있다. 동법 제18조에 의하면 주식처분명령을 받은 자는 그 명령을 받은 날부터 당해 주식에 대한 의결권을 행사할 수 없다.

또한 은행지주회사 혹은 은행에 대한 동일인 주식보유제한 혹은 비금융주력자 주식보유제한 등 각종 주식보유제한에 위배하여 주식을 보유하고 있는 경우에는 의결권을 행사할 수 없다(금융지주회사법 제10조 및 은행법 제16조). 또한 대주주 변경승인을 승인을 받지 아니하고 금융투자업자, 보험회사, 신용카드회사 등의 대주주가 된 경우에도 당해 주식에 대하여 의결권을 행사할 수 없다(자본시장과 금융투자업에 관한 법률 제23조, 보험업법 제6조, 여신전문금융업법 제6조 등).

그러나 위에서 논한 상법, 독점규제 및 공정거래등에 관한 법률, 금융지주회사법, 은행업법, 자본시장과 금융투자업에 관한 법률 등 각종 규제법령에 의한 의결권 과소보유가 바람직한지 여부에 대해서는 일반적인 의결권 분리의 문제와는 달리 위 개별 규제 법령의 취지 등에 대한 검토가 필요하다. 이는 본서의 범위를 벗어나는 것이므로 여기서는 자세히 검토하지 아니한다.

인정하고 있는 등 주식회사에 대해서는 일반 민법상의 사단법인과는 다른 취급을 하고 있다는 점에서도 그러하다.

(라) 기업인수목적회사의 발기주주

기업인수목적회사란 다른 법인과 합병하는 것을 유일한 사업목적으로 하여 모집을 통하여 주권을 발행하는 법인[70]이다. 기업인수목적회사는 다른 법인과의 합병만을 사업목적으로 하는 주권상장법인(일종의 Shell Company)으로서, 비상장 우량기업과의 합병을 통한 우회상장을 통하여 투자자의 수익을 창출한다[71].

기업인수목적회사의 발기인으로서는 자기자본 1,000억원 이상 지분증권 투자매매업자가 반드시 참여해야 한다(자본시장과 금융투자업에 관한 법률 시행령 제6조 제4항 제14호 다목, 금융투자업 규정 제1-4조의2 제4항). 이들 발기주주가 기업인수목적회사를 설립한 이후에 공모 및 상장을 통해 일반주주로부터 자금을 모집한 후 우량 비상장기업을 물색하여 이들과의 합병을 통한 우회상장 방식으로 투자수익을 얻는다. 공모 후 36개월의 합병기한 이내에 합병에 실패하는 경우 청산하여야 한다. 기업인수목적회사의 공모주주인 투자자들은 발기주주에 비하여 높은 공모가를 지급하고 투자에 참여한다. 그러므로 공모 이후 비상장회사와의 합병을 주도하는 발기주주들과 이해관계에 차이가 있게 되어, 투자자 보호를 위한 여러 가지 장치를 두고 있다.

우선 기업인수목적회사는 공모자금의 90% 이상을 증권금융·신탁업자에 예치·신탁해야 하며, 예치·신탁한 자금에 대해 인출 및 담보제공이 금지된다(자본시장과 금융투자업에 관한 법률 시행령 제6조 제4항 제14호 가목 및 나목, 금융투자업규정 제1-4조의2 제1항 및 제2항). 발기주주의 경우에는 확약서의 제출 등을 통하여 위 예치자금에 대해서

---

70) 자본시장과 금융투자업에 관한 법률 시행령 제6조 제4항 제14호.
71) 이는 2009. 12. 21. 시행된 개정 자본시장과 금융투자업에 관한 법률 시행령에 의하여 국내에 도입된 제도로서, 미국의 Special Purpose Acquisition Company 제도를 본받은 것이다. 한국증권거래소, 기업인수목적회사 해설, 제22면.

는 합병실패로 해산하는 경우에도 잔여재산분배청구권이 제한된다. 그
리고 합병승인을 위한 주주총회 특별결의에 있어서 의결권의 행사 및
반대주주식매수청구권의 행사가 제한된다. 이러한 확약서는 기업인
수목적회사 상장을 위한 필수제출서류이다.(유가증권상장규정 제10조
의2 제6호 기목, 코스닥시장상장규정 제4조의3 제1항 제5호 가목) 발기
주주에 대하여 주식 계속보유확약서 및 보호예수증명서의 제출이 요구
되어 합병 후 6개월 경과시점까지 당해 주식을 처분할 수 없다.

그러므로 기업인수목적회사 발기주주는 주식에 대한 이해관계를 가
지면서도 합병승인 결의에 있어서는 의결권을 행사하지 못하여 의결권
과소보유에 해당한다. 발기주주는 공모주주보다 낮은 가격에 주식을 취
득하였고 합병에 실패하는 경우에는 잔여재산분배청구권이 제한되므
로, 공모주주에게 손해가 되는 합병의 경우에도 무리하게 이를 추진할
인센티브가 있다. 이러한 양자 간의 이해관계의 차이를 조정하고 공모
주주를 보호하기 위하여 제도적으로 의결권 제한을 강제하고 있다.

그러나 기업인수목적회사 발기주주도 일반주주와 같은 정도는 아니
나 주식에 대하여 일정부분의 이해관계를 가지므로 의결권 제한이 바
람직하지 않다는 반론도 있을 수 있다. 기업인수목적회사에서의 의결권
제한 문제는 발기주주와 공모주주 간의 주인-대리인 문제 등 기업인수
목적회사 제도에 대한 고찰을 전제로 하므로 본서에서는 자세히 논하
지 아니한다.

(마) 자기주식의 의결권 제한

상법 제369조 제2항에 의하면 회사가 가진 자기주식은 의결권이 없
다[72]. 또한 자기주식에 대하여 회사가 이해관계를 가지는지도 의문이

---

72) 정동윤, 손주찬, 대표편집, 주석상법 회사편 제3권, 한국사법행정학회, 99면에서
　　는 회사 자신이 자기의의사를 결정하는 주주총회에 참가할수 없다는 것은 당연

다. 자기주식에 대하여 배당청구권이나 잔여재산 분배청구권이 인정되는지 여부에 대해서는 논란이 있다. 그러나 자기주식의 실질이 출자의 환급이라고 볼 때 이는 가공의 자본에 대한 배당 내지 잔여재상 분배를 야기하므로 허용되기 어렵다[73]. 회계적으로도 자기주식은 자산이 아닌 자본조정으로 처리되므로[74] 그 가치변동이 회사의 손익으로 연결되지 않는다. 그러므로 오히려 의결권과 이해관계를 모두 가지지 않는 경우로 볼 수 있다. 따라서 회사의 외부자가 주식에 대하여 이해관계를 가지면서 그 의결권을 행사하지 못하는 경우와는 본질적으로 다르다. 그러므로 자기주식의 의결권 제한 문제는 자기주식취득규제의 문제로서 접근하는 것이 바람직한 것으로 보이고, 본서에서는 자세히 다루지 않기로 한다.

(바) 무의결권 주식

구 상법 제370조에 의하면 무의결권 우선주의 발행이 가능하다. 넓게 본다면 무의결권 우선주의 경우도 의결권 과소보유에 해당한다고 볼 수 있다. 그러나 실제로 이익배당 등에 대하여 우선권을 가지는 우선주주와 보통주주는 경제적 이해관계에 차이가 있다. 그러므로 위와 같은 경우까지 주식에 대한 이해관계를 가지는 것으로 보아 의결권 과소보유라고 보기에는 어려움이 있다. 이는 우선주에 특유한 별개의 문제라고 보는 것이 타당하다[75]. 2012. 4. 15. 시험된 개정상법 제344조의 3에서는 의결권이 배제되거나 혹은 특정 의안에 대해서 의결권이 제한되는 종류주식의 발행을 허용하고 있다. 상법에서는 이익배당 혹은 잔여재산분배에 있어서 우선권이 있는 주식이 아닌 경우에도 의결권이

하다고 하고 있다.

73) 이를 전면적 휴지설이라고 하고, 통설의 입장이다. 이철송, 회사법강의(제19판), 박영사, 2011, 334면 정찬형, 상법강의(상) 제14판, 박영사, 2011, 778면.

74) 기업회계기준 제21호 재무제표의 작성과 표시 I. 54.

75) 우선주에 있어서 주식에 대한 이해관계와 의결권의 분리에 대한 설명으로는 김건식, 무의결권우선주에 관한 연구, 회사법연구(II), 2010, 소화출판사, 116면 이하.

없는 주식을 발행할 수 있다. 그러나 이러한 주식도 의결권 있는 보통 주식과는 다른 것이므로 그 가격이 달리 형성되게 된다. 따라서 의결권 있는 보통주를 가진 주주와 동일한 경제적 이해관계를 가진다고 보기 는 어렵다. 본서에서의 주식은 특별한 언급이 없는 한 의결권 있는 보통주를 의미하는 것으로 하고, 무의결권 우선주 혹은 의결권 제한 종류 주식의 문제는 여기서는 심도 있게 논의하지 않기로 한다.

(2) 법률행위를 통한 의결권 과소보유 (F유형)

(가) 의결권 구속계약을 한 경우

주주가 의결권 구속계약을 통하여 제3자의 의사에 따라 의결권을 행 사하기로 약정하는 경우에는 의결권 과소보유에 해당한다.

(나) 의결권 백지위임을 한 경우

의결권 구속계약을 체결한 경우와 마찬가지로 주주가 백지위임을 통하여 의결권을 제3자에게 위임한 경우도 의결권 과소보유에 해당한다.

2. 주식을 소유하지 않은 경우 (H유형)

주식을 소유하지 않으면서 주식에 대한 이해관계만을 가지는 경우 에도 의결권 과소보유에 해당한다. 법률에 의하여 주식을 소유하지 않 으면서 주식에 대한 이해관계만을 가지는 경우(G유형)는 사실상 찾아 보기 힘들다. 앞서 살펴본 법률의 규정에 근거한 의결권 과다보유의 예 인 투자신탁 등의 집합투자업자에 대칭하여, 집합투자기구 투자자가 이 에 해당하지는 않는지 검토되어야 한다. 그러나 집합투자기구 투자자의 경우에는 투자자산이 여러 종류의 주식에 투자되므로 특정 종류의 주 식에 대하여 이해관계를 가지고 있다고 보기 어렵다. 그러나 법률행위 를 통한 의결권 과소보유의 예는 많다. 주식스왑이나 옵션 등 파생상품 계약을 통해 주식에 대한 이해관계를 가지는 경우 및 주식 대여를 통해 주식의 소유권을 이전하여 의결권을 가지지 않으면서도 주식에 대한 이해관계를 가지는 경우 등이 이에 해당한다.

(1) 주식스왑계약 등 파생상품 계약을 통한 경우

앞서 살펴 본 바와 같이 주주가 주식스왑계약을 체결하는 경우에는 주식에 대한 이해관계를 제3자에게 이전할 수 있다. 이러한 경우에는 당해 제3자는 의결권 과소보유에 해당한다. 주식스왑계약 이외에도 일정 시점에 특정 가격으로 당해 주식을 매각할 수 있는 풋옵션을 발행하거나, 일정 시점에 특정 가격으로 당해 주식을 매수할 수 있는 콜옵션을 취득하는 경우에도 주식에 대한 이해관계를 일부 이전받을 수 있다.

(2) 주식 대차계약을 통한 경우

주식대차거래를 통해 주식을 대여하는 경우, 주주는 여전히 주식에 대한 이해관계를 가지면서도 의결권은 행사할 수 없게 된다.

제3절 구체적 사례 검토

이하에서는 의결권 분리현상이 실제로 구체적 사건에서 어떻게 문제되었는지를 살펴본다. 앞서 논한 바와 같이 실제 사건에서 의결권 분리현상이 문제되는 경우는 헤지펀드의 장외파생상품을 통한 투자와 관련이 있는 경우가 많다. 그러므로 이러한 종류의 투자거래가 발달한 미국이나 유럽의 사례가 많고,[76] 우리나라는 그 사례가 많지는 않다. 그러나 위 외국사례들도 대부분 외국 회사법제의 특유성에 기인한 경우라기보다는 당사자 사이의 계약에 의한 경우가 많아서, 우리 법제 하에서도 충분히 발생가능하다. 따라서 우리 법제하에서의 의결권 분리현상 검토를 위해서도 참고할 만한 점이 있다. 이하에서는 의결권 분리에 대한 외국 사례 및 우리의 사례를 의결권 분리의 분류기준에 따라 살펴본다.

제1항 의결권 과다보유 사례

의결권 과다보유의 사례로는 주로 주식을 소유하면서 법률행위를 통하여 그 이해관계를 이전하는 B 유형의 경우가 많다. 이는 주식파생상품을 통한 경우와 주식 대차거래를 통한 경우가 있다.

제1목 주식 파생상품을 통한 의결권 과다보유

1. 기업인수·합병 상황에서의 사례

의결권 과다보유는 주주총회에서 회사의 인수·합병 여부를 결정하

---

76) Henry T. C. Hu & Bernard S. Black, Equity and Debt Decoupling and Empty Voting II: Importance and Extensions, 156 U. Pa. L. Rev. 625 (2008), 669면 이하에서는 의결권 분리와 관련하여 약 82개의 사례를 소개하고 있다.

는 상황에서 많이 문제된다. 특히 미국에서는 최근 의결권 과다보유로 인하여 주주들이 합병조건이 불리한 경우에도 합병에 찬성하여 주주총회에서 합병이 승인되는 경우가 많았다.[77] 의결권 과다보유의 경우 주주가 회사 주식 가치 증대를 위하여 의결권을 행사할 인센티브가 줄어든다. 따라서 회사의 가치를 감소시키는 주주총회 결의가 이루어질 가능성이 있다.

(1) Perry-Mylan 사례

Perry-Mylan 사례는 의결권 분리에 관한 여러 논의에 있어서 가장 많이 언급되고 있는 대표적인 사례이다.

(가) 사안의 내용

Perry Corp.라는 미국 헤지펀드가 미국 회사인 King Pharmaceuticals 의 주식 700만주를 소유하고 있었다. 그런데 역시 미국회사인 Mylan Laboratories가 2004년 하반기에 King Pharmaceuticals를 흡수합병하기로 양 회사 이사회에서 결정되었고, King Pharmaceuticals의 주가에 상당한 프리미엄을 얹은 대가가 위 회사 주주들에게 합병대가로 지급될 예정이었다. 그러나 위 결정이 발표된 직후 당해 합병이 King Pharmaceuticals의 주주들에게만 이익이 될 뿐 Mylan Laboratories의 주주들에게는 이익이 되지 않는다는 평가가 많아지면서, Mylan Laboratories 의 주가가 급락하였다. 이에 Perry Corp.는 Mylan Laboratories의 주주들이 주가하락으로 인하여 합병에 반대하는 것을 막기 위하여 Mylan Laboratories 주식 9.9%를 매입하여 최대주주가 되었다. 그러나 Perry Corp.는 Mylan Laboratories 주식취득을 하면서 주식스왑 계약에 의하

---

77) Sara B. Moeller, Frederick B. Schlingemann & Rene Stulz, Wealth Destruction on a Massive Scale? A Study of Acquiring Firm Returns in the Recent Merger Wave, 60 J. Fin. 257 (2005), 259면.

여 위 주식에 대한 위험을 모두 헤지하였다. 따라서 실제로는 Mylan Laboratories 주식에 대하여 의결권만 보유하고 있을 뿐 이해관계는 가지고 있지 않았다[78]. 즉 합병 승인으로 인하여 Mylan Laboratories의 주식가치가 하락하는 경우에도 Perry Corp.는 전혀 손해를 보는 상황이 아니었다. 게다가 King Pharmaceuticals 주주에게 유리한 조건으로 합병이 승인되는 경우 Perry Corp. 역시 King Pharmaceuticals 주주로서 이익을 볼 수 있었다. 따라서 Perry Corp.로서는 Mylan Laboratories의 주식 가치 내지는 회사 가치가 하락하는 방향으로 의결권을 행사하여 이를 통해 King Pharmaceuticals 주식 가치 상승으로 인한 이익을 볼 수 있는 인센티브가 있었다. 합병으로 인한 King Pharmaceuticals 주식에 대한 이해관계를 고려한다면, Perry Corp.는 Mylan Laboratories 주식에 대하여 오히려 음의(negative) 이해관계를 가지게 되었다. 즉 Perry Corp.는 Mylan Laboratories에 대한 의결권을 보유하고 있었지만, 오히려 주가를 하락시킬 인센티브를 가시고 있었다.

이에 대해서 Mylan Laboratories의 대주주였던 Carl Icahn이 Perry Corp. 및 유사한 전략을 택한 다른 헤지펀드들과 Mylan Laboratories를 상대로 미국 연방증권거래법 Section 13(d) 의 공시의무 위반 등을 근거로 그 의결권 행사를 저지하는 소송을 제기하였다. 당해 소송에서 Carl Icahn은 Perry Corp. 및 다른 주주들은 의결권을 가지고 있으나 Mylan

---

78) 은행들이 Perry Corp.와 위와 같은 주식스왑 계약을 체결한 이유는 실제로는 위 은행들이 Perry Corp.와 공모하여 위 Mylan 주식을 차입하여 이를 Perry Corp.에게 매도하였기 때문이었다. 즉 위 은행들은 Mylan 주식 가격이 하락하는 경우 오히려 이익을 보는 상황이었고, 이러한 이익을 주식스왑계약을 통하여 Perry Corp.에게 지급하면 되었다. 그러므로 실제로는 Perry Corp. 가 주식을 차입한 것과 경제적으로 차이가 없었다. Perry Corp. 및 은행들은 자신들이 Mylan 주식 가격의 하락을 야기하는 거래를 할 의도가 있다는 점을 시장에서 알 수 없도록 하기 위하여 외국시장 혹은 장외거래를 이용하여 위 거래를 하였다. SEC Administrative ProceedingFile No. 3-13561 In the Matter of PERRY CORP. Respondent (http://www.sec.gov/litigation/admin/2009/34-60351.pdf)

Laboratories 주식에 대하여 오히려 음의 이해관계를 가지고 있다고 주장하였다. 즉 Perry Corp. 및 다른 헤지펀드들은 Mylan Laboratories 주식의 가치를 감소시키는 방향으로 의결권을 행사할 가능성이 있다는 것이다. 그러나 King Pharmaceuticals의 회계상의 문제로 인하여 합병거래가 중단되었기 때문에 위 소송에 대해서 법원의 결정이 나오지는 아니하였다. 다만 미국 연방증권거래위원회(이하 "SEC")에서는 위 사건에서 Perry Corp.가 Mylan Laboratories의 주식을 5% 이상 취득하고도 이에 대한 지분공시를 하지 않았다는 이유로 과징금을 부과하였다. 이에 대해서 Perry Corp. 는 공시의무 위반사실에 대하여 인정하지도 부인하지도 않는 조건으로 150,000달러의 과징금을 납부하기로 SEC와 합의하였다[79].

(나) 분석

Perry Corp.와 Mylan Laboratories의 사례에서 Perry Corp.는 자신이 가지고 있는 Mylan Laboratories 주식에 대한 이해관계를 주식스왑을 통하여 이전하였다. 그러나 Perry Corp.는 King Pharmaceuticals의 주식이라는 관련부수자산을 가지고 있었다. 그러므로 결국 Mylan Laboratories 주식가치가 하락할수록 Perry Corp.에게는 이익이 되었다. 즉 Perry Corp.의 Mylan Laboratories 주식에 대하여 음의 이해관계를 가지게 되었다.

(2) 재무적 투자자에 대한 Put Back Option 제공

(가) 기업 인수·합병에 있어서 Put Back Option 부여와 의결권 과다보유

국내 기업이 기업 인수·합병 과정에서 부족한 인수자금을 조달하기 위하여 재무적 투자자를 유치하면서 이들에 대하여 대상회사 주식 취득의 대가로 일정 비율 이상의 투자수익을 보장해 주기 위하여 Put

---

79) SEC 2009. 7. 21. 자 Press Release; http://www.sec.gov/news/press/2009/2009-165.htm

Back Option을 제공하는 경우가 많다[80]. 즉 재무적 투자자의 투자 이후 일정기간이 도과하였을 때 당해 주식의 주가가 최초 투자원금에 일정 투자수익율을 가산한 금액에 미치지 못하게 되는 경우에는, 위 금액으로 당해 주식을 인수기업에게 매각할 수 있는 권리를 부여하는 것이다. 또한 이러한 Put Back Option 부여와 동시에 약정기간이 도과한 경우 인수기업이 재무적 투자자로부터 위 금액에 당해 주식을 매수할 수 있는 Call Back Option 계약을 같이 체결하는 경우도 있다. Put Back Option만 부여받은 경우에는 주식가격이 일정가격 이하로 하락하는 경우의 손실을 부담하지 않으므로 주식에 대한 이해관계를 일부 가지지 않고[81], Put Back Option 계약과 Call Back Option 계약이 같이 이루어지게 되는 경우에는 이해관계를 전부 가지지 않게 된다. 그러므로 이러한 재무적 투자자는 의결권 과다보유에 해당한다. 따라서 이들은 실제로 의결권 행사에 큰 관심이 없거나 Put Back Option을 부여한 인수기업에 의결권 행사를 위임하는 경우가 대부분이다. 특히 위와 같은 경우 Call Back Option 계약 및 Put Back Option 계약이 같이 체결되었다면, 주식에 대하여 이해관계를 가진 인수기업이 의결권을 행사하게 되어 의결권과 이해관계가 일치하게 된다.

(나) Put Back Option의 회계처리

기업회계기준 제8호 유가증권 48. 내지 50.에 의하면, 유가증권을 담보로 하여 양도자에게 금전을 대여하였더라면 그 대가로 받았을 이자

---

80) 한국경제신문, 2010. 5. 24. 자 "속속 드러나는 풋백옵션…금호그룹·무림 손실 우려" 기사 등 참조.

81) 이해관계를 일부 가지지 않는 경우로는 예를 들어 50%의 주식 중 30% 주식가격의 변동위험을 헤지한 경우도 있을 수 있고, 위와 같이 50% 주식에 대한 이해관계 중 가격의 하락부분에 대한 이해관계를 가지지 않게 되는 경우도 있다. 후자의 경우에도 예를 들어 주식 가격이 일정 가격 이하로 하락하게 되는 의안에 대해서 이를 반대할 인센티브를 가지지 않는다는 점에서 의결권 과다보유로서 문제될 수 있다.

금액과 중요한 차이가 없는 이자 상당액을 유가증권의 양수자가 받기로 약정하고, 양도자는 그 유가증권을 미리 정한 가격으로 재매수할 수 있는 권리와 의무를 모두 가지고 있는 경우 및 시장에서 용이하게 매수하기 어려운 유가증권을 양도하면서, (1) 양수자에게 총수익률스왑(특정 기간동안에 발생하는 일정한 총수익을 다른 총수익과 교환하는 거래)을 부여함으로써 유가증권 보유에 따르는 위험과 효익의 대부분이 양도자에게 귀속되는 경우 또는 (2) 양수자가 미리 정한 가격으로 유가증권을 되팔 수 있는 권리(풋옵션)를 가짐으로써 유가증권 보유에 따르는 위험의 대부분이 양도자에게 귀속되는 경우에는 유가증권에 대한 통제를 아직 상실한 것이 아니므로 유가증권이 양도되었더라도 재무상태표에서 제거하지 아니하고, 당해 거래는 담보차입거래로 본다.

한국회계기준원 질의회신 "양방향 Option 형태의 유가증권담보부차입거래와 관련한 회계처리(회제이 8360-00540, 2004.11.29)"에서도 A사가 공모되는 상장회사 B사의 주식 51%를 인수함에 있어, C사와 컨소시엄을 구성하여 인수주식 중 일부를 C사가 인수하도록 하되, 이 주식에 대한 의결권을 A사가 위임받아 행사하고 C사는 주식처분에 제한을 받으며, 일정기간 이후 A사가 C사의 투자원금 및 이자를 지급하고 주식을 살 수 있는 권리(call option) 및 의무(put option)를 보유하는 내용의 계약을 체결하였다면, 이는 양방향 Option의 형태를 띤 유가증권담보부차입거래로 회계처리하는 것이 타당하다고 하였다.

그러므로 재무적 투자자가 대주주 등으로부터 대상회사 주식을 매수하면서 주주간 계약 등을 통하여 Put Back Option을 부여받아 가격하락의 위험을 부담하지 않게 되는 경우에는 당해 재무적 투자자의 입장에서는 재무제표 상 위 주식을 보유하지 않는 것으로 인식된다. 또한 주식을 매수하는 경우뿐만 아니라 신주를 인수하는 경우에도, Put Back Option 및 Call Back Option 계약을 체결하여 대상회사 주식에 대한 이해관계를 가지지 않는 경우에는, 회계적으로는 대상회사의 주식을 소유하고 있지 않은 것으로 인식된다. 즉 당해 재무적 투자자가 주식에 대한 이해관계를 가지지 않으면서 의결권만을 행사한다는 점이 재무제표상으로도 명확해진다.

(다) 구체적 사례

국내 주요 기업인수·합병거래와 관련하여 Put Back Option이 제공된 사례는 아래 표와 같다. 이는 각 Put Back Option 부여회사의 분기보고서 등에 공시된 내역을 기초로 작성된 것이다.

계약주체	풋백옵션 대상주식	재무적 투자자	행사시기	주당 행사가격
대우건설[82] (신주인수)	대한통운 114만 2240주	우정사업본부 등	2012년 3월	주당인수가 (17만1000원) *연9.0%
아시아나항공[83] (신주인수)	대한통운 47만8147주	칸서스케이씨, 유진자산운용, 코오롱인더스트리 등	2012년 3월	주당인수가 (17만1000월) *연9.7%
금호알에이씨 (신주인수)	대한통운 58만1078주	롯데쇼핑, 대상, 효성 등	2011년 3월	주당인수가 (17만1000원) *연6.0~6.5%
하이트홀딩스[84] (리얼디더블유에게 구주매각)	진로 441만6000주	리얼디더블유	2010년 7월~ 2011년 4월	주당 5만 3374원
S&T중공업[85] (구주매수)	S&T대우 96만6949주	산은캐피탈	2009년 9월 ~2011년 9월	주당인수가 (2만2838원) *연3.0%
사조산업[86] (구주매수)	사조대림 118만 6143주	산은캐피탈	2010년 말	주당인수가 (2만 467원)*연 5.0%
무림페이퍼[87] (신주인수)	무림P&P 637만 9781주	동양종금증권, 대구은행, 소시어스 등	2008년 말~ 2013년 4월	주당인수가 (1만4740원) *연8.5~9.9%

---

82) 주식회사 대우건설 2010. 5. 17. 공시 분기보고서 참조.
83) 아시아나항공 주식회사 2010. 5. 17. 공시 분기보고서 참조.
84) 하이트홀딩스 주식회사 2010. 5. 17. 공시 분기보고서 참조.
85) S&T중공업 주식회사 2010. 5. 14. 공시 분기보고서 참조.

2. 주식 파생상품을 통한 내부자의 헤지거래 관련 사례

회사의 경영진 혹은 지배주주들은 당해 회사 주식이 자신의 자산의 상당부분을 차지하는 경우가 많다. 그러므로 포트폴리오 차원에서 회사 주식에 대한 자신들의 경제적 위험을 분산시키기를 원할 수 있다. 이러한 내부자의 위험분산을 위하여 주식스왑 혹은 무비용 Collar 계약이 많이 이용된다. 무비용 Collar 계약이란 풋옵션을 취득하여 가격하락 위험을 제거하고, 대신 그 대가로 콜옵션을 발행하여 가격 상승으로 인한 효익도 포기하는 것이다. 이러한 collar 계약은 주식스왑계약과 그 경제적 효과가 거의 유사하고, 경제적 이해관계 없이 의결권을 계속 보유하게 하는 의결권 과다보유의 결과를 낳는다. 2001년의 연구결과에 의하면 미국 상장회사의 대부분의 경영진들은 무비용 Collar 계약을 통해 보유하고 있는 주식의 36% 정도를 헤지하였다[88].

제2목 주식대차거래를 통한 의결권 과다보유

1. 주식 대차를 통한 기준일 획득(Record Date Capture)

앞서 살펴본 바와 같이 주식대차거래에서는 차입자가 대여를 통해 주식을 취득하고 의결권도 가진다. 그러므로 대여자는 주식에 대한 의결권 없이 경제적 이해관계만을 가지게 된다. 기준일 전에 주식을 대여하였다가 이를 기준일 이후에 반환하는 경우에는 주식에 대하여 이해관계를 보유하지 않으면서 의결권 행사가 가능하다. 이를 기준일 획득(Record Date Capture)이라고 한다[89]. 주식대차거래의 이자율은 매우 저

---

86) 사조산업 주식회사 2010. 5. 17. 공시 분기보고서 참조.

87) 무림페이퍼 주식회사 2010. 5. 17. 공시 분기보고서 참조.

88) Henry T. C. Hu & Bernard Black, Empty Voting and Hidden (Morphable) Ownership: Taxanomy, Implications, and Reforms, 61 Bus. Law. 1011 (2006), 1027면.

89) 허항진, 국제적중권담보거래에 대한 법적 소고, 상사법연구 28권 2호(통권63호),

렴하므로 미국 상장회사 대다수가 이러한 기준일 획득의 대상이 될 수 있다[90]. 특히 영국에서 연기금들이 이와 같은 거래를 많이 하고 있다. 최근의 연구에 의하면 미국의 경우 기준일에는 주식대여가 전체 발행주식의 평균 0.21%에서 0.26% 정도로 증가한다고 한다. 실적이 좋지 않거나 주주총회에서 주주들의 의견이 첨예하게 대립하거나 주주제안권이 행사될 가능성이 높은 경우에는 기준일 획득거래가 더 많이 일어나게 된다고 한다[91].

2. 구체적 사례

2006년 초의 Henderson Land-Henderson Investment 사례가 좋은 예이다. 홍콩회사인 Henderson Land는 그 상장계열사인 Henderson Investment의 주식 25%를 취득하기를 원하였다. Henderson Investment

---

2009, 211면에 의하면 증권대차거래의 거래목적은 일반적으로 현금차입목적 (cash-driven transaction)과 증권차입목적(securities-driven transaction)으로 구분 할수 있다고 한다. 현금차입 목적의대차거래에서는 대여자가 현금차입을 목적으로 증권을 대여하고 담보로 현금을 수령한다. 이에 비하여 증권차입목적의 대차거래에서는 매매거래에 따른 결제부족분 충당이나 보유증권의 리스크 헤지를 위한 목적 등을 위하여 증권을 차입한다. 박준, 홍선경, 김장호, 채무자회생 및 파산에 관한 법률 제120조의 해석 : 지급결제제도, 청산결제제도 및 적격금융거래에 대한 특칙의 적용범위, BFL 제22호, 2007, 77면에 의하면 현금담보형 유가증권 대차거래와 관련하여, 민법상현금 자체에 대한 질권 등 담보권을 설정하는 것은 가능하지 아니하므로 차입자가 대여자에게 담보목적으로 교부하는 현금, 즉 현금담보는 현금에 대한 담보권설정이 아니라 현금에 대한 소유권의 이전으로 보아야 한다고 한다. 기준일획득 거래는 현금차입 혹은 증권차입 등을 목적으로 하는 전통적인 유가증권 대차거래와는 달리 기준일 시점에 주식을 대여하여 의결권을 행사하려는 목적으로 이루어지게 된다.

90) Darrell Duffie, N. Garleanu & L. H. Pedersen, Securities Lending, Shorting, and Pricing, 66 J. Fin. Econ. 307 (2002), 309면.

91) Henry T. C. Hu & Bernard Black, Empty Voting and Hidden (Morphable) Ownership: Taxanomy, Implications, and Reforms, 61 Bus. Law. 1011 (2006), 1029면 이하.

의 주가는 Henderson Investment 주주들이 이러한 지배권 취득 거래를 승인할 것이라는 기대 하에 급등하였다. 홍콩 법률 하에서는 상장주식의 경우 10% 이상의 주주들의 반대가 있으면 위와 같은 지배권 취득 거래를 막을 수 있었는데, 실제로 10% 이상의 주주들의 반대로 위 지배권 취득 거래가 승인되지 않았다. 그리고 Henderson Investment의 주가는 그 다음 날 17% 하락하였다. 이는 헤지 펀드들이 Henderson Investment의 주식을 차입하여 기준일 획득을 하였기 때문에 이루어진 일이었다. 헤지펀드들이 사전에 공매도 계약을 통해 위 주식에 대하여 음의 이해관계를 가지고 있었기 때문에, 지배권 취득 거래를 반대하는 방향으로 의결권을 행사한 것이다. 이는 주식에 대하여 음의 이해관계를 가진 경우 주주 전체의 이익에 반하는 방향으로 주주총회 결의가 이루어질 수 있음을 보여준다.[92]

제2항 의결권 과소보유 사례

의결권 과소보유에 관해서는 주로 주식파생상품 등 법률행위를 통하여 주식에 대한 이해관계만을 이전받는 H유형의 경우가 많다. 이는 의결권 보유에 의한 지분 공시규제를 피하기 위한 목적으로 활용되는 경우와 그 외 여타의 다른 규제를 회피하기 위한 목적으로 활용되는 경우가 있다.

제1목 지분 공시규제 회피를 위한 의결권 과소보유의 활용

5% 보고제도 등 현재의 지분공시제도는 의결권의 보유[93]여부에 초

---

92) Patricia Cheng, Hedge Funds find loophole in H.K., International Herald Tribune, 2006. 2. 16., http://www.bloomberg.com/apps/news?pid=20601203&sid=ajBvRgj kJjno&refer=insurance Florian Gimbel & Francesco Guerrera, Henderson stock lending fears, Financial Times(Asia Ed.), 2006. 2. 15., 15면.
93) 자본시장과 금융투자업에 관한 법률 제147조, 제133조 제3항 및 동법 시행령 제

점을 두고 있기 때문에, 의결권 없이 주식에 대한 이해관계만을 가지는 경우에는 이를 공시하지 않아도 되는 경우가 많다[94]. 그러므로 주식 파생상품 등을 통한 의결권 과소보유는 지분공시를 피하기 위하여 자주 이용된다[95].

특히 주식스왑계약을 통한 의결권 과소보유가 자주 문제된다. 주식스왑계약을 통해 주식의 가치변동에 의한 현금흐름을 이전할 의무를 지는 파생상품 딜러들은 자신의 위험을 헤지하기 위하여 해당 주식을 직접 보유하는 경우가 많다. 이러한 경우에 파생상품 딜러들은 일반적으로 스왑계약의 해지 후 당해 주식을 상대방에게 매도할 것을 약정하

142조에 의하면 법률 혹은 계약에 의하여 의결권(의결권의 행사를 지시할 수 있는 권한 포함)을 가지는 경우에도 주식의 보유로 보아 5% 보고를 요구하고 있다. 그러므로 5% 보고(주식 등의 대량보유상황보고제도)와 관련해서는 의결권의 소유가 아닌 의결권 구속계약 등을 포함하는 의결권의 보유가 문제된다.

94) Henry T.C. Hu & Bernard S. Black, Debt and Hybrid Decoupling: An Overview,M&A Lawyer, Vol. 1, 2008, 4면에 의하면 미국의 많은 헤지펀드들은 주식스왑계약을 통해 실제로는 5% 이상의 주식에 대한 경제적 이해관계를 보유하고 있음에도 주식대량보유상황보고의무를 이행하지 않다가, 이를 공시할 준비가 되면 주식스왑계약을 해지하고 주식을 실제로 취득하여 주식대량보유상황보고의무를 이행하는 경우가 많다고 한다.

95) Arturo Bris, Toeholds, Takeover Premium and Probability of Being Acquired, 8 J. Corp. Fin. 227 (2002), 229면 Sandra Betton & B. Espen Eckbo, Toeholds, Bid Jumps, and Expected Payoffs in Takeovers, Review of Financial Studies Vol. 13, 2000, 841면에 의하면 기업지배구조의 측면에서 이러한 의결권과소보유가 언제나 바람직하지 못한 것은 아니라고 한다. 기업인수 합병 시도에 있어서 지배지분 취득을 위한 기초로서의 어느 정도의 발판(toehold) 지분을 취득하는 것이 필요한경우가 많다. 그러나 이러한 발판지분 취득을 공시하는 경우 지분 취득에 대한 방어자의 저항이 강화되고 전체적인 인수비용이 증가한다. 주식스왑을 통해 주식에 대한 이해관계만을 이전 받는 경우에는 의결권행사 약정이 없더라도 파생상품 딜러들이 그 상대방의 의사대로 의결권을 행사해 주는 경우가 많다. 따라서 사실상 공시를 하지 않고도 발판(toehold) 지분 취득에 준하는 효과가 생긴다. 이를 통해 기업인수합병 시장이 활성화될 수 있다는 지적도 있다.

거나, 상대방의 의사대로 의결권을 행사해 주기로 약정하기도 한다[96]. 그러나 구체적으로 이러한 약정이 없다고 하더라도, 당사자들이 이를 당연히 예상하는 경우가 많다. 파생상품 딜러들은 시장에서의 평판을 고려해서라도 상대방, 즉 고객의 의결권 행사 요구에 응하는 경우가 대부분이다. 위와 같이 의결권 행사 약정이 없이 사실상의 기대만을 가진 경우는 의결권 과소보유에 해당한다[97].

1. Perry Corp.-Rubicon Ltd. 사례

Perry Corp.의 Rubicon Ltd. 주식 취득사례가 대표적인 경우이다. 미국 헤지펀드인 Perry Corp.는 2001년 Deutsch Bank 및 UBS Warburg 등 파생상품 딜러와의 현금결제형 주식스왑 계약을 통해 뉴질랜드 회사인 Rubicon Ltd. 주식 16%에 대한 경제적 이해관계를 가지게 되었다. 하지만 뉴질랜드 Securities Amendment Act s5(1)(f) (현재는 Securities Markets Act 5A(1)[98])의 규정 상 현금결제형 주식스왑계약에 의한 이해

---

96) 의결권 행사에 관한 계약을 체결하는 경우에는 파생상품 딜러는 주식에 대한 이해관계도 가지지 않고 의결권도 없는 상황이 된다.

97) 다음에서 논하는 Perry Corp.-Rubicon Ltd. 사례 및 CSX Corp.-Children's Investment Fund Management (UK) LLP, 사례 모두 주식스왑계약 당사자 사이에 의결권구속약정이 체결된 것이 아니라, 단지 파생상품 딜러가 상대방의 의사대로 의결권을 행사해줄 것이라는 사실상의 기대를 가진 경우였다.

98) Securities Markets Act 5조 및 5A 조의 원문은 다음과 같다.

5조 Relevant interests in securities (basic rule)
(1) A person has a relevant interest in a security if the person −
(a) is a registered holder of the security; or
(b) is a beneficial owner of the security; or
(c) has the power to exercise, or to control the exercise of, a right to vote attached to the security; or
(d) has the power to acquire or dispose of, or to control the acquisition or disposition of, the security.
(2) It does not matter whether the power or control is express or implied, direct or indirect, legally enforceable or not, related to a particular security or not, exercisable presently or in the future, or exercisable alone or jointly with another

관계도 5% 보고의 대상이 되는지가 불명확하였다. 실제로 Perry Corp.는 이를 공시하지 않았다. 이후 Rubicon Ltd.의 주주총회가 소집되어 이사 선임 안건이 상정되자 Perry Corp.는 위 주식스왑계약을 해지하고, Deutsch Bank 및 UBS Warburg 등 파생상품 딜러로부터 주식을 이전받아 의결권을 행사하였고, 지분공시도 위 주식 취득 시점에서 이루어졌다.

Rubicon Ltd.의 다른 대주주들은 Perry Corp.의 Rubicon Ltd.에 대한 갑작스러운 지분공시 및 의결권 행사에 대해서 매우 놀랐고, 곧 Perry Corp.가 주식스왑계약을 통하여 Rubicon Ltd. 주식 16%를 실질적으로 보유하였음에도 지분공시를 하지 않았다는 이유로 의결권 행사의 무효를 주장하는 소송을 제기하였다. 이에 대해서 Perry Corp.는 위 Securities Amendment Act s5(1)(f)상 주식스왑계약을 체결한 것만으로는 주식의 보유에 해당하지 않으므로, 공시의무를 위반한 것이 아니라고 주장하였다. 이에 대해서 상대방 측에서는 주식스왑계약 시점에서 이미 Perry Corp.는 파생상품 딜러들이 자신들의 위험을 헤지하기 위하여 Rubicon Ltd.의 주식을 실제로 취득할 것이며, Perry Corp.가 주식스왑계약을 해지하기를 원할 경우 위 주식을 기꺼이 Perry Corp.에게 양도할 것이란 점을 알고 있었으므로, 이러한 관계를 종합해 보면 Perry Corp.가 위 주식을 보유한 것으로 볼 수 있다고 주장하였다. 당시 뉴질랜드 주식시장에서는 Rubicon Ltd.의 주식에 대한 거래가 활발하지 않

---

person or persons (but a power to cast merely 1 of many votes is not, in itself, a joint power of this kind).

5A조 Extension of basic rule to powers or controls exercisable through trust, agreement, etc
(1) A person has a power or control referred to in section 5 ifthe power or control is, or may at any time be, exercised under, by virtue of, by means of, or as a result of a revocation or breach of, a trust, agreement, arrangement, or understanding (or any combination of them).
(2) It does not matter whether or not the trust, agreement, arrangement, or understanding is legally enforceable or whether or not the person is a party to it.

아서, 파생상품 딜러들이 주식을 직접 취득하는 방법 이외에 다른 방법
으로 Rubicon Ltd. 주식에 대한 경제적 위험을 헤지하는 것은 매우 비용
이 많이 들어 생각하기 어려웠다는 것이다. 그러므로 Securities
Amendment Act s5(1)(f)에서 규정하는 의결권 행사를 위한 arrangement
내지는 understanding 이 인정되므로 주식을 실질적으로 보유한 것으로
보아 공시의무가 인정된다고 주장하였다. 결국 소송에서는 현금결제형
주식스왑계약을 체결한 것만으로도 위와 같은 arrangement 내지는
understanding 이 존재한다고 볼 수 있는지 여부가 논란이 되었다. 또한
위와 같이 볼 수 없을 경우 실제로 본건에서 Perry Corp. 와 Deutsch
Bank 및 UBS Warburg 등 파생상품 딜러 간에 별도의 약정을 통해 위
와 같은 arrangement 내지는 understanding 이 있었는지 여부도 역시 쟁
점이 되었다. 제1심에서는 현금결제형 주식스왑계약을 체결한 것만으
로는 공시의무가 발생하지 않는다고 하였다. 그러나 Perry Corp. 와
Deutsch Bank 및 UBS Warburg 등 파생상품 딜러 간의 회합 및 서신교
환 등의 증거를 통해 구두합의 등 별도의 약정에 의하여 의결권 행사를
위한 arrangement 내지는 understanding 이 존재한다고 보았다. 그러나
항소심에서는 이러한 제1심의 결론이 파기되었다. 항소심 법원은 역시
현금결제형 주식스왑계약을 체결한 것만으로는 의결권 행사를 위한
arrangement 내지는 understanding 이 존재한다고 볼 수는 없다고 하였
다. 또한 그 외에 다른 증거에 의하여도 별도의 약정을 통한 의결권 행
사를 위한 arrangement 내지는 understanding 이 존재한다고 볼 수는 없
으므로 Perry Corp.가 주식스왑계약을 통해 위 주식을 보유한 것으로 보
기 어렵다고 판시하였다[99].

위와 같은 상황은 전형적인 의결권 과소보유의 상황이다. 비록 Perry
Corp.가 주식에 대한 이해관계는 가지고 있었으나, 실제 주식을 취득하

---

99) Court of Appeal, New Zealand, Perry Corporation vs. Ithaca (Custodians) Ltd.
,4 November 2003 http://www.ipsofactoj.com/international/2005/Part04/int2005(0
4)-011.htm

기 전까지는 법률 혹은 계약 등에 의한 의결권 행사권리를 가지고 있지
않았기 때문이다.

2. CSX Corp.- The Children's Investment Fund 사례

2008년에 문제된 CSX Corp.-The Children's Investment Fund
Management (UK) LLP, 사례도 위 Perry Corp.-Rubicon Ltd. 사례와 유
사하다. 헤지펀드인 The Children's Investment Fund Management (UK)
LLP (이하 "TCI")는 피투자회사 주식을 취득한 후, 회사 경영에 참여하
여 회사가치를 증대시키는 전형적인 Activist Fund였다. TCI는 2006년
하반기부터 미국 최대 철도회사 중 하나로서 버지니아 회사법에 의하
여 설립된 CSX Corp. (이하 "CSX")에 관심을 가졌으며, 2006년 10월에
1.7%의 CSX 주식을 취득하였다. 그리고 CSX 주식에 대하여 파생상품
딜러들과 주식 스왑계약을 체결하여, 2006년 말에는 직접 취득분 및 위
주식스왑계약을 통해 약 8.8%의 지분에 대한 이해관계를 가졌다. 그리
고 이러한 이해관계를 바탕으로 CSX 경영진과 접촉하는 등 CSX 경영
에 참여하려는 의사를 보였다. 2006년 말부터는 Morgan Stanely 등 자
문사와 함께 CSX에 대한 차입매수 방식의 M&A(Leveraged Buy-Out)도
검토하였다. TCI는 2007년 1월에는 그 경제적 지분을 10.5%로 늘렸고,
2007년 4월에는 직접소유 주식 4.1% 및 11% 지분에 대한 주식스왑계
약을 포함하여 15.1%의 지분에 대한 이해관계를 가졌다. 그 이후에도
TCI는 CSX에 대한 M&A를 지속적으로 검토하였다. 2007년 9월에는
CSX 이사 12명 중 5명을 TCI 지명 이사로 선임하는 것 및 15% 이상의
지분을 가진 주주의 요구가 있는 경우 그 시기 및 목적을 불문하고 임
시주주총회를 개최할 수 있도록 하는 부속정관(bylaw) 개정을 위하여,
임시주주총회 소집을 요구하였다. 그리고 위 의안의 승인을 위한 위임
장권유(Proxy Fight) 절차를 시작하였다. 이 과정에서 TCI는 다른 헤지
펀드인 3G Fund L.P.와 의결권 공동행사계약을 체결하여 공동으로 위
임장 권유절차를 진행하였다. 양 펀드의 직접 소유분 및 이해관계 보유

지분을 합하면 지분율이 24%에 이르렀다. 2007년 12월 TCI와 3G Fund L.P. 등이 공동으로 1934년 미국연방 증권거래법 Section 13D[100]) 에 의한 5% 보고를 하였고, 위 보고에서 TCI의 주식스왑계약 체결사실도 공시되었다. 당시 Deutsche Bank 등 파생상품 딜러들은 TCI와의 스왑계약 이행을 위하여 그 대상이 되는 CSX Corp. 주식을 직접 취득하였다. Deutsche Bank 등은 TCI와의 주식스왑계약이 해지되는 경우 당해 주식을 TCI에게 양도할 생각이었으며 의결권의 행사도 TCI의 의도대로 이루어질 가능성이 높았다. 그리고 실제로 TCI는 위 주식스왑계약을 해지하고 위 금융기관들로부터 주식을 취득하여 CSX 주주총회에서 의결권을 행사하였다. CSX 는 TCI가 당초 주식스왑 계약을 통해 CSX 의 주식에 대해서 상당한 영향력을 확보하여 CSX 주식 15.1%에 대한 수익적 소유자(beneficial owner)가 되었음에도 5% 보고를 지연하였다고 주장하면서 TCI의 의결권 행사를 금지하는 소송을 제기하였다.

SEC는 위 쟁점에 대한 법원의 의견조회에 대하여 단순히 현금결제형 주식스왑계약을 체결한 경우에는 그 상대방이 당해 주식을 취득하거나 혹은 당해 주식의 의결권을 주식스왑계약 반대당사자의 의사대로 행사하여야 할 법적 의무를 부담하는 것이 아니라는 이유로 SEC General rules and regulations promulgated under the Securities Exchange Act of 1934 13d 3-(a)[101])에서 규정하는 주식의 수익적 소유자(beneficial

---

100) 미국 연방 증권거래법의 관련 내용은 http://www.law.uc.edu/CCL 및 gov/divisions/corpfin/ecfrlinks.shtml 을 참조하였다.
101) 위 규정 원문은 다음과 같다.
　§ 240.13d-3　　Determination of beneficial owner.
　(a) For the purposes of sections 13(d) and 13(g) of the Act a beneficial owner of a security includes any person who, directly or indirectly, through any contract, arrangement, understanding, relationship, or otherwise has or shares:
　(1) Voting power whichincludes the power to vote, or to direct the voting of, such security; and/or,
　(2) Investment power which includes the power to dispose, or to direct the disposition of, such security.

owner)에 해당하지는 않는다는 입장을 밝혔다[102]. 다만 위 Rule 13d 3-(b)에 의하여 주식의 실질소유에 해당하지 않는 외양을 만들어서 5% 보고의무를 회피하기 위한 목적으로 주식스왑계약 등을 체결한 경우에는 주식의 수익적 소유자로 간주하여 5% 보고의무를 부과할 수 있다는 견해를 밝혔다.

법원은 현금결제형 주식스왑계약을 체결한 경우를 주식의 수익적 소유로 볼 수 있는지 여부에 대해서는 직접적으로 명확한 판단을 하지 않았다. 이는 위 Rule 13d 3-(b)에 의하여 주식의 수익적 소유자로 판단된다면, Rule 13d 3-(a)에 의한 주식의 수익적 소유 여부에 대한 판단은 불필요하다는 이유에서였다. 다만, 방론을 통하여 본 사건의 사실관계상 CSX가 의결권의 행사 혹은 주식의 처분에 대하여 상당한 영향력이 인정되므로 현금결제형 스왑계약의 경우에도 Rule 13 d-3(a)의 주식의 수익적 소유자로 인정될 만한 근거가 충분히 있으나[103], 본건에서는 이

(b) Any person who, directly or indirectly, creates or uses a trust, proxy, power of attorney, pooling arrangement or any other contract, arrangement, or device with the purpose of effect of divesting such person of beneficial ownership of a security or preventing the vesting of such beneficial ownership as part of a plan or scheme to evade the reporting requirements of section 13(d) or (g) of the Act shall be deemed for purposes of such sections to be the beneficial owner of such security. (이하 생략)

102) Brian T. Sullivan, CSX Corp. v. Children's Investment Fund Management and the Need for SEC Expansion of Beneficial Ownership, 87 N.C.L. Rev. 1300 (2009), 1316-1319면에서는 SEC의 이러한 입장을 비판하면서 현금결제형 주식스왑계약의 경우에도 의결권의 행사 혹은 주식의 처분에 대한 상당한 영향력을 인정할 수 있으므로 수익적 소유에 해당한다고 볼 수 있다고 한다.

103) 2010년 7월 장외파생상품 규제를 위한 The Wall Street Reform and Consumer Protection Act of 2010, Pub. L. No. 111-203, 124 Stat.(소위Dodd-Frank Act)가 제정되었다. 동법 SEC. 766. REPORTING AND RECORDKEEPING. (e) SECURITY-BASED SWAP BENEFICIAL OWNERSHIP에서는 1934년 미국연방 증권거래법 Section 13을 개정하여 특정 주식스왑계약을 체결한 경우에는 5% 보고 및 10% 보고와 관련하여 주식의 수익적 소유자로 볼 수 있도록 하였다. 이에 의하면 SEC가 재무부 및 기타 당국자와의 충분한 협의를 통하여 주식

에 대한 판단이 필요하지 않으므로 판단하지 않는다고 설시하였다.
Rule 13 d-3(a)의 주식의 수익적 소유 개념은 일반 투자자에 대한 올바
른 정보제공을 위하여 상당히 광범위하게 규정되어 있고, 이는 단지 주
식에 대한 처분권한 혹은 의결권에 대한 법적인 권리를 가졌는지 여부
만을 가지고 판단되는 문제는 아니라는 것이다. 오히려 주식스왑계약을
체결한 파생상품 딜러의 경우 당해 주식으로 인한 위험을 헤지하기 위
하여 당해 주식을 취득하고, 주식스왑계약이 해지되는 경우 이를 주식
스왑계약 상대방에게 처분하는 것도 흔히 있는 일이며, 그 의결권 행사
역시 주식스왑계약 상대방의 의사대로 행사되는 경우가 많다는 것이
시장 관행 및 당사자의 기대였으므로 이를 고려할 필요가 있다고 하였
다. 그리고 Rule 13d 3-(b)와 관련해서는, 일련의 사실관계를 고려할 경
우 TCI가 5% 보고의무를 회피하기 위하여 주식의 수익적 소유에 해당
하지 않는 것으로 보이는 외양을 만들기 위한 의도 내지 계획 아래 주
식스왑계약을 체결한 것으로 볼 수 있다고 판시하였다. 즉 Rule 13d
3-(b)에 의하여 주식의 실질보유자로 인정되므로, TCI가 5% 보고의무
를 위반한 것으로 보았다. 다만 이에 대하여 의결권을 부정할 정도의
회복할 수 없는 손해의 위험을 인정하기 어렵다는 이유로 TCI의 의결
권 행사를 금지하지는 않았다[104].

스왑계약을 통하여 주식을 직접 취득할 수 있는 가능성이 있고 위 Section 13의
공시제도의 목적 상 이를 주식의 수익적 소유로 간주할 필요성이 있다고 인정
하는 주식스왑의 경우에는, 주식의 수익적 소유에 해당하는 것으로 정할 수 있
도록 하고 있다.(http://www.gpo.gov/fdsys/pkg/PLAW-111publ203/pdf/PLAW-
111publ203.pdf) 자세한 내용은 본서 제5장 III. 4. 참고.

104) CSX Corporation v. The Children's Investment Fund Management (UK) L.L.P.
et al. (1:08-Cv-02764-Lak (Filed Mar. 17, 2008) (S.D.N.Y.); CSX Corp. v.
Children's Inv. Fund Management (UK) LLP, No. 08-2899-CV, 2008 WL
4222848 (2d Cir. Sept. 15, 2008) 참조. 이에 대한 자세한 분석으로는Daniel
Bertaccini, To Disclose or Not to Disclose? CSX Corp., Total Return Swaps,
and Their Implications for Schedule 13d Filing Purposes, 31 Card. L. Rev. 267,
2009, 271면 이하.

3. Schaeffler-Continental AG 사례

Schaeffler가 2008년에 자동차 회사인 Continental AG를 인수합병한 사례에 있어서도 주식스왑계약에 의한 이해관계를 공시하지 않은 것이 문제되었다. 인수·합병 과정에서 Schaeffler는 Continental AG 주식을 3% 보유하고, 5% 미만의 주식에 대한 콜 옵션을 보유하였으며, 28%의 주식에 대해서는 Merrill Lynch 등과 현금결제형 주식스왑계약을 체결하였다. 그리고 실제 주식을 취득하기 전까지는 위 콜옵션 계약 및 주식스왑계약과 관련하여 지분 공시를 하지 않았다. 독일 증권거래법에 의하면 상장회사 주식에 대한 의결권을 3%, 5%, 10%, 15%, 20%, 25% 및 30% 이상 보유하게 될 때마다 이를 공시하여야 하였고, 상장회사 주식의 의결권의 30% 이상을 보유한 경우에 주식인수를 통해 기업지배권을 취득하기 위해서는 공개매수 절차를 거쳐야 했다. Schaeffler와 Continental AG 경영진 간에 주식인수 가격 등 인수·합병 조건과 관련하여 이견이 생기면서, Continental AG가 인수·합병 절차의 적법성을 문제 삼았고, Schaeffler가 공시의무 및 공개매수의무를 다하지 않았다는 주장을 하였다. 이에 대해서 독일의 금융감독기구인 BaFin에서는 위 주식의 의결권 행사 등에 대한 Schaeffler의 영향력을 인정할 만한 계약 등이 발견되지 아니한다는 이유로 공시의무 및 공개매수의무를 인정할 수 없다고 하였다[105].

4. Glencore-Austral Coal 사례

2005년 2월 호주회사인 Austral Coal에 대한 Centennial의 경영권인

---

105) Press Release, BaFin, No Breach of Reporting Requirements Identified in Continental AG Takeover Procedure (Aug. 21, 2008), SharedDocs/Mitteilungen /EN/2008/pm__080821__conti.html 이에 대한 비판으로는 Dirk A. Zetzsche, Continental AG vs. Schaeffler, Hidden Ownership and European Law - Matter of Law or Enforcement?, European Business Organization Law Review, Vol. 10, 2009, 126면 이하.

수 시도가 있었다. 당시 Centennial은 Austral Coal의 주식 16% 가량을 확보하였고, Austral Coal 주식 3.7주를 Centennial 주식 1주로 교환하여 주겠다는 취지의 제안을 하였다. Austral Coal 경영진은 주주들에게 위와 같은 제안을 받아들일 것을 권고하는 내용의 입장표명을 하였다. 이에 대해서 원래 완전자회사인 Fornax를 통하여 Austral Coal 주식 4.88%를 보유하고 있어서 Centennial과 경쟁관계에 있었던 Glencore가 2005년 3월 주식 추가취득으로 인하여 기존 Fornax 보유분을 포함하여 총 4.99%의 주식을 보유하였다. 이외에 2005년 3월 약 6.5%의 Austral Coal 주식에 대하여 CSFB 및 ABN Amro와 현금결제형 주식스왑계약을 체결하였다. 그리하여 Centennial의 경영권 인수 및 소수주주 축출 시도를 저지할 수 있는 기반을 마련하였다. 당시 CSFB 및 ABN Amro 등은 위 스왑계약 이후 Austral Coal 주식을 직접 취득하였고, 위 주식 스왑계약이 해지되는 경우 당해 주식을 Glencore에게 양도할 생각이었으며 의결권의 행사도 Glencore의 의도대로 이루어질 가능성이 높았다. 그러나 2005년 3월에 이루어진 위와 같은 지분취득 및 주식스왑계약에 대해서 일체의 공시가 이루어지지 않았고, 2005년 4월 경에 이르러서야 Glencore가 Austral Coal의 주식을 5% 가까이 취득하였고, 이외에 약 7%의 지분에 대해서 주식스왑계약을 체결하였음을 공시하였다. 이에 대하여 호주의 기업인수합병 심사위원회(Takeover Panal)는 Glencore가 5% Rule에 의하여 주식스왑계약의 대상이 되는 지분을 포함한 그 보유 지분 전부를 모두 공시하였어야 했다고 판단하였다[106]. 그리하여 호주의 기업인수합병 심사위원회는 호주 Corporations Act 2001 657A에 의하여 Glencore의 공시의무위반을 이유로 유지결정(declaration of unacceptable circumstances)을 하였고, 이에 대한 원상회복 내지 시정조치로서 호주 Corporations Act 657D에 의하여 위와 같은 주식스왑계약에 대한 공시 이전에 시장에서 Austral Coal 주식을 처분한 주주들에 대

---

106) Nigel Morris, Austral Coal Ltd. 02. Decision and Review Application (2005. 7. 1.), www.takeovers.gov.au

하여 Glencore가 다시 주식을 매각하는 제안을 할 것을 명령하였다. 이에 대해서 Glencore, Fornax, CSFB 및 ABN Amro가 호주 연방법원에 위 결정에 대한 취소소송을 제기하였다.

호주 Corporations Act 2001 657A에 의하면 기업에 대한 지배권 혹은 잠재적 지배권에 영향을 주거나, 기업 지분의 상당부분에 대한 취득 혹은 취득제안에 영향을 줄 수 있는 부당한(unacceptable) 사정이 발생한 경우 등에는 위와 같은 유지결정이 가능하다[107]. 동법 602A[108]에서는 이러한 규정의 취지에 관하여 기본적으로 상장회사 주식의 지배권 취득이 효율적이고 경쟁적이며 공개된 시장에서 이루어질 수 있도록

---

107) CORPORATIONS ACT 2001 − SECT 657A
Declaration of unacceptable circumstances
  (1) The Panel may declare circumstances in relation to the affairsof a company to be unacceptable circumstances. Without limiting this, the Panel may declare circumstances to be unacceptable circumstances whether or not the circumstances constitute a contravention of a provision of this Act.
  (2) The Panel may only declare circumstances to be unacceptable circumstances if it appears to the Panel that the circumstances:
  (a) are unacceptable having regard to the effect that the Panel is satisfied the circumstances have had, are having, will have or are likely to have on:
  (i) the control, or potential control, of the company or another company; or
  (ii) the acquisition, or proposed acquisition, by a person of a substantial interest in the company or another company
  (b) are otherwise unacceptable (whether in relation to the effect that the Panelis satisfied the circumstances have had, are having, will have or are likely to have in relation to the company or another company or in relation to securities of the company or another company) having regard to the purposes of this Chapter set out in section or
  (c) are unacceptable because they:
  (i) constituted, constitute, will constitute or are likely to constitute a contravention of a provision of this Chapter or of Chapter6B or 6C; or
  (ii) gave or give rise to, or will or are likely to give rise to, a contravention of a provision of this Chapter or of Chapter6B or 6C.
  (이하 생략 전문은 http://www.austlii.edu.au/au/legis/cth/consol_act/ca2001172/s657a.html 참고)
108) http://www.austlii.edu.au/au/legis/cth/consol_act/ca2001172/s602.html

하기 위함이며, 이와 관련하여 일반 주주들은 상당한 회사 지분을 통해 경영권을 취득하려는 자가 누구인지를 알 필요가 있고, 이들의 주식 매수제안에 대하여 충분한 정보 및 판단에 필요한 시간을 보장받을 필요가 있다고 규정하고 있다. 이에 대해서 호주의 기업인수합병 심사위원회는 주식스왑계약의 체결 및 CSFB 및 ABN Amro가 헤지 목적으로 Austral Coal 주식을 실제로 취득한 점을 고려할 때, 위 주식스왑계약이 해지된 이후에는 당해 주식이 Glencore에게 양도될 가능성이 높고, 의결권의 행사도 Glencore의 의도대로 이루어질 가능성이 높다는 점에서 Glencore 역시 상당한 지분을 취득하여 회사의 지배권을 취득할 수 있는 상황이라고 보았다. 그러므로 이를 공시하지 않을 경우에는 투자자들은 Centennial의 경영권 인수제안 등과 관련하여 정확한 판단을 하기 어려워지므로 위와 같은 유지결정이 필요하다고 하였다. 그러나 호주 연방법원에서는 현금결제형 주식스왑계약의 경우에는 법률상 구속력이 없는 사실상의 지배권 취득의 가능성만이 있으므로 유지결정을 허용할 만한 사유가 인정되지 않는다는 이유로 기업인수합병 심사위원회의 유지결정은 취소되어야 한다고 판시하였다[109]. 또한 위 주식매각명령과 관련해서도 호주의 기업인수합병 심사위원회는 동법 657D[110])의 규정에 따라 위와 같은 위법상황에 영향을 받아 침해된 일반주주의 권리를 보호하고, 위와 같은 위법상황이 없을 경우 기업경영권 인수절차 (takeover bid process)가 진행되었을 것으로 예상되는 모습으로 원상회복을 하기 위하여 위와 같은 매각명령이 필요하다고 하였다. 그러나 호주연방법원은 가사 위와 같은 위법상황이 있었다고 하더라도 이러한 위법상황에 영향을 받았는지 여부를 묻지 않고, 주식스왑계약에 대한 공시 이전에 시장에서 Austral Coal 주식을 처분한 모든 주주들에 대하여

---

109) Federal Court of Australia-Glencore International AG & Anor v Takeovers Panel & Ors (with Corrigendum dated 15 September 2005) [2005] FCA 1290 (14 September 2005) http://www.austlii.edu.au/au/cases/cth/federal_ct/2005/1290. html

110) http://www.austlii.edu.au/au/legis/cth/consol_act/ca2001172/s657d.html

Glencore가 주식을 매각할 것을 명령하는 것은 Glencore의 심각한 자산손실을 야기할 수 있다고 하였다. 따라서 이는 위와 같은 원상회복조치에 의하여 보호하려는 이익과 이로 인해 침해되는 이익 간의 형량을 하지 않은 문제점이 있으므로 위 매각명령 역시 취소되어야 한다고 판시하였다.

제2목 기타 규제 회피를 위한 의결권 과소보유의 활용

주식보유현황에 대한 공시를 피하기 위한 목적 이외에 공개매수규제 회피 등 다른 목적을 위해서 의결권 과소보유가 활용되기도 한다. 특히 공개매수제도와 관련하여 많은 나라에서 일정 비율 이상의 주식을 취득하려고 하는 경우에는 다른 주주들에 대해서도 같은 가격으로 매수제안을 하도록 하고 있다. 이는 주가의 상승 및 거래비용 등 여러 가지 부담을 초래한다. 주식스왑을 이용하는 경우에는 이러한 규정을 적용받지 아니하고 당해 주식에 대한 경제적 이해관계를 가질 수 있다.

주식을 소유하지 아니하면서 파생상품계약을 통해 주식에 대한 이해관계를 가지고, 동시에 의결권 구속계약을 통해 의결권을 보유하는 경우에도 주주에 대한 규제를 받지 않을 수 있다. 우리나라의 현대엘리베이터-현대상선 사례가 좋은 예이다111). 위 사례에서 현대엘리베이터

---

111) 현대엘리베이터는 현대 상선 주식에 대하여 2004년에는 파생상품 딜러인Cape Fortune과 2005년에는 프랑스 은행인 IXIS의 자회사인 Nexgen Capital과 주식스왑계약을 체결하여 이를 통해 경영권을 유지하려고 하였다. 위 주식스왑계약에 의하면 현대 상선의 주가가 하락하는 경우Cape Fortune 과 Nexgen Capital의 손실을 모두 현대엘리베이터가 보전해 주게 된다. 반면에 현대상선의 주가가 상승하는 경우 그 이익 중 80%를 현대엘리베이터가 취득하게 된다. 또한 Cape Fortune 과 Nexgen Capital의 경우 현대 상선 주식에 대하여 현대엘리베이터의 지시에 의하여 의결권을 행사하고, 주식스왑계약의 계약기간이 만료되는 경우 현대상선 주식을 현대엘리베이터가 인수하는 것으로 하였다. 위 사건에 있어서는 현대엘리베이터가 의결권 구속계약을 통하여의결권 행사권리도 보유하고 있었으므로 실제로는 주식을 소유하지 않으면서도 주식에 대한 이해관계와 의결

는 주식스왑계약을 통해 현대상선 주식에 대한 이해관계를 가지고, 동시에 의결권 구속계약을 통해 의결권을 보유하였으나, 독점규제 및 공정거래에 관한 법률 상 주식을 소유한 것으로 인정되지 않아서 지주회사 관련 규제를 받지 않았다. 그러나 위 사례는 주식에 대한 이해관계와 의결권이 일치하므로 본서에서 문제삼고 있는 의결권 분리에 해당하지 않는다.

권이 일치하는 경우이다.

만약 현대엘리베이터가 현대상선 지분을 직접 취득하는 경우에는 자회사의 주식가액의 합계액이 해당 회사 자산총액의 100분의 50이상이 되어 현대엘리베이터가 독점규제 및 공정거래에 관한 법률상의 지주회사에 해당하여 자회사 지분율 요건 및 각종 행위제한 등 규제를 받게 될 수 있었다. 그러나 독점규제 및 공정거래에 관한 법률 제7조의 2에 의하면 동법의 규정에 의한 주식의 취득 또는 소유는 취득 또는 소유의 명의와 관계없이 실질적인 소유관계를 기준으로 한다. 그러므로 위와 같은 파생상품 거래를 통해서도 현대엘리베이터가 현대상선 주식에 대한 이해관계를 가지고, 그 의결권행사내용의 결정권리도 보유한다는 이유로 실질적으로 위 주식을 소유하고 있다고 볼 여지도 있었다.

이에 대해서 현대엘리베이터는 2006년 10월 Nexgen Capital과 맺은 주식스왑계약으로 인해 지주회사 요건을 충족하는지 여부에 대한 유권해석을 공정거래위원회에 요청하였다. 공정거래위원회는 2007년 9월 18일 유권해석을 통해, 현대엘리베이터(주)가 Nexgen Capital과 체결한 주식스왑계약을 검토한 결과, 현대상선(주) 주식 600만주에 대한 전반적인 사용·수익·처분권은 Nexgen Capital에 있고, 현대엘리베이터(주)는 수익 및 의결권에 대한 일부 채권적권리를 보유하는 것에 불과한 점 등에서 해당주식에 대한 실질소유자로 보기 어렵고 따라서 현대엘리베이터는 지주회사에 해당하지 않는다고 하였다. 주식스왑계약 상 주가상승의 이익 중 80% 만을 현대엘리베이터가 취득하는 점 및 의결권 구속계약이 회사에 대항할 수 없는 채권적 계약에 불과하다는 점 등이 고려된 것이다. 좋은기업지배연구소, 2006. 10. 26. 이슈리포트, 현대엘리베이터, 또 다른 파생상품 계약, http://www.cgcg.or.kr/?lang=ko&mm=sub6&sm=3&mode=list&page=12&field=&value 공감코리아-정책정보-보도자료(http://www.korea.kr/newsWeb/pages/brief/partNews2/view.do?toDate=&fromDate=&currentPage&dataId=155239563&siteName) 동아일보 2007. 9. 18. 05판 42면 경제 뉴스

1. Agnelli – Fiat 사례

이탈리아 자동차 회사인 Fiat의 지배주주인 Agnelli 가문은 2005년에 Fiat 주식 상당량에 대하여 Merrill Lynch와 주식스왑계약을 체결하였다[112]. 당시 회사재정 악화 및 그로 인한 출자전환의 필요 때문에 Fiat가 여러 채권은행들에 대하여 주식을 발행해야 하는 상황이었는데, Agnelli Family는 주식발행 이후에도 Fiat에 대한 지배권을 유지하기를 원하였다. 그러나 당시에 채권은행들에 대한 주식 발행 전에 직접 원하는 양 만큼의 주식을 매수하는 경우에는 공개매수 규정상의 30% 한도를 초과하게 되어 공개매수절차를 진행하여야 하였고, 또한 매수사실을 공시하여야 해서 주가가 급등할 우려가 있었다. 그래서 Agnelli Family는 일단 채권은행들에 대한 주식 발행 전에 일정비율의 주식에 대해서 현금결제형 주식스왑계약을 체결하였다. Merrill Lynch는 이로 인한 위험을 헤지하기 위하여 Fiat 주식을 실제로 취득하였다. 위 Fiat 주식발행이 마무리된 이후에 Agnelli Family는 현금결제형 주식스왑계약을 해지하고, Merrill Lynch가 보유하던 Fiat 주식을 취득하였다. 위 주식발행으로 인하여 Agnelli 가문의 Fiat에 대한 지분율이 희석되었으므로 위 대상 주식 취득을 하는 경우에도 공개매수 규정상의 30% 한도를 초과하지 않게 된 것이다. 이에 대해서 지분공시의무 내지 공개매수 규정 위반 여부가 문제되었다. 이탈리아 증권거래위원회는 현금결제형 주식스왑만으로는 위 공개매수 규정상의 30% 초과 지분보유 요건에 해당하지 않는다고 보아 Agnelli 가문이 공개매수 규정을 위반한 것은 아니라고 판정하였다[113].

---

112) Still in the Driving Seat-Italian Finance, Economist, 2005. 10. 15., http://www.encyclopedia.com/doc/1G1-137506920.html

113) http://online.wsj.com/article/BT-CO-20101029-715412.html Italy's Consob Rules IFIL Not Obliged to Bid for Fiat, but Swap Deal Probed, AFX International Focus, Feb. 8, 2006.

제4절 결어

이상에서는 의결권 분리 현상의 실례와 그 개념체계에 대하여 살펴보았다. 특히 우리 법제 하에서 의결권 분리현상을 분석하고 이에 대한 적절한 법적 접근방향을 모색하기 위하여는 어떻게 의결권 분리현상을 분류하고 체계화하여야 하는지를 생각해 보았다. 그리고 이러한 개념체계 하에서 실제로 의결권 분리현상이 문제된 구체적 사건들을 살펴보았다.

의결권 분리 현상은 주식에 대하여 이해관계를 가지고 있는 주주가 의결권도 행사한다는 회사법 상의 전통적인 명제에 대하여 많은 의문을 야기하고 있다. 이러한 현상이 회사법 상 바람직한 것인지 아니면 바람직하지 않은 것으로서 규제의 필요가 있는 것인지에 대하여 논란이 많다. 이하에서는 의결권 분리의 타당성에 대한 이론적인 논란에 대해서 살펴본다. 그리고 이러한 논의를 기초로 의결권 분리현상이 바람직한 것인지 여부 및 그 규제의 필요성과 규제 방법 등에 대해서 생각해 본다.

제 3 장

의결권 분리의 문제점 및
규제의 필요성

제1절 서설

주식에 대한 이해관계와 의결권의 분리현상이 회사법 상 문제점이 있는지 여부 및 문제가 있다면 그 문제는 어떠한 것인지에 대한 이론적 논란이 활발하다. 이는 전통적인 회사법 이론에서는 기본적으로 양자가 불가분적으로 주주에게 귀속하는 것이 당연하다고 보았기 때문이다. 우리 상법도 마찬가지이다. 우리 상법상 주주권은 공익권과 자익권으로 나눈다[1]. 자익권은 주주의 경제적, 재산적 이익을 목적으로 하는 일체의 권리 내지 권능으로서 이익배당청구권, 잔여재산분배청구권, 신주인수권, 주식매수청구권 등이 이에 해당한다. 공익권은 주주가 회사의 경영에 참가하는 것을 목적으로 하는 권리로서 의결권, 총회결의취소소송제기권 등 각종의 소권, 이사의 위법행위 유지청구권, 대표소송권, 회계장부열람청구권, 주주제안권 등이 이에 해당한다. 이외에 주식을 처분하여 그 이익을 취득할 수 있는 처분권 역시 주식소유자에게 당연히 인정된다[2]. 자익권 및 주식에 대한 처분권을 보유한다는 의미는 결국 주식으로부터의 현금흐름 혹은 주식 가치 변동에 따른 이해관계를 가진다는 것이다[3]. 이러한 주주권은 모두 주주에게 귀속되고, 주주권의 개

---

1) 이철송, 회사법강의(제19판), 박영사, 2011, 250면 권기범, 현대회사법론(제3판), 삼지원, 2010, 364면 등.
2) 일반적으로 소유라고 함은 대상에 대한 사용권, 수익권, 처분권 등 총체적인 권리를 가지는 것을 의미한다(민법 제211조 김형배, 민법학강의(제6판), 신조사, 577면). 그러므로 주주권을 주식에 대한 소유으로 보는 경우 자익권은 위 소유권의 내용 중 수익권에 해당하고, 공익권은 주식을 통해 회사의 경영에 참여할 수 있는 권리, 즉 회사라는 도구를 사용하여 수익을 창출할 수 있는 권리로서 사용권에 해당한다.
3) 2002. 7. 22. 선고 2002도1696 판결에서 대법원은 대주가 차주에게 금 204억원을 변제기는 대여일로부터 30일 후, 이자율은 연 10%의 조건으로 대출하면서, 차주는 대주에게 위 대여금 204억원에 대한 담보로 아세아종금의 주식 620만 주를 제공하되, 담보주식의 주권은 교부하나 명의개서는 하지 않고, 담보주식에 기한

별적인 구성요소를 분리하여 양도하거나 처분 내지 포기할 수 없다고
한다4). 즉 주식에 대한 자익권과 처분권 등 주식에 대한 이해관계를 가

의결권 기타 일체의 권리는 대주가 행사하며, 대여금 채무의 변제는 대주가 담보
주식의 소유권을 대주에게 귀속시키거나 이를 처분하여 대여금 채무의 변제에
충당하는 방법으로만 하기로 하고 이와는 별도로 차주에게 금전적 의무의 이행
을 요구하지 아니하는 것으로 약정한 경우, 비록 위 주식의 명의개서를 하지 않
았더라도 대주가 의결권을 포함한 주주로서의 모든 권리를 행사하고 주권까지
교부 받은 이상 대주가 이를 사실상 처분할 수도 있는 지위에 있었다고 보여지므
로, 대주가 위 계약시점에서 위 주식의 소유권을 사실상 취득하였다고 봄이 상당
하다고 판시하였다. 즉 명의개서 여부 등 형식적인 요건을 떠나 주식에 대한 경
제적 이해관계를 보유하고 의결권에 대한 행사권한을 보유한 경우 이를 실질상
의 주주라고 본 것이다.

4) 박상근, 주주권의 포기와 의결권의 대리행사, 상사판례연구 제7권(2007.05), 23면
이하 대법원 2002. 12. 24. 선고 2002다54691 판결 등. 최근에도 이러한 전통적
인 입장은 여전히 유지되고 있다. 다만 최근 하급심의 결정례 중에는 이러한 전
통적인 입장과는 조금 다른 입장으로 보이는 결정이 있어서 주목되고 있다. 위
결정례의 사안에서는 갑회사는 2007. 12. 31.을 정기주주총회 기준일로 하고 있
었고, 당시에는 A가 갑회사의 대주였다. 2008. 2.경 A는 B와 소유주식에 대한
주식이전 및 2008. 주주총회에서의 의결권 위임을 내용으로 하는 주식양도계약
을 체결하였고, 의결권 위임에 대한 위임장도 작성하였다. 2008. 3. 18. A는 B와
의 위 주식양도계약 및 의결권 위임이 무효라고 주장하였고, 당해 계약의 무효
내지 취소의 의사를 표시하는 통지를 B에게 송부하였다. 2008. 3. 27. A는 제3자
에게 당해 주식에 대한 의결권을 위임하였고, 2008. 3. 28. 갑회사 정기주주총회
에서 제3자가 의결권을 행사하였다. 이에 대해서 B가 위 주주총회에 대한 주주
총회효력정지가처분 신청을 하였다. 위 사안에 대하여 법원은 서울중앙지방법원
2008. 4. 29. 선고 2008카합1070 결정에서 중복위임이 발생한 경우, 의결권의 위
임은 각 당사자가 언제든지 해지할 수 있는 것이 원칙인 점(민법 제689조 제1항
참조)에 비추어 일반적으로 주주의 의사는 앞의 위임을 철회하고 다시 뒤의 위임
을 한 것으로 보는 것이 상당할 것이나, 앞의 위임의 당사자 사이에 의결권 위임
을 일방적으로 철회할 수 없는 특별한 사정이 있는 경우에는 앞의 위임만이 유효
하다고 보아야 할 것이라고 하였다. 이러한 법리에 비추어 살피건대, A의 B에
대한 의결권 위임은 당해 주식 및 경영권의 양도에 수반하여 이루어진 것이어서
주식 및 경영권의 양도가 유효한 한 의결권 위임만을 별도로 철회하지 않는다는
묵시적인 특약이 있었다고 봄이 상당하고, 한편, 피신청인이 제출한 소명자료만
으로는 위 주식 및 경영권의 양도와 이에 수반된 의결권 위임이 무효라고 보기는

지는 자가 주식에 대한 의결권 등 공익권도 보유한다[5]).

이러한 관점에서는 주식에 대한 이해관계와 의결권의 불일치 현상은 문제가 있는 것으로 볼 수 밖에 없다. 그러나 과연 그러한 것인가. 의결권 분리현상이 문제라면 구체적으로 어떠한 사회적 불이익을 초래하기 때문에 문제라는 것인가. 본 장에서는 이러한 의문에 대해서 생각해 본다.

이를 위해서는 우선 회사의 의사결정권인 의결권을 채권자 등 다른 이해관계인이 아닌 주주에게, 즉 주식에 대하여 이해관계를 가지는 자에게 부여하는 근본적인 이유 내지 필요가 무엇인지에 대해서 살펴보아야 한다. 이에 대해서 당연하게 생각하는 사람들이 대부분이지만, 이러한 법리가 법률상 당연히 관철되어야 할 절대적인 것인지 아니면 특정한 정책적 필요성에 기반한 것인지 생각해 볼 필요가 있다. 그리고 후자의 경우라면 구체적으로 어떠한 필요가 있기 때문인지를 검토해야 한다. 이러한 문제에 대해서는 최근 각국의 회사법 학자들이 다양한 견해를 내놓으며 활발한 논쟁을 벌이고 있다.

어려우므로, 결국 A가 B에 대한 의결권 위임을 일방적으로 철회한 것은 부적법하다고 판시하였다.

　이는 의결권 위임의 경우에도 민법 제689조의 위임의 해지의 자유가 인정되므로 당해 주주가 언제든지 의결권 위임을 해지하고 자신이 의결권을 행사할 수 있다고 해석하는 전통적인 이론과 배치되는 면이 있다. 그러나 이러한 결정례는 경영권 변동 및 주식이전의 과정에서 나오게 된 것으로 기본적으로는 주식의 완전한 이전, 즉 주식에 대한 의결권 등 공익권 뿐만 아니라, 배당금 청구권, 처분권 등 현금흐름에 대한 자익권까지도 이전하는 것을 전제로 그 과도기적 과정에 있어서 의결권을 먼저 이전한 경우에는 이를 유효하게 인정하여야 한다는 입장이어서 위에서 본 주주권의 결합에 관한 전통적인 견해에 완전히 반한다고 볼 수는 없다.

5) 이는 상법 제369조 제1항의 1주1의결권의 원칙과도 관련이 있다. 정동윤, 손주찬, 대표편집, 주석상법 회사편 제3권, 한국사법행정학회, 98면에 의하면 동 규정은 강행규정으로서 정관으로 이를 배제할 수 없다. 1주 1의결권 원칙의 예외인 차등의결권주식 등과 관련하여 주주의결권의 이론적 근거에 대한 설명으로는 김건식, 무의결권 우선주에 관한 연구, 회사법연구(II), 2010, 소화출판사, 233면 이하.

제2절 주주에게 의결권을 인정하는 근거

주주는 주식회사에 자본을 출자하고, 그로 인한 배당금 등 금전적인 이익을 향유하며, 회사의 해산에 의한 잔여재산 분배 혹은 주식의 처분에 의한 처분이익의 귀속자가 된다. 이는 자본 출자자에게 일반적으로 인정되는 권리이다. 채권자의 경우에도 부채의 형태로 회사에 자본을 출자하고, 그로 인한 이자수익을 향유하며, 만기가 도래하거나 회사가 해산하는 경우 투입한 자금의 원본에 대한 반환청구권을 가지고, 동시에 채권의 처분을 통해 그 처분이익을 향유할 수도 있다. 그러나 이러한 자본출자자로서의 권리를 넘어서서 주주가 회사에 대한 의사결정권까지 가지게 되는 이유는 무엇일까. 이는 회사법의 기본적 전제에 관한 중요한 물음이다. 만약 주주가 가지는 어떠한 특성 때문에 의결권이 인정된다면, 주주가 이러한 특성을 잃게 되는 경우 더 이상 의결권을 인정하기 어렵다는 결론에 이를 수 있다.

제1항 주주라는 형식적 자격을 중시하는 입장

우선 주주라는 형식적 자격이 있는 이상 당연히 회사에 대한 의사결정권한을 가진다는 이론이 있다. 전통적으로 주주는 회사의 설립자 혹은 회사라는 법률관계의 당사자로서 회사에 대하여 일종의 처분권을 가진다고 보아 왔다. 따라서 정관변경이나 합병, 해산 등 회사의 구조를 변경하는 행위는 계약의 변경에 해당하기 때문에 그 계약의 당사자인 주주의 동의가 당위적으로 요구된다고 본다[6]. 회사의 존재 근거는 발기

---

6) 이러한 견해 중 특히 회사는 정부의 인가에 의한 법적 의제이고 정관은 주주와 회사 그리고 정부 사이의 3자간 계약으로 보는 입장을 의제설이라고 한다. 小出 篤, 株式會社における剰余金分配權限の所在について : 株主總會權限の機

인 전원이 회사를 설립하기로 서로 합의한 것에 있으므로 회사의 기초
적인 변경을 위해서는 주주전원의 동의가 필요하다는 이론도 이에 해
당한다7). 회사의 일상적인 의사결정에 있어서도 그 결정권한은 원칙적
으로 주주에게 있고, 이사회는 다만 이를 위임받아 행사하는 것에 불과
하다고 본다8). 이러한 입장에서는 주주가 주식에 대한 이해관계를 전혀
가지지 않는 경우에도 여전히 주주로서의 형식적인 자격을 유지하는
이상 회사에 대한 의사결정권한을 가진다고 본다.

제2항 최적의 의사결정을 위한 인센티브를 중시하는 입장

회사는 주주와는 별도의 독립된 실체이어서 회사의 의사를 주주전
원의 의사와 당위적으로 일치시킬 필요는 없는 것이며, 회사를 위하여
가장 효율적인 의사결정을 할 수 있는 자에게 결정권을 부여하는 것이
바람직하다는 이론이 있다. 즉 회사의 바람직한 의사결정을 위하여 필
요한 범위 내에서 주주가 의사결정권한을 가진다는 것이다9).

이러한 이론 중 대표적인 것이 Easterbrook과 Fischel의 견해이다10).

能的理解 の觀点から, 1. 法學協會雜誌 122卷 2號, 143면 이하 酒卷俊雄,
株主總會の意義と權限, 判例タイムズ 臨時增刊 52卷 5號 (1048) (2001.02),
5면 이하.

7) 이를 집합설이라고 한다. 小出 篤, 株式會社における剩余金分配權限の所在
について: 株主總會權限の機能的理解 の觀点から, 1. 法學協會雜誌 122
卷 2號, 145면 이하.

8) 小出 篤, 株式會社における剩余金分配權限の所在について: 株主總會權限
の機能的理解 の觀点から, 1. 法學協會雜誌 122卷 2號, 143면 참조.

9) 小出 篤, 株式會社における剩余金分配權限の所在について: 株主總會權限
の機能的理解 の觀点から, 1. 法學協會雜誌122卷 2號, 151면.

10) Frank H. Easterbrook & Daniel R. Fischel, The Corporate Contract, 89 Colum.
L. Rev. 1416 (1989), 1416면 이하 이외에 투자에 관한 의사결정에 있어서는 회
사 및 주식 가치의 경제적 변화에 대하여 직접적인 이해관계를 가지고 있는 주주

이들은 회사를 주주, 경영자, 종업원, 채권자 등 여러 당사자 간의 계약의 연쇄라고 보았다[11]. 즉 주주는 회사에 있어서 계약당사자들 중 하나에 불과하고, 경영자, 종업원, 채권자 등의 다른 당사자들과 달리 취급될 이유가 없다[12]. 그러므로 의결권도 반드시 주주에게 부여되어야 하는 것은 아니다. 주주가 의결권을 가지려면 우선 주주가 회사의 여러

들이 직접 의사결정을 하는 것이 가장 효율적이라는 입장(Melvin A. Eisenberg, The Structure of The Corporation- A legal Analysis (1976), 29면 이하) 이나 주주가 경제적인 리스크를 부담하는 경우에 있어서는 주주의 이익보호를 위하여 주주에게 의결권을 인정하는 것이 필요하다는 입장(Ronald J, Gilson, Bernard S. Black. The Law And Finance Of Corporate Acqusitions 제2판, 1995, 719면)이 이에 해당한다.

11) Frank H. Easterbrook & Daniel R. Fischel, The Economic Structure of Corporate Law, Harvard Univ. Press (1996), 63면 이하.

12) 실제로 누구의 효용을 극대화하는 것이 회사에 있어서 최적의 의사결정인지에 대하여는 두 가지 입장이 있을 수 있다. 하나는 주주의 효용을 극대화하는 것이 중요하다는 견해이고, 다른 하나는 주주와 함께 채권자, 근로자, 소비자, 원재료 공급자, 지역주민 등 회사의 이해관계자의 효용도 극대화해야 한다는 견해이다. 그러나 회사에 있어서 이해관계자의 범위가 어디까지인지가 불분명하다. 또한 이러한 이해관계자 보호의 문제는 다른 일반적인 거래관계에 있어서도 동일하게 발생하는 문제이어서 민법이나 노동법 등 다른 법 분야를 통해서도 충분히 해결될 수 있다. 회사에 있어서 후순위 권리자인 주주의 효용이 극대화되어 회사의 가치가 커진다면 채권자나 근로자, 재료공급자 등 다른 이해관계인에게도 일반적으로 이익이 된다고 할 수 있다. 미국에서는 E. M. Dodd, Jr., For Whom Are Corporate Managers Trustees?, 45 Harv. L. Rev. 1145 (1932) 및 A. A. Berle, Jr., For Whom Corporate Managers Are Trustees: A Note, 45 Harv. L. Rev. 1365 (1932) 의 논문 이래 전통적으로 위 문제가 논의되었으며, 이제는 회사가 주주의 이익을 위하여 경영되어야 한다는 견해가 정설로 굳어졌다고 한다.(P. Ireland, Shareholder Primacy and the Distribution of Wealth, 68 Mod. L. Rev. 49, 2005, 50면) 우리 회사법은 기업의 본질을 전자의 입장에서 바라보아 사원 상호간 및 사원과 회사와의 관계, 그리고 사원과 제삼자와의 관계만을 규율함으로써, 소유자중심의 전통적 기업관에 입각한 규율체제를 갖추고 있다는 견해가 많다(남기윤, 회사법과 기업법과의 관계, 광운대학교논문집 제19집(1990), 361면 이하.). 일본에서도 주식회사법이 전통적인 소유자기업관에 입각하여 규율하고 있다는 해석을 하는 것이 통설이다. 鈴木竹雄, 新版會社法(全訂第二販), 1982, 28면.

당사자 중에서 잔여이익권자(residual claim holder)에 해당하여야 한
다13). 즉 회사의 의사 결정에 의한 위험을 가장 크게 부담하고 있는 자
이어야 한다. 잔여이익권자만이 회사의 이익최대화를 위하여 행동할 인
센티브를 가장 크게 갖고 있기 때문이다14). 나아가 Easterbrook과 Fischel

---

13) 위 이론에 의하면 주주가 회사의 잔여이익권자인 경우에 회사의 이익을 극대화
　　하는 의사결정을 할 수 있으므로 그에게 의결권을 인정할 필요가 있다고 한다.
　　회사의 잔여이익권을 표창하는 것이 주식이므로 결국 잔여이익의 증감에 의하여
　　이익 혹은 손해를 보는 자, 즉 주식의 가치 변동에 의하여 이익 혹은 손해를 보는
　　자가 의결권을 가지는 것이 타당하다는 결론이 된다.
14) 예를 들어 회사의 자본이 100이고 이 중 부채가 50이며 자기자본이 50이라고
　　하자. 부채의 이자비용은 10%이다. 이 경우 주주는 채권자가 원금 및 이자를 상
　　환 받은 후, 나머지의 회사자산에 대하여 권리를 가지므로 잔여재산 청구권자에
　　해당한다. 회사가 가지고 있는 투자안 중 1년 후에 10%의 수익을 내는 투자안과
　　20%의 수익을 내는 투자안이 있다고 하자. 이 경우 채권자는 어느 투자안을 택
　　하더라도 회사로부터 55를 가져간다. 그러나 주주의 경우에는 전자의 경우에는
　　55를 가져가지만 후자의 경우에는 65(120-55)를 가져가게 된다. 따라서 이러한
　　경우에 있어서 채권자에게는 굳이 후자의 투자안을 택할 인센티브가 없지만, 주
　　주의 경우에는 후자의 투자안을 택할 인센티브가 있다. 그리하여 주주가 더 높은
　　투자안을 찾고 이를 회사의 의사결정에 반영하기 위하여 노력하게 된다는 것이
　　다. 근로자 역시 회사에 대한 임금채권자라는 점에서 위의 채권자와 본질적으로
　　다르지 않아 역시 회사의 의사결정에 대한 인센티브가 적다. 반대로 회사 정리의
　　경우를 생각해 보자. 55를 받을 수 있는 회사정리안과 40을 받을 수 있는 회사정
　　리안이 있다고 하면, 이 경우 채권자는 후자보다는 전자를 택하는 것이 15만큼
　　이익이 된다(55-40). 그러나 주주의 입장에서는 차이가 없다. 그래서 이 경우에는
　　채권자가 의사결정의 인센티브를 갖는다. 회사정리법의 영역에서는 채권자가 의
　　사결정권을 갖는 것은 이 때문이다. Frank H. Easterbrook & Daniel R. Fischel,
　　The Economic Structure of Corporate Law, Harvard Univ. Press (1996), 66면 이
　　하 참조. 이에 대해서 예를 들어 사채의 보유자도 회사의 현금흐름에 대한 경제
　　적 이해관계를 보유하는 자로서 단지 회사 내지 주주들에게 위 사채에 대한 Call
　　Option을 발행하였다는 차이만이 있으므로, 주주와 사채권자가 공동의 잔여재산
　　이익권자로서 회사의 의사결정권을 행사할 수 있다는 반론도 있다.(Lynn A.
　　Stout, Lecture and Commentary on the Social Responsibility of Corporate
　　Entities: Bad and Not-So-Bad Arguments for Shareholder Primacy, 75 S. CAL.
　　L. REV. 1189, 2002, 1192면) 그러나 회사의 잔여재산 분배에 있어서 법률상 주

은 위와 같은 점에서 1주 의결권의 원칙이 타당하다고 본다[15]. 회사에 대한 잔여이해관계에 비례하여 의결권이 부여되지 않을 경우에는 이들이 회사에 이익이 되는 결정을 하지 못하게 되어 불필요한 대리비용이 발생하게 된다[16]. 1주 1의결권의 원칙하에서는 기업지배권 이전의 경우 지배권을 취득하려는 자가 그 이익을 다른 주주들에게 내가로 지불하여야 하므로, 회사지배로 인한 이익이 다른 주주들에게도 공정하게 분배되는 효과가 있다는 지적도 있다[17].

주보다 선순위 권리를 가지는 것이 명백한 사채권자를 주주와 같은 잔여재산이 익권자로 보는 것은 지나친 의제가 아닌가 한다.

15) Bernard Black & Reinier Kraakman, A Self-Enforcing Model of Corporate Law, 109 Harv. L. Rev. 1911 (1996), 1946면 ; Stephen M. Bainbridge, The Scope of the SEC's Authority over Voting Rights (UCLA School of Law Research Paper No. 07 - 16), available at http://ssrn.com/abstract=985707, 10면 이하에 의하면 1주 1의결권의 원칙의 유래 및 장점을 설명하고 있는데, 위 원칙은적어도 전문투자자로서의 주주가 많지 않고 효율적인 자본시장이 활성화되지 않은 신흥시장(emerging markets)에서는 기업의 가치를 극대화하는 역할을 할 수 있다고 한다. 최근에는 누구에게 회사의 의사결정권한을 부여하였을 때 합리적인 의사결정을 위하여 들게 되는 정보수집비용(Information Costs) 및 집단행위 문제(Collective Action Problem)를 효율적으로 극복할 수 있는지를 고려하여야 한다는 견해도 있다. 이러한 관점에서는 이사회 내지 경영진의 오류여부를 쉽게 나타내주는 지표는 바로 주가이고, 주가에 가장 민감하고, 주가 상승을 위한 가장 큰 인센티브를 가지고 있는 주주가 주가라는 경영지표에 기반하여 의사결정을 하는 것이 정보수집비용(Information Costs) 및 집단행위 문제(Collective Action Problem)를 효율적으로 극복할 수 있다고 한다. (Robert B.Thompson & Paul H. Edelman, Corporate Voting, Vanderbilt Law Review Vol. 62, 2009, 136-138면, 149-150면)

16) Frank H. Easterbrook & Daniel R. Fischel, Voting in Corporate Law, 26 J.L. & Econ. 395 (1983), 409면 John C. Coffee Jr., Liquidity versus Control: The Institutional Investor as Corporate Monitor, Columbia Law Review, Vol. 91, 347면

17) Milton Harris & Artur Raviv, Corporate Governance, Voting Rights and Majority Rules, 20 J. Fin. Econ. 203 (1988), 215면 Sanford J. Grossman & Oliver D. Hart,One Share-One Vote and the Market for Corporate Control, 20 Journal of Financial Economics 175, 1988, 180면에서는 이러한 면에서 기업인수, 합병의 경우에 1주1의결권의 원칙을 도입하는 것이 보다 합리적인 결과를 도출한다고 한다.

제3항 논의에 대한 검토

주주가 회사의 설립자 혹은 회사라는 계약의 당사자로서 법률상 당연히 회사의 의사결정에 관한 모든 권한을 가진다는 입장에서는 주권을 소유하여 주주로서의 형식적인 지위가 인정되는 한 의결권을 행사할 수 있다고 본다. 주주가 회사 주식에 대한 이해관계를 가지지 않는 경우도 마찬가지이다. 그러나 이러한 결론은 타당하지 않다. 본서 제4장 제2절에서 자세히 논의하지만, 우리 상법 제368조 제4항에서 총회의 결의에 관하여 특별한 이해관계가 있는 주주는 의결권을 행사하지 못하도록 하는 등 회사의 이익과 상충되는 이해관계를 가진 주주의 의결권이 제한되는 경우가 있다. 위 견해는 이를 설명하지 못한다. 또한 위와 같은 입장에 의한다면, 회사라는 계약의 중요한 변경을 위해서는 주주전원의 일치에 의한 의결이 필요하다. 그러나 주주총회의 결의는 다수결로 이루어진다. 위 견해에서는 그 대신 결의에 반대하는 소수의 주주가 주식을 매각하여 계약관계에서 탈퇴할 자유가 있다고 한다. 하지만 이 경우 주식의 매각 가격에는 이미 잘못된 결정에 의한 회사 가치의 감소가 반영되어 있어서 소수주주가 이러한 손해를 부담할 수 밖에 없다.[18] 그러므로 아무런 손해가 없이 계약에서 탈퇴할 수 있다고 보기는 어렵고 여전히 다수결에 의한 영향을 받는다고 보아야 한다.

이에 비해 기능적인 측면에서 주주의 의결권을 바라보는 입장에서는 주주가 회사의 가치 혹은 주식의 가치에 대해서 가장 직접적인 이해관계를 가지므로 주주에게 의결권을 인정하는 것이 필요하다고 한다. 즉 주주가 회사의 이익극대화[19]를 위하여 행동할 인센티브를 가장 크

---

18) 이러한 가격결정의 문제점에 대하여는 Lucian A. Bebchuk, Limiting Contractual Freedom in Corporate Law: The Desirable Constraints on Charter Amendments, 102 Harvard Law Review 1820, 1989, Available at SSRN: http://papers.ssrn.com/sol3/papers.cfm?abstract_id=415320, 35면 이하.

게 갖고 있다는 것이다. 물론 회사의 모든 의사결정이 주주에 의하여 이루어 질 수는 없지만, 회사의 일상적 의사결정을 담당하는 경영진의 선임권한을 주주가 부담한다는 점에서 여전히 주주의 의사결정권이 간접적으로 인정되게 된다. 결국 주주가 회사 및 주식의 가치에 대해서 이해관계를 가진다는 점을 전제로, 이리한 이해관세의 보호를 위하여 필요한 범위 내에서 주주에게 의사결정권을 부여하여야 한다.

위와 같은 입장에서는 의결권 분리의 경우에는 당해 주주에게 의결권을 인정할 근거를 찾기 어렵다. 의결권 부여의 전제로서 주주가 회사 및 주식의 가치에 대한 최종적인 이해관계를 가진다는 조건이 성립하지 않기 때문이다. 따라서 이러한 경우에 있어서도 당해 주주에게 의결권을 인정할 수 있는지에 대해서 다시 한 번 고민해 볼 필요가 있다.

---

19) 물론 주주 상호간에 그 효용의 내용에는 차이가 있을 수 있으나, 회사가 투자의 수익을 극대화 한다면, 주주는 이를 가지고 자신의 선호도에 따라 저축이나 차입을 통하여 자신의 효용을 극대화할 수 있다. 따라서 회사 자체를 하나의 투자안이라고 볼 때. 회사에 있어서 최적의 의사결정이라는 것은 그 투자안의 수익의 현재가치를 극대화하는 것이다. 이를 피셔(Fisher)의 분리정리라고 한다. 이준구, 미시경제학(제4판), 법문사, 114면 및 이필상, 재무관리(제4판), 박영사, 51면 이하 참조.

제3절 의결권 분리에 대한 논란

제1항 논란의 배경

주주가 회사 및 주식의 가치에 대해서 이해관계를 가지기 때문에 의결권을 가진다고 본다면, 이해관계가 없는 상태에서 의결권을 행사하는 의결권 과다보유 혹은 그와 반대되는 의결권 과소보유는 위와 같은 회사법 이론과는 일응 배치된다[20]. 특히 주식을 소유하면서 그 이해관계만을 이전한 경우는 주식을 소유하지 않고 주식에 대한 이해관계도 가지지 않으면서 의결권 구속계약 등을 통해 의결권을 이전받은 경우보다 더욱 문제된다. 후자의 경우에는 의결권 구속계약 등에도 불구하고 이해관계를 가지는 주주의 의결권 행사가 가능할 수 있지만, 전자의 경우에는 이해관계 없는 주주의 의결권 행사를 회사에 대하여도 대항할 수 있기 때문이다.

그러나 의결권 분리현상에 대하여 위와 같이 추상적인 문제점만을 지적하는 것을 넘어서서 과연 이러한 의결권 분리현상이 구체적으로 어떠한 측면에서 문제가 될 수 있는 것인지를 살펴보아야 한다. 특히 최근 의결권 분리의 사례가 늘어나면서, 의결권 분리의 문제점 내지 허용여부에 대한 보다 직접적인 논의가 활발하다. 어떠한 학자들은 의결권 분리를 통해 특정 주주의 개인적 이익을 위하여 회사 전체의 이익과 반하는 방향으로 의결권이 행사될 우려가 있다고 한다[21]. 이에 비해서

---

20) Geert T.M.J. Raaijmakers, Securities Lending and Corporate Governance, in TUSSEN THEMIS EN MERCURIUS 241, 2005, available at http://ssrn.com/asbstract=928312, 10면.

21) Henry T. C. Hu & Bernard Black, The New Vote Buying: Empty Voting and Hidden (Morphable) Ownership, 79 S. Cal. L. Rev. 811 (2006), 816-818면

의결권 분리가 오히려 의결권을 제대로 행사할 수 있는 자들에게 효과
적으로 의결권을 배분할 수 있으므로 무조건 금지할 것은 아니라는 견
해도 있다[22].

앞서 본 바와 같이 의결권 분리현상은 의결권 과다보유와 의결권 과
소보유로 나눌 수 있고, 양자는 법률에 의한 경우와 법률행위에 의한
경우로 나뉜다. 법률에 의한 의결권 분리의 경우에는 각 규제법령의 특
징에 따라 그 타당성 여부가 달리 검토되어야 한다. 따라서 회사법적
관점에서 일반적으로 문제가 되고 규제여부가 논의될 수 있는 것은 아
무래도 법률행위를 통한 의결권 분리, 곧 의결권 분리거래이다. 의결권
분리 현상에 대한 현재의 찬반논의들도 의결권 분리거래, 그 중에서도
특히 의결권 과다보유를 중심으로 하고 있다. 그러나 사회적인 관점에
서 보면 양자는 동전의 양면과도 같다. 어느 한 당사자가 의결권 과다
보유에 해당하면, 반대 당사자는 의결권 과소보유에 해당하는 경우가
많다. 그러므로 의결권 과다보유에 대한 찬반 양론에 대한 검토를 통해
전체적인 의결권 분리현상의 문제점 여부에 대해서 생각해 볼 수 있다.

제2항 의결권 분리에 대한 긍정론

앞서 본 바와 같이 전통적인 회사법 이론에서는 의결권 분리거래의
문제점을 지적하는 것이 일반적이다[23]. 그러나 의결권 분리거래의 효익

Douglas R. Cole, E-Proxies for Sale—Corporate Vote-Buying in the Internet
Age, 76 WASH. L. REV. 793, 2001, 836-841면.

22) Saul Levmore, Voting with Intensity, 53 STAN. L. REV. 111, 2000, 115면
Thomas J. André, Jr., A Preliminary Inquiry into the Utility of Vote Buying in
the Market for Corporate Control, 63 S. CAL. L. REV. 533, 1990, 540면 Robert
Charles Clark, Vote Buying and Corporate Law, 29 CASE W. RES. L. REV.
776, 1979, 806면 Michael D. Schmitz, Shareholder Vote Buying—A Rebuttable
Presumption of Illegality, 1968 WIS. L. REV. 927, 1968, 930면.

내지 필요성을 인정하는 입장도 있다. 이러한 논의는 주로 의결권 구속
계약이나 의결권 백지위임을 통하여 의결권을 이전받거나(D 유형의 의
결권 분리거래), B유형의 의결권 거래 중 주식대차를 통하여 주식에 대
한 이해관계를 부담하지 않고 의결권만을 행사하는 거래를 논의의 대
상으로 하고 있다. 의결권 분리를 통해 당해 회사의 가치가 증대될 수
있다는 논의도 있고, 나아가 사회전체적인 부의 증대의 측면에서도 의
결권 분리거래가 효과적이라는 입장도 있다.

제1목 의결권 분리를 통한 당해 회사의 가치증대

1. 많은 정보를 가지고 정확한 판단을 할 수 있는 주주들의 영향력 확대

회사에 대하여 다른 주주보다 많은 정보를 가지고 회사의 이익 여부
를 정확히 판단할 수 있는 주주들이 의결권 분리거래를 통해서 의사결
정에 대한 영향력을 확대할 수 있다는 점에서 효율적이라는 지적이 있
다[24]. 그리고 위와 같은 주주일수록 의결권 분리거래를 통해 그 영향력

---

23) 정치제도적인 관점에서의 의결권거래의 단점으로 일컬어지는 평등성의 결여, 참
여의식의 상실, 효율성의 상실 문제를 회사에 있어서의 의결권 거래에도 적용하
려는 견해도 있으나, 이에 대해서는 이러한 문제는 회사법의 영역에서는 중요하
지 않다는 반론이 있다. Richard L. Hasen, Vote Buying, 88 Cal. Cal. L. Rev.
1323 (2000), 1330면 이하에서는 정치적인 관점에서는 의결권거래가 부유한사람
들이 가난한 사람들로부터 투표권을 매수함으로 인하여 불합리한 결과를 야기할
수 있지만, 회사법의 관점에서는 어차피 주주 이익의극대화를 위해 어떠한 수단
이 효과적 인지가 문제되는 것이고 그 과정에서 1주 1의결권의 원칙이의미를 가
질 수 있는 것이지 평등성 그 자체가 의의를 가지는 것은 아니라고 한다. 더구나
주주들의 경우에는 정치적인 관점에서의 유권자와는 달리 Wall Street Rule에 따
라서 경영진에 대해서 불만을 가지는 경우에는 자신의 주식을 처분하고 회사와
의 이해관계에서 벗어날 수 있으므로 정치적인 관점에서의 투표권자와는 다른
처지에 있다고 한다.

24) Henry G. Manne, Some Theoretical Aspects of Share Voting. An Essay in Honor
of Adolf A. Berle, 64Columbia Law Review1427, 1964, 1445면 Saul Levmore,

을 확대할 인센티브를 가지게 된다고 한다[25]. 또한 의결권 분리거래에 의하여 회사를 위한 최적의 의사결정을 할 수 있는 자가 보다 효율적으로 기업 지배권을 취득하게 된다는 입장도 있다[26].

실제로 의결권 분리거래에 대한 경험적인 연구에 의하면, 의결권 분리거래는 단지 회사의 의사결정에 대한 분산된 선호를 결집시키는 역할만을 하는 것이 아니라, 회사의 의사결정의 내용에 따른 회사의 가치변동에 대한 분산된 정보를 결집시킨다는 점에서 의미가 있다고 한다[27]. 다시 말하면 단순히 의결권 분리거래를 통해 분산된 다수가 아닌 어느 한 주주의 선호가 의사결정에 반영되는 것을 넘어서서, 회사의 가치변동에 대하여 분산된 다수보다 많은 정보를 가지고 있는 자가 의사결정을 하게 된다는 것이다. 여기서는 의결권 분리거래가 이루어질 수 있는 주식 대차시장에 주목한다. 주식 대차 거래량은 주주총회 기준일 직전에 매우 많아진다고 한다[28]. 즉 이러한 시기에는 주식대여시장이

Voting with Intensity, 53Stanford Law Review111, 125면 Robert C. Clark, Vote Buying and Corporate Law, 29 Case W. Res. L. Rev. 776(1979), 797면 Richard L. Hasen, Vote Buying, 88 Cal. L. Rev. 1323(2000), 1349-1353면

25) Susan E.K. Christoffersen, Chistopher C. Geczy, David K. Musto, and Adam V. Reed, Vote Trading and Information Aggregation, 62 J. Fin. 2897 (2007), 2901면 Saul Levmore, Voting with Intensity, 53 STAN. L. REV. 111, 2000, 137-140면 에서도 Vote Buying의 장점으로 의결권의 결집의용이성 및 이와 관련한 거래비용의 감소를 들고 있다.

26) Zvika Neeman & Gerhard O Orosel, On the Efficiency of Vote Buying when Voters have Common Interests, 26 International Review of Law and Economics 536, 2006, 545면.

27) Susan E. K. Christoffersen et. al., Vote Trading and Information Aggregation, European Corporate Governance Institute, 62 J. Fin. 2897, 2007, 2897면 이하.

28) Susan E. K. Christoffersen et. al., Vote Trading and Information Aggregation, European Corporate Governance Institute, 62 J. Fin. 2897, 2007, 2901면 이에 대해서 주주총회 기준일 직전에 주식대차 거래량이 많아지는 경우는 일부 회사의 경우에 불과하여 일반적으로 그러하다고 보기는 어렵다는 지적으로는 David Yermack, Shareholder Voting and Corporate Governance, Annual Review of

의결권에 대한 거래시장을 형성한다[29]. 이를 통한 의결권 분리거래는 정보의 비대칭성에 기인한다고 한다. 주주들은 대부분 어떻게 의결권을 행사하는 것이 회사의 가치를 극대화하고 주식의 가치를 향상시키는 것인지 판단하기 어렵다[30]. 따라서 이에 대한 판단능력과 정보를 가지고 이를 통해 의안을 제안하고 의결권 분리거래를 하려는 주주들에게, 의결권을 이전하려 한다는 것이다.

경험적 연구에 의하면, 의결권 분리거래는 정보의 비대칭성이 심할수록, 문제되는 의안이 정당하고 적절한 의안일수록 증가한다. 특히 경영진의 임무위배행위가 심각할수록 경영진의 제안에 반대하고 다른 주주의 제안을 채택하기 위한 의결권 분리거래가 활성화된다. 회사의 실적이 나쁠수록 의결권 분리거래가 활발하며, 실적이 나쁜 회사에 있어서도 경영진의 제안보다는 다른 소수주주들의 제안을 채택하기 위한

Financial Economics Vol. 2(2010), 118면.

29) Michael C. Schouten, The Mechanisms of Voting Efficiency, Centre for Business Research, University of Cambridge, Working Paper No. 411 (Harvard/Stanford International Junior Faculty Forum 2010), 48면 위 논문에서는 주식시장에서 그 공정가격의 형성을 통한 시장의 효율성 증대를 위하여 차익거래(arbitrage)가 중요한 역할을 하듯이, 의결권의 효율적인 행사를 위해서도 의결권에 대한 arbitrage를 통해 보다 정확한 정보를 가지고 효율적인 판단을 할 수 있는 주주에게 의결권이 이전되는 것이 필요하다고 한다. 그 수단으로서는 주식 자체의 매매, 의결권 대리행사 권유, Vote Buying 이 있다고 한다. 다만 의결권 대리행사 권유 및 Vote Buying의 경우에는 주주의 입장에서 그 비용은 모두 부담하나, 그로 인한 효율적인 주주총회 결의를 통한 이익을 본인이 모두 향유하지 못한다는 점에서 주주들이 이러한 행위를 하는 것을 원치 않을 수 있다는(collective action problem) 실질적 한계를 가진다고 한다.

30) 특히 일반주주들의 정보부족으로 인하여 회사에 이익이 되는 결정이 이루어질 가능성이 낮은 경우에는, 전략적 투자자(strategic trader)들의 의결권 분리거래를 통하여 회사에 이익이 되는 효율적인 결정이 이루어질 가능성이 높다는 입장으로는 Alon Brav & Richmond D. Mathews, Empty Voting and the Efficiency of Corporate Governance. Journal of Financial Economics (forthcoming). 2010, Available at SSRN: http://ssrn.com/abstract=1108632., 28면 이하.

의결권 분리거래가 더욱 활발하게 일어난다는 것이다. 결국 의결권 분리거래는 충분한 정보를 가진 주주들로 하여금 의결권을 결집하여 기업지배구조를 개선하게 한다는 점에서 장점이 있다고 한다[31].

2. 인수·합병의 촉진 및 기업지배권 시장의 활성화

또한 의결권 분리거래를 통해서 비효율적인 인수·합병의 문제가 극복될 수 있다는 지적도 있다[32]. 특히 Poison Pill 등의 경영권 방어수단이 도입되는 경우에는 단순히 주식 취득에 의한 인수·합병이 아닌, 위임장 경쟁을 수반한 인수·합병이 불가피하다. 주주들의 입장에서도 단순히 인수인에게 주식을 매수할 지 여부를 개인적으로 결정하기 전에, 집단적으로 Poison Pill과 같은 경영권 방어수단을 유지할 지 아니면 이를 제거할 지를 결정하여야 한다. 의결권 분리거래는 이러한 과정을 생략하고 인수인으로 하여금 주식에 대한 매수제안과 함께 의결권을 취득할 수 있게 하여 인수·합병을 보다 용이하게 할 수 있다. 이를 통해 주주와 경영진 간의 대리비용의 문제를 줄일 수 있다는 것이다. 적대적 인수합병에 대한 방어행위를 어렵게 함으로써 기업지배권시장을 활성화할 수 있다는 견해도 같은 입장이다[33].

---

31) Susan E. K. Christoffersen et. al., Vote Trading and Information Aggregation, European Corporate Governance Institute, 62 J. Fin. 2897, 2007, 2907면 Joe Pavelich, Note, The Shareholder Judgment Rule: Delaware's Permissive Response to Corporate Vote-Buying, 31 J. CORP. L. 247, 2005, 264면.

32) Thomas J. Jr. Andre, A Preliminary Inquiry into the Utility of Vote Buying in the Market for Corporate Control, 63 Southern California Law Review 533, 1990. 545면 사실 이러한 지적은 본질적으로 일반적인 위임장 경쟁보다는 의결권분리거래가 효율적이라는 것으로서 3)의 당해 의안의 타당성에 대한 신호로서의 기능 관련 논의와 같은 맥락에 있다고도 볼 수 있다. 다만 위 견해는 주주총회 의사결정 전반이 아닌 인수·합병의 효율성 증대에 초점을 두고 의결권 분리거래의 장점을 논하고 있으므로, 여기서는 이를 구분하여 검토하였다.

33) Robert Charles Clark, Vote Buying and Corporate Law, 29 CASE W. RES. L. REV. 776, 1979, 793-795면 Douglas H. Blair et al., Unbundling the Voting

3. 주주총회 의사결정에 있어서의 비효율성의 감소

의결권 분리거래가 허용되는 경우, 특히 기존의 위임장 권유제도에 비하여 주주총회 의사결정 상의 비효율이 줄어든다는 견해가 있다. 최근에 회사 지배구조와 관련하여 규제기관이나 입법자들 및 학자들이 주주총회 권한사항의 확대를 고려하고 있다[34]. 이는 **경영진의 대리비용**을 감소시키는 데는 효과적이나 반대로 주주들의 의사결정과정에서 생기는 **Hold-Out 문제**[35]에 대한 비용 등 각종 비효율을 증대시킬 수 있다. 주주총회 결의를 위한 다수 의결권의 확보가 용이하지 않기 때문이다. 물론 위임장 권유제도를 활용할 수 있으나, 이는 문제를 해결하기 위하여 충분하지 못하다. 위임장 권유의 성공여부, 즉 위임장 권유 비용을 의안 승인으로 인한 이익을 통해 보상받을 수 있는지 여부가 불확실하기 때문이다[36]. 그러므로 당해 주주는 당해 의안이 회사에 이익이 되는 경우에도, 위임장 권유 비용을 감수하면서 의안승인을 위해 노력하기 어렵다[37].

Rights and Profit Claims of Common Shares, 97 J. POL. ECON. 420, 1989, 442면에 의하면 적대적 기업인수 합병에 있어서 의결권 매각이 자유롭게 이루어진다면 기업지배권 시장이 좀 더 활발하게 기능할 수 있게 되어서 그 효율성이 증대된다고 한다.

34) 대표적인 논의로는 Lucian Arye Bebchuk, The Case for Increasing Shareholder Power, 118 HARV. L. REV. 833, 2005, 837면 Lawrence A. Hammermesh, Corporate Democracy and Stockholder-Adopted By-Laws: Taking Back the Street?, 73 TUL. L. REV. 409, 1998, 409면 John C. Coffee, Jr., By-Law Battlefield: Can Institutions Change the Outcome of Corporate Control Contests?, 51 U. MIAMI L. REV. 605, 1997, 608-613면 등이 있다.

35) 특정의안에 대하여 일부 소수주주의 반대로 인하여 회사 전체에 있어서 필요한 결의가 이루어질 수 없다는 문제점을 말한다.

36) 예를 들어 Lucian Arye Bebchuk & Marcel Kahan, A Framework for Analyzing Le-gal Policy Towards Proxy Contests, 78 CAL. L. REV. 1073, 1990, 1081면 및 1090면에서도 같은 취지의 논리를 펴면서 위임장 경쟁보다 적대적인 수·합병을 통한 경영권 취득의방법이 주주들이 다른 정보를 고려하지 않고 가격을 기준으로 판단할 수 있다는 점에서 효율적이라고 하고 있다.

그러나 의결권 분리거래가 허용되는 경우에는, 주주 상호간의 부의 분배를 통한 이해조정이 가능해져서 의사결정 과정에서의 비효율이 감소한다고 한다[38]. 당해 의안이 회사의 가치를 증가시키는 경우에도 위 의안으로 손해를 보는 일부 주주가 있는 경우에는 이들의 반대로 의안이 부결될 수 있다. 이러한 경우 반대주주들에게 의결권 양도의 대가로 일정한 이익이 부여된다면 그 손해를 보전할 수 있다. 이러한 주주 상호간의 이해조정을 통해 회사에 이익이 되는 주주총회 결의가 보다 효율적으로 이루어질 수 있다는 것이다[39].

의결권 분리거래를 제안받는 주주의 입장에서도 일반적인 위임장 권유보다 효율적이라는 견해도 있다. 의결권 분리거래가 유상으로 이루어지므로 그 자체로 제안자의 능력 혹은 제안의 진정성에 대한 신뢰할만한 신호로서 기능한다는 것이다. 또한 최소한 어느 정도의 사적 이익이 의결권 양도인에게 제공되고, 무임승차 문제나 공개매수제안에 의한 압박

---

37) Bernard Black, Shareholder Passivity Reexamined, 89 MICH. L. REV. 520, 1990, 579 - 580면 Onnig H. Dombalagian, Can Borrowing Shares Vindicate Shareholder Primacy?, 42 U.C. Davis L. Rev. 1231 (2009), available at http://ssrn.com/abstract=1290034, 56면.

38) 델라웨어 주법원의 Vote Buying에 대한 대표적인 판례라고 여겨지는 Schreiber v. Carney 사건이나 Kass v. Eastern Airlines 사건에서도, 회사의 구조조정 의안의 승인이 회사의장기적인 이익을 위해서 필요하다고 판단되어 이에 반대하는 특정 주주들에게 의결권 양도의 대가로 일정한 이익이 부여된 것이라면, 이해관계자 상호간의 이해조정의 관점에서 당해 의결권 분리거래가 위법하지 않다고 하였다. Schreiber v. Carney, 447 A.2d 17 (Del. Ch. 1982) 유사한 취지로Kass v. Eastern Airlines, No. 8700, 12 DEL. J. CORP. L. 1074, 1986 WL 13008 (Del. Ch. Nov. 14, 1986)

39) Joe Pavelich, Note, The Shareholder Judgment Rule: Delaware"s Permissive Response to Corporate Vote-Buying, 31 J. CORP. L. 247, 2005, 264면 Douglas R. Cole, E-Proxies for Sale—Corporate Vote-Buying in the Internet Age, 76 WASH. L. REV. 793 , 2001, 847면 Ariel Rubinstein, Perfect Equilibrium in a Bargaining Model, 50 ECONOMETRICA 97, 1982, 98-109면.

문제와 같은 비효율이 존재하지 않는다는 점에서도 효율적이라고 한다[40].

4. 의결정족수 제도의 단점 보완

회사의 중요한 의사결정에 대한 적절한 의결정족수가 어느 정도인지에 대해서는 많은 논쟁이 있어왔다[41]. 주주총회 의결정족수는 무임승차에 의한 비용과 Hold-Out에 대한 비용 사이의 균형점에서 결정되어야 한다는 지적이 있다. 의결정족수가 높아지는 경우 무임승차에 관한 비용은 낮아지나, Hold-Out에 대한 비용은 높아지게 되고, 의결정족수가 낮아지는 경우에는 반대의 결과가 된다[42]. 그러나 적정한 의결정족수를 찾아내는 것은 용이한 일이 아니다. 일반적으로 의결정족수가 지나치게 높아지는 경우 적대적 인수·합병에 대한 방어수단으로서 기능할 수 있다. 특히 5% 보고 등 지분공시를 유발하는 최소지분율(voting toehold 혹은 voting tripwire)이 낮게 설정되고 의결정족수가 높게 설정되는 경우에는 특정의안을 승인하기 위한 필요 지분을 확보하는 것이 어려워진다. 의결권 분리거래는 이러한 상황에서 의결정족수 제도의 단점을 보완하여 회사에 이익이 되는 의안이 주식 취득을 통한 지분 확보의 어려움 없이 보다 적은 비용으로 승인될 수 있게 한다는 것이다[43].

---

40) Michael Zurkinden, Corporate Vote Buying: The New Separation of Ownership and Control (February 6, 2009), Available at SSRN: http://ssrn.com/abstract=1338624, 7면.

41) 예를 들어서 Bernard Black & Reinier Kraakman, A Self-Enforcing Model of Corporate Law, 109 Harv. L. Rev. 1911 (1996), 1957면에서는 규제기관이나 효율적인 자본시장이 없는 신흥 국가의회사법에서는 회사의 기초적인 구조 변경에 대한 거래의 경우에는 2/3의 찬성을 요하도록 하는 것이 적절하다고 한다.

42) Zohar Goshen, Voting (Insincerely) in Corporate Law, 2 THEORETICAL INQUIRIES L. 825, 2001, 830면.

43) Onnig H. Dombalagian, Can Borrowing Shares Vindicate Shareholder Primacy?, 42 U.C. Davis L. Rev. 1231 (2009), available at http://ssrn.com/abstract=1290034, 53면.

제2목 의결권 분리거래를 통한 사회 전체적 부의 증대

최근에는 의결권 분리거래가 사회 전체적인 부를 증대시키는 거래를 촉진하므로, 의결권 분리거래를 제도화할 필요가 있다고 주장하는 견해가 있나44). 앞의 견해와는 달리, 위 견해는 주주총회 의안의 대상 거래가 회사에게는 손해를 가져온다고 하더라도 그 거래 상대방을 포함하여 사회 전체적으로 이익이라면 이를 허용할 필요가 있고, 의결권 분리거래가 이를 촉진한다는 점에서 필요하다고 한다45). 이러한 논의에서는 특별히 반대되는 의결권 행사지시가 없는 이상 소액주주가 소유하는 주식을 자유로이 대여하여 의결권을 행사할 수 있는 공개된 주식 대여시장을 전제한다46). 그리고 이러한 환경에서 의결권 분리거래가 허용되는 경우 당해 의안이 사회전체적인 부를 증가시키는 경우에는 가사 회사에게는 손해라고 하여도 의결권 분리거래를 통해 이를 촉진할 수 있다고 주장한다. 반면에 회사에게도 손해이고 사회전체적인 부를

---

44) Onnig H. Dombalagian, Can Borrowing Shares Vindicate Shareholder Primacy?, 42 U.C. Davis L. Rev. 1231 (2009), available at http://ssrn.com/abstract=1290034, 32면 이하 등 실제로 자유무역을 통한 사회 후생 증가의논리와 동일하게 자유로운 의결권분리거래를 통해 사회 전체적인 부의 증대가 가능하다는 이론도있다. Henry G. Manne, Some Theoretical Aspects of Share Voting: An Essay in Honor of Adolf A. Berle, 64 COLUM. L. REV. 1427, 1964, 1428면.

45) Jeffrey N. Gordon, Shareholder Initiatives: A Social Choice and Game Theoretic Approach to Corporate Law, 60 U. CIN. L. REV. 347, 1991, 377 - 379면 Zohar Goshen, Controlling Strategic Voting: Property Rule or Liability Rule, 70 S. CAL. L. REV. 741, 1997, 743면 유사한 취지로 Lucian Arye Bebchuk & Marcel Kahan, A Framework for Analyzing Le-gal Policy Towards Proxy Contests, 78 CAL. L. REV. 1073, 1990, 1090면에서는 효율적인 위임장 경쟁이란 결국 그러한 위임장 경쟁의승리로 인하여 사회적인 부가 증가하는 위임장 경쟁이라고 하고 있다.

46) 이미 기준일 직전에는 record date capture를 위하여 이러한 의결권거래 시장이 활성화되어 있다는 지적으로는 Susan E.K. Christoffersen et al., Vote Trading and Information Aggregation, 62 J. FIN. 2897, 2007, 2927면.

감소시키는 경우에는 의결권 분리거래가 허용된다고 하여도 의안승인
이 어려우므로 의결권 분리거래로 인한 위험은 적다고 한다47). 위 견해
에서는 회사에 이익이 되면서 사회전체적으로 이익이 되는 경우와 회
사에 이익이 되면서 사회전체적으로 손해가 되는 경우는 따로 논하지
않는다. 전자의 경우는 앞서 논한 의결권 분리거래를 통해 회사의 이익
에 부합하는 의사결정이 촉진될 수 있는지의 문제로서 이를 긍정하는
전제에서 별도로 논하지 않는 것으로 보인다. 후자는 결국 당해 거래의
상대방 등 회사의 외부자에게 손해가 되는 경우인데, 그렇다면 회사 주
주총회에서 이를 승인하여도 거래 상대방 등이 거래에 응하지 않을 것
이므로 논의의 필요가 없기 때문인 것으로 생각된다.

1. 당해 의안이 회사에게는 손해이나 사회전체적인 부를 증가시키는 경우

우선 당해 의안이 사회전체적인 부를 증가시키나 당해 회사에게는
손해인 경우를 살펴보자. 예를 들어 회사의 외부자와 회사의 거래를 통
해 회사가 손해를 입는다고 해도 그로 인한 외부자의 이익이 더 크다면
사회 전체적인 관점에서는 이익이 된다. 사회 전체적으로 이익이 되는
거래라면 그 이익이 어떻게 분배되는지와는 별개로 일단 의결권 분리
거래를 통해 회사가 이를 승인하는 것을 금지할 필요가 없다고 한다48).

---

47) Onnig H. Dombalagian, Can Borrowing Shares Vindicate Shareholder Primacy?,
    42 U.C. Davis L. Rev. 1231 (2009), available at http://ssrn.com/abstract=1290034,
    32면 이하.

48) Iman Anabtawi, Some Skepticism about Increasing Shareholder Power, 53 UCLA
    L. REV. 561, 2006, 584면에서는 만약 기관투자자가 인수합병의 대상과 인수합
    병 행위기업 양자의 지분을 모두 취득하고 있는 경우에는 당해 인수의 대가로
    지급되는 금액이 많던 적던 간에 이에 대해서는 관심이 없게 된다고 한다. 그러
    나Marcel Kahan & Edward B. Rock, Hedge Funds in Corporate Governance and
    Corporate Control, 155 U. PA. L. REV. 1021, 2007, 1073-1077면에 의하면 헤지
    펀드의 경우에는 위와 같은 상황에서도 일방 당사자에 대한 지분을 헤지하는 등
    의 방법으로 불균등한 경제적 이해관계를 만든 후에 인수 합병의 대가를 과다하

그리고 의결권 분리거래를 통하여 이러한 의안의 승인이 촉진될 수 있다고 한다.

이러한 논의에서는 회사의 내부자인 대주주와 외부자가 각각 당해 의안의 승인 여부에 따라서 얻을 수 있는 이익의 한도 내에서 의결권 분리거래를 통해 의결권을 매집하여 자신에게 유리한 결의를 이끌어 내려고 하는 상황을 가정한다. 외부자는 자신에게 유리한 의안의 승인을 위해 충분한 양의 의결권을 확보하여야 한다. 이에 비해 대주주는 기존 보유 의결권이 있으므로 자신의 의사대로 주주총회 결의를 이끌어내기 위하여 추가로 확보하여야 할 의결권이 상대적으로 적다. 그러므로 의결권 분리거래가 허용된다고 하여도 외부자가 대주주보다 많은 의결권을 확보하기 위해서는 상당한 경제적 희생이 요구된다. 그러나 당해 의안이 회사에게는 손해이나 사회 전체적으로 이익이 된다면, 외부자가 얻는 이익이 회사의 손해보다 크다. 그리고 대주주는 회사의 손해 중 자신의 지분비율만큼의 손해만을 부담하므로 실제로 대주주가 입는 손해는 외부자의 이익보다는 상당히 작게 된다. 그러므로 위 견해에서는 대주주가 위 의안을 부결시키기 위하여 하나의 의결권에 대하여 제공할 수 있는 이익의 최대치가 외부자가 제공할 수 있는 이익의 최대치보다 작으므로 결국 외부자가 의결권을 확보하게 되어 위 의안이 승인될 가능성이 높다고 한다. 의결권 분리거래가 허용되는 경우 기존의 대주주가 사회적인 부를 증가시키는 거래를 저지하는 것이 어렵게 된다는 것이다[49]. 즉 의결권 분리거래를 통해 사회적인 부를 증가시

게 책정하는 행위를 통해 이익을 보는 투자방법을 사용하므로 이는 주주간의 형평 혹은 대주주의 신인의무와 관련하여 문제를 야기하게 된다고 한다.

49) Onnig H. Dombalagian, Can Borrowing Shares Vindicate Shareholder Primacy?, 42 U.C. Davis L. Rev. 1231 (2009), available at http://ssrn.com/abstract=1290034, 35면 이하에서는 다음과 같은 수식으로 이를 설명한다. 회사의 외부자가 회사가 특정한 거래를 하기를 원한다고 하자. 이 경우 당해 거래로 인하여 외부자가 얻는 이익을 R이라고 하고, 이로 인해 기존의 회사 주주들이 입는 손해의 총합을 S라고 한다. 회사법 상 당해 거래를 승인하기 위하여 필요한 의결권의 비율을 m

키는 거래가 더 용이해진다고 한다[50].

이라고 한다. m은 0.5보다 크고 1 이하가 된다. 회사의 전체 주식 수를 n이라고 하면, 의결권분리거래가 가능하다고 할 경우 외부자는 당해 거래를 승인하기 위하여 mn에 해당하는 의결권을 매집하려고 한다. 물론 전체 주주가 주주총회에 참석하지 않는 경우에는 m의 값이 0.5보다 더 낮아질 수 있으나, 외부자의 입장에서는 의안 통과를 확실히 하기 위해서는 0.5 보다 큰 m을 보장받을 필요가 있다고 하자. 1주 당 외부자가 지불할 수 있는 의결권 대가는 다음과 같다.

$$P_{\text{외부자}} = \frac{R}{mn}$$

이 경우 회사의 주식을 장기적으로 보유하고 있는 회사의 내부자인 대주주가 있다고 가정해 보자. 이러한 대주주의 지분율을 k라고 하면(k<1-m), 위 거래를 저지하기 위하여 대주주가 추가로 취득해야 할 지분은 1-m-k이다. 대주주가 위 거래를 저지함으로써 얻을 수 있는 이익, 즉 회피할 수 있는 손해는 kS이다. 그러므로 대주주가 위 거래를 저지하기 위하여 1주당 지불할 수 있는 의결권의 대가는 다음과 같다.

$$P_{\text{대주주}} = \frac{kS}{n(1 - m - k)}$$

이 경우 의결권 경쟁에서 대주주가 외부자가 제안한 거래를 저지하기 위해서는 P대주주가 P외부자보다 커야 한다. 그러므로 이를 k에 관하여 정리하면, 다음의 식을 만족하여야 한다.

$$k > \frac{R(1 - m)}{R + mS}$$

만약 R이 S보다 크다면, 당해 거래는 사회전체적인 부의 증가를 가져온다. 이러한 경우, R이 S보다 크면 클수록, S/R이 0에 수렴하게 되므로 K는 1-m보다 커야 한다는 결과가 된다. 이는 앞서 본 전제와 모순되므로 대주주가 외부자가 제안한 거래를 저지할 수 없다는 결론이 된다고 한다. 결국 의결권 분리거래가 허용되는 경우 기존의대주주가 사회적인 부를 증가시키는 거래를 저지하는 것이 어렵게된다. 즉 의결권 분리거래를 통해 사회적인 부를 증가시키는 거래가 좀 더 용이해진다는 것이다.

50) Douglas H. Blair et al., Unbundling the Voting Rights and Profit Claims of Common Shares, 97 J. POL. ECON. 420, 1989, 421면 및 437-439면에서는 기업

2. 당해 의안이 사회 전체적인 부 및 회사의 가치를
감소시키는 경우

반대로 사회 전체적인 부를 감소시키는 거래가 의결권 분리거래를 통하여 촉진될 위험은 없는지가 문제될 수 있다. 이러한 거래를 통하여 외부자가 주당 3달러에 약간 못 미치는 개인적 이익을 얻고 기존 주주들이 주당 3달러의 손해를 본다고 하자. 예를 들어 회사의 발행주식 총수가 1,000주라고 한다면, 외부자의 이익은 3,000 달러에 약간 미치지 않고, 기존 주주의 손해의 총합은 3,000달러이다. 이 경우 과반수의 찬성이 있으면 당해 거래가 승인된다고 할 때, 외부자는 3달러 초과 6달러 미만의 비용을 지불하고 과반수의 의결권, 즉 위 예에서 500주를 초과하는 의결권을 매수할 수 있다. 이 경우 의결권을 매각한 주주들은 위 거래에 의한 자신들의 손해를 보전받거나 오히려 이득을 얻지만, 그렇지 않은 주주들은 손해를 본다. 그러나 회사의 장기적인 이익을 추구하는 대주주가 책임 있는 의결권 분리거래를 하는 경우에는 이와 같은 거래를 저지할 수 있다고 한다[51]. 예를 들어서 의안 승인을 위하여 필요한 의결권이 50%라고 한다면, 대주주의 기존 지분율이 33.3%를 넘기만 하면 의결권 분리거래를 통해 위 의안의 부결이 가능하다. 이 경우 대주주는 나머지 약 16.7%의 주식에 대하여 자신이 당해 거래를 저지함으로써 얻는 이익인 주당 3달러의 두배인 6달러를 지불하고 의결권 분리거래를 할 수 있다. 취득하여야 하는 의결권 지분율이 기존 보유지분의 절반에 불과하기 때문이다. 그러므로 사회전체적인 부를 감소시키는 거래의 경우에는 의결권 분리거래를 통하여 오히려 이를 저지할 수 있다고 한다[52].

지배권의 이전에있어서도 위와 같이 Vote Buying이 긍정적인 역할을 할 수 있다고 하며, 이를 통해 적대적인 수합병의 경우 vote-selling 시장을 통해 기업지배권 시장이 활성화될 수 있다는 주장을 하고 있다.

51) Douglas R. Cole, E-Proxies for Sale—Corporate Vote-Buying in the Internet Age, 76 WASH. L. REV. 793, 2001, 780면 Shaun Martin & Frank Partnoy, Encumbered Shares, 2005 U. ILL. L. REV. 775, 2005, 794면.

제3항 의결권 분리에 대한 부정론

이하에서는 의결권 분리의 문제점을 주장하는 견해를 살펴본다. 우선 주식에 대한 이해관계는 이전받지 않고 그 의결권만을 이전받는 의결권 분리거래(B유형 중 주식대차거래에 의한 의결권 분리거래 및 D유형의 의결권 분리거래)의 문제점을 중심으로 논의하는 견해가 있다. 그리고 최근에는 다른 관점에서 주식을 취득한 이후 별도 거래를 통해 그 이해관계를 제3자에게 이전하는 의결권 분리거래(특히 B유형 중 파생상품을 통한 의결권 분리거래)의 문제점에 대해서 논의하는 견해도 제시된다.

제1목 의결권만을 이전받는 의결권 분리거래의 문제점

1. 집단행위 문제(Collective Action Problem)

의결권 분리거래의 첫번째 문제점은 당해 거래에 내재되어 있는 집단행위 문제(Collective Action Problem) 라고 한다[53]. 지배주주가 없는 분산된 소유구조의 회사에서는 소수주주가 경영진의 제안에 반대하거

---

52) Onnig H. Dombalagian, Can Borrowing Shares Vindicate Shareholder Primacy?, 42 U.C. Davis L. Rev. 1231 (2009), available at http://ssrn.com/abstract=1290034, 40면.

53) 이하의 내용은 Robert C. Clark, Corporate Law (Little, Brown 1986), 389-394면 및 Jeffrey D. Bauman, Alan R. Palmiter, Frank Partnoy, Corporations Law and Policy-Materials and Problems 6th ed., Thomson West, 2007, 515면 Sanford J. Grossman & Oliver D. Hart, Takeover Bids, the Free Rider Problem and the Theory of the Corporation, Bell Journal of Economics 42, 1980, 51면 참고. 집단행위 문제는 기본적으로 행동에 나서는 일부 주주가 그에 따른 비용을 전부 부담하는 반면에 그로 인한 이익은 모든 주주가 지분비율에 따라서 누리게 되기 때문에 생긴다.

나 자신이 독자적인 제안을 하고 의결권 대리행사 권유를 하기가 어렵다[54]. 이러한 구조의 회사에서는 집단적 행위를 통해 주주총회 결의가 이루어지기 때문에 여러 가지 구조적인 문제점이 발생한다. 소수주주들은 주주총회 의안에 대하여 "합리적 무관심"을 보이거나 다른 주주들의 결의에 "무임승차"하려는 경향을 보이게 된다. 소수주주의 입장에서는 의안에 대한 정보를 수집 및 검토하고 이를 통해 어떠한 결정이 회사의 이익을 위하여 이익이 되는지를 판단하여 의결권을 행사하기 위하여 드는 비용이 이러한 의결권 행사를 통하여 본인이 얻게 되는 이익보다 큰 경우가 많기 때문이다.

간단한 예를 들어 보자. A 회사의 발행주식은 보통주 100만주로 구성되어 있고, 1만명의 주주들이 100주씩 나누어 소유하고 있다고 하자. A 회사 경영진은 B회사와의 합병을 제안하였고, 당해 의안이 주주총회에 상정되었다. 합병이 이루어지는 경우 A 회사의 주주들은 주당 60달러의 가치를 가지는 A 회사 주식을 소각하고, 그 대가로 주당 50달러의 가치를 가지는 B회사의 주식을 받는다. 그러므로 위 합병은 A 회사 주주에게는 손해이고, 그럼에도 불구하고 A 회사의 경영진이 합병을 제안하는 이유는 B회사로부터 합병 성공시 특별보상을 받기로 보장받았기 때문이라고 하자. 주주들도 소문 등을 통해 이러한 가능성을 알고 있으나, 사실여부를 정확히 확인하려면 약 250페이지에 달하는 합병보고서 및 의안자료를 검토하여야 한다고 하자. A 회사의 주주가 위 합병에 반대하는 경우 향후에 새로운 합병 상대방 회사를 물색하여 주당 60달러의 주식가치를 보전 받으면서 합병을 할 수 있을 것으로 예상된다. 그러므로 주주들이 위 의안에 반대하는 경우 각각 1,000달러의 이익을 볼 수 있다.

그러나 주주들의 입장에서는 사전적으로, 시간과 비용을 들여 위 합병보고서 및 의안자료를 검토한 결과 당해 의안이 회사 및 주주의 이익

---

54) 지배주주는 아니나 상당한 지분을 확보한 주주가 회사 지배권 확보를 위하여 이사 선임 등 의안을 제안하는 상황의 경우에도 마찬가지이다.

에 반하는 것으로 확인될 확률은 높지 않다. 회사의 경영진이 회사의 이익에 부합하지 않는 거래를 추진하는 경우 그 자체로 신인의무 위반으로서 손해배상책임 등이 문제될 수 있으므로, 일반적으로 경영진이 제안하는 의안은 대부분 회사의 이익에 부합하는 경우가 많기 때문이다. 더욱 중요한 것은 본인이 의안을 검토하고 회사에 이익에 부합하는 방향으로 의결권을 행사한다고 하여도, 다른 주주들도 이와 같이 행위하여 의안이 부결될 확률은 높지 않을 수 있다. 그러므로 당해 의안이 회사 및 주주의 이익에 반하는 것이어서, 주주들이 합병보고서 및 의안자료를 모두 검토하여서 의안이 부결되는 경우 얻게 되는 이익에 대한 사전적인 기대 값은 위와 같은 확률을 반영하면 주주 당 약 50달러 정도라고 하자[55].

당해 주주의 시간당 임금이 40달러 정도이고, 합병보고서 및 의안자료를 검토하여 주주 및 회사의 이익에 부합하는 의결권 행사를 하기 위하여 3시간 정도의 시간이 소요된다면, 위 검토 및 의결권 행사로 인한 기회비용은 120달러이다. 이는 위 합병 의안이 주주의 이익에 반하는 경우 그에 반대하여 실제로 얻을 수 있는 이익인 1,000달러보다는 작지만, 그러한 이익에 대한 기대 값인 50달러보다는 상당히 큰 것이다. 그러므로 사전적으로 주주는 합병보고서 및 의안자료를 검토하지 않는 방향으로 의사결정을 하게 된다. 즉 합리적 무관심을 보이게 되는 것이다.

이러한 문제를 해결하기 위해서는 의안에 대한 검토를 위해 소요되는 시간과 비용을 줄이는 것을 생각해 볼 수 있고, 제도적으로도 이러

---

55) 실제로 사안에 따라서 그 기대 값은 50달러보다 클 수도 있고, 작을 수도 있다. 그러나 중요한 점은 개별 주주의 입장에서 위 기대 값은 집단행위 문제에 의하여 실제 주주가 의안이 부결될 경우 얻게 되는 이익인 1000달러보다는 작다는 점이다. 1000달러에 의안 검토를 통해 당해 의안이 회사의 이익에 반할 확률 및 다른 주주들도 자신과 같이 의안에 반대하여 실제 의안이 부결될 확률이 반영되어야 하기 때문이다.

한 방안이 많이 추진되고 있다. 예를 들어 합병 보고서 및 의안자료에 있어서 당사 회사 경영진에 대한 보상 여부 등 중요한 정보를 알기 쉽게 기재하도록 하여 주주가 이를 손쉽게 파악할 수 있게 하거나, 독립적인 전문가의 주식가치 평가 등을 통하여 주주들의 판단의 어려움을 줄일 수 있다. 증권회사 분석보고서 등을 통해 주주들이 손쉽게 정보를 얻는 경우에도 이러한 비용은 줄어들 수 있다. 예를 들어 합병보고서 및 의안자료 검토를 위한 비용이 10달러로 감소한다면, 주주들은 합병보고서 및 의안자료를 검토하여 의결권 행사를 하는 방안을 선택할 것이다56).

---

56) 그러나 위와 같이 의안 검토비용이 감소되는 경우에도 여전히 주주들은 의안자료에 대한 검토를 행하지 않을 것이라고 이론도 있다. 이는 각주 162의 Clark 교수의 저서를 비롯하여 상당히 다수의 문헌에서 주장되고 있다. 위의 예에서 합병 의안이 부결되기 위해서는 34%의 주주들이 이에 반대하기만 하면 된다. 그러므로 다른 34%의 주주들의 검토 및 의결권 행사 노력에 무임승차하여 자신은 위 검토 비용을 들이지 않고 합병 부결로 인한 이익만을 향유하려는 시도가 있을 수 있다. 물론 주주들은 다른 주주들도 이와 같은 생각을 하는 경우 합병의안이 가결되어 모두 손해를 보는 상황이 있을 수 있으므로 자신부터라도 의안에 대한 검토를 하여야 한다고 생각할 수 있다. 그러나 게임이론에 의하면 합리적이고 이기적인 주체의 경우 위와 같이 행위하는 것을 기대하기 어렵다. 이는 어떠한 경우에라도 소액주주의 입장에서는 위와 같은 검토 및 의결권 행사에 대한 비용을 들이는 것이 그렇지 않은 경우보다 본인에게 손해가 된다고 생각하게 되기 때문이다. 마치 죄수의 딜레마와 유사한 문제라고도 할 수 있다(죄수의 딜레마 혹은 공범자의 딜레마에 대한 설명으로는 김영세, 게임이론 제3판, 박영사, 2007, 28 면). 즉 소액주주의 입장에서는 다른 주주들이 의안을 검토하여 의안이 부결되는 경우, 자신이 위 검토를 행하지 않는 경우 얻는 이익(50달러)이 위 검토를 행하게 될 때 얻게 되는 이익(50달러-10달러=40달러)보다 크다. 또한 다른 주주들이 의안을 검토하지 않아 의안이 가결되는 경우에도, 자신이 위 검토를 행하지 않는 경우 얻는 이익(0달러)이 위 검토를 행하게 될 때 얻게 되는 이익(-10달러)보다 크다. 그러므로 어떠한 경우에 있어서나 검토 및 의결권행사에 대한 비용을 지출하지 않는 것이 이익이 되게 된다. Sanford J. Grossman & Oliver D. Hart, One Share－One Vote and the Market for Corporate Control, 20 J. FIN. ECON. 175(1988), 198면 Zvika Neeman, The Freedom to Contract and the Free-Rider Problem, 15J.L. ECON. ORG'N 685(1999), 698-699면 Holger Spamann,

이러한 상황에서 의결권 분리거래가 허용된다면, 이는 집단행위 문제를 악화시키게 된다. 소수주주가 의안에 대한 검토를 위해 소요되는 시간과 비용을 줄이는 등 제도적 개선책을 통해 집단행위 문제를 완화할 수 있으므로, 반드시 집단행위 문제에 의하여 소수주주가 의안 검토 및 의결권 행사를 하지 않는 것은 아니다. 그러나 여전히 집단행위 문제에 의하여 소수주주가 위와 같은 행위를 하지 않을 가능성이 있고, 의결권 분리거래를 통하여 이러한 가능성이 커질 수 있으므로 문제라는 것이다. 주주들이 의안자료를 검토하여 의결권 행사를 하기 위해서는, 의결권 분리거래에 응하여 그 대가57)를 받고 의결권을 이전함으로써 얻는 이익을 포기하여야 하기 때문이다. 의안 검토 및 의결권 행사로 인한 기회비용이 증가하게 되므로 집단행위 문제로 인한 비효율성이 증가한다.

2. 주주 이익의 탈취(Looting)

다음으로는 의결권을 매각하는 주주들의 이익 탈취(Looting)의 문제가 있다. 만약 의결권 분리거래가 과열되어 의결권 분리거래를 하는 자가 그로 인하여 얻을 수 있는 이익 전부를 의결권 매수의 대가로 사용하게 된다면, 그 손익에 있어서 주식 직접 취득과 차이가 없어서 굳이 의결권 분리거래를 할 필요가 없다. 바꾸어 말하면 의결권 분리거래는 의결권을 매각하는 주주들이 그 의결권에 대한 가치를 전부 보상받지 못하고 낮은 가격에 매각하게 되어 그 일부를 탈취당하는 경우에 발생한다는 것이다.

Derivatives and Corporate Governance − Empty Voting and the Market, Working Paper supported by Program on Corporate Governance at Harvard Law School (Draft at October 20, 2010), 15면 이하 Ernesto Dal Bó, Bribing Voters, 51 AM. J. POL. SCI. 789 (2007),796-797면.

57) M. Thomas Arnold, Shareholder Duties under State Law, 28 TULSA L.J. 213, 1992, 226면에 의하면 이러한 의결권 거래의 대가로는 금전 외에도 당해 주주 혹은 그 특수관계인에 대한 고용 등 여러 가지 개인적인 이익이 있을 수 있다고 한다.

또 다른 측면에서는 회사에 대한 지배권을 취득하여 기업가치를 향
상시키려는 자는 주식을 직접 취득하면 되기 때문에 굳이 의결권 분리
거래를 할 필요가 없다는 점을 지적하기도 한다. 결국 의결권 분리거래
를 하려는 자는 주식가치의 감소 및 그로 인한 다른 주주들의 손해를
감수하고라도 지배권으로 인한 사적인 이익을 취하고자 하는 의도를
가지고 있다는 것이다. 특히 전자통신기술이 발달한 오늘날에는 다양한
형태로 의결권 분리거래가 활성화될 수 있어서 더욱 문제가 될 수 있
다58). 의결권 분리거래를 통해 회사의 외부자 혹은 특별 이해관계를 가
진 자(Special Interests)들의 지대 추구행위(Rent-seeking)가 가능하게 되
어 회사 및 주주일반의 이익에 손해를 초래할 수 있다는 견해도 같은
맥락이다59).

공개매수 규제의 회피를 통한 경영권 프리미엄의 독점을 문제 삼는
입장도 있다. 주식 양도시 회사 경영권이 이전되는 경우에는 막대한 프
리미엄이 가산되어 양도 주주가 많은 이익을 본다. 반대로 경영권이 확
보된 이후의 소수주식은 그 가치가 하락한다. 그러므로 이러한 시장의
단점을 규제하고 주주일반에게 경영권프리미엄 취득의 기회를 주기 위
하여 차별적인 청약을 금지하는 것이 공개매수 규제의 취지이다. 주식
과 분리되어 의결권이 거래된다면 공개매수 규제의 회피가 가능하다.
그러므로 경영권 프리미엄이 일부 주주들에게만 돌아가고 나머지 주주
들은 이러한 이익을 향유하지 못하게 되어 형평에 어긋날 수 있다60).

---

58) Douglas R. Cole, E-Proxies for Sale-Corporate Vote-Buying in the Internet Age,
   76 Washington Law Review 793, 2001, 801면
59) Henry T. C. Hu & Bernard Black, The New Vote Buying: Empty Voting and
   Hidden (Morphable) Ownership, 79 S. Cal. L. Rev. 811 (2006), 907 - 908면
60) Henry T. C. Hu & Bernard Black, The New Vote Buying: Empty Voting and
   Hidden (Morphable) Ownership, 79 S. Cal. L. Rev. 811 (2006), 811면 Henry T,
   C. Hu & Bernard S. Black, Hedge Funds, Insiders and Empty Voting:
   Decoupling of Economic and Voting Ownership in Public Companies(working
   paper 2006); available at www.ssrn.com, 21면 Henry T. C. Hu & Bernard Black,

3. 인수·합병의 제한

의결권 분리거래가 주주의 이익에 부합하는 인수·합병을 방해하는 비효율적인 경영권방어수단으로 이용될 수 있다는 비판도 있다[61]. 그러나 사실 이러한 비판은 동전의 양면과 같은 것이다. 앞서 본 바와 같이 회사를 인수하려는 자가 의결권 분리거래를 하는 경우 이를 통하여 비효율적인 경영진의 교체를 위한 인수·합병이 용이해질 수 있다는 주장도 있다.

4. Green Mailing 확대

의결권 분리거래가 허용된다면 주주들이 의결권 매각을 주식을 통한 수익 실현 방법의 하나로 생각하게 된다. 이러한 경우 그 수익을 극대화하기 위하여 의결권 분리거래를 악용할 위험이 있다[62].

주주들이 주주제안을 통해 여러 의안을 상정하고, 이에 대해서 당해 의안에 반대하는 주주들로 하여금 주식 매집 혹은 의결권 분리거래를 통해 이에 대해서 방어하도록 할 수 있다. 그리고 이러한 의결권 분리거래 시도에 응해서 자신의 의결권을 매각함으로써 이익을 취득하려고 할 수 있다. 의결권 분리거래를 통해서 Green Mailing이 확대될 수 있다. 이는 주식을 취득한 이후에 그 이해관계를 제3자에게 이전하는 형태의 의결권 분리거래에 있어서도 마찬가지이다. 물론 의결권 분리거래

Empty Voting and Hidden (Morphable) Ownership: Taxanomy, Implications, and Reforms, 61 Bus. Law. 1011 (2006), 1056면 등.

61) Thomas J. Andre, Jr., A Preliminary Inquiry into the Utility of Vote Buying in the Market for Corporate Control, 63 S. CAL. L. REV. 533, 1990, 587면 Robert B.Thompson & Paul H. Edelman, Corporate Voting, 62 Vand. L. Rev. 129 (2009), 166면.

62) Michael Zurkinden, Corporate Vote Buying: The New Separation of Ownership and Control (February 6, 2009), Available at SSRN: http://ssrn.com/abstract=1338624, 22면 이하

가 허용되지 않는 경우에도 주주제안에 대해서 회사가 비용을 들여 위임장 권유를 통해 이를 방어할 수 있다. 그러나 이러한 경우에도 위임장 권유에 응하는 주주가 직접 이익을 얻지는 못하므로 주주 입장에서 위와 같은 목적으로 주주제안을 할 유인은 크지 않다. 이에 비해 의결권 분리거래가 허용된다면 주주는 회사의 의결권 분리거래 제안에 응하여 이익을 얻을 수 있으므로 의결권 분리거래를 통한 Green Mailing이 보다 확대될 수 있다. 이는 불필요한 주주총회 관련 비용 및 의결권 거래 비용 등 사회적인 비효율을 초래한다.

5. 의결권 행사를 위한 내재적 동기의 감소(Motivation Crowding Effect)

선거에서의 유권자는 다른 유권자의 투표가 완전히 동수인 경우가 아닌 한 선거결과에 전혀 영향을 미치지 못한다. 따라서 왜 이들이 시간과 비용을 들여 투표를 하는 지에 대해 의문이 있다. 이를 설명하기 위하여 많은 유권자들이 투표에 참여하는 것은 경제학적으로 설명하기 힘든 인간의 내재적 동기 때문이라는 이론이 많다[63]. 즉 투표에 참가하여 자신의 의사를 표현하고 자신의 이익을 주장하는 것 자체에 가치를 느끼기 때문이다. 반대로 투표에 참가하지 않거나 자신의 투표권을 다른 사람에게 매각하는 경우에는 양심의 가책 혹은 부끄러움을 느낀다는 것이다. 소액주주의 경우에도 마찬가지이다. 이러한 내재적 동기는 의결권 행사로 인한 만족감이라는 이익과 의결권을 행사하지 않고 이를 매각할 경우 느끼게 되는 양심의 가책 혹은 사회적 비난[64]을 겪지

---

63) Geoffrey Brennan, Loren Lomasky, Democracy and Decision. The Pure Theory of Electoral Preference, Cambridge University Press, 1993, 89면 이하.

64) 실제로 많은 헤지펀드들이나 기관투자자들이 자신들의 의결권을 매각하는 이유는 이러한 의결권 매각이 공개되지 않기 때문이다. 만약 이러한 의결권 매각 사실이 공개되고 이로 인하여 회사의 이익에 반하는 의사결정이 이루어졌음이 인정된다면, 이에 대해서 헤지펀드들이나 기관투자자들은 많은 사회적 비난을 받게 되고, 이를 꺼려하여 의결권 매각에 응하지 않을 수도 있다. Henry T. C. Hu & Bernard Black, Empty Voting and Hidden (Morphable) Ownership: Taxanomy,

않아도 된다는 점에서 얻게 되는 이익의 합이라고 할 수 있다. 이를 고려한다면 소액주주의 입장에서 이러한 이익보다 의결권 분리거래의 대가가 큰 경우에만 의결권 분리거래에 응하게 되므로, 의결권 분리거래가 어려워지거나 의결권 분리거래로 인해 개별주주에게 이전되는 부의 양이 증가하게 된다.

그러나 금전적인 보상 등 외부적인 인센티브에 의한 의사결정이 일반화되고 특히 그러한 의사결정이 전체 집단의 의사결정 결과를 좌우하는 경우에는, 자유로운 의사결정을 통한 투표행위에 대한 내재적인 인센티브가 감소할 수 밖에 없다고 한다[65]. 이는 주주의 의결권 행사에 있어서도 동일하다. 다른 주주들이 의결권의 매각에 따라 금전적 보상을 받고 이로 인해 주주총회 결의가 의결권을 매수한 자의 의사에 따라 좌우될 가능성이 높은 상황에서는, 의결권을 매각할 의향이 없던 주주들도 자신들이 자유로운 의사에 따라 의결권을 행사하는 것이 무의미하다고 생각할 수 있다. 결국 이러한 이론에 의하면 의결권 분리거래가 증가할수록 주주들의 자유로운 의사결정에 대한 내재적 인센티브가 감소한다. 그러므로 가사 의결권 분리거래가 일어나지 않는 회사라고 할지라도 주주들의 의결권 행사에 대한 참여는 상당히 감소할 수 밖에 없다[66].

제2목 주식 취득 이후 이해관계를 이전하는 의결권 분리거래의 문제점

최근에는 주식에 대한 이해관계 없이 의결권만을 이전받는 의결권

Implications, and Reforms, 61 Bus. Law. 1011 (2006), 1055면.

65) Bruno S. Frey, Reto Jegen, Motivation Crowding Theory: A Survey of Empirical Evidence, CESifo Working Paper Series No. 245, 2000, Available at SSRN: http://papers.ssrn.com/sol3/papers.cfm?abstract_id=203330, 3-8면.

66) Michael Zurkinden, Corporate Vote Buying: The New Separation of Ownership and Control (February 6, 2009), Available at SSRN: http://ssrn.com/abstract=1338624, 32-33면.

분리거래[67]의 문제점 외에 새로운 관점에서 주식을 취득한 이후에 파생상품 계약 등을 통해 이해관계를 제3자에게 이전하는 형태의 의결권 분리거래의 문제점이 논의되고 있다[68].

뒤에서 자세히 보겠지만 이러한 경우에는 거래가 주식 취득 및 파생상품 계약 체결이라는 두 단계로 이루어지므로, 양자의 거래의 상대방이 다른 경우가 보통이다. 이에 비해 앞서 논한 주식에 대한 이해관계는 이전받지 않고 그 의결권만을 이전받는 의결권 분리거래는 동일한 상대방과 한 단계의 거래로 이루어진다. 위 논의에서는 의결권 분리거래가 두 단계로 이루어지는 경우, 집단행위 문제에 의하여 개별 주주가 회사의 가치를 감소시키는 의결권 분리거래에 응하게 될 유인이 없다는 점에서 달리 취급되어야 한다고 한다[69].

---

67) 앞서 정의한 바와 같이 본서에서는 법률행위에 의한 의결권 분리를 통틀어서 의결권 분리거래라고 부른다. 여기에는 주식을 소유하지 않은 상태에서 의결권 구속계약 혹은 의결권에 대한 백지위임이라는 법률행위를 통하여 의결권을 행사하는 전통적의미의 의결권 분리거래와, 주식을 소유하는 상태에서 파생상품 계약 혹은 주식대차 등의 법률행위를 통하여 그 이해관계를 이전하는 신종 의결권분리거래가 있을 수 있다. 양자 모두 주식에 대한 경제적 이해관계와 의결권이 분리된다는 본질에는 차이가 없다. 전통적 의미의의결권 분리거래의 방법에 대한 논의로는 Thomas J. André, Jr., A Preliminary Inquiry into the Utility of Vote Buying in the Market for Corporate Control, 63 S. CAL. L. REV. 533, 1990, 545-551면 Joel Seligman, Equal Protection in Shareholder Voting Rights: The One Common Share, One Vote Controversy, 54 GEO. WASH. L. REV. 687, 693면 등 참고.
68) Michael Zurkinden, Corporate Vote Buying: The New Separation of Ownership and Control (February 6, 2009), Available at SSRN: http://ssrn.com/abstract=1338624, 11면 이하 ; Holger Spamann, Derivatives and Corporate Governance－Empty Voting and the Market, Working Paper supported by Program on Corporate Governance at Harvard Law School (Draft at October 20, 2010), 11면 이하.
69) Holger Spamann, Derivatives and Corporate Governance－Empty Voting and the Market, Working Paper supported by Program on Corporate Governance at Harvard Law School (Draft at October 20, 2010), 17면 Ilya Segal, Contracting with Externalities, 114 Q.J. ECON. 337 (1999), 342면 이하.

1. 집단행위 문제에 의한 의결권 분리거래의 유인이 있는지 여부

주식을 취득한 이후에 그 이해관계를 제3자에게 이전하는 형태의 의결권 분리거래는 주식 스왑, 주식 선물, 풋옵션의 취득 및 콜옵션의 발행 거래 등을 통하여 가능하다. 위 논의에서는 이를 단순화 시켜서, 주식을 취득함과 동시에 프리미엄을 받고 행사가격이 거의 0에 가까운 콜옵션을 발행[70]하여 의결권 분리거래를 하는 것을 상정한다[71]. 특정 주주가 이러한 거래를 하기를 원하는 경우 관건은 당해 주식을 취득할 능력이 있는지 여부와 취득 이후 취득가격과 거의 동일한 옵션 프리미엄을 받고 행사가격이 거의 0에 가까운 콜옵션을 발행할 수 있는지 여부이다. 이를 전제로 이하에서는 위와 같은 의결권 분리거래의 경우 가사 의결권을 취득하려는 자가 회사의 가치를 하락시키려는 의도를 가진 경우에도 집단행위 문제로 인해 개별 주주가 의결권 분리거래에 응할 유인이 있는지 여부를 살펴본다[72].

---

70) 행사가격이 거의 0에 가까우므로 당해 콜옵션의 가치, 즉 옵션 프리미엄은 당해 주식의 가치와 거의 동일하게 변동하게 된다. 즉 델타가1에 가까운 것이다. Michael Zurkinden, Corporate Vote Buying: The New Separation of Ownership and Control (February 6, 2009), Available at SSRN: http://ssrn.com/abstract=1338624, 12면 이하.

71) 당해 주식의 가치와 거의 동일한 프리미엄을 받고 위와 같이 콜옵션을 발행하는 경우, 이는 실제로는 거의 수수료를 지불하지 않고 파생상품 딜러와 주식스왑계약을 체결하는 것과 경제적으로 그 실질이 동일하다. 그러나 전자의 예가 집단행위 문제가 발생하는지 여부에 대해서 보다 쉽게 설명이 가능하므로, 여기서는 위 견해의 설명방식대로 행사가격이 0에 가까운 콜옵션 발행방식의 의결권 분리거래를 상정하기로 한다.

72) Michael Zurkinden, Corporate Vote Buying: The New Separation of Ownership and Control (February 6, 2009), Available at SSRN: http://ssrn.com/abstract=1338624, 12면 이하 위 논의에서는 의결권 분리거래를 하고자하는 투자자가 회사의 가치를 증대시킬 의도를 가진 경우에 대해서도 같이 분석하고 있다. 그러나 이러한 상황은 회사 혹은 개별 주주에게 손해가 되어서 문제가 발생하는 상황은 아니다. 따라서 여기서는 회사의 가치를 감소시킬 의도를 가진 경우 개별 주주가 집단행위 문제에 의하여 의결권 분리거래의 유인을가지게 되는지 여부에 중점을 두어

(1) 의결권 분리거래를 하고자 하는 자가 회사의 가치를 감소시킬
  의도가 있고, 이러한 정보가 알려져 있는 완전정보 시장인 경우

투자자가 주식을 취득하여 기업인수를 하려고 하고, 위 기업인수가
성사되면 주식의 가치가 현재의 주가보나 하락할 것이라는 점이 시장
에 이미 알려져 있다고 하자. 이러한 경우 기존 주주는 주식을 현재의
주가 혹은 그보다 낮은 가격에 투자자에게 매각할 압박을 받게 된다73).
그러므로 투자자는 위 과정에 의하여 하락한 가격에 약간의 프리미엄
을 더하여 주식을 취득할 수 있다고 생각할 수 있다. 그러나 실제 시장
에서는 위와 같이 현재 주가보다 낮은 가격에 주식을 매집하여 경영권
을 취득하려는 자가 있는 경우 그보다 높은 가격을 지불하고 주식을 사
려는 대항시도가 반드시 존재한다. 그러므로 현재 주가보다 낮은 가격
으로 주식을 취득하여 경영권을 취득하는 것은 불가능하다. 따라서 결
국 현재 주가 혹은 그 이상의 가격을 주고 주식을 취득한 이후, 콜옵션
의 발행을 통하여 그 자금을 충당하여야 한다. 그러나 시장에서는 인수
이후에 당해 주식의 가치가 낮아질 것이라는 점이 알려져 있으므로 현
재 주가에 상응하는 프리미엄을 받고 콜옵션을 발행하기가 어렵다74).
즉 의결권 분리거래가 어려워진다. 주식을 취득한 이후에 그 이해관계
를 제3자에게 이전하는 형태의 의결권 분리거래에 있어서는 집단행위
문제에 의한 의결권 분리의 유인 내지 압박이 존재하지 않는 것이다.

살펴본다.

73) Lucian A. Bebchuk, Toward Undistorted Choice and Equal Treatment in
    Corporate Takeovers, 98 Harvard Law Review 1695, 1985, 1721면.

74) Holger Spamann, Derivatives and Corporate Governance－Empty Voting and the
    Market, Working Paper supported by Program on Corporate Governance at
    Harvard Law School (Draft at October 20, 2010), 17-18면도 같은 취지이다. 위
    논문에서는 위와 같은 경우 행사가격이 0에 가까운 콜옵션 혹은 주식스왑계약
    등 이해관계를 이전받는 상대방인 파생상품 딜러의 경우에는 주식가치가 하락하
    여 자신이 손해를 입을 것이 확실한 상황에서는 거래를 하지 않을 수 있는 선택
    권이 있으므로 당연히 거래를 하지 않는 방안을 선택하게 된다고 한다.

(2) 의결권 분리거래를 하고자 하는 자가 회사의 가치를 감소시킬 의도가
   있고, 이러한 정보가 완전히 알려지지 않은 정보비대칭 시장인 경우

이 경우에도 위 투자자가 상당한 양의 주식을 매집하여 기업을 인수
하려 한다면 시장에서 주가가 상승하게 된다. 그러므로 현재 주식가격
보다 높은 주식가격을 지불하지 않는 이상 기업을 인수할 수 없다. 투
자자는 그 취득자금을 조달하기 위해서는 상승한 주식가치에 거의 근
접하는 가격으로 콜옵션을 발행하여야 한다. 시장에서는 투자자의 의도
와 능력에 대한 정보가 충분히 알려져 있지 않다. 그러므로 투자자가
위와 같이 높은 가격에 콜 옵션을 발행하기 위해서는 자신의 의도와 능
력을 숨기고 오히려 회사의 가치를 증가시킬 의도라는 점을 전달하여
야 한다. 이는 일회적인 투자에서는 가능할 수 있다. 그러나 위와 같은
형태의 투자를 반복하는 헤지펀드 등의 경우, 즉 반복적인 게임에 있어
서는 시장이 투자자의 의도를 신뢰하지 않게 된다. 그러므로 악의적인
의도로 의결권 분리거래를 하고자 하는 투자자의 경우에는 시장에서
콜옵션의 발행을 통해 주식취득자금을 조달하기 어렵다. 결국 위와 같
은 의결권 분리거래가 불가능해진다. 당해 주식의 가치가 하락할 것임
을 예상하면서도 당해 콜옵션을 취득하지 않을 수 없는 유인 내지 압박
이 존재하지 않는 것이다.

   (3) 소결

주식을 취득한 이후에 그 이해관계를 제3자에게 이전하는 형태의 의
결권 분리거래에 대해서는 소액 주주가 집단행위 문제에 의한 의결권
매각의 유인을 가지므로 의사결정이 왜곡된다는 비판을 적용하기가 어
렵다.

2. 집단행위 문제 이외의 다른 문제점

그러나 다음과 같은 점에서 주식을 취득한 이후에 이해관계를 제3자

에게 이전하는 형태의 의결권 분리거래 역시 문제점이 있다고 지적되고 있다.

(1) 주주들의 인센티브의 이질화에 따른 의사결정의 효율성 감소

수주에게 그 주식수에 비례하여 의결권을 부여하는 것은 주주들이 회사의 가치 상승을 위한 동질적인 인센티브를 가지고 있고, 이러한 인센티브의 크기는 그 주식 수에 비례한다는 가정에 기초하고 있다[75]. 만약 이러한 가정이 성립할 수 없다면, 위와 같은 회사법 상의 의사결정 시스템의 효율성을 보장할 수 없다[76]. 그런데 주주가 주식스왑계약을 체결하거나 풋옵션의 취득 혹은 콜옵션의 발행 등을 하는 경우에는 이러한 인센티브의 동질성이 인정되지 않는다고 한다[77]. 그러므로 주식수에 비례하여 의결권을 가지는 회사법 상의 의사결정체제가 효율적으로 작동할 수 없다. 이러한 논의에서는 주식스왑계약이나 공매도를 통하여 주식에 대한 이해관계를 가지지 않게 된 경우, 보유 주식에 대하여 풋옵션을 취득한 경우, 콜옵션을 매각한 경우 등을 분석하면서, 각각의 경우 모두 주식에 대한 이해관계가 일반주주의 이해관계와는 달라지게 되어 의결권 행사에 있어서 이질적인 인센티브를 가지게 된다고 설명한다[78].

---

75) Frank H. Easterbrook & Daniel R. Fischel, Voting in Corporate Law, 26 J.L. & Econ. 395 (1983), 405면.
76) Shaun Martin & Frank Partnoy, Encumbered Shares, 2005 U. ILL. L. REV. 775, 2005, 788면.
77) Anish Monga, Using Derivatives to Manipulate the Market for Corporate Control, 12 STAN. J. L. BUS. & FIN. 186, 2006, 209면.
78) Shaun Martin & Frank Partnoy, Encumbered Shares, 2005 U. ILL.L. REV. 775, 2005, 791면 위 논의에서는 이와 같은 경우를 economically encumbered shares 라고 표현한다. 이러한 이해관계의 차이는 크게 두 가지 부분으로 설명할 수 있다. 우선 가격 변동에 대한 이해관계를 가지지 않게 되는 부분이 있을 수 있다. 예를 들어서 풋옵션을 취득한 경우에는 행사가격 이하의 가격하락의 위험은부담하지 않게 되므로 주식의 가격 하락을 가져오는 의안에 대해서반대할 수 있는

(2) Vote Buying의 유효성 인정 기준 미비

주식을 취득한 이후에 그 이해관계를 제3자에게 이전하는 형태의 의결권 분리거래도 주주가 회사의 가치 상승을 위하여 의결권을 행사할 인센티브가 없다는 점에서는 의결권만을 양수하는 Vote Buying과 본질적으로 차이가 없다. 그런데 Vote Buying에 대한 델라웨어 주법원의 대표적인 판례라고 여겨지는 Schreiber v. Carney 사건에서는 일정한 요건을 충족한 경우 Vote Buying의 유효성을 인정하고 있다. 당해 안건이 회사의 장기적인 이익을 위해서 바람직하다고 판단되는 경우 이를 실행하기 위하여 이해관계자 상호간의 이해조정의 관점에서 특정 주주들에게 의결권 양도의 대가로 일정한 이익이 부여된 것이라면, 그 내재적 공정성(intrinsic fairness)을 인정할 수 있어서 당해 의결권 거래가 위법하지 않다고 한다. 특히 이러한 의결권 거래 자체가 다른 주주들에게 모두 공시되었고, 그 거래조건의 공정성에 대해서도 다른 주주들의 승인이 있었다는 점이 중요한 고려요소가 되었다[79]. 그러나 파생상품을 이용한 의결권거래의 경우에는 이러한 요건이 원천적으로 충족될 수 없다. 파생상품 거래는 다른 주주에게 공시되지 않는 경우가 많고, 또한

인센티브는 가지지 않게 된다. 또한 당해 파생상품 계약의 행사기간에 따라 행사기간 도래 이전의 회사의 수익기회 등에 대한 이해관계가 달라질 수 있다. 예를 들어서 콜옵션을 매각한 경우에 있어서는 그 행사기간 이전에 도래하는 합병이나 영업양도 등에 있어서는 당해 거래가 회사에아무리 이익이 된다고 하더라도 이를 반대할 인센티브가 있을 수 있다. 주주의 입장에서는 주가가상승하더라도 그 이익을 콜옵션보유자가 향유하게 되므로 굳이 주식가치를 극대화할 이유가 없다. 오히려 이에 반대함으로서 향후 행사기간이 도래하여 옵션이 실효된 이후에 회사의 가치를 상승시킬 수 있는 기회가 오는 경우 이를 통해 이익을 볼 가능성이 있다. 옵션이 실효된 이후에는 더 이상 콜옵션 보유자가 옵션을 행사할 수 없으므로 주식가치 상승으로 인한 이익을주주가 향유할 수 있기 때문이다. Kevin C. Cunningham, Examination of Judicial Policy on Corporate Vote Buying in the Contextof Modern Financial Instruments, 64 N.Y.U. Ann. Surv. Am. L. 293 (2008), 307면도 같은 취지이다.

79) Schreiber v. Carney, 447 A.2d 17 (Del. Ch. 1982); 자세한내용은 제4장 제2절 제3항에서 살펴본다.

파생상품 거래를 통한 의결권 거래의 필요성 내지 공정성에 대해서 다른 주주가 승인할 수 있는 기회가 부여되지도 않는다. 결국 델라웨어 주법원 판례에서 제시하는 Vote Buying의 유효성 인정을 위한 내재적인 공정성(intrinsic fairness) 요건을 충족하기가 어려우므로, 그 유효성을 인정하기 어렵다는 지적이 있다[80].

---

80) Anish Monga, Using Derivatives to Manipulate the Market for Corporate Control, 12 STAN. J. L. BUS. & FIN. 186, 2006, 202-203면.

제4절 의결권 분리의 문제점 및 규제의 필요성 검토

의결권 분리의 장단점 혹은 그 규제의 필요성 여부에 대해서는 특히 의결권 분리거래를 중심으로 찬반양론이 있어 왔다. 여기서는 지금까지 살펴본 양자의 입장의 타당성 여부를 검토하고, 이론적인 관점에서 의결권 분리를 어떻게 취급하는 것이 바람직한 것인지에 대한 나름의 견해를 제시해 본다.

제1항 의결권 분리에 대한 긍정론의 한계

의결권 분리거래는 사회적으로 바람직한 측면이 있으며 이를 제도화할 필요가 있다는 논의는 아래와 같은 논리적 문제점을 가지고 있다.

제1목 개별회사 부의 증대 여부

1. 다른 제도적 수단을 통한 효용 달성 가능성

개별회사의 부의 증대를 위한 의결권 분리의 효용으로는 많은 정보를 통해 정확히 판단할 수 있는 주주들의 영향력 확대, 인수·합병의 촉진, 주주총회 의사결정의 비효율성 감소 등이 열거되고 있다.

이러한 의결권 분리거래의 효용은 크게 두 가지가 제시되고 있다. 우선 의안에 대한 정확한 정보를 가지고 있는 주주가 판단을 하는 것을 보다 용이하게 한다는 점과 효율적인 인수·합병 혹은 사회전체적인 부의 증대를 가져오는 의안이 통과될 수 있는 가능성을 높인다는 점이다.

정확한 정보를 가진 주주의 판단은 그 자체로도 의미가 있겠으나, 보다 중요한 것은 회사의 가치를 극대화하는 방향으로 의사결정을 할 수 있는 인센티브가 있는지 여부이다. 정확한 정보를 가지고 있다고 하여도 위와 같은 인센티브의 결여로 인하여 회사에 불리한 결정을 하게 된다면 이를 바람직하다고 하기는 어렵다. 효율적인 인수·합병 혹은 회사의 부의 증대를 가져오는 의안의 의결에 대한 가능성 제고는 의결권 분리거래를 허용하는 경우에만 달성될 수 있는 것은 아니다. 의결권 분리거래를 허용하지 않더라도 경영권 방어수단의 제한 등을 통해 지배지분의 취득을 용이하게 하거나, 회사와 충돌하는 이해관계를 가진 주주의 의결권을 제한하는 등 다른 수단을 통하여도 충분히 달성할 수 있다. 게다가 반대로 자신의 이익을 위하여 회사에 불리한 의사결정을 할 의도를 가진 주주가 의결권 분리거래 등을 통하여 보다 용이하게 목적을 달성하게 될 가능성도 배제하기 어렵다. 그러므로 위와 같은 의결권 분리의 효용만으로 의결권 분리를 정당화하기에는 그 근거가 부족하다.

2. 파생상품을 통한 의결권 분리거래의 간과

의결권 분리의 효용을 주장하는 입장에서는 주식에 대한 이해관계 없이 의결권만을 이전받는 의결권 분리 거래만을 전제로 논의하고 있을 뿐 주식을 취득한 이후에 파생상품 등을 통해 그 이해관계를 제3자에게 이전하는 형태의 의결권 분리거래의 효용에 대해서는 논의하고 있지 않다. 이러한 점에서도 의결권 분리거래에 대한 긍정론은 한계가 있다. 이러한 비판은 사회전체적인 부의 증대를 위한 의결권 분리거래의 필요성에 초점을 두는 견해의 경우에도 마찬가지로 적용될 수 있다.

제2목 사회전체적인 부의 증대 여부

사회전체적인 부의 증대를 위하여 의결권 분리거래가 필요하다는 견해 역시 아래와 같은 문제점이 있다.

1. 사전적으로 의안의 효과를 전제하는 방식의 문제점

위 논의에서는 사전적으로 당해 의안이 회사 및 사회전체적인 부를 증가시키나 혹은 감소시키는지 여부를 분류하여 논의를 전개한다. 즉 당해 의안이 회사 및 사회전체적인 부를 증가시키는지 여부에 대한 효율적인 판단을 가능하게 하는 의사결정방식 내지 과정의 문제를 간과하고 있다. 이러한 방식에 의하면 기본적으로 당해 의안이 회사 및 사회전체적인 부를 증가시키는 경우에는 의안의 승인을 용이하게 하는 의결권 분리거래가 바람직하다는 결론이 나올 수 밖에 없다.

그러나 이는 기본적으로 의결권 분리거래의 대상이 되는 주주총회 의안의 타당성 여부와 의결권 분리거래 자체의 타당성 여부를 혼동하고 있다.

또한 전통적인 회사법 이론에서 주식에 대한 이해관계를 가진 자에게 의결권을 행사하도록 하는 것은 당해 안건이 회사에 대하여 이익이 되는지 여부를 알 수 없으므로 이를 적절히 판단할 수 있는 인센티브를 가진 자들이 의사결정을 하도록 하고자 함에 있다. 결국 현실적으로는 사전적으로 당해 안건이 회사에 이익이 되는지 여부를 알기가 어렵고 이러한 문제에 대한 올바른 판단을 위한 제도적 장치로서 주주의 의결권 행사를 규정하고 있는 것이므로, 사전적으로 회사 혹은 사회 전체적인 이익 여부를 전제하고 논의하는 것은 비현실적이다.

또한 가사 사전적으로 회사의 이익 내지는 주주전체의 이익에 도움이 되는 안건이라는 점을 알 수 있다고 하더라도, 이러한 경우에는 의결권 분리거래가 허용되지 않는다고 하여도[81] 위와 같은 의안이 승인

---

81) 여기서 의결권 분리거래를 허용하지 않는다는 것은 의결권분리거래를 통한의결권 과다보유에 대해서 의결권 행사를 규제(본서 제4장 II. 참고)하거나, 혹은 의결권 분리거래를 야기하는 헤지거래 자체를 규제하여(본서 제4장 IV. 2. 참고) 주식

될 가능성은 매우 높다. 즉 굳이 의결권 분리거래를 허용할 필요가 없
는 것이다. 오히려 의결권 분리거래가 허용되는 경우 이를 반대하여 개
인적인 이익을 취하려는 측에서 의결권 분리거래를 악용할 수 있어서
위와 같은 의안의 승인이 어려워질 수도 있다.

2. 의결권 분리거래가 허용되는 상황과 그렇지 않은 상황의 비교의 결여

위 논의에서는 의결권 분리거래가 허용되는 상황만을 전제하고 이
러한 상황에서 회사의 가치가 감소하더라도 사회적인 부를 증가시키는
거래가 촉진될 수 있다는 점을 보이고 있다. 그러나 이러한 분석은 의
결권 분리거래의 허용여부에 대해서 명확한 결론을 제시하지 못한다.
의결권 분리거래가 허용되는 경우와 그렇지 않은 경우를 비교하여 의
결권 분리거래가 허용되는 경우 사회적으로 이익이 되는 거래가 발생
할 확률이 높다는 것을 보이는 방식으로 논증하지 않기 때문이다.

바꾸어 말하면 당해 의안을 통하여 회사의 가치가 감소하더라도 사
회적인 부가 증가된다는 점이 명확하다면, 즉 외부자의 이익이 당해 회
사 주주들의 이익의 총합보다 크다면, 굳이 의결권 분리거래를 통하지
않더라도 당해 거래는 이루어지게 된다. 실제로 의결권 분리거래를 금
지한다고 하더라도 회사가 다른 형태의 계약을 통하여 충분히 그와 같
은 결과를 야기할 수 있으므로 반드시 의결권 분리거래가 필요한 것은
아니라는 견해도 있다[82]. 외부자가 당해 거래의 조건을 변경하여 회사

에 대한 이해관계 없이 의결권만을 취득하고자 하는 거래의 목적을 달성하는 것
을 제한하는 것을 말한다.

82) Jeffrey N. Gordon, Shareholder Initiatives: A Social Choice and Game Theoretic
Approach to Corporate Law, 60 U. CIN. L. REV. 347, 1991, 377면에 의하면
위와 같은 경우에 외부자그룹은 위와 같은 거래로 인한 이익을 특정주주에게 지
급하고 의결권을 매수하는 대신, 그러한 이익 중의 일부를 회사에 제공하는 것으
로 거래조건을 변경함으로써 관련 거래를 승인하게 할 수 있다고 한다. 즉 회사
에 이익을 제공함으로 인하여 간접적으로 당해 회사의 주주 모두에게 이익을 제
공하여 당해 거래를 승인하게 하는 방법을사용할 수 있는 것이다.

에 어느 정도의 이익을 제공하고 그 나머지 이익을 외부자가 취득하는
형태로 거래를 구성하면 이는 당해 회사의 주주들에게도 이익이 되므
로 당연히 이를 승인하게 되는 것이다. Coase가 주장한 바와 같이 거래
비용이 들지 않는다고 가정할 경우 사회 전체적인 부의 증가를 초래하
는 거래는 어떤 형태로든 이루어지게 되기 때문이다[83]. 그러한 의미에
서 본다면 사회전체적으로 이익이 되는 거래의 경우에는 외부자가 그
이익의 일부를 지출하여 의결권 분리거래를 함으로서 당해 거래를 승
인하게 할 수 있다는 위 논의의 결론도 전혀 새로운 것이 아니다.

게다가 위와 같은 논증 방식에 의하면 회사의 부 및 사회 전체적인
부를 모두 감소시키는 거래의 경우 의결권 분리거래가 허용되지 않는
다면 외부자에 의해 거래가 승인될 가능성이 낮아진다. 그러므로 사회
적인 부의 극대화라는 측면에서 의결권 분리거래를 허용하지 않는 것
이 유리하다는 결론이 가능한데, 이러한 점에 대해서 명확히 답변하고
있지 못하다.

3. 사회적인 부의 균등한 분배에 대한 고려

오히려 중요한 점은 의결권 분리거래를 허용하는 경우에는 이에 참
여한 주주들만이 직접 이익을 얻는데 비해[84], 위 2.에서 설명한 거래조
건 조정을 통해 사회적으로 이익이 되는 거래를 허용한다면 당해 회사
가 이익을 얻고 이를 통해 당해 회사의 모든 주주들이 간접적으로 이익
을 얻는다는 것이다. 따라서 후자는 사회적인 부의 증가와 함께 증가된

---

83) 박세일, 법경제학, 박영사, 2006, 70면 이하 참조
84) 위 문제는 당해 의안이 회사 및 사회전체적인 부의 증가를 가져오나, 일부 주주
    에게 손해를 초래하는 경우 의결권 분리거래를 통해 당해 주주에게 경제적 보상
    을 함으로서 그 손해를 보전하고 이를 통해 당해 의안을 가결시킬 수 있다는 논
    의를 전제로 한다. 그러므로 상대방 주주에게 경제적 대가를 지급하는 방식인 경
    우에는 의결권백지위임 혹은 의결권 구속계약의 방식이나 주식대차 혹은 파생상
    품을 통한 의결권 분리거래의 방식 모두에게 적용이 가능하다.

부가 주주에게 균등하게 배분될 수 있다는 장점이 추가적으로 존재한다.

의결권 분리거래의 경우 당해 의안을 승인하기 위한 지분에 해당하는 의결권만 취득하면 되므로 당해 거래로 인한 이익이 모든 주주에게 균등하게 배분되지 않는다. 즉 사회전체적으로는 이익이지만, 이에 대해서 의결권 매각의 기회를 얻은 주주들만이 이익을 분배받고 그렇지 못한 주주의 경우에는 이익을 분배받지 못하는 불균등한 결과가 생길 수 있다. 이 경우 의결권 분리거래가 아닌 거래조건 조정 방법을 택한다면 회사의 모든 주주들이 균등하게 이익을 얻게 되므로 공정한 이익분배의 측면에서 효과적이다. 즉 사회 전체적인 이익 증대의 차원에서는 양자의 효과가 동일하다고 하더라도, 그러한 이익의 분배의 측면에서는 의결권 분리거래를 금지하고 거래조건 조정의 방법을 사용하는 것이 보다 합리적이다.

4. 의결권에 관한 공개시장에 대한 가정의 비현실성

또한 위 논의는 모든 주주가 의결권 분리거래에의 참가기회를 균등하게 보장받을 수 있는 의결권 분리거래를 위한 공개시장의 존재를 전제로 하고 있다. 현재의 주식시장과 동일한 정도의 의결권 분리거래시장이 존재하고, 일종의 공개매수제도와 유사하게 특정주주를 상대방으로 하여 의결권 분리거래를 하여 그 이익을 특정주주만이 향유하게 하는 것을 금지하는 제도가 있다면 결국 경쟁매매 방식으로 의결권이 거래되게 된다. 따라서 특정 주주에게만 의결권 분리거래의 기회가 제공되어 의결권을 매각한 주주와 그렇지 않은 주주 간의 이익배분의 불균등이 발생한다는 문제는 해소될 수 있다. 그러나 주식 거래시장과 동등한 정도의 공개된 의결권 분리거래시장이라는 것은 현실에서는 존재하지 않는다. 그러므로 이러한 시장의 존재를 상정하는 것 자체가 비현실적이다. 게다가 3.에서 논한 바와 같이 거래조건 조정의 방법으로 불균등 분배의 문제를 손쉽게 해결할 수 있다는 점에서 의결권 분리거래시장을 마련할 필요성도 적을 것으로 생각된다.

5. 개별 회사 중심의 회사법적 논의구조와의 괴리

또한 위와 같은 분석은 회사법적 논의구조와 괴리되어 있다. 회사법에서는 기본적으로 회사라는 각각의 법인의 의사결정을 위한 수단으로 주주에게 의결권을 부여하고 있다. 이는 개별 회사들이 자신의 이익을 위하여 의사결정을 할 때 사회전체적인 부도 증가할 수 있다는 자본주의의 기본적인 가정을 전제로 한다. 즉 중요한 것은 당해 의안이 사회전체적인 부를 증가시킬 수 있는지 여부가 아니라 당해 회사의 이익을 증가시킬 수 있는지 여부이다. 따라서 의결권 분리거래가 회사의 입장에서 이익이 되는 결정을 함에 있어서 필요한지 여부가 논의의 초점이다. 실제로 회사법은 당해 회사 별로 합병 등 거래승인을 위한 주주총회 결의를 예정하고 있다. 전체 거래의 사회적 부의 총합을 고려하여 그 승인 여부를 결정하는 구조가 아니다. 가사 당해 거래가 전체적인 사회적 부를 증가시키는 결과를 가져온다고 하더라도 그 구체적 거래조건 상 당해 거래로 인한 이익이 당해 회사 주주에게 돌아오지 않고 상대방 회사 주주에게만 귀속된다면 이는 이사의 신인의무 위반에 해당한다는 지적도 있다[85].

그러나 위 논의에서는 사회전체적인 부의 증대에만 초점을 두고 있고, 회사법적 구조에 기반하여 당해 회사 자체에 이익이 되는 결정이 의결권 분리거래를 통해 이루어질 수 있는지에 대해서는 깊이 논의하고 있지 않다. 결국 주식에 대하여 이해관계를 가지는 주주가 회사의 이익을 극대화하는 최적의 의사결정을 할 수 있고 이를 통해 자연히 사회적인 부가 극대화될 수 있다는 전통적인 이론에 대하여 반박하기 위해서는 의결권 분리거래를 통하여 회사의 이익이 극대화될 수 있다는

---

85) Robert B.Thompson & Paul H. Edelman, Corporate Voting, 62 Vand. L. Rev.
129 (2009), 155면.

점에 대한 논증이 필요한데 위 논의는 이러한 부분을 외면하고 있다.

6. 외부 투자자와 대주주 간의 거래의 가능성

위 논의에서는 기본적으로 특정의안을 관철하려는 외부투자자와 이를 저지하려는 기존 대주주 간의 대립을 전제로 하고 있다. 그리고 이러한 전제에서 회사의 부도 감소시키거나 사회 전체적인 부도 감소시키는 거래의 경우 대주주들이 의결권 분리거래를 통해 이를 저지할 수 있다고 한다. 그러나 위의 예에서 외부 투자자가 대주주들에게 당해 의안으로 인한 손해금액인 주당 3달러 이상의 비용을 지급하고 의결권을 매수할 경우 대주주들이 의결권 분리거래를 통해 당해 거래를 저지하는 것보다 외부 투자자에게 의결권을 매도하는 것이 더 이익이 되므로 이를 선택할 수 있다. 현실적으로도 외부투자자의 입장에서는 대주주와 의결권 분리거래를 하는 것이 보다 간편하고 직접적인 대안일 수 있다. 즉 대주주들이 당연히 당해 거래를 저지할 것으로 보는 것은 합리적이지 못한 가정이다.

7. 일정 지분을 보유한 대주주의 존재에 대한 가정의 비현실성

게다가 위 논의에서 회사의 부 및 사회 전체적인 부를 감소시키는 거래의 경우 대주주가 의결권 분리거래를 통해 이를 저지하기 위해서는 일정 비율 이상의 기존지분을 가지고 있어야 한다. 제3절 제2항 제2목 3.의 예에서 대주주가 당해 거래를 저지하기 위하여 보유하여야 할 기존 지분율은 약 33.3%가 된다. 그러나 회사에 따라서는 대주주가 존재하지 않거나, 존재한다고 하더라도 위와 같은 정도의 상당한 기존 지분을 보유하고 있지 않은 경우도 많다. 그러므로 이러한 기존 지분율 요건을 충족하지 못하면 대주주가 위 거래를 저지하는 것이 불가능하다.

제2항 의결권 분리의 본질적 문제점 - 회사 의사결정의 왜곡

앞서 본 바와 같이 의결권 분리의 장점 내지 사회적 효익에 대한 논의들은 논리적으로 문제점이 있는 것으로 생각된다. 이러한 견해에서 주장하고 있는 의결권 분리의 사회적 효익이 의결권 분리거래만의 장점 혹은 의결권 분리거래를 허용하는 경우에만 얻을 수 있는 것으로 보여지지는 아니한다. 그러므로 이러한 단편적인 효과들이 총체적인 관점에서 의결권 과다보유 혹은 과소보유를 허용해야 할 이유가 되기는 어렵다.

반면에 의결권 분리는 그에 부수하는 긍정적 효과들만으로는 극복하기 어려운 본질적인 문제점이 있다. 이는 바로 의결권 분리의 경우 회사에게 이익이 되는 효율적인 의사결정을 하기 어렵다는 점이다. 일반적인 회사법 이론에서 회사의 가치를 극대화하는 결정을 위해서 주식에 대하여 이해관계를 가지고 있는 주주에게 의결권이 부여된다고 하는 것도 바로 이 때문이다. 그러므로 의결권 분리의 경우에는 자신의 결정에 대해서 그에 상응하는 회사의 잔여이익을 분배받지 못하므로 객관적으로 회사 및 주주전체에 이익이 되는 방향으로 의결권을 행사하지 못하게 될 가능성이 크다[86]. 이를 지배주주의 경우와 지배주주가 아닌 경우로 나누어 살펴본다.

---

86) Mike Burkart & Samuel Lee, One Share-One Vote: the Theory, 12 Rev. Fin. 1(2008), 3면에 의하면 의결권과다보유의 경우에 당해 주주는 그 의결권에 비례하는 정도의 주식에 대한 이해관계를 가지지 못하게 되어 회사전체의 이익보다는 자신의사적인 이익을 위하여 의결권을 행사하게 될 가능성이 높아지게 된다고 한다.

제1목 지배주주의 의결권 분리에 의한 의사결정의 왜곡[87]

주식의 소유를 통해 주주총회에서 자신의 의사에 따라 주주총회 결의를 이끌어 낼 정도의 충분한 의결권을 가지고 있는 지배주주가 있다고 하자. 지배주주의 회사주식에 대한 지분비율(즉 이해관계의 비율)은 의결권 비율과 같을 수도 있고 다를 수도 있다. 주식스왑 등을 통해 소유주식의 일부를 헤지하여 자신이 소유하는 주식보다 더 적은 이해관계를 가질 수도 있다. 일반적으로 지배주주가 있는 회사의 경우 회사의 전체 가치를 모든 주주가 지분비율에 따라 균등하게 향유하는 것은 아니고, 이 중 일부는 **경영권 프리미엄** 등 주주 전체가 아닌 지배주주에게만 귀속되는 가치 혹은 **지배주주의 사적인 이익**으로 이루어져 있다고 본다[88]. 이러한 지배주주가 공장증설이나 인력확충 혹은 기업 인수·합병 등 회사가 실현할 수 있는 프로젝트 X와 Y 중에 어느 하나를 선택하여야 한다고 하자. 양자는 양립불가능하고 둘 중에 어느 하나의 프로젝트를 선택하여야 하는 상황이다. 양자가 창출하는 회사 전체적인 가치를 비교해 보면, X보다 Y가 크므로 프로젝트 Y를 택하는 것이 사회적으로 효율적이라고 가정하자. 이 경우 회사 전체적인 가치뿐만 아니라 지배주주가 독점하는 사적 이익의 관점에서도 프로젝트 Y가 유리하다면 지배주주는 당연히 프로젝트 Y를 선택한다. 이는 회사 전체적

---

87) 아래 논의는 Lucian Arye Bebchuk, Reinier Kraakman & George Triantis, Stock Pyramids, Cross-Ownership and Dual Class Equity: The Mechanisms and Agency Costs of Separating Control From Cash-Flow Rights, Concentrated Corporate Ownership (R. Morck, ed.) (2000), 451면 이하에서 제시된 것을 응용한 것이다. 위 논문에서는 차등의결권 주식, 지주회사 구조, 주식상호보유에 있어서 의사결정의 왜곡을 다루고 있는데, 주식에 대한 이해관계와 그 의결권이 분리된다는 점에서 의결권 분리의 상황과 본질적으로 동일한 측면이 있다.

88) 이는 사적인 이익 혹은 특권적 소비라고 불리기도 한다. 이에 대한 자세한 내용은 William A. Klein & John C. Coffee Jr., Business Organization and Finance, 9th Edition(2004), Foundation Press, 175면 송옥렬, 기업 경영권 승계의 사회적 효율성, BFL 제19호, 2006, 70면 참고.

인 가치를 향상시키는 효율적인 선택이다. 그러나 문제는 프로젝트 X에 의하여 야기되는 지배주주의 사적인 이익이 프로젝트 Y에 의한 것보다 큰 반대의 경우이다. 프로젝트 X에 의하여 야기되는 지배주주의 사적인 이익이 프로젝트 Y에 의한 것보다 크다면, 지배주주의 입장에서는 항상 프로젝트 Y를 선택하는 것은 아니고, 경우에 따라서 오히려 프로젝트 X를 택하는 것이 이익일 수 있다.

여기서는 이러한 문제상황에 초점을 두고 의결권 분리의 경우 이러한 문제가 더 커질 수 있는지를 검토한다. 회사 전체의 가치 중에서 사적인 이익을 제외한 부분은 모든 주주가 지분비율에 따라 이를 나누어 가진다. 상장회사 주식의 경우 전체 주식의 시가총액이 이에 해당한다고 볼 수 있다. 지배주주 역시 이를 모두 향유할 수는 없고, 그 지분비율에 비례한 부분만을 가진다. 이에 비해서 지배주주의 사적인 이익은 지배주주가 독점한다. 그러므로, 지배주주의 입장에서 양자의 합, 즉 자신이 가지는 전체적인 가치를 비교할 경우에는 프로젝트 X가 유리할 수 있다[89]. 그러므로 직관적으로 생각해 보면, 지배주주의 이해관계의 비율이 작아질수록, 지배주주의 입장에서는 사적 이익의 비중이 커지므로 프로젝트 X를 택하여 회사 전체의 가치를 감소시키는 사회적으로 비효율적인 의사결정을 할 가능성이 높아짐을 알 수 있다.

따라서 지배주주가 주주총회에서의 의사결정을 지배할 수 있는 정도의 일정한 의결권을 유지하면서, 의결권 분리거래 등을 통하여 그 이해관계의 비율만을 낮춘다면 위와 같은 문제상황에서 회사 전체의 가

---

89) 예를 들어 50%의 지분을 가진 지배주주의 경우 경영권 프리미엄이 100억 증가하고, 이를 제외한 회사의 가치로서 모든 주주가 공유하는 가치(주식의 시가가 이를 정확히 반영하는 경우 시가총액과 일치함)가 200억 증가하는 경우보다는(이 경우 회사의 가치는 300억 증가, 지배주주의 부는 150억 증가) 경영권프리미엄이 200억 증가하고, 이를 제외한 회사의 가치가 50억 증가하는 경우를 선호하게 된다(이 경우 회사의 가치는 250억 증가, 지배주주의 부는 225억 증가).

치 극대화에 반하는 비효율적인 의사결정을 하게 될 가능성이 점점 더 높아진다. 즉 의결권 과다보유의 정도가 심해질수록 의사결정의 비효율적 왜곡이 나타나게 될 가능성이 높아지는 것이다. 특히 지배주주가 주식에 대하여 음의 이해관계를 가지게 된 경우에는 이러한 위험성이 더욱 명백해진다. 지배주주가 음의 이해관계를 가지는 경우에는 상장 주식의 시가총액에 해당하는 부분, 즉 모든 주주가 공유하는 회사의 가치가 상승할수록 지배주주는 손해를 본다. 그러므로 지배주주가 음의 이해관계를 가진다면, 모든 주주가 공유하는 회사의 가치가 작을수록 그리고 사적인 이익이 클수록 지배주주가 이익을 본다. 프로젝트 X의 경우 회사 전체의 가치는 작으나 지배주주의 사적인 이익은 크므로, 회사 전체의 가치 중 지배주주의 사적인 이익을 제외한 부분은 프로젝트 Y에 비하여 작다. 따라서 각 프로젝트에 의한 회사 전체의 가치 및 사적인 이익의 크기에 상관없이 지배주주의 입장에서는 항상 프로젝트 X를 택하는 것이 유리하므로, 이러한 비효율적인 선택을 하게 된다. 바꾸어 말하면 양의 이해관계를 가지는 의결권 과다보유의 경우에는 지배주주가 비효율적인 선택을 할 가능성이 높아지기는 하지만, 구체적으로 각 프로젝트에 의한 사적인 이익의 크기 및 회사 전체적인 가치의 크기에 따라서 지배주주가 비효율적인 선택을 할 수도 있고 그렇지 않을 수도 있다. 예를 들어 사적인 이익의 차이가 크지 않고, 오히려 회사 전체의 가치 중 지배주주의 사적인 이익을 제외한 부분은 프로젝트 Y가 훨씬 크다면 지배주주의 입장에서도 프로젝트 Y를 선택할 수 있다. 그러나 지배주주가 음의 이해관계를 가진 경우에는 위와 같은 문제상황에서 사적인 이익의 크기 및 회사 전체적인 가치의 크기에 상관없이 언제나 비효율적인 결정을 하게 되는 것이다.

주식스왑계약 등 연관자산을 통하여 이해관계가 변화하게 되는 경우를 보자. 예를 들어서 회사 전체의 가치를 1000이라고 하고, 이 중 경영권 프리미엄 등 사적인 이익을 200이라고 한다면, 모든 주주가 공유하는 회사의 가치는 800이 된다. 만약 주식의 시가가 이러한 가치를 정확히 반영한다면 전체 주식의 시가총액은 800이 된다. 지배주주가 소유하고 있는 주식 50% 중 30%를 주식스왑계약 등을 통하여 헤지한 경우에는 주식 시가총액의 변동에 대해서 20%의 이해관계만을 가지게 된다. 특정 프로젝트로 인하여 시가총액이 200 감소하는 경우 지배주주에게 돌아오는 몫은 100이 아닌 40이 감소한다. 이에 비해 위 프로젝트에서 사적인 이익이 50 증가한다면, 지배주주의 입장에서는 10만큼 이익이므로 회사 전체적으로는 150이 손해인 위 프로젝트를 선택하지 않게 되는 것이다. 나아가 지배주주가 50% 지분 전부를 주식스왑계약 등을 통하여 헤지한 경우에는 시가총액의 변화여부에는 전혀 영향을 받지 아니하게 되므로 이해관계의 비율이 0이 된다. 또한 지배주주가 50% 지분 전부를 주식스왑계약 등을 통하여 헤지하고, 다시 20% 지분의 공매도 계약 등을 통하여 음의 이해관계를 가지면 시가총액이 200 증가하는 경우 40의 손해를 보므로 이해관계 비율의 값은 -0.2가 된다. 이러한 경우에는 모든 주주가 공유하는 가치가 작을수록, 그리고 사적인 이익이 클수록 지배주주에게 이익이 된다. 그러므로 회사 전체의 가치는 감소시키나 지배주주의 사적인 이익은 증가시켜서 지배주주가 회사 전체적으로 손해가 되는 위 거래를 승인할 위험이 있는 문제상황에서, 지배주주는 당연히 회사 전체의 가치를 감소시키는 의사결정을 하게 되어 이러한 위험이 더욱 커진다.

주식스왑계약 등 연관자산을 통하여 이해관계가 변화하는 경우뿐만 아니라 관련부수자산을 통하여 이해관계를 가지게 되는 경우도 설명이 가능하다. 예를 들어 갑 회사가 을 회사와 영업양수도 거래를 하려고 하고, 갑회사의 주식 50%를 소유한 지배주주가 관련부수자산으로서 을 회사의 주식을 100% 가지고 있다고 하자. 당해 영업을 갑회사가 1,000억원에 매각하는 경우와 2,000억원에 매각하는 경우를 생각해 보자. 전자의 경우에 비하여 후자의 경우에는 갑회사가 1,000억원의 이익을 본다. 이는 갑회사의 재무제표에 직접 계상되는 이익으로, 모든 주주가 공유하는 가치의 증가를 가져온다. 이에 비하여 을회사의 경우에는 전자의 경우에 비하여 후자의 경우에 1,000억원의 손해를 본다. 그러므로 위 경우 지배주주의 손익은 1,000억*50%-1,000억*100%가 되므로 500억 손해가 된다. 영업양수도에 있어서 갑회사가 양수도 대가를 더 지급받아 이익을 보는 만큼, 을회사가 그만큼 대가를 더 지급하게 되어 손해를 보게 되므로 주주 전체가 공유하는 가치에 있어서 갑회사의 증가분과 을회사의 감소분은 일치한다. 지배주주는 결국 갑회사의 증가분의 50%에 해당하는 이익과 을회사의 감소분(갑회사의 증가분과 동일함)의 100%에 해당하는 손해를 보므로 결국 갑회사의 주주전체가 공유하는 가치 증가분에 대한 지배주주의 이해관계의 비율은 -0.5가 된다. 같은 방식으로 계산해 보면, 위 지배주주가 을회사의 주식을 90% 소유하는 경우 이해관계의 비율의 값은 -0.4가 된다. 이러한 경우에는 갑회사의 모든 주주가 공유하는 가치가 작을수록, 그리고 사적인 이익이 클수록 지배주주에게 이익이 된다. 그러므로 당해 영업양도가 회사 전체의 가치는 감소시키나 지배주주의 사적인 이익은 증가시켜서 지배주주가 회사 전체적으로 손해가 되는 위 거래를 승인할 위험이 있는 경우, 만약 지배주주가 위와 같이 관련부수자산으로 인하여 음의 이해관계를 가진다면 당연히 회사 전체의 가치를 감소시키는 비효율적인 의사결정을 하게 되어 그 문제점이 더욱 커진다.

제2목 일반주주의 의결권 분리에 의한 의사결정의 왜곡

지배 주주가 없으므로 경영권프리미엄 혹은 사적 이익이 문제되지 않고, 회사 전체의 가치를 그대로 모든 주주가 공유하는 경우에도 의사결정 왜곡의 문제는 존재한다. 여기서는 회사 관련 정보 수집이 용이한 지배주주에게는 중요하지 않았던, 의결권 행사를 위한 정보 검토 및 의결권 행사 비용[90]이 문제될 수 있다[91]. 일반주주의 경우에는 지배주주

---

90) 특히 최근에는 국내 증권사들이 일반 개인주주들을 위한 주식 대차거래 서비스도 제공하고 있다. 이 경우 의결권을 행사하기 위해서는 주식 대차를 통한 대차

와 같이 여러 대안 중에 하나를 선택하는 것이 아니라, 보통 경영진이
제안한 의안에 대해서 그 채택가부를 결정한다. 경영진은 의안이 가결
될 경우의 회사의 가치가 회사의 현재의 가치, 즉 의안이 부결될 경우
의 회사의 가치보다 클 것이라고 주장하는 상황이나, 일반주주는 의안
자료에 대한 면밀한 검토 이전에는 사전적으로 경영진의 주장의 당부
를 알기 힘들다. 또한 일반주주는 지배주주와는 달리 주주총회 결의의

수수료 수익을 포기하여야 하므로, 주주 입장에서는 대차 수수료 수익 역시 의결
권 행사를 위한 기회비용에 포함된다. 최근 현대증권 주식회사 및 동양종금증권
주식회사 등 증권사에서는 개인 투자자를 상대로 스톡렌탈 서비스를 제공하고
있다. 기관투자자들의 주식차입 수요증가와 대차거래를 원하는 개인투자자의 증
가로 위와 같은 서비스가 등장하게 되었다. 관련 증권사의 광고 및 신문기사 내
용에 의하면 스톡플러스 렌탈서비스를 이용하려면 투자자들은 영업점이나 HTS
를 통해 대차거래 약정을 체결하면 되고, 고객의 주식이 대여가 이루어지는 시점
부터 대여수수료가 매달 말 지급된다. 1년간 주식대여가 가능하며, 고객의 특별
한 의사표시가 없는 한 계약은 1년 후에도 계속 지속된다. 계약 기간 중에는 최
고 연 5%의 대여수수료를 얻을 수 있다. 다만 주식을 대여해 준 경우 주주총회에
참석할 수 없고, 의결권도 행사하지 못한다. 의결권 행사를 위해서는 대여자가
주총 의결권 행사 기준일 이전에 리콜을 해야 한다. 이데일리 경제, 2011. 2. 1.
자 "현대證 개인 투자자도 대차거래` 이용하세요-대차거래서비스 '스톡렌탈' 특
허 등록" 경제투제이, 2009. 12. 11. 자 "현대증권 스톡플러스 렌탈서비스-개인
실시간 매도 가능한 대차거래로 이익 극대화" 경향신문 2009. 12. 20. 자 "현대증
권 스톡렌탈서비스-개인투자자들에 주식 대차거래 길 열어"
91) 川北英隆, 議決權行事のコスト : 株式インデックス運用をめぐり, アメリカ法
2004-1(2004-7), 44-45면 및 47-48면에서는 주주의 입장에서는 의결권 행사로 인
하여 드는 비용보다 그로 인한 이익이 큰 경우에만 의결권을 행사하게 된다고
하고 있다. 그러므로 개인 투자자의 입장에서는 비용을 들여 정보를 수집하고 분
석하여 의결권을 행사하기가 쉽지 않다고 한다. 이에 비해 Bernard Black &
Reinier Kraakman, Delaware's Takeover Law: The Uncertain Search for Hidden
Value, 96 Nw. U. L. Rev. 521 (2002), 529면 이하에서는 주주는 회사 정보의
공시를 통해서 의사결정에 필요한 정보를 얻을 수 있고, 이를 통해 회사의 가치
를 합리적으로 판단할 수 있으며, 투자은행의 의견 등을 통해 자신의 판단을 검
증할 수도 있어서 주주의 의사결정비용이 반드시 높지만은 않다고 지적한다. 이
에 의하면 공시되지 않은 내부정보는 중요하지 않을뿐더러 투자자의 객관성 등
다른 측면에 의해서 상쇄될 수도 있다.

내용을 예측할 수 없다. 자신뿐만 아니라 다른 주주들의 의결권 행사에 따라 주주총회 결의 결과가 달라질 수 있기 때문이다. 일반 주주가 의안자료 검토 및 의결권 행사 비용을 지출하지 아니하는 경우에, 주주총회 결의에 대한 기대 값은 의안이 승인될 확률에 의안 승인시 회사가치를 곱한 값과 의안이 부결될 확률(1-의안이 승인될 확률)에 의안 부결시 회사가치를 곱한 값을 더한 후, 여기에 일반주주의 주식에 대한 이해관계의 비율을 곱하면 된다. 이에 비해서 일반주주가 의안자료를 검토하여 의안이 회사 및 주식의 가치를 증가시킬 수 있는지 여부를 확인하여 찬성 혹은 반대의 의결권을 행사하는 경우에는 의안이 승인될 확률이 변화할 수 있다. 만약 의안자료를 검토한 결과 의안을 승인하는 것이 회사에 이익으로 확인되어 의안에 찬성한다면 의결권을 행사하지 않는 경우보다 의안 승인 확률이 높아질 것이다. 반대로 의안에 반대하는 것이 회사에 이익이 되는 것으로 확인되어 의안에 반대하는 경우에는 의안이 부결될 확률이 높아지게 된다[92]. 즉 보다 효율적인 의사결정이 가능하다. 특히 일반주주의 의결권이 많아서 확률 변화의 정도가 큰 경우에는 기대 값의 증가분이 더 커지게 된다. 그러나 개별 주주의 입장에서는 의안자료 검토 및 의결권 행사를 함으로써 회사가치 전체에 대한 기대 값이 증가하여도 그 증가분 중 자신의 이해관계의 비율에 해당하는 부분만 이익을 본다. 따라서 이러한 자신의 이익이 의안자료 검토 및 의결권 행사 비용보다 작으면 위와 같은 행위를 할 인센티브가 없

---

92) 그러므로 일반주주가 의안자료를 검토하여 의안이 회사 및 주식의 가치를 증가시킬 수 있는지 여부를 확인하여 의결권을 행사한다면, 그렇지 않은 경우보다 이익이 되는 의안이 승인될 확률은 높아지고 손해가 되는 의안이 승인될 확률은 낮아지므로 주주총회 결의에 의한 회사가치에 대한 기대 값은 증가하게 된다. 의결권을 행사하지 않는 경우에도 의안에 반대하는 것으로 처리되므로 의안 반대의 경우에는 의안이 부결될 확률이 동일하다고 볼 수도 있다. 그러나 상법 제368조 제1항에 의하면 총회의 결의는 출석한 주주의 의결권의 과반수와 발행주식총수의 4분의 1이상의 수로써 하는 것이 원칙이다. 그러므로 주주총회에 참석하여 반대의결권을 행사하는 경우에는 출석주주 수가 증가하게 되므로 주주총회에 참석하지 않는 경우보다는 의안이 부결될 확률이 높아진다고 할 수 있다.

다93). 그러므로 의결권 과다보유를 통해 의결권 보유비율에 비해서 이

---

93) 의결권 행사를 위한 정보 검토 및 의결권 행사 비용을 C라고 하자. 의안이 가결
될 경우의 회사가치를 VY 라고 하고, 부결될 경우의 회사가치를 VX 라고 하자.
일반 주주가 의안자료 검토 및 의결권 행사 비용을 지출하지 아니하는 경우에
의안이 승인될 확률을k, 의안이 부결될 확률을 1-k라고 하자. 일반 주주가 의안
자료 검토 및 의결권 행사 등을 하지 않을 경우의 기대 값은 kaVY+(1-k)aVX라
고 할 수 있다. 여기서 a 는 일반주주의 주식에 대한 이해관계의 비율이다. 이에
비해서 일반주주가 의안자료를 검토하여 의안이 회사 및 주식의 가치를 증가시
킬 수 있는지 여부를 판단하여 찬성 혹은 반대의 의결권을 행사하는 경우에는
위 확률 k가 t로 변화할 수 있다. 만약 의안자료를 검토한 결과 의안을 승인하는
것이 회사에 이익으로 판단되어 의안에 찬성한다면 의결권을 행사하지 않는 경
우보다 의안 승인 확률이 높아질 것이다. 즉 VY>VX 인 경우에는 t>k가 된다.
반대로 VY<VX 인 것으로 확인되어 주주총회에 참석하여 의안에 대하여 반대
의결권을 행사하는 경우에는 t<k가 된다. 이 경우 기대 값은 taVY+(1-t)aVX-C라
고 할 수 있다. 그러므로 회사법에서 예정하고 있는 바와 같이 주주가 주식가치
의 증대를 위하여 의안을 검토하고 이에 따라 의결권을 행사하기 위해서는 다음
의식이 만족되어야 한다.

$$taV_Y+(1-t)aV_X-C>kaV_Y+(1-k)aV_X$$

이를 정리하면 다음과 같다.

$$a(t-k)(V_Y-V_X) > C$$

앞서 본 바와 같이 $V_Y>V_X$ 인 경우에는 t>k가 되고, 반대로 $V_Y<V_X$ 인 경우에는
t<k가 된다. 그러므로 $(t-k)(V_Y-V_X)$는 항상 양의 값을 가진다.

따라서 a>0인 경우(주식에 대해서 양의 이해관계를 가지는 경우)에는 a값이 클수
록, 즉 주식에 대한 이해관계를 많이 가질수록 직접 의안자료를 검토하여 의결권
을 행사할 가능성이 높아지게 된다. 또한 일반주주의 의결권비율이 높은 경우에
는, 의결권을 행사하는 경우 주주총회에서 의안이승인 될 확률이 많이 증가하여
t와 k의 차이가 커지게 되므로 역시 의안자료를 검토하여 의결권을 행사할 가능
성이 높아지게 된다. 이에 비해서 a<0인 경우(주식에 대해서 음의 이해관계를 가
지는 경우)에는 위 식의 좌변이 음이고 우변은 양이 되어서 언제나 위 식을 충족
할 수 없다. 즉 일반주주가 음의 이해관계를 가지는 경우에는 의안자료를 검토하
여 당해 의안이 회사에 이익이 되는 경우 찬성하는 방향으로 의결권을 행사하는

해관계의 비율이 낮아질수록, 의안자료 검토 및 의결권 행사를 통해 회
사의 가치를 증대하는 의사결정이 이루어지지 않을 위험이 높아진다[94].

일반주주가 음의 이해관계를 가지는 경우에는 이러한 위험이 더욱
명백하다. 일반주주는 당해 의안이 회사에 이익이 되면 의안에 반대하
고, 회사에 손해가 되면 의안에 찬성할 것이다. 회사의 이익이 증가하여
주식가치가 상승할수록 본인에게는 손해가 되기 때문이다. 양의 이해관
계를 가지는 의결권 과다보유의 경우에는 일반주주가 비효율적인 선택
을 할 가능성이 있지만, 구체적으로 의안이 가결 혹은 부결될 경우의
회사의 가치 차이, 의안 검토 및 의결권 행사에 따른 비용의 크기 등에
따라서 주주가 회사의 가치를 증대하는 의사결정을 할 수도 있고 그렇
지 않을 수도 있다. 반면에 주주가 음의 이해관계를 가진 경우에는 위
의 요소들을 비교형량함이 없이 언제나 회사의 가치를 증대시키는 효
율적인 의사결정을 하지 않게 된다.

제3항 의결권 분리에 대한 법적 규제의 필요성 및 방향

위에서 본 바와 같이 의결권 분리거래의 효용론에는 한계가 있는 반
면에 의결권 분리의 경우에는 본질적으로 회사의 의사결정이 왜곡된다
는 문제점[95]이 있으므로 이를 최소화하기 위한 법적 규제가 필요하다.

일은 발생하지 않는다. 오히려 이러한 경우에는 일반주주가 당해 의안이 회사에
이익이 된다는 점을 확인한 경우에는 의안에 반대하고, 회사에 이익이 되지 않는
다는 점을 확인한 경우에는 의안에 찬성할 수 있다.
94) Frank S. Partnoy & Randall S. Thomas, Gap Filling, Hedge Funds, and Financial
Innovation, 38 Vanderbilt Univ. L. & Econ. Research Paper, No. 06-21 (2006),
available at http://ssrn.com/abstract=931254, 39-42면 Ehud Kamar, Does
Shareholder Voting on Acquisitions Matter? 5 and 35 (Am. L. & Econ. Ass'n
Ann. Meetings Working Paper 64, 2006), available at http://law.bepress.com/al
ea/16th/art64, 39-41면

우려하거나, 기타 다른 규제 가능성 때문에 그 공시를 꺼려하여 의결권 분리거래가 억제될 수 있다는 주장도 가능하다. 그러나 이러한 손해를 상쇄할 정도의 이익 내지 필요가 있다면 공시에도 불구하고 의결권 분리거래를 하게 된다. 또한 공시제도를 개선한다고 하더라도 공시가 사후적으로 이루어져 실제 거래에 영향을 미치지 못하는 경우도 많다. 그러므로 의결권 분리현상의 문제점의 근원적 해결을 위해서는 의결권 제도 자체의 개선을 통한 실체적인 규제가 필요하다.[3]

  이하에서는 우리 법제에 있어서 의결권 분리현상을 어떠한 방향에서 실체적으로 규제할 수 있는지 여부에 대해서 생각해 본다. 그리고 나아가 그러한 규제를 위한 해석론적 수단 혹은 입법론적 방법을 고찰해 본다. 의결권 분리현상에 대한 실체적 규제에 대해서는 미국을 중심으로 많은 논의가 이루어지고 있고, 이러한 논의 중에는 우리 법 제하에서도 시사점이 있는 부분이 많으므로 이러한 부분에 대해서도 함께 살펴본다. 결론적으로 앞서 살펴본 우리 법제 하에서의 의결권 분리현상에 대한 분류방법에 기초하여 각각의 경우에 있어서의 규제방안을 생각해 보겠다.

---

3) 실제로 미국 SEC 및 EU 감독당국에서도 의결권 분리에 대한 정책적 대안을 논의하고 있다. Securities and Exchange Commission, Concept Release on the U.S. Proxy System, 75 Fed. Reg. 42,982, 43,017-20 (July 22, 2010) ; COMMITTEE OF EUROPEAN SECURITIES REGULATORS, PUBLIC STATEMENT OF THE MARKET PARTICIPANTS CONSULTATIVE PANEL CESR/10/567 (July 5, 2010)

제1절 서설

제3장에서 살펴본 것처럼 의결권 분리현상이 기업지배구조에 악영
향을 미칠 수 있지만[1], 이에 대한 구제책은 아직 본격적으로 마련되지
못하고 있다. 일단 공시제도의 개선을 통해 의결권 분리에 대해서도 공
시를 강제할 필요가 있다는 논의가 있으며, 이에 대해서는 뒤에서 자세
하게 살펴본다[2].

의결권 분리현상은 주식에 대한 이해관계를 초과하여 의결권을 행
사한다는 것에 근원적인 문제점이 있다. 따라서, 의결권의 행사와 관련
한 실체적 규제가 필요하다. 물론 문제점의 해결을 위해서는 공시제도
의 개선을 통해 의결권 분리거래의 현황을 공시하는 것도 필요하고, 공
시를 통한 정보제공 내지 현황파악이 실체적 규제의 바탕이 될 수 있다.
공시제도만으로도 투자자들이 평판 훼손의 위험(Reputational Risk)을

---

1) David Marcus, Hedge Fund Voting; The Devil We Don't Know, CORPORATE
CONTROL ALERT, 2006, 10면 David Skeel, Behind the Hedge-In the Untamed
World of Hedge Funds, Rigged Deals and Manipulated Markets Help the
Wealthy Thrive While Ordinary Investors Wither, Legal Affairs, 2005, 28면 등
2) Marcel Kahan & Edward B. Rock, Hedge Funds in Corporate Governance and
Control, 155 U. PA. L. REV. 1021, 2007, 1077면 Henry T. C. Hu & Bernard
Black, Empty Voting and Hidden (Morphable) Ownership: Taxanomy,
Implications, and Reforms, 61 Bus. Law. 1011 (2006), 1018면에서는 주식소유현
황공시제도에서 공시의무를 야기하는 지분율의 적정성문제는 차치하더라도, 적
어도일정한 비율 이상의 주식소유에 대해서는 일관되고 단순한 공시규제를 적용
하는 것이 필요하다고 한다.

이러한 의사결정 왜곡의 문제점은 주주로부터 의결권만을 취득하는 거래뿐만 아니라 주식을 취득한 이후에 그 이해관계를 제3자에게 이전하는 형태의 의결권 분리거래에 있어서도 마찬가지로 인정될 수 있다. 의결권 분리거래의 과정이 아닌 그 결과의 발생에 의한 문제점 분석의

---

95) 의결권 분리거래를 통한 의결권 과다보유 혹은 과소보유가 허용될 경우 앞서 살펴본 집단행위 문제(Collective Action Problem)에 의한 소수주주의 의사결정 왜곡의 문제 및 주주 이익 탈취의 문제(Looting)가 발생하게 되는 것도 이 때문이다. 게다가 주주들이 의결권분리거래를 주식을 통한 수익 실현의 중요한 원천 중의 하나로 생각하게 되는 경우에는 불필요한 의안을 상정하고 이에 대한 의결권 분리거래를 유발하는 행위가 늘어날 수 있다. 이는 불필요한 사회적비용 및 회사 의사결정의 왜곡을 야기한다.

최근 기관투자자들이 주요주주로서 회사에 대하여 영향력을 보유하고 있는 경우가 많다. 기관투자자의 경우 특정회사에 대하여 투자자산의 일정 비중 이상을 투자하여 당해 회사의 의사결정에 대하여 이해관계를 가지는 경우도 있으나, 반면에 다양한 회사들에 대하여 자신의 투자자산을 분산투자하거나 주식시장의 지수변동에 추종하는 index portfolio의 형태로 투자하고 있는 경우도 있다. 즉 개별회사의 의사결정에 대하여특별한 이해관계를 가지지 않는 경우도 있다. 실제로 이러한 점이 기관투자자의 의결권 행사에 있어서의 문제점으로 자주 지적되고 있다(Roberta Romano,Less Is More: Making Shareholder Activism A Valued Mechanism Of Corporate Governance, Yale Law & Economics Research Paper No. 241, 2000, Available at SSRN: http://papers.ssrn.com/sol3/papers.cfm?abstract_id =218650, 39면 및 103면). 만약 이러한 상황에서 의결권 분리거래 등을 통한 의결권 분리가 허용된다면 기관투자자들의 입장에서는 회사의 이익을 고려하지 않고 의결권 분리거래를 통해 이익을 얻으려는 인센티브를 가질 수 밖에 없다 따라서 위에서 설명한 의사결정 왜곡의 문제점이 더욱 심화될 수 있다. 기관투자자가 회사와 거래관계가 있는 등의 경우에는, 이론적으로 현 경영진 혹은 지배주주에 협조하는 의결권 행사를 통하여 다양한 형태의 무형적이익을 향유할 가능성이 높다는 지적도 있다(이제원, 기관투자자의 의결권 행사에 관한 법적 검토, 상장협 41호, 2000, 11면). 다만 위와 같은 논의는 기관투자자가 index portfolio에 투자하는 경우를 전제로 하고 있다. 우리나라의 경우와 같이 기관투자자가 index portfolio에 투자하는 경우가 많지 않고, 오히려 특정 회사 주식에 투자하여 당해 주식의 가치를 증대하여 수익을 창출하려고 하는 경우가 많다면, 위와 같은 논의의 적용은 아직은 한계가 있다.

관점에서는 양자의 형태의 의결권 분리거래 모두 의사결정의 왜곡이라
는 문제점은 동일하다[96]. 주주의 입장에서 자신이 의결권을 행사하는지
여부가 회사 전체의 의사결정 혹은 이를 통한 자신의 이익과 큰 관련이
없다는 점은 양자의 경우에 차이가 없기 때문이다. 그러므로 양자의 형
태의 의결권 분리에 대한 일관된 법적 규제가 필요하다.

다만 어떠한 범위에서 이를 규제할 것인지 여부, 즉 기본적으로 주
식에 대한 이해관계를 가지되 다만 이를 초과하여 의결권을 가지는 의
결권 과다보유 전반에 대하여 규제를 할 지 아니면 의결권 과다보유 중
주식에 대하여 음의 이해관계를 가지면서 의결권을 행사하는 경우만
규제를 할 것인지의 문제와 어떠한 방식으로 이를 규제할 것인지 여부
의 문제는 실정법과 관련하여 더 검토해 보아야 할 문제라고 생각된다.

---

96) Michael L3ee, Empty voting: Private Solutions to a Private Problem, 2007
　　Colum. Bus. L. Rev. 885(2007), 897면도 같은 취지이다.

제 4 장

의결권 분리에 대한 실체적 규제론

제2절 의결권 과다보유에 대한 규제

제1항 개요

의결권 분리에 대한 실체적 규제방안으로서 우선 생각할 수 있는 것은 의결권 과다보유에 대한 의결권 행사 규제이다. 특히 보유주식보다 많은 주식에 대하여 주식스왑계약을 체결한 경우 등 주식에 대하여 음의 경제적 이해관계를 가지는 주주들의 의결권 행사를 제한할 필요성이 더욱 강하다[4]. 이러한 의결권 행사 규제는 크게 다음과 같이 나눌 수 있다.

우선 의결권 행사규제가 사전적인지 사후적인지에 따라서 다음의 두 가지를 생각해 볼 수 있다. 하나는 주식에 대한 이해관계가 주주가 소유하고 있는 의결권에 미치지 못하는 경우에 사전적으로 의결권 행사를 제한하는 것이다. 이러한 경우에는 의결권 행사의 내용이 회사 혹은 주식의 가치증대에 이익이 되는지 여부와 상관없이 의결권 행사가 원천적으로 제한된다. 뒤에서 자세히 살펴보겠지만, 상법 제368조 제4항에서는 총회의 결의에 관하여 특별한 이해관계가 있는 자는 의결권을 행사하지 못한다고 규정하고 있다. 그러므로 의결권 분리로 인하여 상법 제368조 제4항의 특별이해관계가 있는 주주로 인정된다면 사전적으로 그 의결권 행사가 제한될 수 있다[5]. 다음으로는 주식에 대한 이해

---

4) Shaun P. Martin & Frank Partnoy, Encumbered Shares, 2005 U. ILL. REV. 794면.
5) 위와 같은 의결권제한규정으로 인하여 의결권의 행사가 부정되는 경우 이로 인하여의결정족수의 부족이 야기될 수도 있다. 예를 들어 정관개정이나 합병과 같은 주주 대다수의 찬성의결을 요하는 사안에서 주식에 대한 이해관계를 보유하고 있지 않음을 원인으로 하여 의결권이 인정되지 않은 경우, 이를 기권한 의결권으로 산정한다면 의결정족수의 부족을 야기할 수 있다. 그러므로 위와 같이 의

관계를 초과하는 의결권 행사를 허용하되, 의결권 행사의 내용이 회사 전체의 이익에 반하여 주식의 가치를 하락시키는 방향으로 이루어진 경우에 한하여 주주총회 취소소송 등 의결권 행사에 대한 사후적 구제를 인정하는 것이다.

또한 의결권 행사규제의 범위에 따라서도 구분이 가능하다. 주주총회의 의사결정에 영향을 미칠 수 있는 지배주주 혹은 소위 5% 보고 혹은 10% 보고의 대상이 되는 주요주주로서 주주총회의 의사결정에 영향력이 있고 지분율 내지 주식에 대한 이해관계가 공시되어 의결권 분리 여부를 회사의 입장에서 용이하게 파악할 수 있는 주주에 대해서 의결권 규제를 적용할 것인지 아니면, 모든 주주에 대해서 의결권 규제를 적용할 것인지 여부가 검토되어야 한다. 이는 주식의 지분율에 대한 여러 스펙트럼 중에서 어느 정도의 범위에 있는 주주에게 의결권 규제를 적용할지에 관한 문제이다. 결국 의결권 규제를 모든 주주에게 전면적으로 적용할 것인지 아니면 주주총회의 결의에 영향을 미치는 일부 주주에게만 선별적으로 적용할 것인지6)가 검토되어야 한다.

결권이 부정된 주식의 경우에는 자기주식 혹은 자회사가 보유한 모회사주식과 마찬가지로 아예 발행주식 총수를 산정함에 있어서 제외하는 것도 고려할 수 있다. 같은 취지로는 Henry T. C. Hu & Bernard S. Black, Equity and Debt Decoupling and Empty Voting II: Importance and Extensions, 156 U. Pa. L. Rev. 625 (2008), 701면.

6) 일정 지분 이상의 주요주주들에게만 의결권 제한을 적용하는 이유로는 다음을 생각해볼 수 있다. 우선 의결권 제한 및 이에 대한 항변을 위해서는 주식에 대한 경제적 이해관계에 대한 산정 내지 입증이 필요한데, 이러한 입증비용을 고려할 때 소액주주들에게까지 이러한 부담을 지우는 것은 그로 인한 효용에 비하여 사회적으로 비효율적일 수 있다. 둘째로 소수주주들의 의결권행사가 전체 의결결과에 영향을 미치기는 어렵다고 할 수 있다. 마지막으로 소수주주들에 대한 추가적인 부담 부과는 집단행위문제(Collective Action Problem) 등에 의한 주주의 수동성을 더욱 심화시킬 우려가 있다. Henry T. C. Hu & Bernard S. Black, Equity and Debt Decoupling and Empty Voting II: Importance and Extensions, 156 U. Pa. L. Rev. 625 (2008), 698면도 같은 취지이다.

제2항 의결권 행사 규제의 내용

여기서는 의결권 과다보유의 문제점의 정도에 따라 어떠한 방식으로 의결권 행사를 규제하는 것이 타당한지를 살펴본다. 이는 구체적으로 우리 상법의 해석 혹은 새로운 규정의 입법을 통해서 어떻게 의결권 행사를 규제할 것인지에 대한 방향을 제시하기 위하여 필요하다.

의결권 과다보유에 대하여 일률적인 규제를 하기보다는 그 사안의 경중을 가리고, 동시에 의결권 제한 방법의 경중을 가려서 문제점의 정도에 비례하는 제한을 할 필요가 있다. 기본적으로 의결권 행사 규제는 헌법 제23조의 주주의 재산권에 대한 제한이라고 볼 수 있으므로 헌법 제37조 제2항의 **비례의 원칙**[7]에 따라 법익균형성 및 침해최소성을 유지하는 범위에서 규제되어야 하기 때문이다.

제1목 의결권 과다보유의 정도

1. 의결권 과다보유의 정도에 따른 분류

이러한 관점에서 의결권 과다보유는 그 문제점의 정도에 따라 크게 세 가지로 나눌 수 있다. 첫째로 주식의 가치에 대해서 양의 이해관계를 가지고 있으나 그러한 이해관계보다 더 많은 의결권을 가지고 있는 경우, 둘째로 주식의 가치에 대해서 0의 이해관계를 가지고 있으나 의결권을 가지고 있는 경우, 셋째로 주식의 가치에 대해서 음의 이해관계

---

7) 대법원 2009.9.10. 선고 2008두16001 판결 등에서는 비례의 원칙의 내용으로 그 목적의 정당성, 방법의 적절성, 법익침해의 최소성과 균형성을 들고 있다. 의결권 과다보유에 대한 의결권 제한의 경우에도 이러한 기준이 준수될 필요가 있고, 특히 법익균형성의 관점에서 의결권 과다보유의 유형별로 그 문제점에 상응하는 적절한 정도의 규제가 필요하다고 할 수 있다.

를 가지고 있음에도 의결권을 보유하고 있는 경우를 들 수 있다. 위 세
가지 경우 모두 주주의 의사결정이 왜곡될 가능성이 있다[8]. 본 논문본
서 제3장 제4절 제2항 제1목 및 제2목에서 살펴본 바와 같이 지배주주
의 경우 지배권으로 인한 사적 이익을 향유하기 위한 왜곡된 의사결정
이 가능하고, 지배주주가 아닌 일반주주의 경우에도 의안에 대한 정보
를 수집, 검토하고, 의결권 행사를 하는 노력을 기울이지 않게 될 가능
성이 있기 때문이다.

위와 같은 의결권 과다보유의 세 가지 유형 중에서 가장 문제가 되
는 것은 물론 주주가 음의 이해관계를 가지고 있는 경우이다[9]. 이 경우
에는 단지 주주가 회사의 이익을 극대화하는 의사결정을 하기 위한 노
력을 태만히 할 가능성을 넘어서 회사의 이익에 반하는 방향으로 의결
권을 행사할 인센티브가 인정되기 때문이다. 나머지 두 가지 경우도 굳
이 비교를 하자면 주식에 대하여 아무런 이해관계를 가지지 않는 상황
에서 의결권을 행사하는 두번째 경우가 주식에 대하여 양의 이해관계
를 가지고 있는 첫번째 경우보다 문제가 심하다고 할 수 있다. 그러나
위 두 가지 경우는 모두 회사의 이익에 반하는 방향으로 의결권을 행사
할 인센티브가 직접적으로 인정되지는 않는다는 점에서 음의 이해관계
를 가지고 있는 경우보다는 규제의 필요성이 약하다.

2. 음의 이해관계를 가진 경우의 구별기준

주식에 대하여 음의 이해관계를 가지는 경우, 즉 주식의 가치 변동
과 반대방향의 이해관계를 가지는지 여부를 판정하기 위해서는 이해관
계의 정확한 산정보다는 주식 가치와 반대된다는 점만을 파악하면 되

---

8) Robert Thompson, The Limits of Hedge Fund Activism 16 (Berkeley L. and
   Econ. Workshop Working Paper No. 7, 2006), available at http://repositories.
   cdlib.org/berkeley_law_econ/Fall2006/7/, 33면.
9) Jonathan Cohen, Negative Voting: Why It Destroys Shareholder Value and A
   Proposal to Prevent It, 45 Harv. J. on Legis. 237 (2008), 253면.

기에 상대적으로 판단이 단순하다. 양의 이해관계 산정의 경우에는 의결권에 비해 주식에 대한 이해관계가 얼마나 적은지를 확인하여야 하므로 그 이해관계의 크기를 판정해야 하기 때문이다.

 그러나 주식에 관한 다양한 파생상품 중에는 주식의 가치변동과 일치하여 변동하지 않는 것도 많으며, 관련부수자산[10]까지를 포함하는 복잡한 거래양태를 고려하면 이 역시 용이한 작업이 아닐 수 있다. 그러므로 실제로 주주총회를 진행하면서 의결권 제한 적용여부를 현실적으로 판단하여야 하는 입장에서는 이에 대한 구체적이고 단순한 판단기준이 마련되어야 한다. 주식과 직접적인 연관이 있는 파생상품 등 연관자산만을 고려하여 이해관계를 추정하는 등 그 이해관계 판단의 기준을 가능한 단순화하고, 관련부수자산 등 예외적인 이해관계 변동요인에 의한 추정번복을 위해서는 주주 본인이 이를 입증하도록 하는 등의 방법을 생각해 볼 수 있다. 최종적으로는 법원이 주주가 의결권에 상응하는 이해관계가 있는지 여부를 심사하여 의결권 행사를 허용하거나 제한할 수 있는 권한을 가지는 것이 바람직하다[11].

 연관자산의 경우에도 주식에 대하여 풋옵션을 보유하고 있다면, 행사가격 이하로 주식가치가 하락하는 경우 등 주가가 일정 구간 안에 있는 경우에만 음의 이해관계를 가지게 되어 이해관계 산정이 어려울 수 있다[12]. 예를 들어 10%의 주식을 가진 주주가 10% 주식 스왑계약 등을

---

10) 관련부수자산 및 연관자산의 개념에 대해서는 제2장 제2절 제1항 제2목 참고.

11) Henry T. C. Hu & Bernard S. Black, Equity and Debt Decoupling and Empty Voting II: Importance and Extensions, 156 U. Pa.L. Rev. 625 (2008), 705면.

12) Shaun Martin & Frank Partnoy, Encumbered Shares, 2005 U. ILL. L. REV. 775, 2005, 790면에서는 예를 들어 10주의 주식을 소유하면서 동시에이에 대하여 일정 행사가격에 이를 매각할 수 있는 풋옵션을 보유한경우의 주주의 이해관계에 대하여설명하고 있다. 이에 의하면 이해관계가 변동되는 부분은 크게 두 가지이다. 우선 당해 주주는 적어도 회사의 가치를 하락시키는 의안에 대해서는 무관심하다. 즉 이에 대하여 반대할 인센티브가 없다. 다음으로 풋옵션 행사기간 동

통하여 이를 헤지한 상태에서, 다시 10% 주식의 주식스왑계약을 통하여 주식 가치 변동과 반대되는 이해관계를 가지는 경우에는 음의 이해관계를 가진다는 점이 명확하다. 그러나 위 상황에서 10%의 추가 주식 스왑계약을 체결하지 않고 10% 주식에 대하여 행사가격 주당 1,000원의 풋옵션을 가진 경우에는 의결권 행사시점의 주가 변동 가능성 등 구체적 사실관계에 따라 결론이 달라질 수 있다. 현재 주가가 2000원으로 형성되어 있는 상황이라면 큰 변동이 없는 한 당해 풋옵션은 의미가 없으므로 위 주주의 주식에 대한 이해관계는 0이 된다. 그러나 주가가 500원으로 형성되어 있다면, 주식의 가치가 하락할수록 이익을 보고, 상승하는 경우에는 적어도 주가가 1000원 이상 상승하기 전까지는 그 상승분만큼의 손해를 본다. 그러므로 주가가 풋옵션 행사가격보다 상당한 수준으로 하락하여 상승하더라도 그 행사가격 이상이 되기 어렵다는 것이 합리적으로 인정되는 상황에서는 음의 이해관계를 인정할 수 있다.

더 나아가 10% 주식을 소유한 주주가 20% 주식에 대하여 주당 1000원에 당해 주식을 팔 수 있는 풋옵션을 취득한 경우를 보자. 위 주주는 주가가 1000원 이상으로 상승하는 경우 그 상승분에 의한 이익을 향유하고, 주가가 1000원 이하로 하락하는 경우에도 역시 그 하락분 만큼의 이익을 향유한다. 소유하고 있는 10% 주식가치의 하락에 의한 손해는 10%의 풋옵션으로 회복이 가능하고, 나머지 10%의 풋옵션에 의하여 가치 하락분에 의한 이익을 보기 때문이다. 이러한 경우에는 주가

안에는 가격 하락에 의한 위험을 부담하지 않게 되므로 만약 현재 회사의 가치를 상승시킬 수 있는 투자기회가 있는 경우에도 이에 찬성하지 않게 될 위험이 있다. 현재 위 투자를 통하여 풋옵션 행사기간이 도과한 이후에 오게 될 다른 투자기회를 회사가 포기하게 될 수 있는데, 풋옵션 보유자의 입장에서는 가사 현재의 투자기회가 장래의 투자기회보다 회사의 가치를 더 극대화하는 것이라고 하더라도 장래 자신이 풋옵션으로 인하여 가격하락의 위험을 헤지하지 못하게되는 시점에서 회사가 위 투자기회를 활용하기를 원할 수 있기 때문이다. 즉 주식 가치의 상승에 대한 장기적인 인센티브와 단기적인 인센티브가 차이가 날 수 있다.

가 풋옵션 행사가격보다 높은지 여부에 따라 양의 이해관계를 가지기도 하고 음의 이해관계를 가지기도 한다. 그러나 주가가 풋옵션 행사가격보다 상당한 수준으로 하락하여 상승하더라도 그 행사가격 이상이 되기 어렵다는 것이 합리적으로 인정되는 상황이라면 역시 음의 이해관계를 인정할 수 있다.

제2목 의결권 과다보유의 정도에 따른 규제범위

1. 의결권 과다보유의 정도에 따른 비례적 제한의 필요성

의결권 과다보유에 대한 의결권 제한의 문제는 일률적으로 답을 내리기 보다는 각 유형 별로 문제의 경중을 가려서 문제점이 심각한 경우에는 보다 강한 규제를 그렇지 않은 경우에는 상대적으로 약한 규제를 하는 것이 필요하다.

앞서 논한 바와 같이 의결권 과다보유에 대한 의결권 제한은 의결권 행사를 사전적으로 제한하는 방법과 의결권 행사는 일단 허용하되 그 내용이 회사에 손해를 야기하는 경우 사후적으로 주주총회 결의 취소 소송 등을 가능하게 하는 방법으로 나눌 수 있다. 물론 사전적 제한의 경우에도 의결권이 제한된 자가 의결권을 행사한 경우 그 자체로 주주총회 취소사유가 되어 사후적인 구제도 가능하다. 그러나 여기서 이야기하는 사후적 구제란 일단 의결권 행사는 허용하되 그 행사 내용이 회사에 손해를 야기하는 경우에는 부당한 결의로 보아 주주총회 취소소송을 허용하는 것이다[13]. 또한 규제의 범위에 있어서도 주식의 소유비율을 불문하고 모든 주주들에 대하여 의결권을 제한하는 전면적인 적용과 지배주주 혹은 일정 지분율 이상의 주식을 보유한 주요주주에 대

---

13) 현재의 일본 회사법 제831조 제1항에서는 특별이해관계주주의 의결권행사를 인정하되, 그 의결권행사의 결과로 현저하게 부당한 결의가 이루어진 경우를 주주총회 결의취소 사유에 추가하였다. 神田秀樹, 會社法, 2006, 弘文堂, 164면.

해서만 의결권을 제한하는 선별적인 적용으로 나누어 볼 수 있다. 이를
간략한 표로 나타내 보면 다음과 같다.

	전면적 적용	선별적 적용
사전적 제한	1	2
사후적 구제	3	4

이러한 유형별 구분에 의하면 가장 강한 유형의 제재는 제1유형이라
고 할 것이고, 가장 약한 정도의 제재는 제4유형이라고 볼 수 있다. 그
러므로 비례의 원칙에 의하면 적어도 주식에 대하여 음의 이해관계를
가진 경우와 그렇지 않은 경우에 있어서는 제제의 단계를 달리할 필요
가 있다.

2. 사전적 제한

의결권의 사전적 제한은 주주의 의결권 행사내용을 묻지 아니하고
그 의결권 행사 자체를 인정하지 않는 것이다. 이는 주주의 재산권인
의결권에 대한 최대한도의 제한이므로 비례의 원칙에 따라 의결권 과
다보유 중 그 문제점이 가장 큰 주식에 대하여 음의 경제적 이해관계를
가지는 경우에 한하여 적용되어야 한다[14]. 그 이유는 다음과 같다.

우선 주주가 주식에 대하여 음의 이해관계를 가지고 있는 경우에는

---

14) 음의 이해관계를 가지는 경우에는 주주로서 회사에 대항할 수 있는 의결권을 가
지는 형태의 의결권과다보유의 경우와 의결권 구속계약이나 백지위임 등을 통한
회사에 대항할 수 없는 의결권 과다보유의 경우 모두에 대하여 의결권의 사전적
제한이 필요하다. 양자의 경우 모두 회사의 이익에 반하는 방향으로 이결권이 행
사될 위험이 명백하기 때문이다. 실제로 상법 제386조 제4항의 특별이해관계인
의 의결권 제한의 경우 대리인이 특별이해관계가 있는 경우에도 의결권이 제한
된다는 것이 일반적인 견해이다. 정동윤, 손주찬, 대표편집, 주석상법 제3권, 한국
사법행정학회, 91면.

단지 회사의 이익을 극대화하는 의사결정을 하기 위한 노력을 태만히 할 가능성을 넘어서 회사의 이익에 반하는 방향으로 의결권을 행사할 인센티브가 직접적으로 인정된다[15]. 그러나 주주가 양의 이해관계를 가지거나 0의 이해관계를 가진 경우에는 회사의 이익을 위한 결정을 할 가능성도 배제하기 어렵다[16]. 그러므로 후자에 대해서는 사후적으로 의결권 행사가 회사의 이익에 반하는 방향으로 이루어진 경우에 한하여 주주총회 취소소송 등을 통해 이를 규제하는 것이 타당하다.

이는 앞서 제3장 제4절 제2항 제1목 및 제2목에서 살펴본 바를 통해서도 잘 드러난다. 지배주주 혹은 일반주주의 의사결정에 있어서 주식에 대한 이해관계가 작을수록 즉 이해관계를 덜 가질수록 회사의 이익에 반하는 왜곡된 의사결정을 할 가능성이 커진다는 경향성을 알 수는 있었으나, 실제로 이러한 인센티브가 있는지 여부는 불확실하였다. 이를 위해서는 각 의안이 승인될 경우 회사 전체의 가치와 지배주주의 사적인 이익 혹은 일반 주주의 의안자료 수집 및 검토, 의결권 행사 비용 등을 산정할 필요가 있다. 그러나 이를 구체적으로 산정하는 것은 매우 어렵고 모호한 문제이다. 이에 비해서 주식에 대한 이해관계가 음의 값인 경우에 있어서는 위 요소들의 크기와 상관없이 주주가 회사의 이익에 반하는 의사결정을 하게 됨을 알 수 있다. 따라서 주주가 음의 이해관계를 가진 경우가 규제의 필요성 혹은 왜곡된 의사결정의 위험이 명백하고 직접적인 경우라고 할 수 있다. 그러므로 의결권의 사전제한이라는 무거운 규제는 주주가 음의 경제적 이해관계를 가진 경우에 한정할 필요가 있다.

---

15) Jonathan Cohen, Negative Voting: Why It Destroys Shareholder Value and A Proposal to Prevent It, 45 Harv. J. on Legis. 237 (2008), 253면.

16) Robert Charles Clark, Vote Buying and Corporate Law, 29 CASE W. RES. L. REV. 776, 1979, 815면에서는 의결권 매수자가 실제로 상당한정도의 주식을 가진 상태에서 의결권을 매수한 경우에는 여전히 회사의 이익에 부합하는 방향으로 의사결정을 할 가능성이 있다고 한다.

또한 규제의 효율적 집행을 위해서도 그러하다. 의결권의 사전적 제한은 주주총회 단계에서 의결권 행사를 제한하는 것이다. 따라서 회사 등 주주총회를 진행하는 측에서 의결권 제한 여부를 용이하게 판단할 수 있어야 한다. 음의 이해관계를 보유하는 경우만 의결권을 사전적으로 제한한다면 이해관계의 성격이 양의 관계인지 음의 관계인지만을 판단하면 된다. 그러나 양의 이해관계를 가지되 그보다 더 많은 의결권을 보유하는 경우에도 의결권을 사전적으로 제한한다면, 이해관계를 정확히 산정하여 의결권 중 그 이해관계를 초과하는 부분을 제한하여야 한다. 그러므로 이해관계의 산정과정에서 여러 가지 논란이 있을 수 있다. 따라서 회사의 입장에서 주주총회 이전에 주주의 의결권이 어느 정도나 제한되는지를 판단하기가 어렵거나, 상당한 비용과 시간이 소요될 수 있다17). 이는 여러모로 법적 안정성을 해치는 결과가 된다.

현재의 상법상으로도 주식에 대하여 음의 이해관계를 가지는 경우에는 의결권의 사전적 제한, 특히 제1유형의 규제가 이미 반영되어 있다고 볼 수 있다. 상법 제368조 제4항에서 총회의 결의에 관하여 특별한 이해관계가 있는 주주의 의결권을 제한하고 있는 바, 주식에 대하여 음의 이해관계를 가지는 경우, 즉 자신의 개인적 이해관계로 인하여 주식의 가치하락으로 오히려 이익을 보게 되는 경우도 여기에 포함된다고 해석할 여지가 있기 때문이다. 그러나 주식에 대하여 0 또는 양의 이해관계를 가진 경우에는 이를 인정하기 어렵다. 자세한 해석론은 뒤에서 살펴본다. 이러한 상법 규정 및 해석론은 그 자체로도 의결권 과다보유의 유형 별로 문제점에 비례한 차등적인 규제가 가능하여 합리적인 면이 있다.

---

17) Shaun Martin & Frank Partnoy, Encumbered Shares, 2005 U. ILL. L. REV. 775, 2005, 794면에서도 적어도 short position을 가진 주주의 경우에는 의결권을 제한하는 것이 필요하고, 이러한 주주에 대하여만 의결권을 제한하는 것은 그 규제의 필요성 및 범위가 명확하여 상대적으로 비용이 덜 드는 규제방법이라고 하고 있다.

다만 파생상품 계약 등 연관자산을 통하여 주식에 대하여 음의 이해 관계를 가지는 경우에는 특정의안에 대한 것이 아니라 주주총회 결의 전반에 대해서 특별이해관계를 가진 것으로 볼 수 있는데[18], 이러한 경우에도 의결권이 제한되는지에 대해서는 논의가 별로 없어서 해석론 상 다툼의 여지가 있다. 이는 특정 의안이 아닌 결의 전반에 대해서 회사의 이익에 반하는 의결권 행사가 가능하므로 규제의 필요성이 더 크다. 그러므로 이를 특별이해관계에 해당하지 않는다고 해석하는 것은 타당하지 않다. 그러나 논란의 소지를 없애기 위하여 위와 같은 경우에도 의결권이 제한됨을 입법을 통해 분명히 하는 것도 고려할 수 있다.

3. 사후적 구제

의결권 과다보유 중 주식에 대하여 0의 이해관계 혹은 양의 이해관계를 가지는 경우에는 의결권의 행사가 회사의 이익에 반하는 방향으로 이루어진 경우에 한하여 **의결권 행사에 대한 사후적 구제**만을 인정할 필요가 있다. 이는 모든 주주에 대하여 이를 적용하는 방안(제3유형)과 지배주주 혹은 주주총회의 의사결정에 상당한 영향을 미칠 수 있는 의결권을 보유한 주요주주[19]에 한하여 이를 적용하는 방법(제4유형)을 생각할 수 있다.

(1) 지배주주 등에 대한 부분적 규제

지배주주가 의결권 과다보유로 인하여 왜곡된 의사결정을 하여 회사의 이익에 반하는 방향으로 의결권을 행사하는 경우에는 그 의결권

---

18) 이에 비해서 합병 상대방 회사의 주식을 가지고 있는 등 관련부수자산을 통해 음의 이해관계를 가지는 경우에는 당해 합병 의안에 대해서만 음의 이해관계를 가진다.

19) 예를 들어 자본시장과 금융투자업에 관한 법률 제9조 및 동법 시행령 제9조에 의하면 법인의 의결권 있는 발행주식총수의 100분의 10 이상의 주식을 소유한 자를 주요주주로 보고 있다.

행사 내용대로 주주총회 결의가 이루어지게 된다. 이는 회사의 손해로 이어지고 나아가 다른 주주들도 손해를 입게 된다. 그러므로 지배주주의 의결권 과다보유의 경우에는 사후적 구제의 필요성을 부인하기 힘들다. 제3장 제4절 제2항 제1목에서 살펴본 바와 같이 지배주주의 경우 의결권 과다보유가 아닌 경우에도 사적 이익을 위하여 회사 전체의 이익을 희생하는 의사결정을 할 가능성이 있지만, 의결권 과다보유의 경우에는 이러한 가능성이 더 높아지기 때문에 이에 대한 사후적 구제의 필요성이 더 크다.

논란이 있는 부분이기는 하지만, 현재 상법의 해석론 상으로는 제4유형의 규제가 가능할 여지가 있다. 지배주주의 충실의무 이론 혹은 의결권 남용이론을 통하여 지배주주가 개인적 이익을 위하여 회사의 이익에 반하는 방향으로 의결권을 행사한 경우, 주주총회결의 취소소송 등을 인정할 수 있다는 견해도 많다. 자세한 해석론은 뒤에서 살펴본다.

다만 지배주주의 충실의무 이론은 의결권 분리에 대한 것이라기보다는 지배주주의 의결권 행사 전반에 적용되는 것이다. 또한 지배주주의 개념에 대한 논란이 가능하여 그 적용범위가 명확하지 않을 수 있다. 그리고 지배주주가 없는 회사의 경우에도 주요주주로서 주주총회의 결의에 상당한 영향력을 미칠 수 있는 주주가 존재할 수 있다. 이들 역시 의결권 분리를 이용하여 회사의 이익에 반하는 의사결정을 통해 자신의 이익을 추구할 위험이 있다[20]. 따라서 이러한 경우에도 제4유형의

---

20) 상법 제398조에서도 회사 이사 뿐 만 아니라 자기의 계산으로 의결권 있는 발행주식총수의 100분의 10 이상의 주식을 소유하거나 이사·집행임원·감사의 선임과 해임 등 회사의 주요 경영사항에 대하여 사실상의 영향력을 행사하는 주요주주에 대해서는 자기 또는 제3자의 계산으로 회사와 거래를 하기 위하여는 이사회의 승인을 받아야 하고, 승인을 받는 경우에도 거래의 내용과 절차는 공정하여야 한다고 규정하고 있다. 이 역시 주요주주의 영향력 행사를 통한 회사 이익 희생 및 사익추구의 위험을 방지하기 위한 것으로 생각된다.

규제가 필요할 수 있다[21]. 그러므로 입법론적으로 제4유형의 규제를 도입하여, 규제의 대상인 지배주주 혹은 주요주주의 범위를 명확히 하고, 규제요건 및 효과를 구체적으로 규정하는 것을 생각할 수 있다.

(2) 모든 주주에 대한 전면적 규제

나아가 의결권 과다보유 중 주식에 대하여 0의 이해관계 혹은 양의 이해관계를 가지는 경우에 있어서, 모든 주주에 대하여 의결권 행사에 대한 사후적 구제를 인정하는 제3유형의 규제가 필요한지가 문제된다. 만약 이러한 규제가 필요하다면 이를 위한 구체적인 입법이 이루어져야 한다.

그러나 지배주주 혹은 주주총회의 의사결정에 상당한 영향을 미칠 수 있는 주요주주 이외에 다른 일반 주주들에 대하여도 이러한 규제를 가하는 것은 다음과 같은 점에서 적절하지 않다.

첫째로 일반주주에 대해서까지 의결권 과다보유 여부 및 회사의 이익에 반하는 방향으로 의결권을 행사하였는지 여부를 검토 및 규제하는 것은 그 효익에 비하여 비용이 크다. 지배주주 혹은 주요주주가 아닌 일반주주의 경우에는 주주총회의 결의에 영향을 미치기 어렵기 때

---

21) Iman Anabtawi, Lynn A. Stout, Fiduciary Duties for Activist Shareholders, 60 Stan. L. Rev. 1255, (2008), 1300-1301면에서는 지배주주가 없는 경우에도 주주총회 결의에 영향을 미칠 수 있는 상당한 지분을 보유하고 있고, 당해 주주가의 결권 과다보유 등으로 회사의 이익에 반하는 의사결정이 가능한 경우에는 지배주주의 충실의무의 인정이 필요하다고 하고 있다. Andrea Zanoni, Hedge Funds' Empty Voting in Mergers and Acquisitions: A Fiduciary Duties Perspective, Global Jurist, Vol. 9, No. 4, 2009, available at SSRN: http://papers.ssrn.com/sol3/papers.cfm?abstract_id=1285589, 33면 이하에서도 지배주주가 없는 경우에도 주주총회 결의에 영향을 미칠 수 있는 상당한 지분을 보유한 주주(Swing Vote Shareholder)가 의결권 과다보유에 해당하는 경우에도, 1주 1의결권의 원칙에 반하여 의사결정의 왜곡이 우려되므로 이에 대한 규제가필요하다고 한다.

문이다. 예를 들어 일반 주주들 중 일부가 의결권 과다보유로 인하여
회사의 이익에 반하는 방향으로 의결권을 행사하여 그 결과 회사의 이
익에 반하는 주주총회 결의가 이루어졌다고 하자. 그러나 이를 증명하
여 주주총회 결의에 대한 하자소송 등을 하기 위해서는 위 의안에 찬성
한 수많은 일반 주주들 중에서 상당수의 주주가 의결권 과다보유 상태
에 있었고 이러한 주주들의 의결권 행사가 없었다면 위 의안에 대한 승
인결의가 이루어지지 않았을 것이라는 점을 입증하여야 한다. 소액주주
들에 대하여 일일이 의결권 과다보유 여부를 판단하는 것은 이를 입증
및 주장하는 입장에서나 이를 판단하는 법원의 입장에서나 막대한 시
간과 비용이 든다. 그러므로 지배주주 혹은 주요주주에 대한 규제를 넘
어서 일반주주에 대해서까지 사후적 구제를 인정하는 것은 비례의 원
칙상 의문이 제기될 수 있다.

두번째로 일반주주의 의결권 행사의 내용을 심사하여 회사의 이익
에 반하는 방향으로 의결권이 행사된 경우 주주총회 하자소송을 허용
한다는 것은 일반주주에게 간접적으로 회사의 이익을 위하여 의결권을
행사하여야 한다는 의무를 인정하는 것이어서 허용되기 어렵다. 지배주
주의 경우에는 주주총회 결의내용에 영향을 미친다는 점에서 회사의
의사결정에 대한 지배적 영향력 내지 권리가 인정되고 이를 바탕으로
위와 같은 의무를 인정할 여지가 있다[22]. 그러나 일반주주는 이러한 회

---

22) 또한 소액주주 보호의차원에서도 이러한 의무를 인정할여지가 있다는 지적이 있
다. 소액주주의 경우 주주총회 결의에 영향을 미칠 수 없으므로 의결권을 통해
자신의 이익을 보호할 수 없다. 그러나 지배주주 혹은 주요주주가 회사의 가치
상승 및 주식 가치 상승을 위하여 의결권을 행사할 인센티브가 있고, 이에 의하
여 회사의 이익에 부합하는 결정이이루어진다는 점에서 간접적으로 소액주주 보
호가 이루어진다고 할 수 있다. 그러므로 지배주주 혹은 주요주주가 주식에 대한
이해관계를 가지지 않아서 회사의 이익에 반하는 의사결정이 이루어지게 된다면
이는 소액주주 보호의차원에서도 허용되기 어려운 것이다. Anish Monga, Using
Derivatives to Manipulate the Market for Corporate Control, 12 STAN. J. L.
BUS. & FIN. 186, 2006, 198면.

사에 대한 영향력 내지 권리가 없어서, 의결권 행사에 대한 의무도 인
정하기 어렵다.

마지막으로 지배주주 혹은 주요주주가 아닌 일반주주의 경우에는
의결권 과다보유에 해당하여 문제가 될 가능성도 높지 않다. 이를 위해
서는 주식 파생상품 등을 통하여 주식에 대한 이해관계를 이전하거나
의결권 구속계약이나 백지위임을 통하여 의결권만을 보유하여야 한다.
그러나 일반주주의 경우에는 주식에 대한 이해관계를 이전하기 위하여
굳이 주식파생상품을 이용할 유인이 약하다. 주식 처분이 훨씬 간편한
방법이 된다. 또한 일반주주가 의결권 구속계약이나 의결권 백지위임을
받는 경우도 생각하기 어렵다. 위와 같은 계약은 모두 주주총회 결의에
대한 상당한 영향력을 전제로 하고 있으므로, 일반주주는 위와 같은 계
약을 통해 의결권을 보유하는 것이 불필요하다.

제3항 의결권 행사 규제의 방법

의결권 행사 규제의 구체적 방안으로는 여러 가지를 생각할 수 있
다. 이하에서는 우리 법제 하에서 생각할 수 있는 의결권 행사 규제 방
안을 살펴보고, 실제로 의결권 과다보유 상황에서 활용 가능한 규제방
안이 무엇인지도 검토해 본다.

제1목 사전적 제한

1. 상법의 해석을 통한 의결권 행사 제한

우선 기존의 상법 규정 및 그 근저에 있는 회사법 원칙의 적용을 통
해 의결권 제한이 가능한지 여부가 검토될 수 있다. 우리 법을 포함하
여 일반적인 회사법제에서는 자기거래 등 특정한 의안의 경우에는 회

사법 상 이해충돌이 없는 주주에게만 의결권을 행사할 수 있도록 하는
경우가 많다. 또한 우리 상법 제369조 제1항에서 규정하고 있는 바와
같은 1주 1의결권의 원칙23) 혹은 주식에 대한 경제적 권리와 의결권의
분리 금지 원칙24) 등을 통해 의결권 분리의 경우 의결권을 제한할 수

---

23) 1주 1의결권의 원칙은 우리 상법뿐만 아니라 미국 회사법에 있어서도 인정되고
있다. 미국의 회사법에 있어서 1주 1의결권의 원칙은 뉴욕 증권거래소 및 나스닥
시장 등의 상장회사 지배구조에 대한 규제규정을 통해 1920년대부터 대부분의
미국 상장회사들에게 적용되었다. (Joel Seligman, Equal Protection in
Shareholder Voting Rights: The One Common Share, One Vote Controversy, 54
GEO. WASH. L. REV. 687, 1986, 693-699면). 1980년대 이후 적대적 인수합병
시도가 많아지고 차등 의결권 주식을 통한 경영권 방어가 주목을 받게 되면서,
뉴욕증권거래소에서는 SEC를 통해 1주1의결권 원칙을 모든 미국 상장회사에게
적용함으로서 뉴욕증권거래소에 상장된 회사들만이 위 원칙에 의해서 경영권 방
어가 어렵게 되었다는 비판을 피하고자 하였다. 이러한 시도는 SEC의 권한을 넘
어서서 회사의 지배구조를 제약한다는 판결도 있었으나 (Bus. Roundtable v.
SEC, 905 F.2d 406, 407 (D.C. Cir. 1990)), 실제로 대부분의 상장회사들이 1주
1의결권의 원칙을 도입하고 있고, 이는 차등의결권 주식 등을 도입하는 경우 기
업의 가치가위와 같은 비효율적인 장치로 인해 하향평가 될 우려가 있기 때문이
라는 지적도 있다 (Paul A. Gompers, Joy L. Ishii & Andrew Metrick, Extreme
Governance: An Analysis of Dual-Class Companies in the United States 3
(Rodney L. White Ctr. for Fin. Research, Paper No.12-04(available at
http://ssrn.com/abstract=562511), 2008, 5면 Robert B.Thompson & Paul H.
Edelman, Corporate Voting, Vanderbilt Law Review Vol. 62, 2009, 160면 Mike
C. Burkart & Samuel Lee, One Share -One Vote: the Theory, 12 Rev. Finance
1, 2008, 34-35면).
24) Robert B.Thompson & Paul H. Edelman, Corporate Voting, Vanderbilt Law
Review Vol. 62, 2009, 160-161면에 의하면, 의결권 신탁 등 의결권과 주식에 대
한 경제적 이해관계의 분리를 초래하는 거래를 금지하는 것이 현대 미국회사법
의 일반적인 원칙이다. 전통적인 법원 판례의입장도 주식에 대한 경제적 이해관
계와 의결권의 연관성을 중시하는 것이었다고 한다. 과거에는 판례에 따라서는
이를 주주들 상호간의 신인의무의 한 내용을 보아서, 주주들이 자신의 의결권을
포기하고 이를 행사하지 않는 것은 신인의무 위반으로서 허용되지 않는다고 보
기도 하였으며, 현재에있어서 이러한 주주의 신인의무는 지배주주 등 회사의 경
영권을 가진 주주에게만 적용되는 것으로 축소하여 해석되고 있다. 앞서 본 바와

있다는 견해도 있다[25]. 주식에 대하여 이해관계를 가지지 않은 자가 의결권을 행사하도록 하는 경우에는 위와 같은 회사법 상의 일반원칙에 반하는 것으로서 그 효력에 문제가 있다고 해석할 수 있다는 것이다. 특히 적어도 주식에 대하여 음의 이해관계를 가진 경우에는 의결권 행사를 제한하는 것이 회사법 원칙 상 타당하다는 지적이 많다[26].

그러나 우리 상법 상 의결권에 관한 규정은 강행규정[27]이기에 단순히 회사법 상의 일반원칙에 대한 해석을 통하여 의결권을 제한하는 것은 허용되기 어렵다. 앞서 살펴본 바와 같이 의결권은 공익권으로서 주주권이라는 재산권의 일부를 이루는 것이므로 이를 법률의 구체적 규정 없이 제한한다는 것은 헌법 제23조의 재산권 보장의 원칙 및 헌법 제37조 제2항의 법률에 의한 기본권 제한의 원칙에 위배된다는 비판도 가능하다.

그러므로 의결권 과다보유의 경우 상법의 해석을 통하여 의결권을 제한하기 위해서는 구체적인 규정이 필요하고, 단지 추상적인 법이론 내지 법원칙만으로는 설득력을 얻기가 힘들다. 이와 관련하여 주목할 수 있는 법규정이 상법 제368조 제4항이다. 상법 제368조 제4항에서는 총회의 결의에 관하여 특별한 이해관계가 있는 자는 의결권을 행사하

같이 여전히 논란이 되고 있는 부분이기는 하지만, 주주가 자신의 의결권을 주식과 분리하여 양도하는 것은 허용되지 않는 것으로 보는 입장이 많다.

25) Bruce H. Kobayayshi & Larry E. Ribstein, Outsider Trading as an Incentive Device, 40 U.C. DAVIS L. REV. 21, 2006, 42‐44면 ; Robert B.Thompson & Paul H. Edelman, Corporate Voting, Vanderbilt Law Review Vol. 62, 2009, 158면 이하.

26) Shaun Martin & Frank Partnoy, Encumbered Shares, 2005 U. ILL. L. REV. 775, 2005, 787‐804면 등 Jonathan Cohen, Negative Voting: Why It Destroys Shareholder Value and A Proposal to Prevent It, 45 Harv. J. on Legis. 237 (2008), 78면 이하에서는 음의 경제적 이해관계를 가진 주주들의 의결권 행사에 의한 손해에 대하여 기존 주주들이 손해배상청구를 할 수 있도록하는 것이 필요하다고 하고 있다.

27) 정동윤, 손주찬, 대표편집, 주석상법 제3권, 한국사법행정학회, 97면.

158 주식에 대한 경제적 이익과 의결권

지 못한다고 한다. 그러므로 의결권 과다보유의 경우 위 상법 제368조
제4항의 특별이해관계가 있는 주주로 인정된다면 사전적으로 그 의결
권 행사가 제한될 수 있다. 특별이해관계의 의미 및 범위에 대해서는
여러 가지 견해가 대립되고 있다. 하지만 일반적으로는 주주의 개인적
인 이해관계가 회사의 이해관계와 충돌하여 회사 내지 다른 주주의 이
익을 희생하고 자신의 이익을 추구하는 방향으로 의결권 행사를 할 위
험이 있는 경우로 보고 있다28). 그러므로 적어도 의결권 과다 보유 상
황 중 주식에 대하여 음의 이해관계를 가진 경우, 즉 개인적으로는 주
식의 가치 내지 회사의 가치가 하락하는 경우에 이익을 보는 자의 경우
에는 특별이해관계 있는 주주라고 볼 여지가 많다. 이하에서는 상법 제
368조 제4항의 해석론29)을 자세히 검토하여, 위 규정을 통해 음의 이해
관계를 가진 주주에 대한 의결권 제한이 가능한지 여부를 살펴본다.

(1) 특별이해관계 있는 주주에 대한 의결권 제한 개관

상법 제368조 제4항에서는, 총회의 결의에 관하여 특별한 이해관계
가 있는 주주의 의결권행사를 배제한다. 다만 상법 제381조에 의하여
의결권이 배제된 상황에서 이루어진 결의가 현저하게 부당하고 의결권
을 행사하였더라면 이를 저지할 수 있었을 때에는, 그 주주는 부당결의
의 취소 또는 변경의 소를 제기할 수 있다. 이는 결의에 관하여 개인적
이해를 가지는 자의 경우, 회사 및 다른 주주의 이익을 희생하면서 자
신의 개인적 이익을 고려하여 의결권을 행사할 염려가 있으므로 결의
의 공정성을 꾀하기 위하여 의결권의 행사를 일반적으로 금지한 것이

---

28) 정동윤, 손주찬, 대표편집, 주석상법 제3권, 한국사법행정학회, 90면.
29) 위 규정의 해석론 및 입법론을 둘러 싼 많은 논의가 국내외에서 있어 왔고, 우리
　　와 같은 내용의 규정을 가지고 있던 일본 상법은1981년 개정에서 규율의 틀을
　　달리한바 있다. 실제로 미리 어느 의안에 관하여 이렇게 일반적으로 의결권을 배
　　제하는 것은 입법례로 보아도 특이한 예에 속한다고 한다. 김홍수, 특별한 이해
　　관계가 있는 주주의 의결권행사, 연세법학연구 2집(통권2호) 고 이정한 박사 추
　　모논문집, 1992. 8., 458면.

다.[30] 즉 주주의 사익을 위한 의결권의 남용을 예방함으로써 결의의 공정을 유지하려고 함에 그 취지가 있다.[31] 그러므로 특별이해관계가 있는 자는 대리인에 의하여서도 의결권을 행사할 수 없을 뿐 아니라 타인의 대리인으로서도 의결권을 행사하지 못하는 것으로 해석된다[32]. 즉 의결권 백지위임을 통해 의결권을 보유하는 경우에도 특별이해관계가 있는 경우에는 여전히 의결권의 행사가 제한된다.

이와 같이 회사와 상반되는 이해관계를 가진 주주에 대한 규제로는 우리나라처럼 사전적으로 위와 같은 특별이해관계 있는 주주를 일반적으로 규정하고 그 의결권을 제한하는 방식과 사후적으로 특별이해관계로 인하여 공정하지 않거나 다른 주주의 이익을 해하는 결의를 하는 경우에는 주주총회 결의를 취소할 수 있도록 하는 방식이 있다[33]. 물론 이외에 특별이해관계 있는 주주에 대한 규제를 채택하지 않은 경우도 있다.

사후적 구제를 인정하는 입법례로 일본의 경우가 있다. 일본은 明治 32년 상법 제161조 4항 이래로 1981년 개정 전의 상법에 이르기까지 주주총회의 결의에 관하여 특별한 이해관계가 있는 주주가 의결권을 행사할 수 없도록 하였다. 우리 상법 제386조 제4항도 이에 영향을 받은 것으로 보인다. 이는 이해관계로 인하여 결의의 공정을 기대할 수

---

30) 정동윤, 손주찬 대표편집, 주석상법 회사편 제3권, 한국사법행정학회, 2003, 90면.

31) 이철송, 회사법강의(제19판), 박영사, 2011, 439면.

32) 정동윤, 손주찬 대표편집. 주석상법 회사편 제3권, 한국사법행정학회, 91면 최기원, 신회사법론, 박영사, 2009, 417면 정찬형, 상법강의(상) 제14판, 박영사, 2011, 781면 이철송, 회사법강의(제19판), 박영사, 2011, 440면.

33) 김건식, 소수주주의 보호와 지배주주의 성실의무 : 독일법을 중심으로, 서울대학교 법학 32권 3·4호(87·88호), 1991.12., 115면 神田秀樹, 資本多數決と株主間の利害調整(4), 法學協會雜誌 제98권 제12호, 1645면 Charles J. Lynch, A Concern for the Interest of Minority Shareholders under Modern Corporation Laws, 3 J. Corp. Law 19 (1977), 59면 판례로는 Weinberger v. UOP, Inc., Del. Ch., 409 A. 2d 1262(1979); Henn and Alexander, op. cit., p.956 note 26. Schulwolf v. Cerro Corp., 380 N.Y.S. 2d 957(1976).

없는 주주에 의한 의결권행사를 제한함으로써 결의의 공정성을 확보하기 위한 것으로 이해되었다[34]. 다만 위 규정에 대하여는, 특별이해관계가 법적 관계인지 경제적 관계인지, 직접적인지 간접적인지 여부 등이 명백하지 않은 점, 특별이해관계를 갖는 주주를 제외한 소수주주가 결정권을 갖게 되는 것은 자본다수결원리에 반한다는 점 등의 비판이 있었다[35]. 그래서 일본의 1981년 개정상법은 개정전 상법 제239조 제5항을 삭제하여 특별이해관계 있는 주주의 의결권행사를 인정하고, 다만 상법 제247조 제1항 제3호를 신설하여 그 의결권행사의 결과로 현저하게 부당한 결의가 이루어진 경우를 주주총회 결의취소 사유에 추가하였다[36]. 현재의 일본 회사법 제831조 제1항에서도 같은 내용으로 규정

34) 上柳克郎·鴻常夫·竹內昭夫, 新版 注釋會社法(5), 有斐閣, 1986, 315면 神田秀樹, 資本多數決と株主間の利害調整(1), 法學協會雜誌 제98권 제6호, 774면

35) 安井威興, 特別利害關係株主の議決權行使と不當決議, 法學硏究 제60권 제12호, 慶應義塾大學法學硏究會, 208면 神田秀樹, 神田秀樹, 資本多數決と株主間の利害調整(1), 法學協會雜誌 제98권 제6호, 773면 大森忠夫, 議決權, 株式會社法講座(第三卷), 908면 龍田節, 株主の議決權の排除, 法學論叢 제64권 제3호, 84면 出口正義, 株主の議決權制限の法理, 上智法學論集 제19권 제1호(1975), 143-144면. 이에 대하여는, 규정방식이 일반적이라는 점에서 생기는 여러 해석상의 문제는 일반적으로 구체적 사정에 따라 적용여부를 고려하게 되는 동적 규정(특히 다수결남용론)의 경우에는 당연히 생기는 것이고, 사전구제인가 사후구제인가의 차이는 정도의 차이일 뿐이라 하고, 제도의 근거가 확실하지 않다는 비판에 대하여는 주주간의 이해를 조정하는 고정적 규정으로서 기능하는 장점이 있다는점을 들어 의문을 제기하는 견해가 있다: 神田秀樹, 資本多數決と株主間の利害調整(1), 法學協會雜誌 제98권 제6호, 783면.

36) 다만 이러한 사후적 규제방식은 실제 주주총회에서 의결권 제한 여부를 판단함에 있어 생기게 되는 어려움이나 분쟁의 소지를 방지할 수 있다는 장점이 있으나 위에서본 바와 같이 특별이해관계 있는 주주의 의결권 행사로 인하여주주총회의 의사결정이 왜곡될 수 있는 위험을 방지하는 데에는 효과적이지 못한 것으로 생각된다. 喜多了祐, 特別利害關係株主の議決權行使と總會の決議, 金融·商事判例 增刊號 No.651(會社法の硏究 86 經濟法令硏究會), 1982, 89면 및 喜多了祐, 株主總會における特別利害關係の再構成, 商事法務 919, 32면 등에 의하면 이러한 법 개정 이후에는 이사선임 및 해임, 합병이나 영업양도 등 종래 특별이해관계 있는 주주의 범위가 문제되는 사안에 있어서 특별이해관계를 좁게 해

하고 있다[37].

미국의 경우에는 특별이해관계가 있는 주주의 의결권행사는 제한되지 않으며, 자유롭게 의결권을 행사할 수 있다. 다만 다수주주 또는 지배주주의 경우 그 결의의 내용이 공정성(fairness)을 결하여 소수주주에 대한 사기(fraud) 또는 압박(oppression)으로 인정되는 때에는 소수주주에 대한 충실의무(fiduciary duty)위반으로서 이에 대한 유지(injunction)청구 또는 손해배상청구가 가능하다[38]. 다만 합병결의를 함에 있어서 상대회사가 주주인 경우 그 의결권을 배제하는 규정을 정관에 두는 예가 있고, 소수주주보호라는 견지에서 이에 찬동하는 견해도 있다[39].

(2) 특별이해관계 있는 주주의 의결권 제한의 내용

특별이해관계의 인정범위에 관하여는, 가능한 한 이를 좁게 풀이하여 주주의 의결권행사의 자유를 보장하여야 한다는 견해가 있다[40]. 이를 넓게 인정할 경우 주주다수결의 원칙에 대한 주주의 기대에 반할 수

석하는 견해에서 벗어나 당해 결의와 법률상의 이해관계가 있는 경우에는 특별이해관계를 넓게 해석하여 부당결의 취소의 소를 용이하게 하여야 한다는 입장을 취하고 있다. 이 역시 위와 같이 특별이해관계 있는 주주의 의결권 행사를 사후적으로 제한하는 제도의 단점을 보완하고자 하는 입장으로 생각된다.

37) 神田秀樹, 會社法, 2006, 弘文堂, 164면.
38) Jeffrey D. Bauman, Alan R. Palmiter, Frank Partnoy, Corporations Law and Policy-Materials and Problems 6th ed., Thomson West, 2007, 879면 Smith v. Brown-Borhek Company, 414 Pa 325, 200 A. 2d 398 (1964). Linge v. Ralston Purina Co., 293 N.W.2d 191(Iowa 1980).
39) Charles J. Lynch, A Concern for the Interest of Minority Shareholders under Modern Corporation Laws, 3 J. Corp. Law 19 (1977), 59면 Weinberger v. UOP, Inc., Del. Ch., 409 A. 2d 1262(1979) 판결에서는 합병에 대하여 이해관계를 가지지 않는 소수주주들만의 결의로 합병이 승인 된 경우에는 합병 무효 관련 소송에서 회사의 경영진 내지 지배주주가 부담하는 합병의 공정성에 대한 입증책임이 완화된다고 한다.
40) 정동윤, 손주찬 대표편집. 주석상법 회사편 제3권, 한국사법행정학회, 90면.

있다는 점 등을 근거로 한다. 그러나 특별이해관계 있는 주주에 대한
의결권배제제도는 기본적으로 회사의 이익에 부합하는 주주총회 결의
를 위한 것이지 다수주주의 의결권을 제한하고자 하는 것은 아니다. 소
수주주의 경우에도 특별이해관계를 보유한 것으로 인정되는 경우에는
그 의결권이 제한되기 때문이다. 특히 본서에서 문제되고 있는 음의 이
해관계를 가진 주주에 대한 의결권 제한 문제도 다수주주 혹은 지배주
주만을 전제로 한 것은 아니다. 특별이해관계 있는 주주의 의결권 제한
제도는 특정 종류의 결의 사항에 관하여 특별이해를 갖지 않는 주주 일
정수의 동의를 요한다는 의미에서 일종의 동의원칙이며, 소수주주가 회
사의 운명을 결정하는 것을 인정하는 제도는 아니라는 지적도 있다[41].
또한 소수파 주주로서는, 위 규정의 위반이 있는 경우에 특별이해관계
인이 의결권을 행사한 사실을 입증하기만 하면, 그 결의의 내용이 부당
한지 여부가 명백하지 않다고 하더라도, 비교적 용이하게 사법적 구제
를 받을 수 있다. 이러한 점에서 의결권배제제도는 그 실효성이 크다[42].
일본에서 특별이해관계 있는 주주의 의결권 제한에 대한 최근 법개정
이 소수주주 보호기능을 후퇴시켰다고 지적되는 것도 이 때문이다[43].
물론 자본다수결원리를 형식적으로 관철하여 특별이해관계를 갖는 주
주라도 의결권행사에서 배제하지 않고, 다수결남용이론이나 주식매수
청구권에 의한 금전보상 등의 방법에 의하여 주주간의 이해를 조정하
는 것도 가능할 수 있다. 그러나 현재와 같이 다수결남용이론의 적용여
부 및 범위가 불명확하고 주식매수청구권이 인정되는 경우가 한정되어
있는 상황에서는 위와 같은 방안이 실효적으로 기능하기는 어렵다.

---

41) 김홍수, 특별한 이해관계가 있는 주주의 의결권행사, 연세법학연구 2집(통권2호)
   고 이정한 박사 추모논문집, 1992. 8., 472면.
42) 安井威興, 特別利害關係株主の議決權行使と不當決議, 法學硏究 제60권 제12
   호, 慶應義塾大學法學硏究會 209면 神田秀樹, 資本多數決と株主間の利害調
   整(5), 法學協會雜誌 제99권 제2호, 287면.
43) 安井威興, 特別利害關係株主の議決權行使と不當決議, 法學硏究 제60권 제12
   호, 慶應義塾大學法學硏究會, 210면.

(가) 의결권 제한의 요건

가) 특별이해관계의 일반적 판단기준

상법 제368조 4항은 의결권배제의 요건으로서 특별한 이해관계라는 일반적이고 추상적인 표현을 쓰고 있다. 즉, 어떤 경우에 특별한 이해관계가 있는지에 대하여는 구체적 기준을 제시하지 않고 있다. 이에 관하여는 주주총회 결의에 의하여 법률상 권리를 얻거나 의무를 면제받게 되는 등 법률상 특별한 이해관계를 갖는 때를 뜻한다는 법률상 이해관계설44), 모든 주주에게 평등하게 관계되지 않고 특정한 주주에게만 관계되는 개인적 이해관계로 보는 특별이해설45), 주주로서의 지위와 관계 없이 개인적으로 갖는 이해관계를 뜻한다는 개인법설46) 등의 견해가 대립한다.

법률상 이해관계설은 특별이해관계의 범위를 지나치게 넓게 인정하는 등 형식에 치우쳐 실질상 의결권 제한을 할 정도의 이해관계가 없는 경우에도 의결권이 제한되는 불합리가 있다. 또한 총회결의는 내부적인 의사결정일 뿐이고, 이에 의하여 통상 직접적인 권리의무가 발생하는 것은 아니라는 비판도 가능하다. 특별이해설도 특정한 주주에게만 관계되는 이해관계가 과연 어떠한 이해관계를 말하는지가 불명확하다는 문제점이 있어서 실제로 적용하기에는 어려움이 있다.

개인법설에 대하여는 사단법 상의 이해관계와 개인법상의 이해관계

---

44) 이병태, 전정 상법(상), 법원사, 1988, 603면.
45) 박원선·이정한, 회사법, 수학사, 1979, 243면 김용태, 상법(상), 박영사, 1978, 360면
46) 정동윤, 손주찬 대표편집. 주석상법 회사편 제3권, 한국사법행정학회, 90면 최기원, 신회사법론,박영사, 2009, 417면 정찬형, 상법강의(상) 제14판, 박영사, 2011, 780면 이철송, 회사법강의(제19판), 박영사, 2011, 439면 부산고법 2004. 1. 16. 선고 2003나12328 판결에서도 상법 제368조 제4항의 특별한 이해관계라 함은 특정한 주주가 주주의 입장을 떠나서 개인적으로 이해관계를 갖는 것을 말한다고 풀이된다고 하여 같은 입장을 취하였다.

가 구별되기 어렵다는 비판론도 있다[47]. 주주는 주주로서 당연히 주주총회의 모든 결의에 관하여 사단법 상의 이해관계를 가지고 있다. 다만 주주로서의 입장과 관계없는 별개의 입장에서 주주총회 결의의 성부와 결의의 내용에 관하여 이해관계를 가지는 경우에는 이를 개인법적 이해관계로서 사단법 상의 이해관계와 구별할 수 있다고 본다. 개별 의사결정 유형에 있어서의 이해관계 판단은 뒤에서 자세하게 논한다. 주주가 사단법적 이해관계에 기초하여 주주로서의 이해득실을 기준으로 한 판단은 존중되어야 하고, 이에 기초하여 주주총회의 의사결정이 이루어져야 함은 자명하다. 그러나 회사 주주로서의 입장과는 다른 개인법적 이해관계에 의한 판단이 이루어지는 경우에는 회사의 이익을 위한 주주로서의 공정한 의결권행사를 기대하기 어렵다. 이러한 경우에는 의결권 행사가 제한될 필요가 있다. 이러한 특별이해관계 있는 주주의 의결권 제한의 취지를 고려할 때, 여기서 말하는 특별이해관계는 주주가 주주로서의 지위와 관계없이 개인적으로 갖는 이해관계를 뜻한다고 보는 개인법설이 타당하다.

나) 개별사안에 있어서의 특별이해관계 인정여부

위와 같은 일반적 논의를 기초로 이하에서는 구체적인 개별 사안에 있어서 어떠한 경우에 특별이해관계를 인정할 수 있는지에 대해서 살펴본다. 아래에서 살펴보는 개별사안들은 실제로 의결권 분리의 경우에도 관련부수자산의 보유 등으로 인하여 의결권 제한 여부가 문제되는 사례들이다[48]. 그러므로 의결권 과다보유, 특히 음의 이해관계를 가진

---

47) 田中誠二, 會社法詳論(上), 勁草書房, 1980, 427-428면.
48) 여기서는 의결권 분리의 경우에 있어서도 전형적으로 문제되는 사안을 위주로 특별이해관계 여부에 대한 해석론을 검토하였다. 여기서 검토한 문제 이외에 이사선임 및 해임 결의에 있어서 그 대상이 되는 주주, 재무제표 승인결의에 있어 주주인 이사 및 감사 등도 같이 검토된다. 두 경우는 모두 상법 제368조 제4항이 적용되지 않는다는 것이 일반적인 견해로 보인다. 이외에 책임면제 결의에 있어서의 주주인 이사 및 감사 등도 문제되는데, 이는 회사와 당해 이사 혹은 감사인

경우에 있어서 상법 제368조 제4항을 적용할 수 있는지 여부를 판단함에 있어서 참고가 될 수 있다. 특별이해관계의 판정을 위해서는 기본적으로 개인법설의 관점에서 이를 판단하는 것이 타당하다. 다만 실제 논의의 전개양상을 보면 특별이해관계에 대한 위 학설 중 어느 견해를 취하는가에 따라 구체적 사안에 있어서 특별이해관계 여부의 결론이 논리필연적으로 도출되는 것은 아니다. 실제로 같은 설을 취하는 학자 사이에도 견해가 나뉘는 경우가 없지 않다49).

ㄱ) 합병결의에 있어서 합병상대방

갑회사와 을회사가 합병하는 경우, 갑회사의 주주인 을회사나, 갑·을 두 회사의 주주인 병이, 갑 회사의 합병승인결의에 있어서 의결권을 행사할 수 있는지, 다시 말해서 을회사와 병이 특별이해관계인에 해당되는지가 문제된다.

특별이해관계에 해당한다는 견해의 논거는 다음과 같다. 우선 합병이 조직법적 행위라고 하지만 실질에 있어 거래행위와 같으며, 합병조건에 관하여 이해관계가 대립함을 부정할 수 없다는 점이다. 그러므로 합병비율 등에 관하여, 을회사는 갑회사의 주주로서보다는 합병상대방으로서의 이해판단에 의하여 의결권을 행사할 것이 예상된다. 또한 이를 통해 갑 이외의 다른 주주에 대하여 손해를 입힐 우려도 있다고 한다50).

주주간에 이해상반이 인정되므로 특별이해관계인에 해당하여 의결권이 제한된다고 한다. 安井威興, 特別利害關係株主の議決權行使と不當決議, 法學硏究 제60권 제12호, 慶應義塾大學法學硏究會, 222면 및 喜多了祐, 特別利害關係株主の議決權行使と總會の決議, 金融·商事判例 增刊號No.651(會社法の硏究 86 經濟法令硏究會), 1982, 88면 등.

49) 鈴木竹雄·竹內昭夫, 會社法, 有斐閣, 1981, 176면.

50) 竹田省, 合倂會社の株主として被合倂會社, 商法の理論と解釋, 有斐閣, 279-280면 합병의 직접상대방인 을회사의 특별이해관계는 인정하나, 병의 특별이해관계는 인정하지 않는 견해도 있다(田中誠二, 會社法詳論(上), 勁草書房, 1980,

이에 대하여, 특별이해관계에 해당하지 않는다는 견해에서는, 합병은 조직법적 행위로서 협동관계는 존재하지만 이해상반관계라고 할 수 없다고 한다. 또 이해대립이 있다 해도 합병에 의해 해소되어 특정주주에게 특히 유리 또는 불리하게 작용할 것이 없다고 한다. 게다가 회사합병은 회사의 지배 내지 경영에 관한 중요한 사항이므로 주주가 이에 대한 결정권을 갖는 것은 회사지배기능의 당연한 표출이다. 따라서 개인적 이해관계가 있다는 이유로 이를 인정하지 않을 수는 없다고 한다51).

부정설에서 말하는 바와 같이 합병 당사회사 간의 이해관계 혹은 손익관계는 합병의 특성상 합병 이후에는 하나의 법인격으로서 합일된다. 그러나 합병결의에 있어서 특별이해관계로서 주목하여야 할 것은 당사회사 자체의 손익계산서에 표시되는 이익 혹은 손실이 아니라 합병당사회사의 주주의 입장에서의 이해관계라고 할 수 있다. 그러므로 갑·을 두 회사의 주주인 병이 의결권을 행사하는 경우에는 갑회사 주식에 대한 이해관계 및 을회사 주식에 대한 이해관계의 이익형량을 통하여 주주 병이 특별이해관계인으로 인정될 수 있는 여지도 있다. 즉 병이 을회사에게 유리하게 합병을 결정함으로써 얻게 되는 이익과 갑회사에게 유리하게 합병을 결정함으로써 얻게 되는 이익을 비교형량하여 을회사 주주에게 손해를 가하면서까지 갑회사 주주의 이익을 추구할 유인이 인정된다면, 특별이해관계 있는 주주로서 의결권이 제한된다고 생각된

430-431면) 송옥렬, 상법강의, 홍문사, 2011, 833면에서는 영업양도의 상대방인 주주를 특별이해관계인으로 보는 것을 고려하면, 합병과 영업양도를 왜 다르게 보아야 하는지 의문이라고 한다.

51) 최기원, 신회사법론, 박영사, 2009, 417면 이철송, 회사법강의(제19판), 박영사, 2011, 440면 김홍수, 회사합병에 관한 연구, 연세대학교대학원 법학박사학위논문 (1989), 71-73면 久保欣哉, 合倂 營業讓渡決議における株主の特別利害關係, 商法の爭點, 1978, 163면 長浜洋一, 株主權の法理, 成文堂, 1980, 11면 喜多了祐, 特別利害關係株主の議決權行使と總會の決議, 金融·商事判例 增刊號 No.651(會社法の研究 86 經濟法令研究會), 1982, 88면에 의하면 이 같은 부정설이 일본의 다수설의 입장이라고 한다.

다. 특히 뒤에서 보는 바와 같이 거래 자체의 실행 여부에 대한 결정과 구체적 거래조건에 대한 결정을 나누어 본다면, 적어도 후자인 구체적 합병조건의 결정에 대해서는 의결권 제한의 필요성이 있다. Perry Corp.-Mylan Laboratory의 사례가 그 좋은 예이다. 그러나 을회사가 갑회사의 직접 주주인 경우에는 부정설의 지적과 같이 합병 이후에는 을회사와 갑회사가 합일되게 되고 합병신주 역시 을회사에게는 발행되지 아니하므로 이러한 이해관계의 산정이 곤란할 수 있다. 그러므로 이러한 경우에는 특별이해관계로 인한 사전적 의결권 제한보다는 합병비율의 불공정 등을 문제 삼아 합병무효의 소 등의 방법[52]으로 사후적 구제를 하는 것이 보다 현실적이다.

ㄴ) 영업양도 승인결의에 있어서 영업양수인

상법 제374조에 의한 영업양도에 대한 주주총회 특별결의에 있어서 영업양수인이 동시에 양도회사의 주주인 경우 특별이해관계인으로서 의결권이 배제되는가에 대하여는 대다수의 견해가 이를 긍정하고 있다[53].

그런데 한편 양도회사와 양수회사 쌍방의 주주인 자의 의결권을 인정할 것인가에 관하여는 견해의 대립이 있다. 양수회사에 있어서 그 주주의 지위의 중요성, 즉 지배적 주주인가 아닌가에 의해 특별이해관계 여부를 결정하려는 설[54], 또는 이를 수량으로 표현하여, 양수회사 발행

---

52) 대법원2009.4.23.선고2005다22701,22718판결 대법원 2008. 1. 10. 선고 2007다 64136 판결 등 다수.

53) 정동윤, 손주찬 대표편집. 주석상법 회사편 제3권, 한국사법행정학회, 90면 최기원, 신회사법론,박영사, 2009, 417면 정찬형, 상법강의(상) 제14판, 박영사, 2011, 780면 이철송, 회사법강의(제19판), 박영사, 2011, 440면 喜多了祐, 特別利害關係株主の議決權行使と總會の決議, 金融·商事判例 增刊號 No.651(會社法の研究 86 經濟法令研究會), 1982, 89면 및 喜多了祐, 株主總會における特別利害關係の再構成, 商事法務 919, 32면 등에 의하면 일본의 다수설도 이와 같다고 한다.

주식총수에 대한 당해 주주의 지분비율이 양도회사에 대한 지분비율보다 큰 때에는 특별이해관계인이 되고, 그 반대의 경우이거나 같은 비율인 때에는 특별이해관계인이 되지 않는다는 설[55] 등이 있다. 반면에 이에 대하여 합병과 영업양도의 동질성이라는 점에서, 위 어느 경우이던지 특별이해관계를 부정하고 의결권 행사를 인정하는 견해도 있다[56].

합병과 영업양도 모두 기업결합의 한 방법이다[57]. 그러나 당사 회사의 입장에서는 합병은 자본거래로서 기본적으로 손익의 개념을 생각하기 어렵고 실제로 합병 이후에 당사회사가 합일된다는 점에서도 그러하다. 그러나 영업양수도의 경우에는 손익거래 내지 경상거래로서 당해 거래조건에 의하여 당사회사의 손익이 달라지며, 거래 이후에도 양 당사자가 별개로 존속한다. 실제로 영업양도는 각각의 영업자산 및 부채

---

54) 손주찬, 상법(상) 제13증보판, 박영사, 2002, 637면 大森忠夫, 議決權, 株式會社法講座(第三卷), 915면.

55) 김홍수, 특별한 이해관계가 있는 주주의 의결권행사, 연세법학연구 2집(통권2호) 고 이정한 박사 추모논문집, 1992. 8., 469면.

56) 정동윤, 손주찬 대표편집. 주석상법 회사편 제3권, 한국사법행정학회, 91면 이철송, 회사법강의(제19판), 박영사, 2011, 440면 龍田節, 株主の議決權の排除,法學論叢 제64권 제3호, 63면 부산고법 2004. 1. 16. 선고 2003나12328 판결에서도 합작회사의 대주주인 주식회사가 자신의 계열회사들을 구조조정하면서 합작회사로 하여금 일시 적자상태인 계열회사의 일부 영업을 양수하도록 하는 주주총회 결의를 한 경우, 즉 공통의 대주주가 그 계열회사 간의 영업양도에 대해서 승인 결의를 하는 경우에 있어서, 상법 제368조 제4항은 총회의 결의에 관하여 특별한이해관계가 있는 자는 의결권을 행사하지 못한다고 규정하고 있고, 여기서 특별한 이해관계라 함은 특정한 주주가 주주의 입장을 떠나서 개인적으로 이해관계를 갖는 것을 말한다고 풀이되는바, 회사와 주주 사이에 영업양도를 할 경우 그 주주는 특별한 이해관계인에 해당한다고 볼 수 있으나, 사업의양도인이 독점규제 및 공정거래에 관한 법률상으로 합작회사의 대주주의 계열회사에 해당한다는 것만으로 그 대주주를 위 규정 소정의 특별한 이해관계인에 해당한다고 할 수는 없다는 입장을 취하였다.

57) 독점규제 및 공정거래에 관한 법률 제12조에 의하면 양자 모두 기업결합의 한 유형으로 보고 있다.

를 개별적으로 이전하는 방법에 의하여 이루어지며, 다만 그 결과 영업 전체가 이전된다는 점에서 일부 특별한 취급을 받게 될 뿐이다[58]. 그러므로 합병과 영업양도의 동질성을 근거로 합병과 유사하게 영업양도의 경우에도 특별이해관계를 인정할 수 없다고 보는 것은 타당하지 않다. 영업양도회사의 주주인 양수인의 입장에서는 양도회사의 100% 주주가 아닌 이상 양도회사의 이익을 위한 의사결정을 기대하기 힘들다. 양도 회사의 이익을 희생하는 경우, 양수인의 입장에서는 희생한 부분 전체 만큼의 이익을 얻게 되나 이러한 이익을 희생하지 않고 양도인의 이익 을 위하여 의사결정을 하는 경우에는 그 부분 중 양도인 회사에 대한 자신의 지분비율만큼의 이익만을 얻기 때문이다[59]. 그러므로 양도회사 의 주주가 양수인인 경우에는 당해 주주의 의결권이 제한될 필요성이 있다. 한편 양도회사와 양수회사 쌍방의 주주인 경우에는 그 중 더 지 분율이 높은 회사의 이익을 위하여 의사결정을 하게 된다. 그러므로 위 회사의 이익을 위해 지분율이 더 낮은 회사의 이익을 희생하는 의사결

---

58) 대법원 1994.5.10. 선고 93다47615 판결 등에 의하면 영업양도라 함은 일정한 영업목적을 위하여 조직되고, 유기적 일체로 기능하는 재산의 전부 또는 중요한 일부를 총체적으로 양도하는 것을 의미하는 것이다. 이러한 영업양도의 특징 때 문에 회사의 중요한 거래로서 상법 제374조 제1호에 의하여 주주총회의 특별결 의를 요하고, 상법 제41조 이하에서 영업양도인의 경업금지, 상호를 속용하는 양 수인의 책임 등을 규정하고 있는 것이다.

59) 예를 들어 갑회사가 을회사에게 영업양도 거래를 하는데, 을회사는 갑회사의 30% 주주라고 하자. 이러한 경우 영업양수도 가액이 100 만큼 상승하는 경우에 는 을회사의 입장에서는 영업양수인으로서 100의 손해를 보고, 동시에 갑의 주 주로서 30만큼의 이익을 본다. 결국 을회사의 손익 합계는 70손해가 된다. 같은 논리로 생각해 보면, 영업양수도 가액이 증가할수록 을회사에게는 손해가 되고, 반대로 영업양수도 가액이 감소할수록 을회사에게는 이익이 됨을 알 수 있다. 그 러므로 을회사의 입장에서는 실제로 영업양수도 가액이 낮게 책정되어 갑회사의 입장에서는 불리한 거래인 경우에도 갑회사의 주주총회에서 이를 승인하게 되는 것이다. 이러한 상황은 일반적인 주식회사 의사결정에 있어서 회사법이 주주에 게 기대하는 바와는 배치되는 것이라고 할 수 있고, 이러한 이유에서 의결권 제 한의 필요성이 인정된다.

정을 하게 될 위험이 있다[60]. 따라서 특별이해관계 있는 주주로서 의결권이 제한될 필요가 있다고 생각된다. 특히 뒤에서 보는 바와 같이 거래의 실행 여부에 대한 결정과 구체적 거래조건에 대한 결정을 나누어 본다면, 적어도 후자인 구체적 영업양수도 거래조건의 결정에 대해서는 의결권 제한의 필요성이 있다.

ㄷ) 경업거래 승인 및 개입권 행사에 있어서 당해 이사

상법 제397조 제1항에 의하면 이사는 이사회의 승인이 없으면 자기 또는 제삼자의 계산으로 회사의 영업부류에 속한 거래를 하거나 동종 영업을 목적으로 하는 다른 회사의 무한책임사원이나 이사가 되지 못한다. 동조 제2항에 의하면 이사가 제1항의 규정에 위반하여 거래를 한 경우에 회사는 이사회의 결의로 그 이사의 거래가 자기의 계산으로 한 것인 때에는 이를 회사의 계산으로 한 것으로 볼 수 있고, 제삼자의 계산으로 한 것인 때에는 그 이사에 대하여 이로 인한 이득의 양도를 청구할 수 있다.

이러한 경업거래 승인여부 결정 및 개입권 행사에 대한 결정을 이사회가 아닌 주주총회에서 할 수 있는지 여부에 대해서는 논란이 있다[61].

---

60) 앞의 예와 유사한 예를 통해 생각해 보면 다음과 같다. 갑회사가 을회사에게 영업양도 거래를 하는데, 병은 갑회사의 50% 주주이고, 동시에 을회사의 30% 주주라고 하자. 이러한 경우 영업양수도 가액이 100 만큼 상승하는 경우에는 병의 입장에서는 갑회사의 주주로서 50의 이익을 보고, 동시에 을회사의 주주로서 30 만큼의 손해를 본다. 결국 병의 손익 합계는 20 이익이 된다. 같은 논리로 생각해 보면, 영업양수도 가액이 증가할수록 병에게는 이익이 되고, 반대로 영업양수도 가액이 감소할수록 병에게는 손해가 됨을 알 수 있다. 그러므로 병의 입장에서는 실제로 영업양수도 가액이 높게 책정되어 을회사의 입장에서는 불리한 거래인 경우에도 을회사의 주주총회에서 이를 승인하게 되는 것이다. 이러한 이유에서 의결권 제한의 필요성이 제기되는 것이다.
61) 상법 상 이사회의 권한사항으로 정하고 있는 사항에 대하여 주주총회가 의사결

그러나 위 경업거래의 승인은 회사의 효율적인 운영 혹은 회사의 가치 극대화를 위한 경영판단이 필요한 문제가 아니고, 이사와 회사 간의 이익충돌의 가능성을 방지하기 위한 것이므로, 이러한 승인권한을 반드시 이사회에서 행사하여야 한다거나, 당해 권한을 주주총회에서 행사하는 것이 회사에 불이익하다고 보기는 어렵다. 실제로 위와 같은 안건이 주주총회에 상정되어 결의되는 경우, 이사회가 그 효력을 부인하거나 이에 반하는 결정을 하기는 어려울 것으로 보인다.

주주총회에서 이사의 경업거래 승인 혹은 개입권 행사 여부에 관하여 결정을 하는 경우, 당해 이사인 주주가 특별이해관계인으로서 의결권이 제한된다는 데에는 이설이 없다[62]. 이 경우 당해 이사인 주주는 회사와의 경쟁영업을 영위한다는 점에서 주주로서의 이해관계와는 다른 관련부수자산의 보유에 의한 이해관계를 가진다. 따라서 당해 주주는 개입권 행사 등의 결정에 있어서 회사의 이해관계와 상반되는 결정을 할 수 있다.

(나) 의결권 제한의 효과

특별이해관계 있는 주주는 주주총회에서 문제되는 결의에 대하여 의결권을 행사할 수 없다. 의결권을 행사하여 결의에 영향을 미친 경우

정을 할 수 있는지 여부에 대해서는 논란이 있다. 이는 전통적을 주주총회와 이사회의 권한배분에 관한 문제라고도 할 수 있다. 국내의 통설은 기본적으로 주주총회의 최고기관성 및 권한배분의 자율성 등을 근거로 상법 상 이사회의 권한으로 정하고 있는 사항에 대해서도 주주총회가 결정할 수 있다고 보지만(정찬형, 상법강의(상) 제14판, 박영사, 2011, 765면), 이에 대해서 소유와 경영의 분리라는 상법의 이념을 바탕으로 각 기관의 권한분배에 관한 규정을 강행규정으로 보는 반대설(이철송, 회사법강의(제19판), 박영사, 2011, 409면)도 있다. 이는 일률적으로 판단할 수 있는 문제는 아니고 이사회의 권한사항 별로 구체적으로 주주총회가 권한을 행사하는 것이 적절한지 여부를 검토하여야 한다고 생각된다.

62) 김홍수, 특별한 이해관계가 있는 주주의 의결권행사, 연세법학연구 2집(통권2호) 고 이정한 박사 추모논문집, 1992. 8., 472면.

에는 상법 제376조에 의하여 당해 결의에 대한 취소소송이 가능하다.

상법 제371조 제2항에 의하면, 특별이해관계인이 가지는 의결권의 수는 출석한 주주의 의결권의 수에는 산입하지 않는다. 이 경우 발행주식 총수에는 산입하여야 하는지가 법문상 명백하지 않다. 무의결권국식 및 자기주식 등의 경우 보험국식 총수에 산입하지 않는다는 상법 제371로 제항과 비교해서 상법 제371로 제2항을 읽으면, 마치 발행국식 총수에는 산입하여야 하는 것으로 보이기도 한다. 그러나 발행주식 총수에서도 산입하지 않는 것이 타당하다. 그렇지 않다면 상법 제368조 제1항의 규정 상 특별이해관계 있는 주주가 발행주식 총수의 4분의 3 이상을 가지고 있다면 결의 자체가 불가능하게 된다. 실제로 상법 제409조 제2항의 감사 선임에 있어서의 대주주 의결권 제한 등 유사한 의결권 제한 규정에 있어서도 같은 취지로 해석하는 것이 실무이다[63].

(3) 주식에 대하여 음의 이해관계를 가진 경우에 있어서 특별이해관계 있는 주주의 의결권 제한의 적용

상법 제368조 제4항은 주주의 일반적 이해관계, 즉 회사의 가치가 증대되는 경우 이익을 얻게 되는 이해관계와는 상반되는 특별한 이해관계의 존재를 의결권 제한의 요건으로 규정한다. 주식에 대하여 양의 이해관계를 보유하거나 전혀 이해관계를 보유하지 않는 주주의 경우에는 이러한 상반된 이해관계를 보유하고 있다고 보기 어렵다. 상법 제368조 제4항은 주주의 재산권을 제한하는 규정이므로 그 법문에 입각하여 엄격하게 해석되어야 하는 것이 원칙이라는 점에서도 그러하다[64].

그러나 음의 이해관계를 가진 주주의 경우에는 특별이해관계 있는

---

63) 금융감독원, 기업공시실무안내, 2009, 266면.
64) 대법원2010.1.14.선고2009두15043판결에서도 이러한 침익적 제재규정에 대한 엄격해석의 원칙을 인정하고 있다.

주주의 의결권 제한규정이 적용될 수 있다고 생각된다. 이하에서는 이에 대해서 살펴본다.

주주가 음의 이해관계를 가지는 경우는 크게 두 가지이다. 우선 주식스왑계약 등 파생상품 거래를 통하여 음의 이해관계를 가지는 경우이다. 소위 주식의 가치변동에 연동되는 현금흐름을 제공하는 연관자산을 통해 음의 이해관계를 가지는 것이다. 다음으로는 파생상품 등 연관자산을 보유한 것은 아니나 특정 의안의 경우에 주식에 대해서 음의 이해관계를 가지는 경우이다. 예를 들어서 주주총회에서 영업양도를 승인하는 경우 주주가 상대방 회사의 주식을 당해 회사의 주식보다 더 많이 보유하고 있는 경우이다. 이에 대한 구체적인 예는 아래 (나)에서 살펴본다. 소위 관련부수자산을 통하여 음의 이해관계를 가지게 된 경우이다.

앞서 본 바와 같이 전통적으로 특별이해관계가 인정되는 경우로 논의되어 왔던 합병, 영업양수도, 이사의 경업거래 승인 등은 위 두 가지 경우 중 특정의안에 대한 이해관계가 문제되는 후자의 경우였다. 이는 관련부수자산을 통하여 주주가 음의 이해관계를 가지는 경우로 볼 수 있다. 따라서 개념상으로는 의결권 분리에 관해서 논의되는 부분들 중 일부는 이미 특별이해관계에 포섭되는 것으로 인정되고 있다. 이외에 파생상품 계약 등 연관자산을 통하여 주식에 대하여 음의 이해관계를 가지게 된 경우는 특별히 논의되고 있는 바가 없다. 그러니 이는 위와 같은 경우가 특별이해관계에 해당하지 않기 때문이라기보다는 이러한 경우가 최근에 문제되게 되어 논의가 많지 않았던 것으로 생각된다. 이하에서는 위 두 가지 경우를 나누어 특별이해관계 해당 여부를 살펴본다.

(가) 파생상품 계약 등 연관자산을 통하여 음의 이해관계를 가지는 경우

파생상품 계약 등 연관자산을 통하여 음의 이해관계를 가지는 경우 이를 특별이해관계로 보아 의결권 제한을 인정할 수 있는지가 문제된

다. 이에 대한 판단을 위해서는 우선 앞서 살펴본 특별이해관계의 일반적 기준에 관한 논의를 생각해 볼 수 있다. 법률적 이해관계설, 특별이해설, 개인법설 등의 논의가 있었으며, 그 범위가 지나치게 넓은 법률상 이해관계설이나 그 적용범위가 모호한 특별이해설보다는 개인법설의 기준이 합리적이고 다수설의 입장도 이와 같다[65]. 개인법설의 경우에는 특정한 주주가 당해 결의에 관하여 주주로서의 지위와 관계없이 개인적으로 이해관계를 가지는 경우에는 특별이해관계 있는 주주로서 의결권이 제한된다고 한다. 회사의 주주들은 기본적으로 회사 주식에 대하여 양의 이해관계를 가지게 되는 것이 정상이다. 주주들이 파생상품 등 연관자산을 통하여 음의 이해관계를 가지게 되는 것은 연관자산으로 인한 이해관계 때문이다. 이러한 연관자산에 의한 이해관계는 주주로서의 이해관계라고 할 수 없다. 모든 주주들이 주주자격을 바탕으로 필연적으로 가지게 되는 이해관계가 아니기 때문이다. 그러므로 개인법설에 의하면 이는 특별이해관계로서 의결권이 제한된다고 보는 것이 타당하다.

또한 전통적으로 논의되고 있는 합병이나 영업양도 상대방 회사의 주주, 혹은 책임면제결의의 대상이 되는 이사인 주주 등 관련부수자산을 통하여 음의 이해관계를 가지게 된 경우만을 특별이해관계 있는 주주로 인정하고, 최근에 문제되고 있는 파생상품 등 연관자산을 통하여 음의 이해관계를 가진 주주를 특별이해관계 있는 주주로 인정하지 않는 것은 형평에 맞지 않다. 오히려 파생상품 등 연관자산을 통하여 음의 이해관계를 가진 경우가 규제의 필요성이 더 크다. 이는 다음과 같은 두 가지 측면에서 살펴 볼 수 있다.

우선 합병이나 영업양도 상대방 회사의 주주 등 관련부수자산을 통하여 음의 이해관계를 가지게 된 경우에는 당해 합병이나 영업양도 등

---

65) 정동윤, 손주찬 대표편집. 주석상법 회사편 제3권, 한국사법행정학회, 90면 최기원, 신회사법론, 박영사, 2009, 417면 정찬형, 상법강의(상) 제14판, 박영사, 2011, 780면 이철송, 회사법강의(제19판), 박영사, 2011, 440면.

특정의안에 대해서만 회사의 가치증대에 반대되는 방향으로 의결권을 행사할 인센티브가 있다. 그러나 파생상품 계약 등 연관자산을 통하여 주식에 대하여 음의 이해관계를 가지게 된 경우에는, 특정 의안에 대해서만이 아니라 주주총회 결의 전반에 대해서 회사의 가치증대에 반대되는 방향으로 의결권을 행사할 인센티브가 있다. 그러므로 후자의 경우가 규제의 필요성이 더 크다.

다음으로 관련부수자산을 통하여 음의 이해관계를 가지게 된 경우에는 거래 자체의 승인 여부에 있어서는 주식의 가치를 증가시키는 방향으로 의사결정을 할 인센티브가 있으나, 구체적 거래조건의 결정에 있어서만 주식의 가치를 감소시키는 방향으로 의사결정을 할 인센티브가 있는 경우가 많다. 예를 들어 주주가 영업양도 상대방 회사의 주식도 가지고 있는 경우에, 당해 영업양도를 통해 양 회사 부의 합이 증대될 수 있다면 양회사의 주식을 가진 주주에게 이익이 되므로 그 거래 자체를 승인할 인센티브는 있다. 그러나 아래 (나)에서 설명하는 바와 같이 영업양수도 가격과 같은 구체적인 거래조건의 결정에 있어서는 당해 회사 주식보다 상대방 회사 주식을 더 많이 가지고 있다면 상대방 회사에게 보다 이익이 되고, 당해 회사에는 그만큼 손해가 되는 결정을 하는 것이 유리하다. 그러므로 구체적 거래조건의 결정에 있어서는 당해 회사의 가치 증대에 반하는 의사결정을 할 인센티브가 있다. 이에 비해서 파생상품 등 연관자산을 통하여 음의 이해관계를 가진 주주의 경우에는 거래 자체의 승인에 있어서나 그 구체적 조건의 결정에 있어서나 모두 주식의 가치가 감소되는 방향으로 의사결정을 할 인센티브가 있다. 그러므로 문제점의 정도가 더 크다.

따라서 전통적으로 논의되고 있는 합병이나 영업양도 상대방 회사의 주주, 책임면제결의 대상주주 등 관련부수자산을 통하여 음의 이해관계를 가지게 된 경우뿐만 아니라 파생상품 등 연관자산을 통하여 음의 이해관계를 가진 주주도 특별이해관계 있는 주주로서 의결권을 제

한하는 것이 타당하다. 실제로 합병이나 영업양도 등 전통적으로 특별
이해관계가 문제된 사안에서 그 판단의 기준으로서 가장 중시되고 있
는 것은 바로 주주의 이익과 회사의 이익이 상반된다는 점이다[66]. 파생
상품 등 연관자산을 통하여 음의 이해관계를 가진 경우에도 회사 내지
주식의 가치가 하락할수록 주주가 이익을 보므로 주주의 이익과 회사
의 이익이 상반된다. 그러므로 위의 경우에도 특별이해관계를 인정할
필요성이 있다.

(나) 거래 상대방 회사의 주주 등 관련부수자산을 통하여
음의 이해관계를 가지게 된 경우

합병이나 영업양도 상대방 회사의 주주 등 관련부수자산을 통하여
음의 이해관계를 가지게 된 경우에 있어서는 앞서 본 바와 같이 개인법
설을 기준으로 많은 학설들이 특별이해관계 해당 여부를 논하고 있다.
관련부수자산에 의한 이해관계는 주주로서의 이해관계라고 할 수 없다.
모든 주주들이 주주자격을 바탕으로 가지게 되는 이해관계가 아니기
때문이다. 그러므로 이는 개인법적인 이해관계로서 개인법설에 의하면
특별이해관계에 해당하여 의결권이 제한될 여지가 있다. 그러나 파생상
품 등 연관자산을 통한 경우와는 달리, 합병이나 영업양도 상대방 회사
의 주주 등 관련부수자산을 통하여 음의 이해관계를 가지는 경우는 회
사의 이익과 상반되는 개인적인 이해관계가 있다고 단정적으로 말하기
어려운 면이 있다. 실제로 위 경우 특별이해관계가 인정되는지 여부에
대해서 동일한 개인법설을 지지하는 학자들 사이에서도 위에서 본 대
로 논란이 있다.

---

66) 최기원, 신회사법론, 박영사, 2009, 417면 이철송, 회사법강의(제19판), 박영사,
2011, 440면 김홍수, 회사합병에 관한 연구, 연세대학교대학원 법학박사학위논문
(1989), 71-73면 喜多了祐, 特別利害關係株主の議決權行使と總會の決議, 金
融·商事判例 增刊號 No.651(會社法の研究 86 經濟法令研究會), 1982, 88면.

그러므로 여기에서는 보다 실제적인 검토기준을 모색해 보고자 한다. 일반적으로 주주총회 결의에 있어서는 두 가지 내용이 포함되어 있다고 볼 수 있다. 하나는 합병이나 분할, 영업양도 등 관련 안건을 승인할 것인지 여부이고, 다른 하나는 승인하는 경우 과연 어떠한 내용과 조건으로 이를 승인할 것인지의 문제이다67). 우선 전자의 경우에는 그러한 거래 자체가 회사의 입장에서 나아가서는 반대 당사회사를 포함한 사회 전체적인 입장에서 이익이 되는지 여부가 검토되어야 한다. 의결권 제한 등 규제적 관점에서는, 이를 통해 당해 거래가 회사를 위해서 그리고 사회 전체적인 입장에서도 이익이 되는 경우에 한하여 승인되도록 의사결정 메커니즘을 설계하여야 한다. 일반적으로 당해 거래가 사회전체적으로 이익이 된다면 그 이익을 적절히 분배할 수만 있다면 회사에게도 이익이 된다고 할 수 있다. 결국 첫번째 관점에서 기준이 되는 것은 당해 거래가 사회 전체적으로 이익이 되는지 여부라고 할 것이다. 다음으로 거래조건 결정의 문제, 예를 들어 합병에 있어서 합병비율, 영업양도에 있어서 영업양도 가액 결정의 문제는 거래 당사자 간의 부의 분배문제이다. 사회전체적으로 이익이 되는 거래라고 하여도 당사자 간에 거래로 인한 이익이 적절히 분배되지 못한다면, 당해 회사 및 그 주주가 손해를 보는 상황이 생긴다. 이는 그 자체로 공정하지 못할 뿐더러 당해 회사 소수주주의 불만 내지 문제제기를 낳는다. 그 결과 당해 거래 자체가 무효로 되거나68) 추후 유사한 거래기회가 있는 경우에 사회전체적으로 이익이 됨에도 그러한 거래가 저지될 가능성이 높다. 그러므로 부의 분배 문제 역시 부의 창출 문제만큼 중요하며 당사자 사이에 공정하게 거래로 인한 이익이 분배될 수 있도록 하는 것이 필요하다. 합병이나 영업양도 상대방 회사의 주주 등 관련부수자산을

---

67) 현행 상법 상으로는 합병이나 영업양수도 등의 의안 자체에 당래 거래의 승인여부 및 합병비율이나 영업양수도 가액 등 거래조건이 포함되므로 위와 같은 구분이 의미가 없다는 반론도 가능하다. 이에 대해서는 아래 ㄷ)에서 자세히 논한다.
68) 합병비율의 불공정으로 인한 합병무효의 소가 제기되어 사회 전체적으로 이익이 되는 합병이무효로 되는 경우를 들 수 있다.

통하여 음의 이해관계를 가진 주주를 특별이해관계 있는 주주로 보아 의결권을 제한할 것인지 여부의 판단에 있어서도 이러한 두 가지 경우를 나누어 생각하는 것이 필요하다.

가) 거래 자체의 승인 여부에 있어서의 의결권 제한

앞서 본 바와 같이 우선 합병이나 영업양도 등 당해 거래 자체의 승인 여부에 있어서는 이를 통하여 당해 회사 및 상대 회사를 포함하여 사회전체적인 부가 증대되도록 하는 것이 중요하다, 이를 통해 창출된 부를 당해 회사가 분배받을 가능성이 존재하므로 당해 회사에 대해서도 이익이 된다. 실제로 당해 거래가 사회전체적으로 이익이 된다면 양 회사의 입장에서는 어느 일방이 손해를 보는 거래조건을 주장하여 결국 거래를 무산시키는 것보다는 거래조건을 조금씩 양보하여 상호 이익이 배분되도록 거래를 하는 것이 이익이다. 그러므로 결국 협상을 통하여 거래를 승인하는 방향으로 의사결정을 하게 된다[69]. 따라서 거래 자체의 승인에 있어서 주주가 특별이해관계를 가져서 회사의 이익과 상반되는 이해관계를 가지는 경우라 함은 결국 사회 전체적인 부가 감소되는 방향으로 의사결정을 할 인센티브를 가지는 경우라고 할 수 있다. 일반적으로 당해 회사 주식에 대하여 음의 이해관계를 가지는 경우에는 회사 가치의 하락을 통하여 이익을 보므로 사회 전체적 부도 감소시키는 방향으로 의결권을 행사할 수 있다. 특히 파생상품 등 연관자산을 통해 음의 이해관계를 가진 경우가 그러하다. 그러므로 일응 특별이해관계 있는 주주로서 의결권이 제한되어야 한다고 볼 수 있다. 그러나 이러한 경우에도, 예외적으로 거래 상대방 회사를 포함한 사회 전체적인 부의 증대에 대해서 양의 이해관계를 가진다면, 적어도 거래의 승인

---

69) 물론 이와 같은 협상비용 혹은 거래비용은 매우 미미하거나 존재하지 않는다는 점을 전제로 한다. 거래비용이 존재하지 않는 경우 어느 당사자에게 의사결정권을 주는 경우에도 실제로는 사회전체적으로 이익이 되는 방향으로 결정이 일어나게 된다는 점에 대해서는 Ronald H. Coase, The Problem of Social Cost, 3 J.L. & Econ. 1 (1960), 8면에서 이미 설명된 바 있다.

여부에 대해서는 특별이해관계가 없다고 보아 의결권을 인정하는 것이
타당하다.

예를 들어서 A회사와 B회사가 합병이나 영업양도 등의 거래를 하는
경우, A회사와 B회사 주식이 모두 있으나 A회사 지분을 보다 많이 가
지고 있는 주주는 위 거래를 통해 A회사가 이익을 보고 상대적으로 B
회사가 손해를 보기를 원할 수 있다. 즉 B회사 주식에 대하여 음의 이
해관계를 가질 수 있다. 그러나 이는 구체적인 거래조건의 결정에 관한
것이다. 그 이전에 거래의 승인 여부에 대해서는 거래를 통해 A회사의
가치와 B회사의 가치의 합 혹은 합병 후 회사의 가치가 거래 이전의
A회사의 가치와 B회사의 가치의 합보다 증대될 수 있다면, 일단 위 주
주에게 이익이 될 수 있으므로 이를 승인할 인센티브가 있다[70]. 그러므
로 위와 같은 상황이라면 거래의 승인 여부에 대해서는, 사회 전체적인
부의 증대를 위하여 효율적인 의사결정을 할 인센티브가 있으므로 위
주주의 의결권을 제한하지 않는 것이 타당하다.

나) 거래의 내용 내지 조건의 결정에 있어서의 의결권 제한

거래 자체는 사회전체적으로 이익이 된다고 하여도, 거래의 내용 내
지 조건에 있어서 당사자 간에 거래로 인한 이익이 적절히 분배되지 못
한다면 당해 회사 및 그 주주가 손해를 보는 상황이 생긴다. 그러므로
당사자 사이에 거래로 인한 이익이 공정하게 분배될 수 있도록 하여야

---

70) 영업양수도의 경우에는 거래 이후 각 회사의가치가 증대된다고 볼 수도 있지만,
합병의 경우에는 양자의법인격이 합일되므로 각 회사의 가치라는 개념을 생각하
기 힘들다. 그러나 이러한 경우에도 합병을 통해 합병 이전의 양 회사의 가치의
합보다 합병 이후의합병회사의 가치가 증가한다면, 같은 취지의 결론이 가능하
다. 합병회사의 가치가 증가한다면 A회사와B회사 주주의 부의 총합이 증가한다
는 의미이고, 결국 이를 합병비율을 통하여 양 회사 주주에게 분배하는 경우 A회
사 및 B회사 주주가 분배받는 가치가 종전에 보유하던 가치보다 증가할 수 있기
때문에 각 회사 주주들이 이를 승인할 인센티브가 있다.

한다. 그런데 과연 어떻게 이익을 분배하는 것이 공정한 분배라고 볼 수 있는지는 매우 어려운 문제이다. 법이 이에 대해서 구체적인 답을 제시해 줄 수는 없다. 이는 당해 거래의 성격 및 각 당사자가 처한 상황에 따라 달라지기 때문이다. 그러므로 이는 당사자 사이의 공정한 협상과 의사결정에 의하여 결정될 수 밖에 없고, 법이 개입하여야 하는 부분은 이러한 공정한 협상 및 의사결정을 위한 토대를 마련하는 것이다.

주식에 대하여 음의 이해관계를 가진 주주가 의결권을 행사하는 경우에는 당해 회사 주주의 부, 즉 주식가치의 하락을 야기하는 방향으로 의결권이 행사된다. 그러므로 당해 회사가 공정한 협상을 하였다면 도달하였을 거래조건보다 훨씬 불리한 조건도 승인될 가능성이 높다. 따라서 거래의 내용 및 조건에 있어서는 음의 이해관계를 가진 주주를 특별이해관계 있는 자로 보아 의결권을 제한할 필요가 있다. 이러한 규제를 통해 당해 회사가 정상적인 협상 및 의사결정을 통해 그 이익을 추구할 수 있게 된다.

다) 거래 자체의 승인과 거래 내용 및 조건의 승인을 구별하는 방식의 타당성

실제로는 영업양수도 의안 자체에 영업양수도 가액 등 거래조건이 포함되므로 위와 같은 구분이 의미가 없거나 제대로 기능할 수 없다는 반론도 가능하다. 그러나 위에서 본 바와 같이 거래조건의 결정에 있어서만 음의 이해관계가 있는 주주가 있는 경우에는 이사회에서 적어도 거래자체의 승인에 대해서는 위 주주의 의결권을 보장하고 승인 자체를 용이하게 하기 위하여 거래 자체의 승인 안건과 구체적인 거래조건의 승인안건을 별도로 상정하는 것도 생각할 수 있다. 혹은 입법을 통하여 거래조건의 결정에 있어서만 음의 이해관계가 있는 주주가 존재하는 특수한 경우에는 위와 같이 안건을 분리하여 거래자체의 승인에 대해서는 의결권이 제한되지 않도록 하는 것도 생각해 볼 수 있다.

위와 같은 방식은 다음과 같은 점에서 타당성이 있다. 우선 이렇게 하는 것이 특별이해관계 있는 주주의 의결권을 필요 최소한의 한도 내에서 제한한다는 점에서 비례의 원칙에도 부합하는 것으로 생각된다. 또한 전체 안건에 대해서 일률적으로 의결권을 제한하기 보다는 위와 같이 안건의 내용을 분리하여 생각하는 것이 불필요한 의결권 제한을 방지하고 사회적으로 바람직한 거래를 촉진한다는 점에서도 유리하다. 그리고 거래를 추진하는 주체의 입장에서 거래자체에 대해서는 의결권이 제한되지 않아 주주총회 승인이 이루어졌으나, 거래조건은 승인되지 않은 경우에는 거래조건만을 수정제안하거나 혹은 다른 주주의 수정제안을 통하여 의결을 받는 방법도 가능하므로 보다 용이하게 당해 거래를 추진할 수 있다. 물론 최종적으로 의결권 제한으로 인하여 거래조건에 대한 승인이 이루어지지 않는다면, 거래 자체가 불가능하므로 실제로는 의안 전체에 대하여 의결권이 제한되는 것과 동일하다는 지적도 가능하다. 그러나 비상장회사의 경우에는 거래조건 등에 관하여 사전에 주주간의 긴밀한 협의가 이루어지는 것이 보통이므로 이와 같은 위험이 적다. 게다가 거래 자체는 승인이 되었으나 거래조건에 대하여 승인이 되지 않는 경우에는 법원에 대하여 거래조건의 결정을 청구할 수 있도록 하는 입법적 장치를 마련하는 것도 생각할 수 있다[71]. 실제로 상법 제374조의 2 제5항에서는 주식매수청구권이 행사되었으나 그 매매가격이 합의되지 않는 경우 이를 법원에서 정할 수 있도록 하고 있는데, 이러한 방식도 참고할 수 있다[72]. 상장회사에 있어서는 합병이나 영업

---

71) 뒤에서 자세히 살펴보는 Schreiber v. Carney 판례 [Schreiber v. Carney, 447 A.2d 17 (Del. Ch. 1982)]에서는 회사가 특정주주의 의결권행사를 대가로 대출을 제공하여 다른 주주와 특정 주주 간의 이해상충이 우려되는 거래의 경우, 그 거래의 필요성 및 조건과 관련하여 독립적인 사외이사들로 구성된평가위원회의 결의를 거친 경우에는 이를 유효하다고 볼 여지가 많다고 하였다. 그러므로 법원이 거래조건을 결정함에 있어서도 이러한 독립적인 평가위원회의 검토결과 혹은 외부평가기관의 평가 결과 등을 참작할 수도 있다고 본다.

72) 상법 제360조의 24 및 25에서는 지배주주의 소수주주에 대한 주식매도청구권 및 소수주주의 지배주주에 대한 주식 매수청구권을 규정하고 있는데, 그 매매가액

양수도, 분할합병 등의 경우에 자본시장과 금융투자업에 관한 법률 제
165조의 4에 의하여 합병비율이나 거래가액 등 거래조건은 법령 상의
산정방법에 의하여 공정하게 결정되게 되므로, 거래 자체의 승인이 있
는 경우 위 산정방식에 따라 거래조건을 결정한다면 거래조건의 불승
인으로 인하여 거래가 실행되지 않는 위험은 많이 줄어든다[73].

라) 구체적 사례에의 적용

이해를 돕기 위하여 위와 같은 논리를 구체적 사례에 적용해 보자.
갑회사의 주주 A가 갑회사 주식에 대하여 주식스왑계약을 통하여 음의
이해관계를 가지고 있다. 갑회사와 을회사가 영업양수도를 하려고 하는
상황이다. 이 경우 A는 갑회사 주식의 가치의 하락을 통하여 이익을 보
게 되므로, 사회 전체적 부에 있어서도 이를 감소시키는 방향으로 의결
권을 행사할 수 있다. 그러므로 특별이해관계있는 주주로서 영업양수도
자체의 승인 및 영업양수도 조건의 승인 양자를 포함하는 영업양수도
결의에 대한 의결권이 제한되어야 한다.

이에 비해 A가 갑회사 주식을 10% 보유하고 있으나, 을회사 주식을
40% 보유하고 있어서, 전체적으로는 여전히 위 거래에서 갑회사에 손
해를 야기하는 것이 유리한 경우를 생각해 보자. 이 경우 A가 갑회사
주식에 대하여 음의 이해관계를 가지지만, 을회사 주식의 가치증대를

산정에 있어서도 같은 방식을 사용하고 있다.
73) 노혁준, 부실계열사 합병과 합병비율, 상사법연구 27권 4호(통권61호), 한국상사
    법학회, 2009, 271면 이하에서는 상장회사 합병비율 규제의개선 방안에 대해서
    논하면서 특히 이는 계열회사 사이의 합병과 관련하여 그 효용성이 높다고 하고
    있다. 계열회사 간의 합병은 합병 당사회사의 주주가 동시에 상대방회사의 주주
    여서 관련부수자산을 통하여 음의 이해관계가 문제되는 대표적인 경우 중의 하
    나이다. 이외에 합병비율 규제에 대한 논의로는 권기범, 존속회사의 합병으로 인
    한 자본증가의 한계 외 합병비율의 불공정성, 인권과 정의 제384호, 대한변호사
    협회, 2008, 384면 이하 등 참조.

포함한 전체 사회적인 부의 증대에 대해서 양의 이해관계를 가질 수 있다. 즉 갑회사의 가치 변동 및 을회사의 가치 변동의 총합이 증대하는 방향으로 의결권을 행사하는 것이 유리할 수 있다. 갑회사가 을회사에게 특정 영업부문을 양도하는 경우, 당해 영업부문의 가치가 갑회사에게는 100억원이나 을회사가 이를 양수하는 경우에는 시너지 효과로 200억원이 된다고 한다면, A의 입장에서는 위 거래를 성사시키는 것이 이익이다[74]. 다만 그 거래조건 결정에 있어서는 을회사에게 유리하도록 양수도가액을 최대한 낮추는 것이 유리하다. 그러므로 거래조건 결정과 관련해서는 갑회사에게 불리한 결정을 할 음의 이해관계가 있다[75]. 이러한 경우라는 것이 소명된다면, 적어도 거래 자체의 승인 여부에 대해서는 특별이해관계가 없다고 보아 의결권을 인정하는 것이 타당하다. A의 입장에서도 사회 전체적으로 이익이 되는 거래를 지지할 인센티브가 있기 때문이다. 다만 영업양수도 가액 등 거래조건에 있어서는 갑회사의 손해를 통해 A가 이익을 보게 되어 여전히 양자의 이익이 충돌하므로 A를 특별이해관계 있는 주주로 보아 의결권을 제한할 필요가 있다.

거래조건 결정과 관련하여 갑회사 주주총회에서 A의 의결권이 제한된다면, A는 거래 자체의 승인에 대한 주주총회에서도 거래조건 결정이 자신에게 유리한지 여부를 예상하여 의결권을 행사할 것이므로 거래 자체가 승인되지 않을 수도 있다는 반론이 있을 수 있다. 그러나 이러한 반론은 타당하지 않다. 위의 예를 살펴보면, 영업양수도 가액이

---

74) 적어도 정상적인 협상을 거치는 경우 위 영업양수도 가액이 100억원과 200억원 사이에서 결정될 가능성이 상당하고 주주도 이러한 사정을 기대할 수 있는데, 이러한 경우에는 어찌되었건 양 회사가 모두 이익을 보므로 주주 A의 부도 증가하게 되는 것이다.

75) 위 영업부문의 가액이100억원으로 책정되는 경우, 을회사의 이익은 100억원이 되고, 이에 의해 A는 40억원의 이익을 본다. 그러나 150억원으로 책정된다면, 갑회사와 을회사가 이익을 50억씩 균분하고, A는 25억원의 이익을 보게 된다. 그러므로 A의 입장에서는 거래조건의 결정에 있어서는 최대한 갑회사에게 불리하게 의결권을 행사할 음의 이해관계가 있다.

100억원에서 200억원 사이에서 결정되는 경우에는 갑회사 주주와 을회사 주주 모두에게 이익이 된다. 이에 비해서 100억원 미만으로 결정되는 경우에는 갑회사 주주에게는 손해가 되고, 을회사 주주는 전체 가치증가분 100억원에 갑회사 주주의 손해액을 합한 금액의 이익을 본다. 반대로 200억원 이상으로 결정되는 경우에는 을회사 주주에게 손해가 되고, 갑회사 주주는 전체 가치증가분 100억원에 을회사 주주의 손해액을 합한 금액의 이익을 본다. A는 갑회사 주주 전체의 이익 중 10%를 향유하나, 을회사 주주 전체의 이익 중 40%를 향유한다. 그러므로 위세 가지 경우 중 영업양수도 가액이 100억원 미만으로 결정되는 경우에 가장 이익을 본다. 그리고 영업양수도 가액이 100억원에서 200억원 사이에서 결정되는 경우에도 영업양수도를 하지 않는 경우보다는 이익을 본다. 영업양수도 가액이 200억원 이상으로 결정되는 경우에만 손해를 본다. 위의 반론에서는 A가 세번째 경우로 영업양수도 가액이 결정되는 것을 우려하여, 첫번째 및 두번째의 가능성을 무시하고 아예 영업양수도 자체를 승인하지 않는 방향으로 의결권을 행사할 수 있다는 것이다. 그러나 위 영업양수도 거래조건의 승인을 위해서는 갑회사 주주총회와 을회사 주주총회 모두의 승인이 필요하다. 그러므로 특별이해관계 있는 주주의 의결권 행사가 배제되는 등 양 회사 주주총회에서 각 회사의 이익을 위하여 정상적인 의사결정을 하는 이상, 영업양수도 가액은 100억원에서 200억원 사이에서 양자의 협상을 통해서 결정될 가능성이 높다. 영업양수도 가액이 100억원 이하 혹은 200억원 이상의 비정상적인 가격으로 결정된다면 이에 의해 손해를 보는 회사의 주주총회에서 영업양수도 거래조건을 승인하지 않을 것이기 때문이다. 물론 상법 제374조에 의하여 당해 영업이 을회사에게는 중요하지 않은 경우에는 을회사 이사회가 이를 승인할 수도 있다. 그러나 이러한 경우에도 을회사 이사회가 선관주의 의무에 기초하여 을회사의 이익을 위하여 의사결정을 하게 될 것이므로 같은 결과가 된다. 게다가 앞서 살펴 본 바와 같이 상장회사에 있어서는 합병이나 영업양수도, 분할합병 등의 경우에 자본시장과 금융투자업에 관한 법률 제165조의 4에 의하여 합병비율이나 거래가액 등 거래조건은 법령 상의 산정방법에 의하여 공정하게 결정되게 된다. 자본시장과 금융투자업에 관한 법률 제165조의 4, 동법 시행령 제176조의 6에 의하면 상장회사의 영업양수도의 경우 그 가액의 공정한 산정을 위하여 외부 평가기관의 평가를 받도록 하고 있고, 이러한 경우 영업양수도 가액이 200억원 이상의 비정상적 가액으로 평가되기는 어려울 것이다. 그러므로 A 입장에서는 영업양수도 가액이 200억원 이상의 비정상적인 가액으로 결정될 가능성은 낮고, 오히려 영업양수도를 통하여 양 회사의 가치가 모두 증가하여 이익을 볼 가능성이 높다. 따라서 영업양수도 자체를 승인하지 않는 방향으로 의결권을 행사할 우려는 많지 않다. 게다가 A는 갑회사 주주총회에서는 의결권이 제한되지만, 여전히 양의 이해관계를 가지고 있는 을회사 주주총회에서는 의결권이 제한되지 않는다. 그러므로 영업양수도 가액이 200억원 이상으로 결정된다면 을회사 주주총회에서 반대 의결권을 행사하여 이를 저지할 수 있다. 따라서 이러한 점에서도 A가 영업양수도 가액이 200억원 이상으로 결정될 가능성을 우려하여 거래 자체를 승인하지 않을 가능성은 높지 않다.

2. 회사 정관을 통한 자율적인 의결권 제한

(1) 정관을 통한 의결권 제한의 가능성

상법 제369조 제1항 등 의결권에 대한 규정은 강행규정으로 해석되고 있으므로 정관을 통해 주식에 대한 의결권을 제한하는 것은 불가능하다76). 그러므로 정관을 통하여 주식에 대하여 음의 이해관계를 가진

---

76) 다만 정관을 통해 의결권 대리행사를 제한하는 것은 가능할 여지가 있다. 대법원 2009.4.23. 선고 2005다22701,22718 판결에서는 상법 제368조 제3항의 규정은 주주의 대리인의 자격을 제한할 만한 합리적인 이유가 있는 경우 정관의 규정에 의하여 상당하다고 인정되는 정도의 제한을 가하는 것까지 금지하는 취지는 아니라고 해석되는바, 대리인의 자격을 주주로 한정하는 취지의 주식회사의 정관 규정은 주주총회가 주주 이외의 제3자에 의하여 교란되는 것을 방지하여 회사

경우 의결권을 제한하는 것은 현재 상법의 해석으로는 허용되기 어렵다. 그러나 상법을 개정하여, 회사로 하여금 자율적으로 의결권의 행사를 제한하는 정관규정을 도입할 수 있도록 하는 것을 생각해 볼 수 있다[77].

(2) 정관을 통한 의결권 제한에 대한 논의

의결권 과다보유의 양상이 상당히 복잡하게 변화, 발전하고 있으므로 이에 대해서 회사가 구체적으로 어떠한 형태의 정관규정을 두어야 하는지는 어려운 문제이다. 어느 정도의 정관규정이 주주들을 차별적으로 취급하지 않으면서 효율적인 규제를 할 수 있는지가 문제될 수 있다[78]. 의결권 행사제한 규정이 기존 지배주주 내지 경영진의 지배권 유

이익을 보호하는 취지에서 마련된 것으로서 합리적인 이유에 의한 상당한정도의 제한이라고 볼 수 있으므로 이를 무효라고 볼 수는 없다고 하였다. 즉 의결권행사의 대리인을 정관으로 제한하는 것은 가능하다는 취지로 보인다. 그러나 위와 같은 정관규정이 있다 하더라도 주주인 국가, 지방공공단체 또는 주식회사 등이 그 소속의 공무원, 직원 또는 피용자 등에게 의결권을 대리행사하도록 하는 때에는 특별한사정이 없는 한 그들의 의결권 행사에는 주주 내부의 의사 결정에 따른 대표자의 의사가 그대로 반영된다고 할 수 있고 이에 따라 주주총회가 교란되어 회사 이익이 침해되는 위험은 없는 반면에, 이들의 대리권 행사를 거부하게 되면 사실상 국가, 지방공공단체 또는 주식회사 등의 의결권 행사의 기회를 박탈하는 것과 같은 부당한 결과를 초래할 수 있으므로, 주주인 국가, 지방공공단체 또는 주식회사 소속의 공무원, 직원 또는 피용자 등이 그 주주를 위한 대리인으로서 의결권을 대리행사하는 것은 허용되어야 하고 이를 가리켜 정관 규정에 위반한 무효의 의결권 대리행사라고 할 수는 없다고 판시하였다.

77) 실제로 미국의 경우 일부 회사들은 특정한 경우에 주주들에게 그들이 주식에 대한 경제적 이해관계를 어느 정도나 헤지하였는지를 공개하도록 요구할 수 있다는 내용의 부속정관(bylaw)을 도입하였다고 한다. Matt Andrejczak, Sara Lee, Coach set rules to deter devious shareholders, MarketWatch, Apr. 2, 2008. 이러한 정관의 적극적 도입을 주장하는 견해로는Michael Lee, Empty voting: Private Solutions to a Private Problem, 2007 Colum. Bus. L. Rev. 885(2007), 907면 및 Tamar Frankel, The New Financial Assets: Separating Ownership from Control, 33 Seattle L. Rev. 931 (2010), 943-944면.

78) 정관개정의 효율성에 대해서는 IPO시의 정관개정과 IPO 정관이 아닌 일상적인

지를 위하여 악용될 수도 있다. 이러한 관점에서 미국 회사법의 논의
중에는 의결권을 제한하는 정관조항의 내용을 제시하고 있는 견해가
있다. 그 중 우리 회사법에 있어서도 적용될 수 있는 점을 추려보면 다
음과 같다[79]. 우선 회사의 특수관계인들 외에 독립적인 주주의 다수결
을 통하여 정관개정이 이루어져야 하며, 다른 의안과 연계되어 표결되
어서는 안된다[80]. 둘째로 당해 정관개정은 그 자체로 중립적이어야 한
다. 이는 특정 주주를 배제하거나 특정 지분율 이상의 주주를 달리 취
급하는 것이어서는 안된다. 셋째로 주주들이 의결권에 상응하는 이해관
계를 보유하고 있다는 점을 입증할 수 있는 절차와 방법을 특정하여야
한다.

정관개정을 나누어서 논의하는 경우가 많다. 반론의 여지는 있지만, 일반적으로
기업공개를 목적으로 개정되는 IPO 정관은 비효율성 혹은 특정 주주 차별의 문
제점이 적은 것으로 인정된다. 만약 위 정관이 비효율적이거나 기업내부자의 이
익을 위한 것이라면 기업 내부자들은 기업공개로 인하여 충분한 이익을 얻게 되
지 못하게 되기 때문이다. 그리고 왜 대부분의 기업들이 기업공개를 하면서1주
1의결권의 원칙을 도입하는지 여부에 대해서도 위와 같은 IPO 정관에 의한 시장
의 주식가치 평가이론을 적용하는 것이 보통이다.(Robert Daines & Michael
Klausner, Do IPO Charters Maximize Firm Value? AntitakeoverProtection In
IPOs, 17 J.L., Econ. & Organ. 83, (2001), 84면) IPO 정관이 아닌 일상적인 회사
의정관개정의 경우에는 기간기준 의결권제도(time-phased voting rights)와 같이
기존 경영진의 지배권 유지에 유리한 내용이 많으며 때로는 기업가치를 훼손하
면서까지 내부자의 이익을 추구하게 된다는 지적이 있다. (Lucian A. Bebchuk,
Limiting Contractual Freedom in Corporate Law: The Desirable Constraints on
Charter Amendments, 102 Harvard Law Review 1820, 1989, Available at SSRN:
http://papers.ssrn.com/sol3/papers.cfm?abstract_id=415320, 9면 Bernard S. Black,
Is Corporate Law Trivial? A Political and Economic Analysis, 84 Nw. U.L.REV.,
1990, 542면)
79) Henry T. C. Hu & Bernard S. Black, Equity and Debt Decoupling and Empty
Voting II: Importance and Extensions, 156 U. Pa. L. Rev. 625 (2008), 625면
80) Bernard Black & Reinier Kraakman, A Self-Enforcing Model of Corporate Law,
109 Harv. L. Rev. 1911 (1996), 1934면.

(3) 정관을 통한 의결권 제한의 문제점

그러나 실제로 위와 같은 정관을 통하여 각 회사별로 의결권 과다보유에 대한 의결권 제한 여부를 자율적으로 선택할 수 있게 하는 것은 여러 가지로 문제가 많아서 선택하기 어려울 것으로 보인다. 우선 회사의 정관개정을 위해서는 상법 제434조 및 제433조에 의하여 주주총회 특별결의가 필요하므로 상당한 시간과 비용이 소요된다. 의결권 과다보유가 특히 문제될 수 있는 상장회사의 경우에는 더욱 그러하다. 또한 상법 상 배당 등 주식에 대한 이해관계에 관한 규정은 강행규정으로서 모든 회사에 대하여 일정하게 적용된다. 다시 말하여 주식에 투자한 경우에는 어느 회사 주식이든 불문하고 동일한 내용의 이해관계를 부담하게 되는 것이 보통이다. 그런데 주식에 대한 이해관계에 비례하여 부여되는 의결권의 경우에는 이와 달리 회사마다 다른 정관규정에 의하여 그 차이가 발생할 수 있다면 이는 이론적으로 모순이 된다. 마지막으로 현재 이미 의결권 과다보유 상황이 발생한 회사의 경우에는 위와 같은 의결권 제한을 위한 정관변경에 관한 주주총회 특별결의에 있어서도 의결권 과다보유에 의한 왜곡된 의사결정이 이루어질 수 있다. 즉 현재 상태에서 이미 의결권 과다보유에 대한 의결권 제한이 필요한 회사일수록 의결권 과다보유 주주들의 반대로 인하여 의결권 제한 정관이 채택되기 어려울 수 있다.

결국 이러한 점을 고려할 때 회사별로 정관의 규정으로 의결권 제한 여부를 자율적으로 결정할 수 있게 하는 방안은 현실적이지 못하다.

3. 상법의 개정을 통한 의결권 제한

마지막으로 상법의 개정을 통한 방안을 생각할 수 있다. 미국 회사법과 관련해서도 의결권 분리의 경우 회사법의 개정을 통하여 의결권을 제한하여야 한다는 논의가 많다.[81] 의결권 분리의 경우에 주주는 회사 혹은 주주전체의 이익에 반하는 방향으로 의결권을 행사할 유인이 있다는 점을 근거로 한다[82].

(1) 상법 개정을 통한 의결권 제한의 타당성

상법 개정을 통한 의결권 제한에 대해서는 이론적으로 여러 가지 논란이 있을 수 있다. 가장 큰 반론은 회사법 이론에 있어서 일반적으로 주주가 어떠한 동기에서 의결권을 행사하는지 여부를 문제삼지 않는다는 점이다. 의결권의 행사는 주주의 권리이고 이를 어떻게 행사할 지의 문제는 헌법 제23조의 재산권 행사의 자유로서 보호된다. 주주들은 자신들의 사적인 이해관계를 위해서 의결권을 행사할 수 있고, 가사 그것이 회사의 이해관계와 일치하지 않는 경우라도 마찬가지이다. 이러한 법리에 대한 예외로는 일반적으로 자기거래의 상황 등 이해충돌이 발생하는 경우 지배주주가 신인의무에 기해서 소액주주들을 공정하게 대우해야 할 의무를 진다는 점 정도를 생각할 수 있을 뿐이고[83], 일반적으로 주주의 이해관계를 고려한 의결권 제한은 생각하기 어렵다고 볼수도 있다. 이외에도 지배주주들이 자신들이 원하는 방향으로 의결권을 행사하도록 허용하는 것 자체가 사적인 이익에 대한 정당화를 의미할수도 있으나, 이러한 사적인 이익이 매우 낮거나 미미하다면 실제로 많은 비용에도 불구하고 지배주주가 되려고 하거나 기업을 공개하려는 이들은 거의 없을 것이라는 점을 지적할 수도 있다. 마지막으로 위와 같이 주주들의 개인적 동기를 고려하지 않고, 일괄적으로 주주들에게 의결권을 인정하여 주주총회에서의 표결의 결과를 신속하고 정확하게 산정하는 것도 의결권 행사제도를 설계함에 있어서 중요한 가치라는

---

81) Henry T. C. Hu & Bernard S. Black, Equity and Debt Decoupling and Empty Voting II: Importance and Extensions, 156 U. Pa. L. Rev. 625 (2008), 701면 등
82) 이에 대한 자세한 논의로는 Henry T, C. Hu, Behind the Corporate Hedge: Information and the Limits of Shareholder Wealth Maximization, J. Applied Corp. Fin., Fall 1996, 39면, 40-43면, 48-50면.
83) William A. Klein & John C. Coffee. Jr., Business Organization And Finance, Legal and Economic Principles, 2007, 168-170면.

입장도 가능하다.

그러나 우리가 여기서 논의하고자 하는 것은 주식에 대한 의결권이 주주의 당연한 재산권이라는 점 자체에 대한 의문이다. 주주에 대하여 의결권이 부여되는 것 자체가 회사법에 의한 것이다. 이는 앞서 살펴본 바와 같이 주주가 회사의 잔여이익권자로서 회사의 이익을 위한 최선의 의사결정을 할 수 있는 인센티브가 있기 때문이다. 의결권이 주주의 재산권이고 이를 주주의 의사대로 행사할 수 있다는 등의 견해는 기본적으로 회사법에 의하여 의결권이 주주에게 주어졌다는 점을 전제로 한다. 그러나 여기서 논하고자 하는 것은 그러한 전제 자체의 타당성이 인정되기 어려운 경우에 대한 것이다. 그러므로 위에서 논하고 있는 반론들은 실제로는 설득력 있는 견해라고는 보기 어렵다.

게다가 의결권 행사는 자신의 재산에 대한 독자적 재산권의 행사와는 분명히 구별되는 점이 있다. 의결권의 행사로 인하여 자신의 재산뿐만 아니라 다른 주주들의 재산도 그 가치가 변동하기 때문이다. 의결권을 배당수익권이나 처분권 등 자익권과 구별하여 공익권이라고 부르는 이유도 이 때문이다. 그러므로 의결권에 대해서는 다른 주주에게도 이익이 될 수 있는 방향, 곧 회사 전체의 가치를 증대시키는 방향으로 행사되도록 제도적 규제를 가할 필요가 보다 강하다. 만약 자신의 이익을 위하여 회사의 이익을 희생하는 방향으로 의결권을 행사한다면 이는 다른 주주들에게 부당한 손해를 야기하는 행위라고 볼 수 있으므로, 권리의 남용으로서 정책적으로 이를 허용하기 어렵다는 결론도 가능하다.

앞서 본 바와 같이 의결권 과다보유의 경우에는 회사법 이론 상 여러 가지 문제점이 인정된다. 무엇보다도 주주가 회사의 이익을 위한 최선의 의사결정을 하기 보다는 자신의 이익을 위하여 왜곡된 의사결정을 할 수 있다. 따라서 의결권 부여의 전제가 충족되지 않았다고 할 수 있다. 특히 주식에 대하여 음의 이해관계를 가진 경우에는 더욱 그러하다[84]. 그러므로 이론적으로는 음의 이해관계를 가진 경우에 의결권 행사를 제한하는 입법도 충분히 고려할 수 있다. 앞서 본 바와 같이 자본시장법 상 기업인수목적회사 발기주주의 경우 합병결의를 위한 주주총회에서 의결권이 제한되는데 이 역시 발기주주와 공모주주 간의 주식에 대한 이해관계의 차이를 고려한 것이다[85]. 그러나 이러한 입법을 함에 있어서는 의결권 과다보유의 여러 가지 태양 중에서 구체적으로 어떠한 형태에 대하여 의결권을 제한하여야 하는지 여부 및 주식에 대한 이해관계의 산정 등 의결권 제한의 요건을 판단함에 있어서 어떠한 방식으로 규정하는 것이 주주총회에서의 표결의 결과를 신속하고 정확하게 산정하여 사회적인 비용을 감소시킬 수 있는지 여부 등에 대한 고민이 필요하다.

실제로 미국 SEC에서는 음의 이해관계를 가진 주주에게는 의결권 행사를 인정하지 않거나, 의결권 분리를 통해 주주가 음의 이해관계를 가지는 것 자체를 허용하지 않는 내용의 입법을 고려하고 있다. 주주에게 의결권을 인정하는 이유는 주주가 주식에 대하여 경제적 이해관계를 부담하기 때문인데, 의결권 분리의 경우에는 이러한 전제가 충족될 수 없으며, 심지어는 주식에 대하여 음의 이해관계를 가진 주주가 주가하락을 위하여 자격이 부족한 자를 이사로 선임하거나 회사에 불이익한 합병 혹은 영업양도를 승인하도록 의결권을 행사하는 문제가 있다는 것이다[86].

---

84) 음의 경제적 이해관계를 가진 주주들의 의결권 행사를 금지하자는 입장으로는 Shaun Martin & Frank Partnoy, Encumbered Shares, 2005 U. ILL. L. REV. 775, 2005, 805 – 806면.

85) 기업인수목적회사 발기주주는 공모주주인 투자자들에 비하여 낮은 발행가를 지급하고 주식을 취득한다. 그러므로 합병 이후 주식가치가 공모가에 미달하여 일반주주에게 손해가 되는 경우에도 위 주식가치가 자신이 지급한 발행가보다 높으면 합병을 추진하는 것이 이익이다. 따라서 일반주주의 이익과 상반되는 왜곡된 의사결정이 가능하다.

86) Securities and Exchange Commission, Concept Release on the U.S. Proxy

(2) 상법 개정을 통한 의결권 제한의 내용

이러한 관점에서 미국 회사법의 논의 중에는 의결권을 제한하는 법률규정의 내용을 제시하는 견해가 있는데 그 중 우리 상법에 있어서도 적용될 수 있는 점을 추려보면 다음과 같다. 우선 위와 같은 법률규정은 그 자체로 중립적이어야 한다. 이는 특정 주주를 배제하거나 특정 지분율 이상의 주주를 달리 취급하거나 사안에 따라 예외적인 취급을 허용하는 것이어서는 안된다. 그리고 가장 중요한 것은 주식에 대한 이해관계 보유 여부에 대한 판정기준 혹은 추정기준을 명확히 하고, 주주들이 위와 같은 판정규정 혹은 추정규정에도 불구하고 실제로는 자신이 의결권에 상응하는 이해관계를 보유하고 있다는 점을 입증할 수 있는 절차와 방법을 적절하게 설계하는 것이다. 예를 들어 주식에 대한 이해관계를 산정함에 있어서는 판정의 단순성 및 용이성을 위하여 당해 주식과 직접 연결된 파생상품만을 고려하며, 관련부수자산은 고려하지 아니할 수 있다. 이를 통해 개별 주주들의 이해관계에 대한 정보접근이 어려운 회사가 주주들의 의결권 인정 여부를 신속하고 용이하게 판정할 수 있다. 다만 자신의 관련부수자산 및 기타 경제적 이해관계에 대한 정보를 가지고 있는 주주의 입장에서, 위와 같은 추정을 번복하고 주식과 관련된 모든 자산 및 이해관계에 대한 증명을 통해 실제로는 주식에 대하여 양의 이해관계를 가지고 있음을 입증할 수 있도록 하는 것이 필요하다. 또한 최종적으로는 법원이 주주가 의결권에 상응하는 이해관계가 있는지를 심사하여 의결권 인정 여부에 대한 결정권한을 가지는 것이 바람직하다[87].

또한 적어도 의결권이 사전적으로 제한되는 음의 이해관계를 가진 경우에는 주주가 자신이 주식에 대하여 음의 이해관계를 가지고 있음

System, 75 Fed. Reg. 42,982, 43,017-20 (July 22, 2010), 137면.

[87] HenryT. C. Hu & Bernard S. Black, Equity and Debt Decoupling and Empty Voting II: Importance and Extensions, 156 U. Pa. L. Rev. 625 (2008), 705면.

을 사전에 회사에 통지하도록 하는 방안도 고려할 수 있다. 우리 상법 제368조 제4항의 특별이해관계 있는 주주의 의결권 행사제한 규정은 특별이해관계 있는 주주가 자신의 이해관계를 회사에 통지하도록 하고 있지는 아니하다. 그러나 주식스왑계약 등 파생상품을 통하여 음의 이해관계를 가진 경우에는 회사가 이를 알기 어려워서 주주총회에서의 의결권 산정과정에서 정확하게 이를 반영하기 어렵기 때문에 위와 같은 통지규정의 도입도 고려할 수 있다. 어차피 위와 같은 자의 경우 의결권이 제한되므로 사전 통지의무를 부과하는 것이 과도한 규제라고 보기 어려운 면도 있다. 다만 그 통지의 내용은 의결권 제한여부 판단에 필요한 범위로 제한되어야 한다. 즉 음의 이해관계를 가진다는 점을 알리기 위한 최소한의 정보 제공에 한정되어야 한다. 그 이외의 파생상품계약 등에 대한 정보제공을 요구하는 것은 불필요할뿐더러 당사자에 대한 과도한 규제가 될 수 있다.

제2목 사후적 구제

다음으로는 의결권 과다보유로 인하여 회사의 이익에 반하여 당해 주식의 가치를 하락시키는 방향으로 의결권 행사가 이루어진 경우에 한하여 주주총회 결의에 대한 취소소송을 가능하게 함으로써 의결권 행사를 사후적으로 규제하는 방안을 생각할 수 있다.

1. 상법의 해석론을 통한 사후적 구제

상법 제376조에 의하면, 총회의 소집절차 또는 결의방법이 법령 또는 정관에 위반하거나 현저하게 불공정한 때 또는 그 결의의 내용이 정관에 위반한 때에는 주주총회 결의 취소소송이 가능하다. 상법 제380조에 의하면 총회의 결의의 내용이 법령에 위반한 경우에는 결의무효 확인의 소가 가능하고, 총회의 소집절차 또는 결의방법에 총회결의가 존재한다고 볼 수 없을 정도의 중대한 하자가 있는 경우에는 결의부존재

확인의 소가 가능하다. 이외에 주주총회의 의안에 따라 상법 제429조의 신주발행무효의 소, 상법 제529조의 합병무효의 소 등이 가능하다. 이 외에 현재의 상법 상 주주의 의결권 행사의 내용을 문제 삼아 주주에게 손해배상 청구소송을 제기하는 것이 명문으로 허용되어 있지는 않다.

의결권 과다보유로 인하여 회사의 이익에 반하는 방향으로 의결권 이 행사된 경우 주주총회 결의 하자소송이 가능한지는 현재의 해석론 상 명확하지 않다. 그러나 다수파 주주 혹은 지배주주가 회사의 이익과 상반되는 방향으로 의결권을 행사하여 그 개인적인 이익을 추구하는 경우[88]에는 이를 다수결의 남용 혹은 지배주주의 충실의무 위반으로 보아서 이에 대하여 결의방법의 현저한 불공정으로 인한 주주총회 결의 취소소송 혹은 결의 내용의 불공정으로 인한 주주총회 결의 무효확인소송이 가능하다는 견해가 많다[89]. 그리고 이러한 견해에서는 다수파 주주 혹은 지배주주의 의결권 행사에 대한 손해배상청구소송도 인정하고 있다[90]. 그러므로 이러한 해석론을 원용한다면, 적어도 다수파 주주

---

88) 지배주주에 의한 의결권 과다보유는 크게 두 가지 경우로 나누어 볼 수 있다고 한다. 우선 지배주주 혹은 경영진이 의결권 거래를 통해 회사의 지배권을 공고히 하는 경우이다. 두번째로는 회사를 통하여 Parking을 하는 경우이다. 지배주주에게 우호적인 투자자에게 회사 주식을 취득하게 하고, 회사 명의의 파생상품 계약을 통하여 그 경제적 이해관계를 헤지한 이후에 당해 투자자로 하여금 지배주주에게 우호적인 방향으로 의결권을 행사하게 하는 것이다. 두 가지 경우 모두 지배주주는 비싼 자동차, 사치스러운 가구 등 특권적 소비(Perquisite Consumption)를 강화할 수 있으며, 자신에 대한 보수를 높게 설정하거나 계열사와 불리한 조건에서 거래하는 것을 강제하는 등 회사의 재산을 유용할 수 있다. Michael Zurkinden, Corporate Vote Buying: The New Separation of Ownership and Control (February 6, 2009), Available at SSRN: http://ssrn.com/abstract=1338624, 21-22면.

89) 주주총회 결의 취소소송사유라는 입장으로는 정동윤, 손주찬, 대표편집, 주석상법 제3권, 한국사법행정학회, 134면 등 주주총회 결의 무효확인소송이라는 입장으로는 이철송, 회사법강의(제19판), 박영사, 2011, 511면 등.

90) 송호신, 지배주주의 권리와 책임, 한양법학 23집, 2008, 281면 김선웅, 주주권 행

혹은 지배주주 등의 경우에는 의결권 과다보유로 인하여 회사의 이익에 반하는 방향으로 의결권을 행사하는 경우, 주주총회 결의 취소소송혹은 무효확인소송이나 손해배상청구소송이 가능하다고 볼 수 있다[91]. 이하에서는 이에 대해서 살펴본다.

(1) 지배주주의 충실의무 이론 혹은 다수결 남용이론 개관

지배주주의 충실의무 이론이란 이사가 회사에 대하여 충실의무를 부담하는 것과 마찬가지로 지배주주의 경우에도 소수주주를 대리하여 회사의 주요한 의사결정을 담당한다는 점에서 회사 및 소수주주에 대하여 회사의 이익 극대화를 위하여 의사결정을 해야 하는 충실의무를 부담한다는 이론을 말한다[92]. 다수결의 남용이론이란 지배주주가 회사의 이익이 아닌 자신의 이익을 위한 의사결정을 하여 회사 및 다른 주주에게 손해를 끼친 경우에는 다수결의 남용으로서 규제할 필요가 있다는 이론이다. 이는 지배주주 충실의무 이론과 일맥상통한다고 볼 수 있다.[93] 즉 자본다수결은 회사의 원활한 의사결정 및 주주들 상호간의

사 관련 제도의 문제점과 개선방향, 기업지배구조연구 28호, 2008, 14면.

91) Andrea Zanoni, Hedge Funds' Empty Voting in Mergers and Acquisitions: A Fiduciary Duties Perspective, Global Jurist, Vol. 9, No. 4, 2009, available at SSRN: http://papers.ssrn.com/sol3/papers.cfm?abstract_id=1285589, 28면.

92) 홍복기, 지배주주의 충실의무, 기업환경의 변화와 상사법 : 손주찬교수고희기념 논문집, 1993.,233-234면 회사에서 발생하는 주인(Principal)과 대리인(Agent) 사이의 대리비용은 1) 주주와 이사 등 경영진간의 대리비용, 2) 지배주주와 소수주주 간의 대리비용, 3) 회사와 채권자 및 근로자 등 외부자 간의 대리비용의 문제로 나누어 볼 수 있는데, 지배주주 충실의무 이론은 2)의 문제를 해결하기 위한 것이다. Reinier R. Kraakman ,et. al., The Anatomy of corporate Law, Oxford University Press, 2004, 21-22면. 상법 제369조를 유추적용하는 지배주주의 자기거래 금지 이론도 충실의무 이론의 연장선 상에 있다고 할 수 있다.

93) 다수결 남용의 법리는 주로 독일에서 많이 논의되어 왔다고 한다. 이 개념은 지배주주의 충실의무이론의 한 갈래로 포섭시킬 수 있으나, 충실의무가 연방대법원에 의해 인정되기 전부터 별도로 논의되어 왔다는 점에서 별도의 이론으로서 논의되기도 한다. 김건식, 소수주주의 보호와 지배주주의 성실의무 : 독일법을 중

이해조정을 위한 것이므로 자신의 이익을 위하여 이를 남용하여서는 아니된다는 것이다[94]. 여기서는 지배주주의 충실의무 이론을 위주로 살펴본다[95].

지배주주의 충실의무 이론은 원래 미국과 독일 등에서 인정되어 오던 것으로 명문의 규정이 없는 우리 상법의 경우에도 주주에게 위와 같은 의무를 인정할 수 있는지 여부에 대해서는 논란이 있다. 대표적으로 미국회사법의 논의를 보면, 지배주주[96]의 충실의무란, 본래 이사의 충실의무로부터 발전한 것인데, 지배주주가 회사와 다른 주주들의 이익을 위하여 공정하게 의결권 등을 행사하여야 할 의무를 말한다[97]. 지배주주도 일정한 경우에는 이사와 마찬가지로 회사나 소수파 주주에 대하여 충실의무를 진다는 것이 미국판례법상 확립된 원칙이다. 따라서 회사의 이익이나 주주들의 이익을 희생하여 자신의 이익을 도모하여서는

심으로, 법학 32권 3·4호, 1991, 106면.

94) 森淳二朗, 資本多數決制度の再構成, 商事法務 第1190號, 1989, 60면.

95) 다만 다수결의 남용의 경우에는 소수파주주의 경우에도 결의에 영향을 미친 이상 문제될 수 있다. 소수파 주주의 다수결 남용의 경우에는 당해 결의가 소수파 주주의 거부권 남용으로 부결되어 회사가 필요불가결한 활동을 실행할 수 없게 된 경우이므로 법원에서 새로운 주주총회에서 동일 안건에 대하여 당해 주주 대신에 의결권을 행사할 특별수임자를 선임하여 그로 하여금 의결권을 행사하게 하는 방식으로 새로운 결의를 할 수 있도록 하는 방법이 활용되고 있다고 한다. 淸弘正子, 株主總會における資本多數決濫用と權利濫用理論 : フランス法との比較硏究, 比較會社法硏究 : 奧島孝康教授還曆記念 . 第1卷, 2001, 519면.

96) 미국 회사법상 지배주주(controlling shareholder)란 통상적으로 다음의 경우를 지칭한다. 첫째, 의결권 있는 지분의 과반수이상을 소유하고 있는 경우, 둘째, 의결권 있는 주식을 과반수이하로 소유하면서 실제 지배(de facto control)내지는 영향력을 행사하는 경우, 셋째, 계약 등 다른 수단으로 이사회나 경영진 등을 실제 장악하고 있는 경우이다. ALI, Principles of Corporate Governance: Analysis and Recommendations §1.10

97) Christa K.M. de la Garza, Conflict of Interest Transactions: Fiduciary Duties of Corporate Directors Who Are Also Controlling Shareholders, 57 Denv. L.J. 609 (1980), 611면.

안된다. 따라서 지배주주와 회사, 지배주주와 소수파 주주간에 이해가
충돌될 때 지배주주의 충실의무가 적용된다. 여기에는 대체로 회사와의
경업, 회사기회의 횡탈, 지배주주와 회사간의 거래 등 이해상반거래, 회
사의 중요한 거래에 대한 의결권의 행사, 지배주식의 매각, 공개매수,
회사의 해산, 회사재산의 매각, 지배·종속회사간의 합병, 내부자 거래,
회사의 지배권에 영향을 미치는 거래 등이 있다고 한다[98]. 이러한 경우
에 지배주주의 행위는 회사 또는 소수파 주주에 대하여 성실하고 공정
해야 하는 것이다[99]. 독일에서도 같은 취지에서 지배주주의 충실의무로
서 다른 주주들의 사원권적 이익을 침해할 염려가 있는 행위를 하지 않
아야 할 의무와 회사의 목적 달성에 필요한 행위를 적극적으로 해야 할
의무가 인정된다. 이는 인적 회사와 유한회사의 경우에 인정되는 사원
의 충실의무를 주식회사의 지배주주의 경우에도 확대한 것이다[100].

---

98) 송인방, 지배주주의 행위기준 : 미국 판례법상 신인의무이론을 중심으로, 법학연
   구 21집, 2006, 178면 이하. 이에 비해서 홍복기, 지배주주의 충실의무, 기업환경
   의 변화와상사법 : 손주찬교수고희기념논문집, 1993, 229면 이하에서는 지배주주
   의 충실의무가 적용될 수 있는 영역으로서 1) 지배주주의 부당한 영향, 2) 내부자
   거래, 3) 주식매수의 경우, 4) 대량주식의 매각에 있어서의 프리미엄, 5) 지나친
   보수, 6) 주식회사의 기회의 탈취 등을 들고 있으며, 송호신, 지배주주의 권리와
   책임, 한양법학 23집, 2008, 265면에서는 지배주주의 사익추구행위로서 첫째 직
   접 경영진의 지위에서 그 권한을 남용하여 자신의 사익을 추구하는 행위, 둘째
   주주총회의 의사결정에서 자신의 이익을 위하여회사의 이익과 반대되는 방향으
   로 의결권을 행사하여 다수결의 원칙을 남용하는 행위, 셋째 임원의 자격이나 주
   주총회의 결의에 의하지 아니하고 사실상의 힘과 지위를 남용하여 사익을 추구
   하는 행위로 분류할 수 있다고 한다.
99) A. A. Berle, Jr., Non-Voting Stock and "Bankers' Control", 39 Harv. L. Rev.
   673 (1926), 674면 및 Norman D Lattin, Equitable Limitation on Statutory or
   Charter Powers given to Majority Stockholders, 30 Mich. L. Rev. 1165 (1940),
   1170면에서도 책임이 없는 권한은 과학적으로 위험한 것으로서 지배주주의 권한
   에 대하여 아무런 제한도 없다면 소수주주 및 회사의 입장에서 손해의 위험이
   있다고 하고 있다.
100) Hueck, Alfred. Gesellschaftsrecht : ein Studienbuch, 19 Aufl Munchen : C.H.
   Beck, 2009, 64면.

(2) 지배주주의 충실의무 및 다수결 남용이론에 관한 해석론

(가) 현행법 상 지배주주의 충실의무 및 다수결 남용이론 인정 여부

상법 상 지배주주의 충실의무를 명문으로 규정하고 있지 않다. 상법 제401조의2 및 제399조에서 업무집행지시자 등의 책임을 규정하면서 회사에 대한 자신의 영향력을 이용하여 이사에게 업무집행을 지시한 자, 이사의 이름으로 직접 업무를 집행한 자, 이사가 아니면서 명예회 장·회장·사장·부사장·전무·상무·이사 기타 업무를 집행할 권한이 있 는 것으로 인정될 만한 명칭을 사용하여 회사의 업무를 집행한 자의 경 우 법령 또는 정관에 위반한 행위를 하거나 그 임무를 해태한 때에는 회사에 대하여 연대하여 손해를 배상할 책임이 있다고 한다. 그러나 이 러한 사실상의 업무집행지시자 개념은 지배주주의 개념과는 차이가 있 다. 지배주주는 회사의 의사결정을 지배할 수 있는 실질적인 지위에 초 점을 둔 개념이다. 그러므로 실제 지배권이나 영향력을 행사하지 않았 더라도 그 지위만으로도 지배주주로서의 의무를 부담하는 데에 반해 사실상의 업무집행지시자란 어떤 지위에 있는 자가 아닌 업무집행에 관여한 자, 즉 행위를 문제 삼는 것이어서 차이가 있다[101].

가) 견해의 대립

이러한 상황에서 해석론을 통하여 지배주주의 충실의무를 인정할 수 있는지 여부에 대해서는 견해가 대립한다. 명문의 규정이 없는 이상 해석론으로는 지배주주의 충실의무를 인정하기 어렵다는 견해[102]도 있 다. 자본단체인 주식회사의 경우는 인적 회사의 경우와 달리 사원상호 간의 권리의무관계가 존재하지 않는다. 따라서 주주는 출자의무 이외에 회사와 다른 주주에 대하여 추가적 의무가 없다는 것이 상법의 전통적

---

101) 이지수, 미국법제도 아래에서의 지배주주(controlling shareholder)의 책임(1), 기 업지배구조연구 21호, 2006. 87면.
102) 최문희, 기업집단에서의 회사기회유용, BFL 제19호, 2006, 27면.

입장이다. 그러므로 명문의 규정 없이 지배주주의 충실의무를 인정하기
어렵다고 볼 수도 있다. 상법 제401조의2의 규정은 주로 지배주주의 사
익추구나 권한남용을 방지할 것을 목적으로 도입되었지만 실제적으로
규제를 할 수 있는 지배주주의 행위에는 상당한 한계가 있다는 지적도
있다[103]. 이러한 부정설에서는 첫째, 우리 상법에는 전술한 바와 같이
지배주주가 회사나 소수주주에 대하여 이해의 충돌을 방지할 의무가
있다는 규정이 없으며, 이사의 충실의무에 관해서도 판례가 아직 확립
되어 있지 않다는 점, 둘째 지배주주의 충실의무의 근거를 민법 제2조
의 신의칙에서 찾는다고 하여도, 신의칙은 지배주주이든 소수주주이든
상관없이 모든 사원에게 요구되는 것이라는 점에서 지배주주의 일방적
의무인 충실의무와는 성격이 다르며, 또한 지배주주의 충실의무는 소수
주주의 이익보호를 위한 적극적 의무를 포함하는 것으로서 단순히 신
의칙을 통한 권리행사 제한 이상의 강도를 지닌 의무라는 점 등을 들고
있다[104].

이에 비해서 해석 상 지배주주의 충실의무를 인정하여야 한다는 입
장[105]도 있다. 이에 의하면 다른 구체적 근거규정에 의하여 문제를 해
결할 수 있다면 충실의무의 일반이론은 필요 없을 것이라고 한다. 그러

---

103) 이철송, 회사법강의(제19판), 박영사, 2011, 670면.

104) 강희갑, 지배주주의 충실의무, 상사법연구 12집, 1993, 137면.

105) 송호신, 지배주주의 권리와 책임, 한양법학 23집, 2008, 279면에 의하면 주주의
    권리는 그 행사에 있어서 주주 개인 뿐 만 아니라 주주공동의 목적 혹은 회사의
    목적에 적합해야 하고, 지배주주도 역시 이러한 목적에 충실하여야 한다고 한
    다. 특히 지배주주는 자기의 목적을 회사본래의 목적에 대치하여 변질시킬 수
    있으며, 회사이익과 다른 주주의 이익을 해할 위험 이른바 가해성을 가진다. 지
    배주주의 회사지배권 행사가 위법하다고 할 때에는 궁극적으로 이 공동목적에
    대한 충실의무의 위반이라고 해석할 수 있다는 것이다. 또한 지배주주와 일반주
    주 사이에 발생하는 이해대립의 상황에서 구성원의 여러 이익에 대한 충돌의
    지양점이 필요하다. 이러한점에서 지배주주의 충실의무는 이익조정의 계기가
    된다고 한다.

나 가령 지배주주가 그 우월한 지위를 이용하여 회사의 업무를 지휘하거나, 지배적 영향력을 행사하거나, 회사의 합병, 정관의 변경, 회사재산전부의 양도와 같은 회사의 기초적 변경을 위하여 의결권을 행사하는 것과 같이 회사의 경영에 대한 실질적인 지배를 통해 회사나 소수주주의 이익을 침해한다면 특별이해관계인의 의결권 제한(상법 제368조)이나 회사의 기초적 변경에 관한 여러 규정(상법 제374조, 433조, 522조 이하)만으로는 이를 충분히 규제할 수 없다고 한다. 즉 회사와 소수주주를 보호하고 지배주주와 회사, 소수주주간의 이해 충돌을 만족스럽게 조정할 수 없다. 그러므로 위와 같은 경우를 적절히 규제하여 지배주주와 회사 또는 소수주주간의 이해충돌을 방지함으로써 회사와 소수주주의 이익을 보호하기 위해서는 지배주주의 충실의무를 인정할 필요가 있다106). 그 법률상의 근거로서는 타인을 지배하는 사람은 그 지배에 따른 책임을 져야 한다는 법원칙과 민법 제2조의 신의성실의 원칙을 들 수 있다는 입장도 있고, 상법 제399조의 이사의 손해배상책임 및 상법 제401조의 2의 사실상 업무집행지시자의 책임의 유추적용이 가능하다는 입장도 있다107). 다수결의 남용이론에 대해서도 같은 맥락에서 이를 인정하는 논의가 많다. 상법 제380조에 의하여 주주총회 결의의 내용이 강행법규나 사회질서에 반하는 경우에 당해 결의의 효력을 인정할 수 없다. 나아가 명문의 규정이 없다고 하더라도 다수인의 이해가 교차하는 회사 법률관계의 성질 상 결의의 공정성을 조리 상 존재하는 결의의 내재적 한계로 이해해야 한다고 한다108).

이에 대하여 해석론 상으로는 지배주주의 충실의무를 인정하기 어려운 면이 있으나, 입법론으로 이를 도입해야 한다는 견해109)도 있다.

---

106) 정동윤, 회사법, 법문사, 1992, 202면 최기원, 신회사법론, 박영사, 2009, 398면
107) 홍복기, 지배주주의 충실의무, 기업환경의 변화와 상사법 : 손주찬 교수 고희 기념 논문집, 1993, 236면.
108) 이철송, 회사법강의(제19판), 박영사, 2011, 479면.
109) 양동석, 대주주와 소수주주간의 법률문제, 비교사법 5권2호(통권9호), 1998, 533

해석론 상으로는 지배주주의 충실의무를 인정하기 어려우므로 입법으로 이 문제를 해결해야 한다는 것이다. 이사의 충실의무를 규정함과 함께 지배주주는 회사의 복지를 위하여 지배력을 행사해야 하고 다른 주주의 권리와 이익을 성실히 존중해야 한다는 내용으로 지배주주의 충실의무에 관한 일반규정을 둘 필요가 있다고 한다.

나) 검토

우리 상법상으로도 주주총회 결의의 내재적 한계로서 주주총회 결의가 회사의 가치증대를 통한 주주 전체의 이익을 위한 방향으로 이루어져야 하고, 다수결을 남용하여 지배주주나 제3자의 이익을 위하여 이용되어서는 안된다는 점을 인정할 수 있다고 생각된다. 주주의 의결권 내지 회사의 의사결정에 관한 권한을 공익권이라고 부르면서 이익배당청구권이나 잔여재산분배청구권과 같은 자익권과 구별하는 것도 이 때문이다. 주주의 의결권은 기본적으로 주주가 자신의 이익을 추구한다는 인센티브에 기반하고 있으나 그 목적은 결국 회사의 이익 극대화, 즉 주주 공동의 이익 극대화에 있다. 그러므로 지배주주가 이러한 전제에 위배되어 자신의 이익을 위하여 회사의 이익을 희생하는 방향으로 의결권을 행사하는 경우에는 회사법 상의 원칙에 맞지 않는 것이라고 할 수 있다.

물론 주주는 출자의무 이외에 회사와 다른 주주에 대하여 추가적 의무가 없다는 것이 상법의 전통적 입장이다. 그러므로 명문의 규정 없이 지배주주의 충실의무를 인정하는 것은 지배주주의 재산권에 대한 제약이라는 비판도 가능하다. 그러나 자본다수결의 원칙에 기대어 지배주주가 자신의 지분을 초과하여 회사 전체에 대하여 영향력을 행사하는 이

면 강희갑, 지배주주의 충실의무, 상사법연구 12집, 1993, 138면 김건식, 소수주주의 보호와지배주주의 성실의무 : 독일법을 중심으로, 법학 32권 3·4호, 1991, 100면.

상 지배주주의 권리행사가 자신의 재산권 행사로서의 의미만을 지닌다
고 말하기는 어렵다. 지배주주가 실제로 소수주주가 출자한 부분에 대
해서도 의사결정권한을 가진다는 점을 정당화하기 위해서는 지배주주
의 권한행사가 회사 및 소수주주의 이익을 극대화하는 것이어야 한다
는 점이 전제가 되어야 한다. 이러한 점에서 충실의무 혹은 다수결 남
용이론의 인정이 지배주주의 재산권의 부당한 제약이라고 보기는 어렵다.

그러므로 지배주주의 사익추구행위에 대한 책임추궁 내지 지배주주
와 소수주주 간의 이해조정이 필요하다. 그리고 이를 위한 방법으로 지
배주주에 대한 손해배상책임 부과 및 주주총회 결의의 취소 내지 의결
권 제한 등을 생각할 수 있다[110]. 그러나 현행상법의 규정상으로는 위
와 같은 지배주주의 사익추구행위에 대한 책임추궁 내지 이해조정의
방법이 불완전하다. 그러므로 위와 같은 법률의 공백을 방지하기 위해
서 현행 상법 상 명문의 규정은 없으나 지배주주의 충실의무 법리 내지
다수결의 남용법리를 인정하는 것이 필요하다. 해석론 상으로는 타인을
지배하는 사람은 그 지배에 따른 책임을 져야 한다는 법원칙과 민법 제
2조의 신의성실의 원칙 등에 근거할 수 있다. 다만 이러한 해석론은 법
률의 명확한 근거 없이 지배주주의 재산권 행사를 제약한다는 비판에
직면하기 쉬우므로 위 원칙에 대한 구체적인 입법화가 요청된다.

(나) 지배주주 충실의무이론 및 다수결 남용이론에 의한 지배주주의 책임

앞서 본 바와 같이 지배주주의 충실의무 인정 여부는 논란이 있으
나, 현행 상법의 해석론 상으로도 이를 인정할 필요성이 있다. 이에 의
하면 지배주주가 충실의무를 위반하여 회사 혹은 제3자의 이익을 침해
한 때에는 손해를 배상할 책임을 진다[111]. 손해배상책임의 요건으로 우

---

110) 송호신, 지배주주의 권리와 책임, 한양법학 23집, 2008, 280~281면.
111) 김원규, 주주의 책임에 관한 소고, 상사판례연구 제20집 제3호, 2007, 280면 송

선 위법성이나 불공정성이 인정되어야 하고, 다음으로 회사 혹은 제3자의 이익침해와 손해의 발생이 있어야 한다. 또한 지배주주는 충실의무를 위반하여 취득한 모든 이익을 회사에 반환해야 할 의무와 책임을 부담한다[112]. 또한 지배주주가 충실의무를 위반하여 자신의 이익을 위하여 회사의 이익을 희생하는 방향으로 의결권을 행사한 경우에는 상법 제376조 혹은 상법 제380조에 의하여 주주총회 결의의 하자를 이유로 주주총회 결의 취소소송 혹은 주주총회 결의 무효확인소송이 가능할 수 있다[113].

다수결 남용의 경우에도 주주총회 결의 취소소송[114] 혹은 무효확인소송[115]을 통하여 주주총회 결의의 하자를 다툴 수 있다. 우리와 마찬가지

호신, 지배주주의 권리와 책임, 한양법학 23집, 2008, 281면에 의하면 지배주주가 회사나 제3자에 대해 손해배상의 책임을 부담한다고 할 때에, 그 성질을 어떻게 파악할 것 인지가 문제된다고 한다. 지배주주의 지위를 이사의 경우와 마찬가지로 회사로부터 위임받았다고 파악한다면, 채무불이행책임이라 할 수 있겠으나, 위임관계가 아니므로 채무불이행이 아니다. 또한 위법성이 없어도 되기 때문에 특수한불법행위라고 볼 수도 없다. 지배주주의 손해배상책임은 충실의무의 위반에 대해 인정되는 상법상의 특별책임으로 보아야한다고 한다.

112) 김선웅, 주주권 행사 관련 제도의문제점과 개선방향, 기업지배구조연구 28호, 2008, 14면에서는 지배주주와 소수주주 간에 이해관계가 충돌하는 사안에 있어서 회사의 손해가 발생하고 이익의 유출이 일어나는 경우, 특히 지배주주의 회사기회의 유용, 지배주주의 경업 등으로 인한 회사의 가치훼손이 일어나는 경우에는 해당 거래를 원상회복할 수 있는 개입권을 신설해야 할 필요가 있다고 하고 있다.

113) 김건식, 소수주주의 보호와지배주주의 성실의무 : 독일법을 중심으로, 법학 32권 3·4호, 1991, 113면.

114) 정동윤, 회사법 제7판, 2001, 법문사, 367면.

115) 이철송, 회사법강의(제19판), 박영사, 2011, 511면 김재범, 주주의 충실의무에 관한 연구, 고려대학교 법학박사학위 논문, 1993, 208면 부산고법 2004. 1. 16. 선고 2003나12328 판결에서는 합작회사의 대주주인 주식회사가 자신의 계열회사들을 구조조정하면서 합작회사로 하여금 일시 적자상태인 계열회사의 일부 영업을 양수하도록 하는 주주총회 결의를 한 것에 대해서 당해 결의가 주주총회 결의무효사유에 해당한다는 주장이 제기되었으나, 재판부는 이러한 사유만

로 다수결 남용에 대한 명문의 규정이 없는 일본의 경우에도 다수결의 남용에 대해서 주주총회 결의 취소사유라고 보는 것이 다수설이다[116].

(3) 의결권 과다보유에 대한 적용

지배주주가 의결권 과다보유에 해당하면, 지배주주의 충실의무이론 혹은 다수결남용이론의 적용이 문제될 가능성이 높아진다[117]. 주식에 대한 이해관계가 감소하여 지배주주로서 회사와 다른 주주들의 이익을 위하여 성실하고 공정하게 직무를 수행할 유인이 부족해지기 때문이다[118].

미국에서도 의결권 분리에 대한 규제를 위하여 주식에 대하여 이해관계를 부담하지 않거나 오히려 음의 이해관계를 가지는 주주의 경우에는 다른 주주들에 대하여 회사의 이익에 부합하는 방향으로 의결권을 행사할 충실의무를 인정하는 것이 필요하다는 견해가 유력하게 주장되고 있다. 이러한 견해에 의하면 위와 같은 충실의무를 위반한 것으로 인정되는 경우에는 손해배상책임뿐만 아니라 의결권 자체를 부인하여 당해 주주의 의결권을 의결정족수 및 의사정족수의 산정시 제외하는 것도 생각할 수 있다고 한다[119]. 이스라엘 회사법(1999) 제192(a)조에서는 한 걸음 더 나아가 주주에게 선의에 따라 회사의 이익을 위하여 의결권을 행사할 의무를 명문으로 인정하고 있다[120].

으로는 다수결 남용 등 신의칙에 반하여 무효로 되는 것은 아니라고 판시한 바 있다.
116) 上柳克郎·鴻常夫·竹內昭夫, 新版 注釋會社法(5), 有斐閣, 1986, 316면.
117) Andrea Zanoni, Hedge Funds' Empty Voting in Mergers and Acquisitions: A Fiduciary Duties Perspective, Global Jurist, Vol. 9, No. 4, 2009, available at SSRN: http://papers.ssrn.com/sol3/papers.cfm?abstract_id=1285589, 28면.
118) Christa K.M. de la Garza, Conflict of Interest Transactions: Fiduciary Duties of Corporate Directors Who Are Also Controlling Shareholders, 57 Denv. L.J. 609 (1980), 611면.
119) Marcel Kahan & Edward B. Rock, On Improving Shareholder Voting, RATIONALITY IN COMPANY LAW: ESSAYS IN HONOUR OF DD PRENTICE (2009), 268면 이하.

여기서 한 가지 특기할 점은 위와 같은 충실의무의 부과 혹은 다수
결 남용의 적용으로 인하여 지배주주의 주식에 대한 이해관계가 변화
한다는 점이다. 충실의무의 부담에 의한 손해배상책임 등 경제적 지출
의 가능성 역시 당해 주주에게는 하나의 관련부수자산으로서 당해 주
식에 대한 이해관계에 영향을 미친다. 따라서 회사이익에 반하는 방향
으로 의사결정을 하는 경우 이익을 보게 되는 주주의 입장에서는 충실
의무에 의한 손해배상책임까지 고려하게 되는 경우, 결국 주식가치의
감소에 의한 이익이 상쇄되게 되는 결과가 된다. 물론 이는 지배주주의
충실의무 위반으로 인한 손해배상책임이 현실화되어 그로 인한 이익을
향유할 수 없다는 점을 전제로 한다. 만약 지배주주가 이러한 적발위험
이 낮다고 생각한다면 손해배상책임 부담의 위험을 무릅쓰고 자신의
이익을 위하여 회사의 이익을 희생하는 의사결정을 할 수 있다[121]. 그
러므로 이러한 점에서도, 적발위험을 높이기 위하여 주주가 주식에 대
하여 가지는 이해관계를 공시할 필요가 있다. 이를 통해 특정 사안에
대해서는 지배주주가 주식의 가치를 하락시키는 방향으로 의사결정을

---

120) Israeli Companies Law 1999

192. (a) A shareholder shall act in exercising his rights and in fulfilling his duties
towards the company and towards other shareholders with good faith and in a
customary manner, and shall avoid exploiting his power in the company, inter alia,
in voting at the general meeting or at class meetings, in the following matters:
(1) alteration of the articles of association;
(2) increase in the registered share capital;
(3) merger;
(4) approval of acts and transactions requiring the approval of the general meeting
pursuant to the provisions of sections 255 and 268 to 275;
(b) A shareholder shall avoid discriminating against other shareholders.
(c) The laws applying to breach of contract shall apply, mutatis mutandis, to breach
of the provisions of subsections (a) and (b), and the provisions of section 191 shall
also apply, mutatis mutandis, to breach of the provisions of subsection (b).
http://www.hanner.co.il/Israel-Lawyers/Israel-Laws/Company-Law/CompanyLawMas
ter.htm
121) 이러한 적발위험에 관한 이론은 주로 범죄자의 범죄동기에 관한 이론에서 많이
분석되고 있다. 박세일, 법경제학(개정판), 박영사, 2006, 392면 이하.

할 수 있음을 공시하여 그에 대한 손해배상청구소송을 용이하게 할 수
있다. 결국 지배주주도 위와 같은 손해배상책임을 고려하여 회사의 이
익에 반하는 의사결정을 할 인센티브를 상실하게 될 수 있다. 뒤에서
논하는 주주의 주식에 대한 이해관계의 공시문제는 위와 같은 의미도
가지고 있다.

2. 입법을 통한 사후적 구제

앞서 본 바와 같이 상법상으로는 주주의 의결권 행사의 내용을 문제
삼아 주주총회 하자소송 혹은 주주에 대한 손해배상 청구소송을 제기
하는 것이 명문으로 허용되어 있지 않다. 그러므로 입법적으로 의결권
과다보유에 의하여 회사의 이익에 반하는 방향으로 의결권이 행사되는
경우 이에 대한 주주총회 하자소송 혹은 손해배상청구소송을 허용하는
방안도 생각할 수 있다.

(1) 입법을 통한 사후적 구제의 인정범위

우선 위에서 살펴 본 해석론대로 지배주주가 의결권 과다보유로 인
하여 회사의 이익에 반하는 의사결정을 하는 경우 주주총회 취소소송
혹은 손해배상청구소송이 가능함을 입법을 통해 확인할 수 있다.

지배주주가 의결권 과다보유로 인하여 왜곡된 의사결정을 하여 회
사의 이익에 반하는 방향으로 의결권을 행사하는 경우에는 그 의결권
행사 내용대로 주주총회 결의가 이루어지므로, 이는 회사의 손해로 이
어지고 나아가 다른 주주들도 손해를 입는다. 제3장 제4절 제2항 제1목
에서 살펴본 바와 같이 지배주주의 경우 의결권 과다보유가 아닌 경우
에도 개인적인 이익을 위하여 회사의 이익을 희생하는 의사결정을 할
가능성이 있지만, 의결권 과다보유의 경우에는 이러한 가능성이 더 높
아지기 때문에 이에 대한 사후적 구제의 필요성이 더 크다. 그러므로
지배주주의 의결권 과다보유의 경우에는 그 의결권 행사가 회사의 이

익에 반하는 방향으로 이루어진 경우 당해 주주총회 결의취소소송을 인정할 필요를 부인하기 힘들다[122].

특히 지배주주 충실의무 이론은 의결권 분리 규제를 위한 것이라기 보다는 지배주주의 의결권 행사 전반에 적용되는 것이다. 또한 지배주주의 개념에 대한 논란이 가능하여 그 적용범위가 명확하지 않을 수 있다. 그러므로 위 이론을 통한 해석론보다는 입법을 통하여 의결권 과다보유에 대한 사후적 구제방안을 명확히 규정하는 것이 바람직하다.

또한 지배주주가 없는 회사의 경우에도 본장 II. 2. 에서 살펴본 바와 같이 10% 이상의 주식을 보유하는 등 주요주주로서 주주총회의 결의에 상당한 영향력을 미칠 수 있는 주주가 존재할 수 있다. 이들의 경우에는 지배주주와 달리 이들의 의사대로 주주총회 결의가 이루어진다고 보기는 어렵지만, 적어도 이들의 의결권 행사에 따라 주주총회 결의의 내용이 영향을 받을 상당한 가능성이 존재한다. 특히 상장회사의 경우에는 10% 이상의 주식을 보유하는 경우에는 회사의 지배권을 인정할 정도는 아니더라도 그에 준하는 정도의 상당한 영향력이 인정되고, 경영진도 이들의 의사를 무시하기 어렵다. 주요주주에게 회사의 의사결정에 대한 사실상의 상당한 영향력 내지 권한이 인정되는 이상, 이들이

---

122) 이러한 경우 지배주주가 의결권과다보유로 인하여 왜곡된 의사결정을 하여 회사의 이익에 반하는 방향으로 의결권을 행사하였고, 이를 통해 회사가 손해를 입었음을 법원이 판단하게 된다. 즉 관련 의안이 승인되어 회사에 손해가 발생하였는지 여부 혹은 당해 의안이 회사의 이익에 부합하는지 여부를 법원이 판단하여야 한다는 어려움이 있다. 그러나 이러한 상황은 상법 제399조에 의한 이사의 손해배상책임여부가 법원에서 다투어지는 경우에도 이사의 행위가 회사에 손해가 되는지 여부가 심사된다는 점에서 동일하다. 또한 법원이 독자적으로 판단하는 것은 아니고 결국 당사자들의 주장, 입증에 의한 자료에기반하여 판단하게 되고, (나) 다)에서 논한 바와 같이 그 입증책임 및 심사기준을 합리적으로 설정한다면 법원이 위와 같은 판단을 하는 것이 부정적인 결과를 가져온다고 보기는 어렵다.

의결권 과다보유로 인하여 왜곡된 의사결정을 하는 경우 사후적 구제
가 정당화될 수 있다. 특히 이들의 의결권 행사가 없었더라면 주주총회
결의의 내용이 달라졌을 경우에는 더욱 그러하다[123]. 상법상 당해 이사
가 이사회 결의에 대하여 지배권을 가지지 않고, 여러 이사의 합의에
의한 과점적 체제로 이사회가 운영되는 경우에도 이사 개개인이 상법
제382조의 3에 의한 이사의 충실의무 등 이사의 의무를 부담한다. 따라
서 뚜렷한 지배주주가 없으나 주주총회 결의에 영향력을 가지는 주요
주주들이 존재하여 그러한 주주들의 의사가 주주총회 결의에 중요한
영향을 미치는 경우에는 위 주요주주들도 사후적 구제의 대상에 포함
할 필요가 있다. 그러므로 입법을 통하여 지배주주가 없는 회사의 경우
에도 주요주주가 의결권 과다보유에 해당하는 경우에는 사후적 구제가
가능함을 규정할 필요가 있다.

여기서 주의할 점은 지배주주에 대한 규제의 경우에는 손해배상청
구소송도 인정할 여지가 있으나, 지배주주가 아닌 주요주주에 대한 규
제의 경우에는 손해배상청구소송을 인정하기 어렵다는 점이다. 우선 주
요주주의 경우에는 회사의 이익에 반하는 방향으로 의결권을 행사하여
실제로 그와 같이 주주총회 결의가 이루어져서 회사에 손해가 발생하
였다고 하여도 손해발생과의 직접적 인과관계를 인정하기 어렵다. 지배
주주의 경우에는 그 의결권 행사 내용 대로 주주총회 결의가 이루어지
는 것이 일반적이므로 이러한 인과관계를 인정할 수 있다. 그러나, 주요
주주의 경우에는 가사 그 의결권 행사 내용대로 주주총회 결의가 이루
어졌더라도 이는 당해 주주 외에 다른 주주들도 같은 내용으로 의결권
행사를 하였다는 사정을 전제로 한다. 따라서 당해 주주의 의결권 행사
가 직접적 원인이 되었다고 하기 어렵다. 주요주주가 위와 같은 내용으
로 의결권 행사를 하지 않았다면 결의가 이루어지지 못했을 경우 이를

---

123) Andrea Zanoni, Hedge Funds' Empty Voting in Mergers and Acquisitions: A
    Fiduciary Duties Perspective, Global Jurist, Vol. 9, No. 4, 2009, available at
    SSRN: http://papers.ssrn.com/sol3/papers.cfm?abstract_id=1285589, 33면 이하.

이유로 주주총회 결의를 취소할 수는 있다. 그러나 이를 이유로 손해배상의무까지 부담하여야 한다고 보기는 어렵다. 또한 주요 주주의 지분율을 고려할 때, 가사 회사의 이익에 반하는 의결권 행사로 인하여 이익을 얻었다고 하더라고 그러한 이익의 크기가 다른 주주의 손해 혹은 회사의 손해에 비하여 작을 수 있다. 이러한 경우까지 다른 주주의 손해 혹은 회사의 손해를 모두 배상하여야 한다고 하는 것은 과도하다. 주주총회 결의취소를 통해 관련 손해를 상당 부분 회복할 수 있다는 점을 고려하면 더욱 그러하다.

(2) 사후적 구제를 위한 입법의 내용

(가) 지배주주 혹은 주요주주의 범위

이러한 입법을 위해서는 우선 사후적 구제의 요건에 대한 규정이 필요하다. 이는 사후적 구제의 대상이 되는 지배주주 및 주요주주의 범위 확정 및 이러한 주주의 의결권 과다보유 여부의 판단의 문제로 나누어진다. 지배주주 및 주요주주의 범위에 대해서는 다양한 개념 규정이 가능하겠으나 기존의 실정법상의 개념을 원용하는 것이 법적 안정성에 비추어 바람직하다. 지배주주의 범위에 대해서는 독점규제 및 공정거래에 관한 법률 제2조 제2호 및 동법 시행령 제3조의 지배기준을 적용하는 것을 생각할 수 있다[124]. 주요주주의 범위에 대해서는 자본시장과 금융투자업에 관한 법률상의 주요주주 개념이 참고가 된다[125].

---

124) 이에 의하면 1) 당해 주주가 단독으로 또는 특수한관계에 있는 동일인 관련자와 합하여 당해 회사의 의결권 있는 발행주식총수의 100분의 30이상을 소유하는 경우로서 최다출자자이거나, 2) 다른 주요 주주와의 계약 또는 합의에 의하여 대표이사를 임면하거나 임원의100분의 50이상을 선임할 수 있는 등 당해 회사의 경영에 대하여 지배적인 영향력을 행사하고 있다고 인정되는 경우에는 당해 회사의 지배주주로서 인정된다.

125) 자본시장과 금융투자업에 관한 법률 제9조 및 동법 시행령 제9조에 의하면 다음의 자를 주요주주로 분류하고 있다.

(나) 의결권 분리거래를 통한 의결권 과다보유 여부에 대한 판단

다음으로 이들 주주가 의결권 분리거래 등을 통하여 의결권 과다보유에 해당한다는 점에 대한 입증이 필요하다[126]. 이러한 입증을 용이하게 하기 위해서는 뒤에서 살펴보는 바와 같이 회사의 주주가 주식에 대하여 보유하는 이해관계를 공시할 필요가 있다.

(다) 의결권 행사의 적법성 여부

다음으로는 의결권 분리거래를 통한 의결권 행사가 적법한 것인지 아니면 위법한 것으로서 그러한 의결권 행사에 의한 주주총회 결의를 취소할 수 있는지 여부에 대한 판단이 필요하다. 이는 사후적 구제에 있어서 가장 핵심적인 부분이고 결국 지배주주 혹은 주요주주가 의결권 분리거래를 통해 의결권 과다보유상황을 야기하여 회사의 이익에 반하는 방향으로 의결권 행사를 한 것인지 여부에 대한 판단이 핵심이다. 이는 매우 어려운 문제이고, 획일적 기준보다는 사례의 축적을 통한 구체적 타당성 있는 기준의 정립이 중요하다. 이와 관련하여 미국에서

가. 누구의 명의로 하든지 자기의 계산으로 법인의 의결권 있는 발행주식총수의 100분의 10 이상의 주식을 소유한 자
나. 임원의임면 등의 방법으로 법인의 중요한 경영사항에 대하여 사실상의 영향력을 행사하는 주주로서 ㄱ) 단독으로 또는 다른 주주와의 합의·계약 등에 따라 대표이사 또는 이사의 과반수를 선임한 주주 혹은 ㄴ) 경영전략·조직변경 등 주요 의사결정이나 업무집행에 지배적인 영향력을 행사한다고 인정되는 자로서 금융위원회가 정하여고시하는 주주

참고로 상법 제542조의 8 제2항 제6호에서는 주요주주를 누구의 명의로 하든지 자기의 계산으로 의결권 없는 주식을 제외한 발행주식총수의 100분의 10 이상의 주식을 소유하거나 이사·감사의 선임과해임 등 주요 경영사항에 대하여사실상의 영향력을 행사하는 주주라고 정의하고 있다. 위 자본시장과 금융투자업에 관한 법률보다는 추상적으로 기재되어 있으나 취지는 같은 것으로 보인다.

126) Jonathan Cohen, Negative Voting: Why It Destroys Shareholder Value and A Proposal to Prevent It, 45 Harv. J. on Legis. 237 (2008), 254면.

의결권 분리거래 심사기준에 대한 판례 및 논의가 있으므로 이를 참고
할 필요가 있다.

가) 미국 판례 상의 의결권 분리거래 및 의결권 행사 심사기준

ㄱ) Schreiber v. Carney 판례[127]

Schreiber v. Carney 판례는 의결권 분리거래의 위법여부에 대하여
명시적으로 판시한 대표적인 판례이다. 위 사건에서는 Texas International
Airlines 와 Texas Air Corporation 간의 주식 대 주식 합병(share for
share merger)이 문제되었다. 동 합병은 Texas International Airlines 의
구조조정 및 사업다각화를 위해 꼭 필요한 것이었고 대부분의 주주들
도 이를 인정하였다. 위 회사의 경우 정관 상 합병승인을 위해서는 보
통주주 뿐만 아니라 우선주주들의 승인도 필요하였다. 그런데 Series C
우선주식 전부를 소유하고 있었던 Jet Capital 의 경우 합병으로 인하여
보유하고 있던 Warrant가 처분된 것으로 의제되어 이에 대하여 약 80만
달러 정도의 법인세가 부과될 수 있었다. 그러므로 Jet Capital 의 입장
에서는 위 세금을 납부하거나 아니면 합병 전에 약 335만 달러를 회사
에 지급하고 위 Warrant를 행사하여야 했는데, 실제로 이러한 자금이
부족하여 결국 합병에 반대하기로 하였다. 이에 Texas International
Airlines 는 3인의 사외이사로 이루어진 독립 위원회를 구성하여 위 문
제의 해결방안을 모색하였다. 결국 독립적인 Investment Banker의 자문
을 받아 Warrant 행사대금 약 335만 달러를 Jet Capital에 대여하기로 하
고, 이자율은 당시 시장이자율에 준하는 5%로 하였다. 위 대여금은
Warrant 행사대금으로 회사에 다시 지급되게 되므로 회사의 현금보유
상황은 변화가 없을 것으로 예상되었다. 그 후 Texas International
Airlines 의 주주 다수가 위 대출을 승인하였고, 이에 의하여 대여금이
제공되었다. 이후 Texas International Airlines 의 일부 주주들이 위 거래

---

127) Schreiber v. Carney, 447 A.2d 17 (Del. Ch. 1982)

는 Vote Buying으로서 무효이고, 이사의 신인의무에 위반한 회사재산의 유용이라고 주장하였다. 더불어 가사 대여금을 제공하더라도 세금부담액 80만 달러만을 제공할 수 있음에도 Warrant 행사대금 335만 달러를 대여한 것은 과도한 회사 재산 유용이라고 주장하였다.

이에 대해서 델라웨어 주 법원에서는 주식을 양도하지 아니하고 의결권만을 거래하는 것이 언제나 위법한 것은 아니고 그 목적을 심사하여야 한다고 하였다128). 법원은 그 심사기준으로서 두 가지를 제시하였다. 첫째, 의결권 분리거래의 상대방 주주 혹은 다른 주주에 대한 사기를 목적으로 해서는 안된다. 사기행위의 판단여부는 보통법(common law)을 기준으로 하며 타인의 재산권을 침해하고자 하는 기망행위가 있는 경우에는 사기목적이 있는 것으로 판단된다. 둘째, 다른 주주들의 의결권 내지 재산권을 침해하여 손해를 야기하고자 하는 의도가 아니어야 한다. 의결권 분리거래의 경우는 위와 같은 남용의 가능성이 높으므로, 내재적 공정성(intrinsic fairness) 기준129)에 따라서 그 유효 여부를 엄격히 심사하여야 한다130). 법원은 위 대출의 제공 이유 및 그 조건과

---

128) 참고로 안강현, Vote-Buying, 법조 584권, 2005, 90면에서는 이러한 미국판례의 기준을 받아들여 목적의 정당성 및 내재적 공정성 기준 등을 만족하는 경우 제한적으로 Vote-Buying을 유효하다고 볼 수 있을 것이라고 한다.

129) 이사의 혹은 지배주주의 충실의무 위반과 관련해서는 미국 판례상 공정성 기준이 적용되는데, 판례에 따라 "entire fairness", "intrinsic fairness", "inherent fairness" 등의 용어를 사용한다. 그러나 위 세 가지 용어가 본질적인 차이점을 가지는 것은 아니고, 모두 그 실질적 내용은 거래과정에서의 공정하고 신중한 심사 및 협상과소수주주 등에 대한 정보공시 등 거래과정에서의 공정성과 거래조건 혹은 거래가격의 공정성을 의미한다고 보는 것이 일반적인 견해라고 한다. 다만, 위 용어의 차이가 개념상으로는 동일할 수 있으나 판결의 경향을 기준으로 구분될 여지가 있으며, 공정성기준을 "inherent fairness"로 언급한 경우가 그렇지않은 경우보다 원고에게 보다 유리한 판결이 나오는 경향이 있다는 실증적 연구가 있다. Reza Dibadj, Networks of Fairness Review in Corporate Law, San Diego Law Review, Vol. 45, 2008, 7면 및 15면.

130) Kass v. Eastern Airlines, No. 8700, 12 DEL. J. CORP. L. 1074, 1986 WL

관련한 정보가 이해관계가 없는 다른 주주들에게도 충분히 공시되어 다른 주주들의 승인을 거쳤다는 점에서 다른 주주에 대한 사기행위라고 보기는 어렵다고 하였다. 또한 대출의 제공 필요성 및 그 조건과 관련하여 독립적인 평가위원회의 결의를 거쳤으므로 이를 불공정하다거나 회사의 부를 감소시켜 다른 주주들의 손해를 야기하려는 목적이 있다고 보기 어렵다고 하였다.

ㄴ) Kurz v. Holbrook 판례[131)]

Schreiber v. Carney 판례는 주주 상호간의 의결권 분리거래가 아니라 회사 내지 경영진이 회사재산을 이용하여 일부 주주와 합병 찬성을 조건으로 의결권 분리거래를 한 것이어서 본서에서 논하고 있는 의결권 분리거래와는 차이가 있다. 오히려 이사의 회사 혹은 다른 주주에 대한 신인의무 위반 여부가 문제되는 사안이라고 할 수 있다.

13008 (Del. Ch. Nov. 14, 1986) 판례도 같은 취지이다. 위 사건에서는 Eastern Airlines 와Texas Air Corporation의 자회사 간의 합병과 관련하여 의결권 거래가 문제되었다. 양 회사는 합병 이후에는 Texas Air Corporation의 자회사가 되는 것으로 예정되어 있었고, Texas Air Corporation에서는 합병의 조건으로서 합병 이후에 모회사인 Texas Air Corporation에게 일정액의 현금배당을 하는 것을 요구하였다. 그러나 Eastern Airlines의 경우 재무비율 요건 등 일정 조건을 충족하지 않는 이상 주주에게 배당을 할 수 없다는 내용의 조건이 포함된 사채권발행계약을 통해 사채를 발행한바 있었다. 그러므로 이들 사채권자 다수의 동의를 통해 위와 같은 배당제한 조항을 폐지하는 것이 필요하였다. 그래서 Eastern Airlines는 위 규정 폐지에 찬성하는 사채권자들에게는 현금 혹은 일정액 상당의 비행기표를 제공하겠다고 제안하였다. 이러한 행위가 유효한 것인지 여부가 법원에 다투어졌다. 이에 대해서 델라웨어 주 법원에서는 Vote Buying 이 항상 무효라고 볼 수는 없으며, 본 건의 경우에도 다른 사채권자의 권리를 침해하는 결과를 가져오지도 아니하고 오히려 회사의 입장에서 필요한 합병을 위하여위와 같은 행위를 한 것이므로 그 합리성 내지 유효성을 인정할 수 있다고 하였다.

131) Kurz v. Holbrook Del. 141 Cite as, Del.Ch., 989 A.2d 140 (2010)

이에 비해서 최근의 Kurz v. Holbrook 판례는 주주 상호간의 의결권 분리거래에 대하여 다루고 있다. 사실관계는 다음과 같다. EMAK Worldwide, Inc.(이하 "EMAK")는 델라웨어 주 법에 의하여 설립된 회사인데, 1994년에 나스닥 시장에 상장되었다가 2008년 상장폐지되었으나, 상장폐지 이후에도 장외시장을 통하여 주식이 거래되고 있었다. 위 회사는 보통주 7,034,322주를 발행하였고, 이외에 AA 형 우선주 25,000주를 Crown EMAK Partners, LLC(이하 "Crown")에게 발행하였다. AA 형 우선주의 경우 이사 선임 의안 이외의 다른 의안에 대해서는 보통주 2,777,777주(27.6%)로 환산한 의결권이 인정되었고, 이사선임 의안에 대해서는 의결권이 없는 대신 우선주주인 Crown에게 2명의 이사 선임권이 보장되었다. EMAK의 이사회는 7명의 이사로 구성되었는데, 2009년 12월 두 명의 이사 공석이 발생하였다. 이에 대해서 보통주주인 Take Back EMAK, LLC(이하 "TBE") 측에서 두 명의 이사를 추가로 해임하고 이사 공석 4명 중 3명을 자신이 지명하는 이사로 선임하겠다는 의안을 제안하면서 이에 대한 위임장 권유를 시작하였다. 이에 대해서 Crown 측에서는 이사 선임의안에 직접 의결권을 행사할 수는 없었으므로 EMAK의 부속정관(Bylaws)을 개정하여 이사회 정원을 3명으로 줄임으로써 이사회 과반수에 대한 선임권을 가지려고 하였고, 역시 이러한 의안을 제안하고 위임장 권유를 시작하였다. 양자의 위임장 경쟁은 박빙으로 진행이 되었고, 당시 TBE 측에서는 126, 325주의 주식만 더 확보하면 위 안건을 통과시킬 수 있었다. 그리하여 2009년 12월 TBE 측에서는 175,000주의 Restricted Stock을 보유한 주주로서 EMAK의 전 직원이자 현재 고문인 Peter Boutros의 의결권을 양수하기로 하였다. Peter Boutros 가 회사와 체결한 Restricted Stock Grant Agreement에 따르면 Peter Boutros가 2011년 3월까지 퇴사하지 않는 경우에는 위 주식을 매각 혹은 양도할 수 있고, 그 이전에는 원칙적으로 양도가 불가능하였다. 원래 Peter Boutros는 Crown 측을 지지한다는 의사를 표명하였으나, TBE 측에서 Peter Boutros가 원하는 가격에 주식을 매수하겠으니 그 대가로 의결권 위임을 해 달라는 제의를 하였다. 이에 2009년 12월

20일 주식 매매계약이 체결되었는데, Peter Boutros가 향후 매각 가능한 주식 혹은 그에 대한 권리를 225,000달러에 TBE 측에 매각하고, TBE측은 계약체결과 동시에 매각대금을 지급하며, Peter Boutros는 의결권 행사에 관한 취소불가능한 위임장을 TBE측에 제공하기로 하였다. 즉 TBE 측에서는 위 주식 매매계약으로 인하여 향후 매각 가능한 Peter Boutros 보유 주식에 대하여 이해관계를 가지게 되었고, 또한 주식 양수 이전에도 취소불가능한 위임장을 통하여 의결권 행사를 할 수 있게 되었다. 이를 통해 TBE 측이 위임장 경쟁에서 승리하여 그 제안 안건이 승인되었다. 위 주식 매매계약에 대해서 Crown 측에서는 이는 전형적인 Vote Buying에 해당하므로 위 계약 및 그로 인한 의결권 위임이 무효라고 주장하였고, 그러므로 위 안건에 대한 결의도 무효라고 주장하였다.

이에 대해서 법원은 위 주식매매계약은 Vote Buying에 해당하지만 그 대가로 경영진이 회사의 자산을 제공한 것은 아니므로, Schreiber v. Carney 사건 등에 의하여 그 법리가 확립된 것과는 다른 형태의 Third Party Vote Buying 이라고 하였다. 이러한 Third Party Vote Buying에 대해서는 아직 판례상 그 법리가 확립된 것은 아니나 일응 Schreiber v. Carney 사건의 기준과 유사한 기준에 의하여 유효성 여부를 판단할 수 있을 것이라고 하였다. 즉 Third Party Vote Buying에 대해서도 당해 행위가 주주의 정상적인 의결권 행사체계에 반하는 경우에는 법원이 그 유효여부를 심사할 수 있다. 특히 Third Party Vote Buying이 상대방 주주에 대한 사기(fraud)에 해당하거나 다른 주주들의 부를 탈취하는 수단으로서 이용되는 경우에는 당해 거래행위 및 그로 인한 의결권 행사는 무효라고 보아야 한다[132].

---

132) Earl Sneed, The Stockholder May Vote as He Pleases: Theory and Fact, 22 U. PITT. L. REV. 23, 46면에서도 Vote Buying은 사기행위가 개입되거나(fraud), 지배주주에 의해서 이루어지거나, 소수주주에 대한 부당한 압박의 수단으로 사용되지 않는 이상 문제되지 않는다고 하고 있다.

사기행위와 관련해서는 의결권을 매수하는 자와 매각하는 주주 간에 중요정보의 비대칭이 있어서는 아니되며, 특히 당해 의안의 내용 및 회사에 미치는 영향 등에 대한 정보 및 Vote Buying으로 인하여 주주총회 결의의 결과가 변동될 수 있는지 여부 등에 대한 정보를 의결권을 매도하는 측에서도 알고 있어야 한다. 그리고 이를 통해 의결권 매각 여부 및 의결권 매각의 대가가 결정되어야 한다. 본건의 경우에는 Peter Boutros도 문제되는 의안의 내용 및 회사에 미치는 영향, TBE 측에서는 126,325주의 주식만 더 확보하면 위 안건을 통과시킬 수 있는 상황이라는 것을 알고 있었고, 이를 고려하여 당시 시세보다 높은 가격에 본건 주식매매계약을 체결하였다는 점에서 Vote Buying을 사기행위라고 보기는 어렵다고 하였다.

다른 주주의 부를 탈취하는(disenfranchising) 것이어서는 안된다는 요건과 관련해서는 Third Party Vote Buying을 통한 의결권 행사가 회사 및 다른 주주들의 부를 극대화하는 목적이어야 한다. 특히 Third Party Vote Buying을 통하여 주식에 대한 이해관계와 의결권이 분리되는 경우에는, 주주의 자유로운 의결권 행사를 통해 회사의 부를 극대화하는 의사결정이 이루어질 수 있다는 델라웨어 회사법의 대전제가 충족되지 않을 수 있으므로 위와 같은 요건에 대한 엄격한 심사가 필요하다고 한다. 그러나 본건의 경우에는 TBE 측에서 이미 주식매수대금을 지급하였고, 주식의 매수인으로서 주식의 가치변동에 대한 이해관계를 가지게 되었으므로 주식에 대한 이해관계와 의결권이 분리된 경우라고 볼 수 없고, 그 외에 TBE 측에서 회사의 가치증대와 상반되는 이해관계를 가진다고 볼 만한 별도의 사정도 보이지 아니하므로, 회사의 가치를 하락시키는 방향으로 의결권을 행사하기 위한 목적으로 Third Party Vote Buying이 이루어졌다고 보기 어렵다고 하였다.

나) 의결권 분리거래 및 의결권 행사의 적법성 기준에 대한 논의

ㄱ) 주식파생상품 등을 통한 의결권 분리거래에 대한 판단기준

앞서 살펴 본 Schreiber v. Carney 판례 및 Kurz v. Holbrook 판례는 모두 주식을 소유하지 않으면서 그 의결권 행사에 대한 권리만을 취득하는 D 유형의 의결권 분리에 대한 것이다. 이에 비해서 주식파생상품 혹은 주식 대차거래를 통한 B유형의 의결권 분리거래의 경우에도 위 판례의 판단기준이 적용될 수 있는지가 논의되고 있다.

Schreiber v. Carney 사건에서는 의결권 분리거래가 다른 주주들에게 모두 공시되었고, 그 거래조건의 공정성에 대한 독립적인 위원회의 심사 및 다른 주주들의 승인이 있었다는 점이 중요한 고려요소가 되었다. 그러나 파생상품 등을 이용한 의결권분리의 경우에는 이러한 요건이 원천적으로 충족될 수 없다는 점을 근거로 위 판례의 기준을 적용하여 유효성을 인정할 여지가 적다는 견해도 있다. 파생상품 거래는 다른 주주에게 공시되지 않는 경우가 많고, 또한 그러한 거래의 필요성 내지 공정성에 대해서 다른 주주가 승인할 수 있는 기회가 부여되지도 않기 때문이다[133].

이에 대해서 파생상품 등을 통한 의결권 분리거래의 경우에도 주주가 주식에 대한 이해관계가 없어서 회사의 이익을 위하여 의결권을 행사할 인센티브가 없으므로 의결권 위임에 의한 의결권 분리거래와 차이가 없고, Kurz v. Holbrook 사건에서도 주식에 대한 이해관계와 의결권이 분리되었는지 여부를 중요한 기준으로 보았으므로 위 판례의 판단기준이 파생상품 등을 통한 의결권 거래에 있어서도 고려될 수 있다는 견해도 있다[134].

---

133) Anish Monga, Using Derivatives to Manipulate the Market for Corporate Control, 12 STAN. J. L. BUS. & FIN. 186, 2006, 202-203면.

134) Michael C. Schouten, The Mechanisms of Voting Efficiency, Centre for

ㄴ) 지배주주와 주요주주의 의결권 분리거래에 대한 판단기준

지배주주와 주요주주는 의결권 분리거래에 대한 판단기준을 달리
할 필요가 있다는 논의도 있다. 지배주주에 대한 사후적 구제의 경우에
는 이는 기본적으로 충실의무 위반 소송의 연장선 상에서 전체적 공정
성(Entire Fairness) 기준[135])을 적용하여야 한다는 지적이 있다[136]. 다만

Business Research, University of Cambridge, Working Paper No. 411
(Harvard/Stanford International Junior Faculty Forum 2010), 40면 김수경, 공의
결권(Empty voting) 규제에 관한 소고 : 의결권 매수(Vote-buying)에 대한 미국
판례법의 적용가능성을 중심으로, 상사판례연구 24집 1권. 2011, 251-257면에
서도 파생상품을 이용한 의결권 분리거래의 경우에 Schreiber v. Carney 사건에
서 제시한Vote Buying에 대한 일반적인 판단기준이 적용될 수 있다고 하고 있
다. 위 논문에서는 우선 파생상품을 이용한 의결권 분리거래의 경우 의결권 매
도인이 누구인지를 알기 어렵고 의결권에 대한 대가가 지급되었는지 여부도 불
분명하지만, 의결권과 주식에 대한 이해관계의 분리를 통해 다른 주주의 이익
이 훼손될 수 있다는 본질은 동일하므로 Vote Buying에 대한 일반적인 판단기
준이 적용될 수 있다고 한다. 다만 다른 주주가 그 직접 상대방이 되지 않는다
는 점에서 다른 주주에 대한 사기행위 여부에 대한 기존 판례의 판단기준을
적용하기는 어렵고 그러므로 공정성 기준이 중요한 판단기준이 된다고 한다.
나아가 위 논문에서는 공정성 기준의 적용과 관련하여 주식에 대한 이해관계와
의결권의 분리 자체가 소유권에 비례한 권한행사라는 공정성 및 모든 주주가
회사의 이익을 위하여 의결권을 행사할 것이라는 다른 주주들의 합리적 기대를
충족하여야 하는 공정성을 해치는 것으로 볼 수 있다고 한다. 그러나 의결권
분리거래의 목적 내지 그로 인하여 실제로 회사 내지는 다른 주주의 이익이
훼손되었는지 여부를 고려하지 않고 의결권 분리 자체가 공정성을 훼손한다고
보는 것은 무리한 해석이라고 생각된다.

135) Kevin C. Cunningham, Examination of Judicial Policy on Corporate Vote
Buying in the Context of Modern Financial Instruments, 64 N.Y.U. Ann. Surv.
Am. L. 293 (2008), 337-338면 Jeffrey D. Bauman, Alan R. Palmiter, Frank
Partnoy, Corporations Law and Policy-Materials and Problems 6th ed., Thomson
West, 2007, 869면에 의하면 Entire Fairness의 기준은 거래 자체의 공정성 및
거래가격의 공정성 기준으로 나누어 볼 수 있다. 전자는 거래 자체의 필요성
및 조건에 대하여 이사 내지 지배주주가 신중하게 이를 심사하고 협상하였고,
회사의 다른 소수주주들에게 관련 정보가 충분히 공시되어 이러한 정보에 기반
한적정한 투자판단이 이루어졌는지 여부에 대한 것이다. 이에 비해 후자는 그

지배주주의 충실의무 위반에 대한 대표적인 판례인 Weinberger v. UOP, Inc., Del. Ch., 409 A. 2d 1262(1979) 판결 등을 근거로 지배주주가 의결권 과다보유에 해당하는 경우에도 다른 소수주주들 다수가 당해 의안에 대해서 찬성하거나 아니면 독립적인 사외이사로 구성된 위원회에서 해당 거래 조건 등을 공정하게 심사하여 결정한 경우 등에는 그 입증책임을 전환하여 원고 측에서 결의 내용이 공정성에 반한다는 점을 적극적으로 입증하여야 한다고 한다[137].

이에 비해서 주요주주의 경우에는 주주총회 결의 내용을 지배한다고 보기는 어렵고 다만 그 결의 내용에 영향을 미칠 가능성이 인정되는 경우이므로 전체적 공정성 기준에 의하여 심사하기는 어렵다고 한다. 그러므로 주요주주의 경우에는 일반적인 경영판단의 원칙과 유사한 정도의 낮은 심사기준을 적용하는 것을 고려할 수 있다. 즉 주요주주가 자신이 가지고 있는 정보에 기초하여 회사의 이익에 부합한다는 인식

거래의조건 내지 가격이 회사의 현재 자산상태 및 미래수익을 고려할 때 정당하다고 볼 수 있는지 여부에 대한 것이다. 그러나 이러한 양자의 기준은 분리되어 심사될 수는 없는 것이고, 양자가 일체로서 Entire Fairness 여부를 판단하여야 한다고 한다.

136) Andrea Zanoni, Hedge Funds' Empty Voting in Mergers and Acquisitions: A Fiduciary Duties Perspective, Global Jurist, Vol. 9, No. 4, 2009, available at SSRN: http://papers.ssrn.com/sol3/papers.cfm?abstract_id=1285589, 28면 이하.

137) Weinberger v. UOP, Inc., Del. Ch., 409 A. 2d 1262(1979), 705면 내지 709면 Jeffrey D. Bauman, Alan R. Palmiter, Frank Partnoy, Corporations Law and Policy-Materials and Problems 6th ed., Thomson West, 2007, 861면에 의하면, 지배주주의 충실의무 위반이 문제되어 소송이 제기되는 경우, 사기 혹은 정보미공시 등 공정성 위반으로 볼 수 있는 일련의 사실을 원고가 입증할 필요가 있으나, 이러한 관련사실이 어느 정도 입증되는 경우 공정성(entire fairness) 여부에 대한 근본적인 입증책임은 피고인지배주주가 부담하게 된다고 한다. 다만 소수주주 중 다수의 찬성, 혹은 이해관계가 없는 독립적인 사외이사 등으로 구성된 위원회에 의한 승인이 있는 경우에는 그 입증책임이 전환되어 원고가 공정성여부에 대한 최종적 입증책임을 부담하게 된다고 한다.

을 가지고 의결권을 행사한 경우에는 당해 의결권 행사를 문제삼을 수 없다는 것이다[138].

다) 의결권 행사의 적법성 판단을 위한 심사기준 검토

위에서 본 대로 미국의 Schreiber v. Carney 판례 및 Kurz v. Holbrook 판례는 모두 주식을 소유하지 않으면서 그 의결권 행사에 대한 권리만을 취득하는 D 유형의 의결권 분리에 대하여 그 적법 여부의 기준을 제시하고 있다. 그러나 주식파생상품 혹은 주식 대차거래를 통한 B유형의 의결권 분리거래의 경우에도 주주가 주식에 대한 이해관계를 가지지 않아서 의사결정의 왜곡이 일어날 수 있다는 점에서 본질적으로 동일한 문제를 가지고 있다. 그러므로 이에 대해서도 같은 관점에서 적법 여부를 판단할 수 있다. 특히 미국의 사례에서는 D 유형의 의결권 분리거래에 대하여 그 이행을 강제할 수 있고, 실제로도 취소 불능한 의결권 위임이 문제되었다. 그러나 우리나라의 경우에는 D유형의 의결권 분리거래는 주주가 언제든지 이를 취소하고 자신의 의사대로 의결권을 행사할 수 있다는 점에서 미국과는 차이가 있다. 오히려 우리나라의 경우 B 유형의 의결권 분리거래가 취소가 불가능하다는 점에서 더욱 문제가 된다.

의결권 분리거래에 대해서 미국의 판례 및 논의에서 제시하고 있는 기준은 그 상대방 및 다른 주주에 대하여 의안의 내용 및 회사에 미치는 영향 등에 대한 정보 및 위 거래로 인하여 주주총회 결의의 결과가

---

138) Andrea Zanoni, Hedge Funds' Empty Voting in Mergers and Acquisitions: A Fiduciary Duties Perspective, Global Jurist, Vol. 9, No. 4, 2009, available at SSRN: http://papers.ssrn.com/sol3/papers.cfm?abstract_id=1285589, 33면 이하 다만 입증책임과 관련해서는 원고가주요주주가 의결권 분리거래를 통하여 의결권 과다보유를 하였음을 입증한다면, 경영판단의 합리성에 대한 추정이 복멸되어 오히려 피고인 주요주주의 입장에서 자신의 의결권 행사가 회사의 이익에 부합한다는 인식에기초하여 이루어졌다는 점에 대한 입증을 하여야 한다고 한다.

변동될 수 있는지 여부 등에 대한 정보를 공시하여야 한다는 것이다. 다음으로 의결권을 행사하는 자가 개인적인 이익을 위하여 회사의 부를 감소시키는 방향으로 의결권을 행사하여 다른 주주의 부를 탈취하려는 목적으로 의결권 분리거래가 이루어져서는 안된다는 것이다.

이 중 전자의 요건은 특정 의안에 대한 의결권 분리거래를 전제로 하지 않고 주식을 취득한 후에 그 이해관계를 이전하는 방식의 B 유형의 의결권 분리거래의 경우에는 적용하기 어렵다. 또한 D 유형의 의결권 분리거래의 경우에도 미국의 경우에는 취소 불능한 의결권 위임 전에 상대방에게 정확한 정보에 기초해 의결권 위임 여부를 판단할 수 있는 기회를 주어야 한다는 점에서 중요하지만, 우리나라의 경우에는 주주가 원하는 경우 언제나 이를 취소할 수 있다는 점에서 의결권 분리거래 시점에서의 정보공시의 중요성이 상대적으로 크지 않다. 특히 이는 의결권 분리거래의 사후적 구제요건에 포함하지 않는 경우에도, 본서 제5장에서 논하는 의결권 분리에 대한 공시제도의 개선을 통하여 달성될 수 있다는 점을 고려하면 더욱 그러하다.

결국 중요한 요건은 개인적인 이익을 위하여 회사의 부를 감소시키는 방향으로 의결권을 행사하여 다른 주주의 부를 탈취하려는 목적으로 의결권 분리거래가 이루어져서는 안된다는 점이다. 이와 관련하여 의결권을 행사하는 자의 입장에서는 당해 의안의 대상이 되는 거래와 관련하여 그 적정성에 대한 심사 등이 공정하고 신중하게 이루어졌고, 그 거래조건 및 가격에 있어서도 공정한 평가에 기초하여 회사의 이익을 위하여 공정하게 의결권을 행사하였다는 점을 입증할 필요가 있다. 특히 지배주주가 의결권 과다보유에 해당하는 경우에는 이를 엄격히 심사할 필요가 있다.

다만 의결권 과다보유에 해당하는 의결권 행사자 이외에 다른 주주들의 다수가 당해 의안을 찬성하였다거나 아니면 독립적인 사외이사로 구성된 위원회에서 해당 거래 조건 등을 공정하게 심사하여 결정한 경우 등에는 위의 공정성 요건을 추정하여 소송을 제기한 원고가 의결권 행사가 공정하지 못하고 회사의 이익이 아닌 개인적 이익을 추구하기 위한 것이라는 점을 입증하도록 하는 방안도 생각해 볼 수 있다. 또한 D유형의 의결권 분리거래의 경우에는 주주가 언제든지 이를 취소할 수 있으므로, 주주가 이를 취소하지 않고 의결권 과다보유를 한 자의 의결권 행사를 허용한 이상 그 자체로 이는 주식에 대하여 이해관계를 가지는 주주가 회사의 이익을 위하여 의사결정한 것이라고 볼 수 있다. 따라서 의결권 행사자 이외에 다른 주주들의 다수가 당해 의안을 찬성하였는지 여부를 판정함에 있어서 위 주주들도 포함하여 산정하는 등의 방법으로 입증책임이 전환되도록 하는 것도 고려해 볼 수 있다.

또한 지배주주와는 달리 주요주주의 경우에는 단독으로 주주총회 결의 내용을 지배한다고 보기는 어렵고 다만 그 결의 내용에 대한 사실상 영향력만이 인정된다. 그러므로 지배주주보다는 낮은 정도의 심사기준을 적용할 필요가 있다. 예를 들어 경영판단의 원칙과 유사하게 합리적으로 이용 가능한 범위 내에서 필요한 정보를 충분히 수집·조사하고 검토하는 절차를 거친 다음, 이를 근거로 회사의 최대 이익에 부합한다고 합리적으로 신뢰하고 신의성실에 따라 판단을 내렸고, 그 내용이 현저히 불합리하지 않은 것으로서 합리적으로 선택할 수 있는 범위 안에 있는 것이라면 당해 의결권 행사를 유효하다고 볼 수 있다[139].

---

139) 대법원 2007.10.11. 선고 2006다33333 판결에서도 경영판단의 원칙과 관련하여 이사가 회사에 미칠 것으로 예상되는 이익 및 불이익의 정도 등에 관하여 합리적으로 이용 가능한 범위 내에서 필요한 정보를 충분히 수집·조사하고 검토하는 절차를 거친 다음, 이를 근거로 회사의 최대 이익에 부합한다고 합리적으로 신뢰하고 신의성실에 따라 경영상의 판단을 내렸고, 그 내용이 현저히 불합리하지 않은 것으로서 통상의 이사를 기준으로 할 때 합리적으로 선택할 수 있는 범위 안에 있는 것이라면, 비록 사후에 회사가 손해를 입게 되는 결과가 발생하였다 하더라도 그 이사의 행위는 허용되는 경영판단의 재량범위 내에 있는 것이어서 회사에 대하여 손해배상책임을 부담한다고 할 수 없다고 하였다.

(라) 의결권 행사와 주주총회 결의의 인과관계

마지막으로 주주의 의결권 행사가 주주총회 결의에 영향을 미쳤는지 여부를 판정하여야 한다. 지배주주의 경우에는 이러한 인과관계를 쉽게 인정할 수 있으나, 주요주주의 경우에는 사안에 따라 달리 판단될 수 있다. 주요주주가 의결권 행사를 하지 않았을 경우 당해 주주총회의 결의 내용이 변경되었다면 이러한 결정적 영향력이 인정된다고 하는 방법이 있고, 반면에 의결권 행사가 반대방향으로 이루어졌다면 당해 주주총회의 결의 내용이 변경되었을 경우에 이러한 결정적 영향력을 인정하는 방법이 있다[140]. 법률상 인과관계 판단의 경우에는 원인이 되는 행위가 없었을 경우 결과가 발생하지 않았을지 여부를 기본적인 판단기준으로 하므로[141] 첫번째 기준이 보다 타당하다.

---

140) Jonathan Cohen, Negative Voting: Why It Destroys Shareholder Value and A Proposal to Prevent It, 45 Harv. J. on Legis. 237 (2008), 254면.
141) 김형배, 김규완, 김명숙, 민법학 강의 제10판, 신조사, 2011, 1631면.

제3절 의결권 과소보유에 대한 의결권 인정

제1항 개요

의결권 과다보유에 대한 의결권 제한의 반대방향에서 생각할 수 있는 것이 의결권 과소보유에 대한 의결권의 인정이다. 의결권 과다보유에 의한 의결권 제한에 의하여 회사의 다수 지분에 대한 의결권이 제한되기만 한다면, 주주총회의 결의가 소수주주의 의사에 의하여 결정될 가능성이 높다[142]. 그러나 소수주주들은 주식에 대하여 이해관계를 많이 가지고 있지 않아 관련자료를 신중히 검토하고 회사의 이익을 위한 방안을 모색하여 의사결정을 할 인센티브가 높지 않다. 그러므로 만약 다수지분을 가진 주주들로부터 주식에 대한 이해관계를 이전받은 자가 있다면 이들에게 그에 상응하는 의결권을 인정하여야 한다는 논의가 있다. 이들이 소수주주보다 많은 이해관계를 가지고 있고 회사의 이익을 위한 최선의 방안을 모색하여 의사결정을 할 수 있는 인센티브를 가지고 있기 때문이다.

---

142) 이와 관련하여 구 상법 제370조 제1항의 무의결권 우선주와 같이 상법에서 의결권이 없으면서 주식에 대한 이해관계를 가지는 경우를 인정하고 있다는 지적이 있을 수 있다. 그러나 무의결권 우선주의 경우에는 배당 혹은 잔여재산분배 등에 있어서 보통주보다 우선하게 되므로 무의결권 우선주를 보유한 경우에는 보통주와 동일한 이해관계를 가진다고 하기 어렵다. 본서에서 다루는 주식에 대한 이해관계라고 함은 보통주에 대한 이해관계를 말한다. 이에 대한 설명은 제2장 II. 2. (2) (가) 가) (ㅂ) 참고.

제2항 의결권 과소보유에 대한 의결권 인정 논의

제1목 실질주주 의결권 행사제도의 확대

1. 논의의 내용

 자본시장과 금융투자업에 관한 법률 제315조의 실질주주의 권리행사제도의 법리를 확대하여 의결권 과소보유 일반의 경우에도 의결권 행사를 허용할 필요가 있다는 견해가 있다[143]. 위 제도는 명부상의 형식 주주의 의결권 행사를 제한하고, 주식에 대한 실질적인 경제적 소유와 주식의 의결권을 다시 결부시키는 것으로서 의결권 분리를 위한 기술적 수단이 발달한 오늘날에 있어서 더욱 확대 적용될 수 있다는 것이다. 예를 들어서, 주식스왑거래를 통해 주식에 대해서 short position을 가지고 있는 파생상품 딜러를 생각해 보자. 이러한 경우 일반적인 시장 관행에 의하면 위 딜러는 자신의 short position에 의한 위험을 헤지하기 위하여 당해 주식을 실제로 보유하는 경우가 많다. 그리고 주식스왑계약이 해지되는 경우 주식에 대해서 long position을 가지고 있는 자가 그 의결권을 행사할 수 있게 하기 위해서 주식을 그에게 인도하거나, 주식스왑계약 해지 이전에도 주식 스왑계약 상대방의 지시에 의하여 의결권을 행사할 수도 있다. 이러한 시장의 관행은 실질주주 제도와 유사하게 의결권과 경제적 이해관계를 다시 결합시키는 기능을 한다. 즉 시장에서는 이미 주식에 대하여 이해관계를 가진 자에게 의결권의 행사를 허용하는 거래가 이루어지고 있음을 주목할 필요가 있다는 것이다[144]. 그러므로 이러한 시장의 관행을 제도화할 필요가 있다고 한다.

---

143) Henry T. C. Hu & Bernard S. Black, Equity and Debt Decoupling and Empty Voting II: Importance and Extensions, 156 U. Pa. L. Rev. 625 (2008), 703면
144) 다만 특정 주식 자체에 대하여경제적 이해관계가 이전된 경우에 한하여 의결권 이전이 인정될 수 있고, 특정 주식에 대한 것이 아닌 일정 portfolio에 대한 이해

위와 같이 주식스왑대상 주식을 취득한 파생상품 딜러는 이를 명부상의 주주와 동일하게 보아 의결권을 주식 스왑거래의 상대방에게 귀속시키는 것이 필요하다는 것이다[145].

2. 검토

그러나 우리 법제 상의 실질주주 제도는 한국 예탁결제원에 회사 주식이 예탁된 경우 이러한 예탁주식의 공유자에 대해서 의결권을 인정하는 특수한 제도이다. 이는 경제적 이해관계를 가진 자들에게 의결권을 인정하기 위한 제도라기보다는 상장회사의 주주권 행사자를 특정하기 위한 편의를 제공하고 더불어 주식투자자들에게도 명의개서의 번거로움 없이 주주권을 행사할 수 있도록 하기 위한 제도이다[146]. 그러므로 이를 근거로 의결권 과소보유의 경우 전면적으로 의결권을 인정할 수 있다고 보기는 어렵다. 게다가 위 제도는 형식주주인 증권예탁결제원에 예탁된 주식의 공유지분 보유자를 실질주주로 보아 의결권을 인정하는 형태이다. 그러므로 실질주주가 주식에 대한 이해관계를 다른 자에게 이전한 경우, 그 상대방에게 의결권을 인정한다면 이는 둘 이상의 형식주주를 인정하는 셈이 된다. 이는 위 실질주주 권리행사 제도의 기본적인 틀과 부합하지 않는다.

제2목 당사자 간의 계약을 근거로 한 의결권 인정

1. 논의의 내용

주주가 계약을 통해 주식에 대한 이해관계를 이전한 경우, 이러한

관계 보유의 경우에는 위와 같은 의결권 인정이 적용되기 어려울 것이라고 한다. Henry T. C. Hu & Bernard S. Black, Equity and Debt Decoupling and Empty Voting II: Importance and Extensions, 156 U. Pa. L. Rev. 625 (2008), 705면.
145) Henry T. C. Hu & Bernard S. Black, Equity and Debt Decoupling and Empty Voting II: Importance and Extensions, 156 U. Pa.L. Rev. 625 (2008), 704면
146) 이철송, 회사법강의(제19판), 박영사, 2011, 372면.

계약 자체에 의해서 당사자가 주식에 대한 이해관계뿐만 아니라 의결권도 이전한 것으로 해석하여, 그 상대방에게 의결권을 인정하는 것을 생각해 볼 수 있다. 실제로 주식에 대한 이해관계의 이전을 위한 계약을 체결하면서 동시에 명시적인 의결권 구속 계약을 통해 그 계약 상대방의 의사대로 의결권이 행사되도록 정하고 있는 경우도 많다[147]. 당사자의 의사를 기준으로 보면 명백히 주식에 대한 이해관계에 부수하여 의결권도 같이 이전될 것을 의도한 것이라고 볼 수 있다. 그러나 본서의 분류에 의하면 주식에 대한 이해관계를 이전하면서 의결권 구속계약이나 의결권 백지위임 등을 통하여 의결권도 같이 이전한 경우는 그 자체로 의결권 분리에 해당하지 않는다. 문제가 되는 것은 주식에 대한 이해관계만을 이전한 경우에 이를 근거로 의결권까지 인정할 수 있는지의 문제이다.

실제로 앞서 본서 제3장 I. 에서 살펴 본 서울중앙지방법원 2008. 4. 29. 선고 2008카합1070 결정을 근거로 의결권의 인정이 필요하다고 주장할 수도 있다. 위 결정례의 사안에서 갑회사는 2007. 12. 31.을 정기주주총회 기준일로 하고 있었고, 당시에는 A가 갑회사의 대주주였다. 2008. 2.경 A는 B와 소유주식 양도 및 2008. 주주총회에서의 의결권 위임을 내용으로 하는 주식양도계약을 체결하였고, 의결권 위임에 대한 위임장도 작성하였다. 2008. 3. 18. A는 B와의 위 주식양도계약 및 의결권 위임이 무효라고 주장하였고, 당해 계약의 무효 내지 취소의 의사를 표시하는 통지를 B에게 송부하였다. 2008. 3. 27. A는 제3자에게 당해 주식에 대한 의결권을 위임하였고, 2008. 3. 28. 갑회사 정기주주총회에서 제3자가 의결권을 행사하였다. 이에 대해서 B가 위 주주총회에 대하여 결의효력정지가처분 신청을 하였다. 위 사안에 대하여 법원은 의결권의 위임은 각 당사자가 언제든지 해지할 수 있는 것이 원칙인 점에 비추어 일반적으로 주주는 의결권 위임을 철회하고 제3자에게 의결권 위임을 할 수 있으나, 위임의 당사자 사이에 의결권 위임을 일방적으로 철회할 수 없는 특별한 사정이 있는 경우에는 철회가 불가능하다고 하

---

147) 앞서 언급한 현대엘리베이터와 넥스젠캐피탈의 경우가 대표적이다.

였다. 이러한 법리에 비추어, A의 B에 대한 의결권 위임은 당해 주식
및 경영권의 양도에 수반하여 이루어진 것이어서 주식 및 경영권의 양
도가 유효한 이상 의결권 위임만을 별도로 철회하지 않는다는 묵시적
인 특약이 있었다고 봄이 상당하다고 하여, B의 의결권 행사의 효력을
인정하였다.

위 결정례의 사례를 보면 주식양도계약이 체결되어 주식에 대한 이
해관계를 양수인이 가지게 된 경우에, 양도인이 양수인에 대한 의결권
위임을 철회할 수 없다고 보아 주식에 대한 이해관계를 가지는 양수인
에게 의결권도 인정하였다고 볼 수도 있다.

2. 검토

그러나 단순히 주식에 대한 이해관계를 이전하는 계약만을 근거로
상대방에게 의결권을 이전하여야 한다는 것은 의결권 과소보유의 경우
에 당연히 의결권을 인정하여야 한다는 주장과 다를 바 없다. 즉 왜 의
결권이 이전되어야 하는지에 대한 답을 제시하지 못한다. 당사자의 의
사를 근거로 할 수도 있으나, 당사자의 의사는 주식에 대한 이해관계의
이전에 있지 의결권의 이전에 있는 것은 아니다. 위 결정례의 사례에서
도 의결권 위임의 철회에 의하여 주주가 의결권 이전의 의사가 없었음
이 명백히 나타났다. 또한 주식스왑계약 등 주식에 대한 이해관계만을
이전받는 경우 상대방이 지불하는 대가와 주식 자체를 양수하여 그 이
해관계와 의결권을 모두 이전받는 경우 상대방이 지불하는 대가는 같
지 않을 수 있다는 점에서도 위와 같은 주장은 타당성이 부족하다.

게다가 위 결정례는 의결권 위임의 경우에도 민법 제689조의 위임의
해지의 자유가 인정되므로 주주가 언제든지 이를 해지하고 직접 의결권
을 행사할 수 있다고 해석하는 일반적인 학설 및 판례와는 다른 입장에
서 있는 예외적인 결정례로서 이를 근거로 의결권 과소보유에 대한 의결

권 이전을 인정하기에는 무리가 있다[148]. 또한 위 결정례는 주식양도 및 경영권 변동의 과정에서 나오게 된 것으로 기본적으로는 주식에 대한 이해관계 및 의결권을 구분하지 않고 주식 자체의 양도를 전제로 그 과도기적 과정에 있어서 의결권을 먼저 이전한 경우에는 이를 유효하게 보아야 한다는 것이다. 그러므로 주식에 대한 이해관계의 이전만을 목적으로 하는 주식 스왑계약 등에 있어서도 같은 논리가 적용된다고 보기는 어렵다.

나아가 의결권 구속계약 혹은 의결권 처분에 대한 주주의 의사를 근거로 주식에 대하여 이해관계를 가지는 자에게, 회사에 대항할 수 있는 의결권을 인정할 수 있는지의 문제도 마찬가지이다[149]. 앞서 본 바와 같이 우리 법 하에서는 이러한 계약에 대해서 주주간의 채권적인 효력만이 인정된다. 그러므로 회사법 해석론에 의하면, 의결권 구속계약에 기해서 주식에 대하여 이해관계를 가지는 자에게 의결권을 인정하기는 어렵다.

자본시장과 금융투자업에 관한 법률 제147조는 주식대량보유상황보고제도에 대하여 규정하면서 소유에 준하는 보유를 요건으로 하고 있

---

148) 대법원 2002. 12. 24. 선고 2002다54691 판결 ; 이철송, 회사법강의(제19판), 박영사, 2011, 454면 권기범, 현대회사법론(제3판), 삼지원, 2010, 593면.

149) 실제로 금융관련 법령에서는 본인이주식의 소유자와 당해 주식에 대한 의결권 구속계약 혹은 의결권행사에 관한 위임계약 등을 통해 의결권을 공동으로 행사하는 경우 당해 주식에 대하여 일정한 권리를 행사한다는 점에서 주주와 유사한 규제를 가하는 규정들이 많다. 예를 들어 금융지주회사법 제2조 제1항 제8호 나목 및 은행법 제2조 제1항 제9호 다목에서는 보유라함은 "동일인이 자기 또는 타인의 명의로 주식을 소유하거나 계약 등에 의하여 의결권을 가지는 것"이라고 규정하고, 은행법 제2조 제1항 제8호 및 금융지주회사법 제3조 제1항, 은행법 시행령 제1조의 4 제1항 제9호에 의하면 "본인 또는 그 특수관계인과 합의 또는 계약 등에 의하여 금융기관의 발행주식에 대한 의결권(의결권의 행사를 지시할 수 있는 권한을 포함함)을 공동으로 행사하는 자"도 본인의 특수관계인으로서 동일인에 포함된다고 한다. 그러므로 의결권 구속계약을 통하여 제3자의 의결권 행사내용도 결정할 수 있는 권한이 있는 경우 당해 제3자의 주식소유분도 동일인보유분에 포함되어 은행법 제15조 이하 혹은 금융지주회사법 제8조 이하의 동일인 주식보유한도 규제 등에 있어서 합산하여 규제받게 된다.

고, 동법 시행령 제142조는 이러한 보유의 개념을 6가지 경우로 나누어서 규정하고 있다. 법문상으로도 자기의 계산으로 주식을 소유하는 동 시행령 제10조의 4 제1호의 경우에 있어서만 소유라는 표현을 사용하고 있고, 계약 등을 통해 의결권에 대한 권한을 갖는 경우 등 제1호 이외의 나머지 경우에는 소유가 아닌 보유라는 표현을 사용한다. 그러므로 의결권 구속계약을 체결한 것에 불과한 경우에는 주식을 소유하여 의결권을 가지는 주주와 동일하게 보기는 어렵다고[150] 해석하는 것이 위 자본시장과 금융투자업에 관한 법률 등 관련 법령의 규정과도 일치한다.

제3목 주식 가치 상승을 위한 인센티브가 있는 자에 대한 의결권 인정

1. 논의의 내용

주식 수에 비례하여 의결권이 주어진다는 1주 1의결권의 원칙에 대한 근본적인 비판을 통하여 1주 1의결권의 형식적 한계를 극복하고 주식에 대하여 이해관계를 가지는 자, 즉 회사 가치의 증가를 위한 이해관계를 가지는 자들에게 의결권을 인정하여야 한다는 입장도 있다[151].

---

150) 임재연, 주식대량보유상황 보고제도(5% RULE), 변호사회원연구논문집 26집, 216면 대법원2002. 7. 22. 선고 2002도1696 판결도 같은 입장이라고 할 수 있다. 위 판례에서 대법원은 가사 주식 620만 주에 대한 실질적 소유권을 취득하지·못하였다고 할지라도 이는 소유에 준하는 보유의 개념을 정한 증권거래법시행령 제10조의4 제3호 소정의 법률의 규정 또는 금전의 신탁계약·담보계약 기타 계약에 의하여 당해 주식 등의 취득 또는 처분권한이나 의결권을 갖는 경우에 해당한다 할 것이므로, 피고인에게 위 증권거래법상의 보고의무를 인정함에 지장이 없다고 할 것이라고 판시하였다. 즉 의결권구속계약을 통한 주식의 보유는 주식의 소유와는 구분되는 개념임을 명확히 하였다.

151) Shaun Martin & Frank Partnoy, Encumbered Shares, 2005 U. ILL.L. REV. 775, 2005, 805 - 806면.

이에 의하면 1주 1의결권의 원칙은 회사 자산에 대한 잔여이익권자
인 주주들에게 그 잔여이익에 비례하여 의결권을 부여함으로써, 회사
가치 증가를 위한 인센티브와 의결권을 결부시켜 회사의 의사결정에
있어서 발생할 수 있는 대리비용을 최소화하는 방안으로서 인정되어
왔다[152]. 또한 이는 회사라는 계약관계에 있어서 의결권의 분배와 관련
하여 주주를 포함한 회사의 이해관계자 상호 간에 합의될 것으로 예상
되는 최적의 규칙을 미리 제도화함으로써 의결권 행사자의 결정을 위
한 거래비용을 최소화하는 기능을 한다고 여겨져 왔다[153]. 그러나 파생
상품 거래의 발달 등 시장환경의 변화로 인하여 이러한 전통적 이론은
더 이상 설득력을 가질 수 없다고 한다. 실제로 위와 같은 1주 1의결권
원칙을 지지하는 이론에서는 주식에 대한 이해관계와 의결권이 분리되
어서는 안된다는 점을 전제로 하고 있으나[154], 오늘날 주식스왑계약 등
주식관련 파생상품을 통해 주식에 대한 이해관계와 의결권이 분리되는
것이 용이해졌다[155]. 그러므로 1주 1의결권의 원칙은 더 이상 주식가치
혹은 회사의 가치의 증가를 위한 인센티브를 가진 자에게 의결권을 인
정하여 대리비용을 최소화하는 기능을 할 수 없다고 한다[156]. 다만 거
래비용 최소화의 관점에서 의결권 행사자를 손쉽게 파악할 수 있다는

152) Frank H. Easterbrook & Daniel R. Fischel, Voting in Corporate Law, 26 J.L.
& Econ. 395 (1983), 403-406면 Bernard Black & Reinier Kraakman, A
Self-Enforcing Model of Corporate Law, 109 Harv. L. Rev. 1911 (1996),
1945-1946면에서도 1주 1의결권의 원칙을 통하여 대리비용이 최소화될 수 있
고, 기업지배권 시장을 통한 경영진에 대한 견제가 가능해 진다고 한다.
153) Frank H. Easterbrook & Daniel R. Fischel, Voting in Corporate Law, 26 J.L.
& Econ. 395 (1983), 418-427면 그러므로 이러한 1주 1의결권의 원칙에 반하는
법규정은 비효율적이라고 한다.
154) Frank H. Easterbrook & Daniel R. Fischel, Voting in Corporate Law, 26 J.L.
& Econ. 395 (1983), 410면.
155) Frank Partnoy, Some Policy Implications of Single-Stock Futures, Futures &
Derivatives Law Report, Mar. 2001, 8면.
156) Anish Monga, Using Derivatives to Manipulate the Market for Corporate
Control, 12 STAN. J. L. BUS. & FIN. 186, 2006, 191면.

점에서만 의미가 있다고 한다[157].

따라서 이러한 1주 1의결권 원칙의 한계를 극복하고, 주주여부를 불문하고, 주식에 대하여 이해관계를 가진 자들에게 의결권을 인정하는 것이 필요하다고 한다[158]. 즉 주주가 주식스왑계약 등을 통하여 주식에 대한 이해관계를 제3자에게 이전한 경우에는 당해 제3자가 회사 가치의 상승을 위한 인센티브를 가지고 있으므로 주주가 아닌 위 제3자에게 의결권을 인정하여야 한다는 것이다. 이러한 주장에 대해서는 주식에 대하여 이해관계를 가지는 자 전부에게 의결권을 인정한다면 주식 수보다 훨씬 많은 수의 의결권이 인정될 수 있다는 비판이 가능하다. 현금결제형 주식스왑계약 등은 주식을 가지고 있지 않아도 체결이 가능하므로, 주주와 동일한 이해관계를 가지는 자가 실제 주식수보다 많이 생길 수 있다. 또한 누가 어느 정도의 비율로 의결권을 가지는 지가 매 순간 달라질 수 있어서 이를 파악하는데 상당한 거래비용이 든다[159]. 이에 대해서 위 견해에서는 주주로부터 이해관계를 이전받은 경우에 한하여 의결권을 인정한다면 이러한 문제점이 발생하지 않는다고 한다[160]. 파생상품을 통한 이해관계의 이전 시 그 이해관계의 총합은 항상 영(zero-sum)이므로 주주가 다른 제3자에게 이해관계를 이전하고, 다시 그 제3자가 다른 상대방에게 이해관계를 이전한 경우 이를 추적하여

---

157) Shaun Martin & Frank Partnoy, Encumbered Shares, 2005 U. ILL. L. REV. 775, 2005, 809면.
158) Shaun Martin & Frank Partnoy, Encumbered Shares, 2005 U. ILL. L. REV. 775, 2005, 805면.
159) 예를 들어 오늘 50%의 의결권을 가진 주주가 있다고 하자. 그 다음 날 위 주주가 10% 주식에 대하여 현금결제형 주식스왑계약을 체결하여 60%의 주식에 대한 이해관계를 가지게 되었다고 하자. 그렇다면 그 다음 날을 기준으로 본다면 위 주주에게 60% 주식의 의결권이 부여되고, 전체 의결권 수도 110%로 증가하므로 위 주주의 의결권비율은 6/11이 되게 된다.
160) Shaun Martin & Frank Partnoy, Encumbered Shares, 2005 U. ILL. L. REV. 775, 2005, 806면.

최종적으로 이해관계를 이전받은 자에게 의결권을 인정한다면, 그 의결권의 총합은 원래 주식 수와 동일하다는 것이다.

물론 주식에 대한 이해관계를 가진 자를 파악하고 이러한 자에게 의결권을 인정하기 위해서는 상당한 거래비용이 들 수 있고, 만약 회사가치 상승을 위한 인센티브를 가진 자에게 의결권을 인정하여서 얻을 수 있는 대리비용 최소화라는 이익보다, 의결권 행사자 파악을 위한 거래비용이 더 크다면, 오히려 1주 1의결권의 원칙을 유지하는 것이 사회적으로 정당화될 수 있다[161]. 그러나 이는 거래비용을 고려할 때의 결과이고, 적어도 회사의 의사결정을 위한 대리비용의 최소화라는 점에서는 더 이상 1주 1의결권의 원칙은 의미가 없다는 것이다.

2. 검토

위 견해는 1주 1의결권의 원칙이 더 이상 회사의 이익을 위한 인센티브를 가진 자에게 의결권을 인정하는 원칙으로 기능할 수 없으므로 그 형식적 한계를 극복하여야 한다고 주장한다. 그러나 오늘날 파생상품 거래의 발달로 인하여 주주가 주식에 대하여 이해관계를 가지지 않는 것이 가능하게 되었으나, 여전히 많은 주주들이 주식에 대하여 이해관계를 가지고 있다. 따라서 그러한 의미에서 1주 1의결권의 원칙은 여전히 의미가 있다. 그러므로 1주 1의결권의 원칙을 폐지하고 전혀 새로운 기반에서 주식에 대한 이해관계를 가진 자에게 의결권을 인정하자는 것은 과도한 주장이다. 오히려 1주 1의결권의 원칙의 취지를 유지하면서 의결권 분리로 인한 문제점을 개선하기 위한 방안을 마련하는 것이 중요하다.

또한 위 견해에서는 주식수보다 많은 의결권이 인정되는 것을 막기

---

161) Shaun Martin & Frank Partnoy, Encumbered Shares, 2005 U. ILL. L. REV. 775, 2005, 806면.

위하여 주주로부터 이해관계를 이전받은 경우에 한하여 의결권을 인정하여야 한다고 주장한다. 그러나 주식에 대하여 주주와 동일한 이해관계를 가진 자들은 모두 주식가치 상승을 위한 동일한 인센티브를 가진다. 그러므로 이들을 차별하여 그 중 주주로부터 이해관계를 이전받은 자들에 한해서 의결권을 인정할 논리적인 근거를 찾기 힘들다. 또한 주식에 대하여 이해관계를 이전받은 자들을 일일이 찾아서 의결권을 인정하여야 한다면, 과다한 시간과 비용이 소요되어 효율적인 주주총회 진행이 어려워진다.

제3항 의결권 과소보유에 대한 의결권 인정 여부에 대한 검토

앞서 본 바와 같이 의결권 과소보유의 경우 의결권을 인정하여야 한다는 기존의 이론들은 그 자체로 논리적인 한계점을 가지고 있어서 이를 받아들이기 어렵다. 그러나 여전히 상당한 지분의 주식에 대하여 이해관계를 가지는 자는 회사의 이익 및 주식 가치 증대를 위한 최선의 방안을 모색하여 효율적인 의사결정을 할 수 있는 인센티브가 있어서 의결권을 인정할 필요가 있다는 논의가 가능하다. 또한 의결권 과다보유에 의해 의결권이 사전적으로 제한되는 경우 의결권 행사의 공백이 생긴다. 따라서 반사적으로 다른 주주가 적은 지분을 통해 회사의 의사결정을 지배할 수 있게 된다. 이는 또 다른 의사결정의 왜곡을 가져올 수 있어서 이에 대해서는 의결권의 인정이 의미가 있을 수도 있다는 지적도 가능하다.

더구나 우리 법제 하에서도 이미 주식에 대하여 이해관계를 가진 자에게 의결권을 인정하고 있는 경우가 있다. 대표적인 것이 상법 제526조이다. 동조 제1항에 의하면 흡수합병의 보고총회와 관련하여 채권자 보호 절차, 주식병합을 수반하는 경우에는 주식병합 절차 등 합병을 위한 실질적 절차를 종료한 후 지체 없이 주주총회를 소집하고 합병에 관한 사항을 보고하여야 한다. 동조 제2항에 의하면 합병 당시에 발행하는 신주의 인수인은 위 합병보고 주주총회에서 주주와 동일한 권리가 있다. 상법 제530조 제2항 및 상법 제234조에 의하여 합병의 효력은 합병 등기시에 발생한다. 즉 합병 등기일에 소멸회사의 권리, 의무가 법적으로 존속회사에게 이전하고, 소멸회사 주주가 존속회사의 주주 자격을 취득한다[162]. 그러므로 합병 등기 이전에 이루어지는 상법 제526조의 흡수합병 보고총회는 존속회사 주주만이 의결권을 가지는 것이 원칙이다. 그러나 위 상법 제526조 제2항에서 특칙을 두어서 합병 당시에 발행하는 신주의 인수인은 합병보고 주주총회에서 주주와 동일한 권리가 있다고 규정하고 있다. 흡수합병 보고총회의 경우에 합병 보고 안건 자체에 대해서는 주주가 승인여부를 결의할 수 없지만, 보고총회 역시 주주총회이므로 다른 의안도 같이 결의할 수 있다고 보는 것이 일반적이다[163]. 이 경우 소멸회사의 주주로서 합병신주를 인수할 자도 합병 보고 이외의 의안에 대해서 의결권을 행사할 수 있는지 여부에 대해서는 견해가 대립한다. 상법 제526조 제2항의 법문 상 이를 긍정하는 견해와, 원칙적으로 긍정하되 다만 합병기일 이전에 종료한 사업연도의 재무제표승인과 이익배당에 대해서는 의결권이 없다는 견해가 있다[164]. 소멸회사의 주주로서 합병신주를 인수할 자는 원칙적으로 주주가 아니라는 점에서 합병 보고 이외의 의안에 대해서도 의결권을 행사할 수 있는지에 대해서는 논란의 가능성이 있다. 그러나 적어도 현재의 학설 상으로는 직전 사업연도의 재무제표승인과 이익배당 이외의 안건에 대해서는 합병신주 인수인도 의결권이 있다고 보는 것이 대부분이다.

흡수합병의 보고총회는 상법 제527조의5의 채권자보호 절차 및 주

---

162) 이철송, 회사법강의(제19판), 박영사, 2011, 897면 정동윤, 손주찬 대표편집, 주석상법 회사편 제1권, 292면 권기범, 기업구조조정법, 삼지원, 제281면.

163) 정동윤, 손주찬 대표편집, 주석상법 회사편 제4권, 516면 권기범, 기업구조조정법, 삼지원, 제276면.

164) 정동윤, 손주찬 대표편집, 주석상법 회사편 제4권, 517-518면 권기범, 기업구조조정법, 삼지원, 제277면.

식병합 절차가 종료되고 실질적으로 합병이 완료된 상황에서 개최된다. 그러므로 소멸회사의 주주로서 합병신주를 인수할 자도 주식을 취득할 것이 확실시되어 합병회사 주식가치의 변동에 대한 이해관계를 이미 가지고 있다고 할 수 있다. 실제로 위 합병신주 인수인이 소유하고 있는 소멸회사 주식 자체가 합병신주의 가치를 반영하고 있기 때문이다. 흡수합병 보고총회에서 합병신주인수인에게 의결권을 인정하는 것도 이와 같은 이유 때문인 것으로 생각된다.

그러므로 상법 제526조 제2항에서 주식에 대한 이해관계를 가진 자에게 입법적으로 의결권을 인정하였다는 점을 근거로, 이를 입법적으로 확대하여 의결권 과소보유에 대한 전반적인 의결권 인정을 고려할 수 있다는 주장도 가능하다[165]. 이하에서는 주주로부터 주식에 대한 이해관계를 이전받은 자에 대한 의결권의 인정이 필요한지 여부를 본서의 관점에서 검토해 본다.

제1목 음의 이해관계를 가지는 주주로부터 이해관계를 이전받은 경우

본서 제4장 제2절 제2항에서 본 바와 같이 의결권 과다 보유 중 주식에 대하여 음의 이해관계를 가지는 경우에는 그 의결권을 사전적으로 제한할 필요성이 있다. 이러한 경우 음의 이해관계를 가진 주주의 의결권 제한으로 인하여 의결권의 공백이 생긴다. 이러한 의결권의 공백으로 인하여 반사적으로 다른 주주들이 그 지분보다 많은 비율의 의결권을 행사하게 되어 의결권 행사구조가 왜곡될 수 있다. 그러므로 의결권 과다보유의 반사적 결과로서 주식에 대한 이해관계를 이전받은 자에 대해서 의결권을 인정하는 것이 필요하다는 주장이 가능하다.

---

165) 다만 합병신주인수인과는 달리 의결권 과소보유의 경우에는 파생상품 계약 등에서이미 의결권의 가치를 제외한 이해관계에 대한 대가만을 지불하였다는 점이 차이점으로 고려될 수 있다.

그러나 위와 같이 음의 이해관계를 가진 주주의 거래상대방으로서 주식에 대하여 이해관계를 이전받은 자에게 일률적으로 의결권을 인정하는 것은 다음과 같은 문제점이 있다.

우선 음의 이해관계를 가진 주주에 대한 의결권 제한은 당해 주주가 회사의 가치를 하락시키는 방향으로 의결권을 행사할 수 있고, 이는 회사 및 다른 주주의 손해를 야기하므로 의결권 제한의 필요성이 강하다. 그러나 의결권이 제한되는 주주로부터 이해관계를 이전받은 자에게 의결권을 인정할 필요성은 위와 같이 강하다고 볼 수는 없다. 물론 위 경우 반사적으로 다른 주주들이 그 지분보다 많은 비율의 의결권을 행사하게 되어 의결권 행사구조가 왜곡될 수 있다. 그러나 위 경우에 주주들은 의결권 과다보유에 해당하나, 음의 이해관계를 가지는 것은 아니고 기존의 양의 이해관계에 비하여 의결권을 보다 많이 가지는 것에 불과하다. 즉 기존주주들은 여전히 양의 이해관계를 가지고 있어서 이들에 대한 의결권 제한의 필요성은 크지 않다. 다시 말하여 음의 이해관계를 가진 주주로부터 이해관계를 이전받은 자에게 의결권을 인정하여 기존 주주들의 의결권 과다보유를 제한할 필요성은 크지 않다. 더구나 위와 같은 의결권의 공백은 의결권 제한의 경우에만 발생하는 것이 아니다. 소수주주가 주주총회에 불출석하여 의결권을 행사하지 않는 경우 그 반사적 효과로 다른 주주의 의결권 비율이 증가할 수 있다[166]. 그러므로 의결권의 공백으로 인한 문제점만을 근거로 의결권 과소보유의 경우 의결권을 인정하여야 한다고 주장하는 것은 한계가 있다.

두번째로 음의 이해관계를 가진 주주의 거래상대방으로서 주식에 대하여 이해관계를 가지는 경우가 실제로는 상당히 복잡한 양상으로

---

166) 상법 제368조 제1항에 의하면 총회의 결의는 이 법 또는 정관에 다른 정함이 있는 경우를 제외하고는 출석한주주의 의결권의 과반수와 발행주식총수의 4분의 1이상의 수로써 하여야 한다. 그러므로 일부주주가 출석하지 않는 경우에는 출석주식 총수가감소하여 보다 적은 의결권으로도 주주총회 의안 승인이 가능해진다.

나타날 수 있다는 점이다. 예를 들어서 주식스왑계약의 상대방이 다시 일부 지분에 대한 주식스왑계약을 통해서 이해관계의 일부만을 이전하는 것도 가능하고, 당해 이해관계를 이전받은 자가 다시 다른 형태의 파생상품계약 등을 통하여 그 이해관계를 제3자에게 이전하는 경우도 가능하여 실제로 의결권을 행사할 자를 찾는 것이 실무상 쉽지 않을 수 있다.

세번째로는 음의 이해관계를 가진 주주의 거래상대방으로서 주식에 대하여 이해관계를 가지는 자에게 의결권을 인정하는 것이 형평에 어긋날 수 있다. 왜냐하면 파생상품계약 등을 통하여 제3자도 이와 동일한 이해관계를 보유할 수 있기 때문이다. 예를 들어 주주 갑이 을과 주식스왑계약을 맺어 그 이해관계를 을에게 이전한 경우 을에 대한 의결권 인정이 필요하다고 볼 수 있으나, 동일한 주식스왑계약을 주주가 아닌 병과 정도 체결할 수 있다. 또한 주식스왑계약을 사용하지 않고 콜옵션과 풋옵션을 적절히 결합하는 경우에도 주식가치 변동에 의한 현금흐름과 동일한 현금흐름을 제공하는 포트폴리오를 만들 수 있다. 이를 Put-Call Parity라고 한다[167]. 이러한 점들을 고려한다면 상당히 다양한 경우에 있어서 주식을 보유한 것과 동일한 이해관계를 가질 수 있음을 알 수 있다. 이러한 경우에 을과 정이 동일하게 주식에 대한 이해관계를 가진다면 누구에게 의결권을 인정하는 것이 정당한지에 대한 복잡한 문제가 생긴다.

네번째로 의결권 없이 주식에 대한 이해관계만을 가지는 경우에는 그 대가로 주식가치보다 낮은 가격, 즉 주식의 가치에서 의결권을 제외한 가격을 지불한 것으로 볼 수 있다[168]. 그러므로 이러한 경우에

---

167) 박정식, 박종원, 조재호 공저, 현대재무관리 제6판(2004), 다산출판사, 766면 예를 들어서 주식에 대하여 현재가격을 행사가격으로 하는 풋옵션을 발행하고 동시에 같은 만기와 행사가격을 가지는 콜옵션을 보유하게 되는 경우에는 주식을 보유한 것과 동일한 이해관계를 가지게 된다.

의결권을 인정한다면 당사자의 의사에 따른 부의 분배에 반하는 결과가 된다.

다섯번째로 주식에 대한 이해관계를 이전받은 자에게 의결권까지 인정하는 경우에는 주식 자체를 양도하지 않으면서도 주식양도와 동일한 결과가 생길 수 있도록 법이 허용하는 셈이 되어 탈법행위가 늘어날 수 있다. 실제로 주식을 양수하지 아니하고, 주식에 대한 이해관계만을 이전받는 것은 주식을 소유하게 되는 경우 적용되는 각종 규제 혹은 공시를 피하기 위하여 이루어지기도 한다. 다만 이러한 경우에는 주주로서 회사에 대하여 대항할 수 있는 의결권을 인정받을 수 없다. 따라서 이러한 위험을 통해 위와 같은 탈법행위가 억지되고 있다고 볼 수도 있다. 그런데 주식에 대한 이해관계를 이전받은 경우 그 의결권까지 인정한다면, 위와 같은 탈법행위가 더욱 만연할 것이라는 지적도 가능하다[169].

---

168) 예를 들어 주식을 대여하는 경우 받게 되는 수수료가 그러한 의결권의 대가라고 할 수 있다.

169) 예를 들어서 현대엘리베이터-현대상선 사례에 대해서도 현대엘리베이터가 넥스젠과 주식스왑거래를 한 것은 현대상선 지분을 추가로 확보하면서도 동시에 지주회사규제를 우회하기 위한 것이라는 지적이 있어왔다. 현대엘리베이터의 자회사 주식이 전체 자산총액의 50% 이상이 되어 공정거래법상 지주회사에 해당되는 경우, 현대증권 등 금융회사 주식을 처분하여야 하는 등 지주회사 규제를 받게 되기 때문이다. (이데일리 2006. 10. 24. 자 기사) 실제로 공정거래위원회는 현대상선(주) 주식 600만주에 대한 전반적인 사용·수익·처분권은 넥스젠캐피탈에 있고, 현대엘리베이터(주)는 수익 및 의결권에 대한 일부 채권적 권리를 보유하는 것에 불과한 점등에서 넥스젠 소유 주식은 현대엘리베이터가 소유한 것이 아니라고 보아 현대 엘리베이터가 지주회사에 해당하지 않는다고 보았다 (공감코리아 -정책정보 - 보도자료 http://www.korea.kr/newsWeb/pages/brief/partNews2/view.do?toDate=&fromDate=&currentPage&dataId=155239563&siteName).

제2목 0 혹은 양의 이해관계를 가지는 주주로부터 이해관계를 이전받은 경우

본서 제4장 II. 2. 에서 본 바와 같이 주식에 대하여 0의 이해관계 혹은 양의 이해관계를 가지는 일반적인 의결권 과다보유의 경우에는 의결권을 사전적으로 제한하는 것은 적절하지 않다. 그러므로 이러한 경우에는 기존의 주주가 주식 전부에 대해서 의결권을 행사하고 다만 사후적으로 이를 규제할 수 있을 뿐이다. 이 경우에는 주식에 대한 이해관계를 이전받은 자에게 의결권을 인정하지 않는 것이 타당하다. 그렇지 않다면 동일한 주식에 대하여 의결권을 중복하여 인정하는 결과가 된다.

제4절 기타 의결권 분리에 대한 간접적 대응 방안

의결권 과다보유에 있어서 의결권을 제한하는 등의 직접적인 규제 방법 이외에도 의결권 분리에 대한 간접적 대응방법을 생각해 볼 수 있다. 이에는 주주총회 결의사항의 축소를 통한 의결권 행사범위의 축소, 파생상품 계약의 내용규제, 의결권 행사구조의 개선 및 주식대차거래 규제 등 간접적으로 의결권 분리를 억제하는 방법이 있다.

제1항 주주총회 권한의 축소를 통한 의결권 행사범위의 축소

제1목 논의의 내용

미국에서는 의결권 분리로 인한 의사결정 왜곡의 문제점을 해결하기 위하여 아예 주주총회의 권한을 축소하여야 한다는 견해도 제시되고 있다. 의결권 분리의 문제점을 해결하기 위하여 의결권 과다보유의 경우 이해관계를 초과하는 부분에 대한 의결권 제한 혹은 회사의 이익을 위하여 의결권을 행사할 충실의무 부여 등의 방안을 생각할 수 있다. 그러나 그러한 방안은 주식에 대한 이해관계의 정확한 산정이 어렵고 무엇이 회사의 이익을 위한 의결권 행사인지를 판단하기가 쉽지 않다는 점에서 효과적인 방법이 되기 어렵다는 것이다[170]. 이러한 입장에서

---

170) Anish Monga, Using Derivatives to Manipulate the Market for Corporate Control, 12 STAN. J. L. BUS. & FIN. 186, 2006, 203면 이하 및 214면 이하에서는 특히 파생상품을 통한 의결권 분리거래에 대한 직접적 규제가 용이하지 않음을 지적하고 있다. 이에 의하면 이러한 거래는 주주가 자신의 이해관계를 이전하는 것이어서 그 자체로 다른 주주의 이익을 해하거나 사기적인 거래로

는 오히려 의결권 분리 등 여러 가지 문제점을 가지고 있는 주주에 의한 의사결정 시스템을 축소할 필요가 있다고 주장한다[171]. 즉 주주에게 합리적으로 기대되는 바 이상의 역할을 부여해서는 안된다는 것이다. 이를 위해서 주주총회가 이사의 선임 외에는 매우 한정된 사안에 대해서만 의결권을 가지도록 하는 것이 필요하다고 한다[172]. 이사회가 결정한 사안에 대한 승인 혹은 이사회의 결의에 대한 요청 내지 권고 등의 안건에 한정하여 주주의 의결권을 인정하여야 한다는 것이다[173]. 실제

보기가 어렵고, 주식파생상품을 통한 의결권 분리거래는 다양한 방법으로 이루어질 수 있고 비공개적으로 이루어지는 것이 보통이어서 실제로 이를 적발하여 규제하는 것도 용이하지 않다. 또한 어느 정도의 이해관계를 이전한 경우에 규제를 할 것인지에 대한 명확한 기준정립도 용이하지 않다. 또한 지배주주의 충실의무 이론의 적용을 통한 규제 혹은 형평법 위반을 이유로 한 규제도 생각할 수 있으나, 전자는 지배주주가 아닌 다른 주주에 대해서는 적용이 어렵고, 후자의 경우에도 판례 상 이사회의 결의에 대해서만 주로 적용되어 왔던 것이어서 주주의의결권 분리거래에 대해서는 적용이 용이하지 않다고 한다.

171) Marcel Kahan & Edward B. Rock, On Improving Shareholder Voting, RATIONALITY IN COMPANY LAW: ESSAYS IN HONOUR OF DD PRENTICE (2009), 271면 이하.

172) 미국회사법에서는 일반적으로 주주가 1) 이사의 선임과 해임, 2) 부속정관의 채택, 변경, 폐지 3) 이사회의 행위에 대한 승인을 포함하는 주주총회의 결의 4) 회사의 특별한 사항에 대한 결정 등에 대하여 의사결정권한을 가져야 한다고 본다. 특히 중요한 재산의 처분, 합병, 해산 등과 같은 회사의 특별한 사항에 있어서는 특별결의를 요구하고, 무의결권 주식에 대하여도 의결권이 인정되며, 종류주주총회의 개최도 필요해진다. 이러한 특별한 사항(이를 기초적 변경이라고도 부른다)은 정관 변경과 같은 정도로 회사의 구조를 변화시키기 때문이라고 한다. John H. Choper, John C. Coffee Jr. Ronald J. Gilson, Cases And Materials On Corporations, 제6판. 2004, 565면 이하 참조

173) Margret M. Blair, Lynn A. Stout, A Team Production Theory of Corporate Law, 85 Va. L. Rev. 247 (1999). 248면. 특히 미국에서는 이사회의 경영권을 중시하고, 주주의 경영에 대한 개입을 최소화 할 것을 강조하는 입장에서 이러한 견해를 취하는 듯 하다. 즉 주주는 자신만의 이익을 추구하므로 주주(Shareholder)와 이해관계자(Stakeholder) 모두의 이익을 추구하기 위해서는 이사회가 경영 전반에 대한 권한을 행사하는 것이 바람직하다는 것이다. 이러한 견해에서는 기업의

로 미국 델라웨어 회사법에서는 이사의 선임, 합병의 승인, 정관의 개정, 자산의 전부 혹은 거의 전부의 양도, 자발적 해산, 자기거래 승인 등의 소수의 안건에 대해서만 주주총회의 권한을 인정하고 있으므로 위와 같은 주주총회 권한의 축소가 이미 어느 정도 반영되어 있다고 볼 수 있다고 한다. 더구나 오늘날 미국의 주주총회에 있어서는 대부분 45% 내지 55% 지분의 찬성으로 의안이 통과되는 경향이 있어서, 찬성주주와 반대주주의 차이가 근소하여 이를 주주의 의사로 볼 수 있는지 여부가 의문인 경우도 많다[174].

특히 이러한 주주총회 권한 축소 논의에 있어서 중요한 점은 주주총회가 회사의 거래 여부를 직접적으로 결정하는 것이 아니고, 이사회라는 채널을 통하여 결정하는 것을 제안하고 있다는 것이다. 회사에 있어서 중요한 행위라도 이를 주주총회가 직접 결정하기보다는 이사회가 사전에 그 채택 여부를 결정하고 이에 대해서 주주총회가 승인권 내지 거부권만을 가지는 것이 타당하다는 것이다. 즉 주주총회는 오직 이사회를 구성하여 이를 통해 회사경영이 이루어지도록 하는 점에 중점을 두어야 한다는 것이다. 그리고 이를 통하여 주주들의 의사결정의 불완전성이 이사회를 통해 교정될 수 있다. 특히 이사회는 회사에 대한 신인의무를 부담한다는 점에서 주주에게 별도의 충실의무 내지 신인의무를 인정하지 않고도 회사에 이익이 되는 방향의 의사결정이 이루어지

사회적 책임을 강조하기도 한다. (中村一彦, 改正會社法と企業の社會的責任, 金融・商事判例 增刊號 No.651(會社法の研究 86 經濟法令研究會), 1982, 17면 안동섭, 기업의 사회적 책임을 위한 입법론, 국제항공우주법 및 상사법의 제문제 : 현곡 김두환교수화갑기념논문, 1994., 447면 이하) 이러한 이해관계자 모델에 대해서는 이해관계의 내용이 불분명하고, 각종의 이해관계자 상호간의 이해충돌의 경우에 해결의 방법이 모호하다는 비판도 있다. 윤영신, 동양그룹의 합병형 LBO와 배임죄, BFL 제36호, 2009, 30면.

174) 실제로 경영진 내지 지배주주들이 근소한 차이로 의안에서 승리하는 경향이 있다는지적으로는 Listokin, Management Always Wins a Close Ones, Yale Law & Economics Research Paper No. 348, 2007, Available at SSRN : http://papers.ssrn.com/sol3/papers.cfm?abstract_id=980695, 2면.

는 것을 기대할 수 있다.

지배주주와 회사 간의 합병 등의 경우에 있어서 이해관계가 충돌하
는 지배주주의 지분은 제외하고 나머지 주주들 중 다수의 찬성을 요구
하는 규정 등을 통해 의결권 분리의 문제점을 개선하려고 하는 법제도
있다175). 그러나 이러한 경우에 있어서도 다수지분을 가진 지배주주가

---

175) 대표적인 예로 Israeli Companies Law 1999.

    270. The following transactions of a company require approval as set out in this Chapter, provided that the transaction does not harm the best interests of the company:

  (4) an extraordinary transaction of a public company with a holder of control therein, or an extraordinary transaction of a public company with another person in which the holder of control has a personal interest, including a private placement that is an extraordinary transaction; as well as the conclusion of a contract by a public company with a holder of control of it, if such person is also an office holder thereof – as to the conditions of his office and employment, and if he is an employee of the company but not an office holder thereof – as to his employment by the company;

    275. (a) A transaction to which the provisions of section 270(4) apply shall require the approvals by those mentioned below, in the following order:

  the audit committee; the board of directors; the general meeting, provided that one of the following applies: in a count of votes, the majority in the general meeting includes at least one third of all of the votes of those shareholders that do not have a personal interest in the approval of the transaction, who are present at the meeting; in a count of all of the votes of such shareholders, abstentions shall not be taken into account; the total of opposition votes amongst the shareholders referred to in subparagraph (a) above shall not be greater than one percent of all the voting rights in the company.

    320. (a) Merger shall require the approval of the general meeting of each of the merging companies.

  (중략)

  (c) In voting at the general meeting of a merging company the shares in which are held by the other merging company or by a person holding twenty-five percent or more of any kind of means of control in the other merging company, the merger shall not be approved if a majority of the shareholders present at the vote who are not either part of the other merging company, the person so holding or anyone acting on behalf of either of these, including relatives or corporations under their

의결권 구속계약 등을 통하여 소수주주의 의결권을 취득하는 등 의결권 과다보유를 야기할 위험을 배제할 수 없다고 한다. 그러므로, 결국에는 종국적인 해결책으로는 위와 같이 주주총회의 권한을 축소하여야 한다는 것이다.

제2목 검토

앞서서 의결권 분리의 경우 의결권의 양적 제한에 대하여 검토하였다면, 위 논의는 의결권의 행사범위를 제한하는 질적 제한에 관한 것이다. 그러므로 의결권 제한 논의와 일맥상통하는 점이 있다. 그러나 이는 주주총회와 이사회의 권한분배에 관한 복잡한 문제와 관계가 있어서 본서에서 자세히 다루기에는 한계가 있다[176]. 또한 주주총회 권한을 축소하는 방안은 의결권 분리의 문제점을 직접 해결하는 방안이라기보다는 문제를 우회하는 방안으로 생각된다. 주주총회의 의사결정에 있어서 여러 가지 문제가 있다고 하여 주주총회 권한을 축소하는 것은 이사회 권한 확대로 인한 대리비용 문제[177] 등 또 다른 측면의 문제를 야기할

---

control, are opposed to it.
http://www.hanner.co.il/Israel-Lawyers/Israel-Laws/Company-Law/CompanyLawMaster.htm

176) 회사의 효율적 운영을 위해서는 이사회의 의사결정 권한을 강화하여야 하고 주주는 원칙적으로 이사의 선임에 있어서 권리를 행사할 뿐 회사의 직접적 의사결정을 위한 개입은 최소화할 필요가 있다는 입장으로는 Martin Lipton & Paul K. Rowe, Pills, Polls and Professors: A Reply to Professor Gilson, 27 DEL. J. CORP. L. 1, 28, 2002, 35면 Stephen M. Bainbridge, The Case for Limited Shareholder Voting Rights, 53 UCLA L. REV. 601, 2006, 621 - 622면 Stephen M. Bainbridge, Investor Activism: Reshaping the Playing Field? 5 (UCLA Sch. of Law, Law-Econ Research Paper No. 08-12, http://papers.ssrn.com/sol3/papers, 2008, 9면 등 주주의 의사결정 범위를 확대함으로서 오히려 이사회로 하여금 주주의 이익을 위하여 의사결정을 할 수 있도록 만들 수 있다는 반론으로는 Lucian Arye Bebchuk, The Case for Increasing Shareholder Power, 118 HARV. L. REV. 833, 2005, 913면 Lucian A. Bebchuk, The Myth of the Shareholder Franchise, 93 VA. L. REV. 675, 2007, 732면.

수 있다. 그러므로 주주총회 권한 축소 방안은 참고할 만한 가치는 있으나, 의결권 분리 자체에 대한 규제 내지는 대응방안으로서는 한계가 있다고 생각된다.

제2항 파생상품 계약의 내용규제를 통한 의결권 분리의 억제

제1목 논의의 내용

앞서 논한 바와 같이 의결권 백지위임 등을 통하여 의결권만을 취득하는 의결권 분리거래와 주식을 취득한 이후 파생상품 계약 등을 통하여 그 이해관계를 이전하는 의결권 분리거래를 나누어서, 후자의 경우에는 거래참여자들이 의결권 분리거래에 대한 유인 내지 압박을 받지 않는다는 입장이 있다. 이러한 입장의 연장선 상에서 파생상품을 통한 의결권 분리거래의 경우, Over-Hedge를 통하여 주주가 음의 이해관계를 가지는 것에 대해서는 회사법 상의 의결권 제한보다는 **파생상품 계약의 내용규제**를 통한 제한이 적절하다는 견해가 있다[178].

---

177) 주주와 이사 간의 대리비용의 문제에 대한 논의로는 柳川範之, 株主總會と取締役會 : 權限配分規定について . 會社法の經濟學 (1998.11) ,東京大學出版會, 45면 Bernard Black & Reinier Kraakman, Delaware's Takeover Law: The Uncertain Search for Hidden Value, 96 Nw. U. L. Rev. 521 (2002), 523면 이하 Micheal C. Jensen and William H. Meckling, Theory of The Firm: Managerial Behavior, Agency Costs and Ownership Structure, 3 J. Fin. Econ. 305 (1976), 306면 이하.

178) Holger Spamann, Derivatives and Corporate Governance – Empty Voting and the Market, Working Paper supported by Program on Corporate Governance at Harvard Law School (Draft at October 20, 2010), 23면 이하 Robert B.Thompson & Paul H. Edelman, Corporate Voting, Vanderbilt Law Review Vol. 62, 2009, 155면 및 Jonathan J. Katz, Barbarians At The Ballot Box: The Use Of Hedging To Acquire Low Cost Corporate Influence And Its Effect On

주주가 자신이 보유하고 있는 주식의 양을 넘어서서 주식스왑계약 등을 체결하는 Over-Hedge의 경우에는 주식에 대하여 음의 이해관계를 가지게 된다. 예를 들어 50주를 보유하고 있는 주주가 80주의 주식에 대하여 주식스왑계약을 체결하는 경우에는, 기존의 50주 부분의 가치변동에 대해서는 0의 이해관계를 가지게 되고, 30주 부분에 대해서는 주식의 가치변동에 반대되는 음의 이해관계를 가지게 된다. 주식스왑계약을 주식의 가치변동이라는 위험에 대한 일종의 보험계약이라고 생각한다면, 위와 같은 Over-Hedge는 보험금액이 보험계약의 목적의 가액을 초과하는 중복보험 내지 초과보험이라고 볼 수 있다. 중복보험 내지 초과보험은 보험계약자가 오히려 보험사고를 야기하여 보험금을 받을 인센티브를 가지게 되므로 일반적으로 보험계약 및 관련 법률을 통하여 제한되고 있고[179], 같은 논리로 주식에 대한 Over-Hedge 도 제한이 가능하다는 것이다.

Over-Hedge 의 경우 마치 초과 화재보험에 있어서 보험계약자가 방화 등을 통해 보험사고를 야기할 인센티브가 있는 것과 동일하게, 주주가 주식의 가치를 하락시키는 방향으로 의결권을 행사할 인센티브가 있다. 그러므로 파생상품 딜러의 입장에서는 이러한 손해를 방지하기 위하여 주식스왑계약 시 지급받게 되는 프리미엄을 높이거나, 프리미엄을 높이지 않는 대신 주식스왑계약에 Over-Hedge에 대한 방지조항을 포함하게 된다. 주식스왑계약에 대한 프리미엄이 높아지면, 주주가 Over-Hedge를 한 후 주식의 가치를 하락시키는 방향으로 의결권을 행사하여도 위 프리미엄을 보전받을 정도의 이익을 얻기가 힘들게 된다. 그러므로 주주의 Over-Hedge를 통한 기회주의적 행동이 제한된다. 결국 시장에서는 Over-Hedge 방지조항이 추가된 형태의 주식스왑계약이

Shareholder Apathy, 28 Cardozo L. Rev. 1483 (2006), 1517면에서도 의결권 과다보유를 야기하는 파생상품 계약을 금지할 필요성이 있다고 한다.

179) 상법 제669조 및 제672조에서도 같은 취지로 초과보험 및 중복보험을 규제하고 있다.

통용되게 될 것이라고 한다. 또한 시장에서 자연스럽게 Over-Hedge가 규제되지 않는 경우에도, 초과보험이나 중복보험의 제한과 동일하게 Over-Hedge를 제한하는(Position Limits) 법규정을 도입하여 이를 규제할 수 있다고 한다.

위 견해에서도 의결권 자체를 이전하는 전통적인 의결권 분리거래에 대해서는 의결권 제한 등의 규제가 필요하다는 점은 인정한다. 그러나 Over-Hedge를 통하여 음의 경제적 이해관계를 가지게 된 주주의 경우에는 의결권 제한보다는 파생상품 계약에 있어서 Over-Hedge를 제한하는 규제를 통하여 보다 직접적이고 단순하게 의결권 분리의 문제점을 해결할 수 있다고 한다[180].

제2목 검토

위 견해는 파생상품에 의한 Over-Hedge를 통한 의결권 분리에 대해서는 효과적인 대안 중의 하나를 제시하고 있다고 생각된다. 그러나 이는 의결권 분리현상 중 일부에 불과하다. 의결권 자체를 이전하는 전통적인 의결권 분리거래에 대한 규제의 필요성도 여전히 존재한다. 또한 파생상품을 통한 의결권 분리의 경우에도 파생상품 자체를 통해서는 Over-Hedge를 하지 않고, 주주총회 승인대상 거래의 상대방 회사 주식을 보유하는 등 관련부수자산을 통하여 음의 이해관계를 가지게 되는 경우도 많으므로 이에 대한 규제 역시 필요하다. 게다가 Over-Hedge 규제는 주식에 대한 Short-Position 전반을 규제하는 것이어서 과도하고 불필요한 규제라는 비판도 있을 수 있다. 그러나 위 견해는 주식에 대한 Short-Position[181] 전반을 규제하는 것이 아니라 주식을 소유하면서 과

---

180) Holger Spamann, Derivatives and Corporate Governance – Empty Voting and the Market, Working Paper supported by Program on Corporate Governance at Harvard Law School (Draft at October 20, 2010), 29면.

도한 헤지 행위를 통해 Short-Position을 가지게 되는 경우만을 규제하자는 것이다. 예를 들어 30%의 주식을 가지고 있으면서 50%의 주식에 대하여 주식 스왑계약을 맺어서 주식에 대하여 음의 이해관계를 가진 경우에는 규제할 필요가 있으나, 단순히 20%의 주식에 대하여 주식스왑계약을 맺어서 음의 이해관계를 가지게 된 경우는 규제하지 않는다. 전자의 경우에는 마치 초과보험 내지 중복보험의 경우와 마찬가지로 주식의 가치를 하락시키는 방향으로 의결권을 행사할 위험이 있다. 이는 자신의 주식 가치 하락뿐만 아니라 다른 주주들에게도 손해를 끼칠 가능성이 있으므로 초과보험이나 중복보험에 비하여 규제의 필요성이 더 크다. 그러나 헤지 행위를 허용하면서 의결권 행사만을 규제하는 방법이 있는데, 굳이 헤지 행위를 아예 금지하는 것은 과도한 규제라는 비판은 여전히 가능하다.

즉 위 대안은 의결권 분리 전반에 대한 규제방안이라고 보기 어렵고, 그 자체로 파생상품에 대한 과도한 규제라는 비판도 가능할 수 있다. 파생상품에 대한 규제논의를, 파생상품을 통한 의결권 분리에 적용한 것에 불과하다. 그러므로 의결권 분리에 대한 규제방안을 고려함에 있어서 참고할 점이 있으나, 이에 대한 직접적 규제방안을 제시하였다고 보기에는 부족한 점이 있다.

제3항 의결권 행사구조의 개선을 통한 의결권 분리의 억제

의결권 행사구조의 개선을 통하여 의결권 분리 거래를 억제할 필요가 있다는 논의도 있다[182]. 구체적인 방안으로는 주주들이 기준일 이전

---

181) 주식을 매도한 상황과 같이 주식의가치가 하락할수록 이익을 보는 경우를 short position 이라고 하고, 반대로 주식을 매입한 상황과 같이 주식의 가치가 상승할수록 이익을 보는 경우를 long position이라고 한다. 박정식, 박종원, 조재호, 현대재무관리(제6판), 다산출판사, 726면.

에 의안자료를 검토할 수 있게 하는 것과 기준일과 주주총회일의 간격을 줄이는 것이 제시된다. 실제로 미국 델라웨어 주 회사법에서는 양자를 혼합한 이중기준일 제도를 도입하였고, 이에 대해서 SEC가 상장회사에도 이를 도입할 것을 고려하고 있다.

제1목 기준일 이전의 의안자료 제공

현재의 의결권 행사구조에 대한 기술적인 개선을 통하여 의안자료가 기준일 이전에 검토 가능하도록 함으로써 주주의 의결권 행사를 용이하게 할 필요가 있다[183]. 예를 들어 기준일 이전에 미리 주주총회에서 논의될 의안을 파악할 수 있다면, 주주들은 이를 기반으로 의결권 행사를 포기하고 주식 대여 등 의결권 분리거래로 인한 이익을 얻을 것인지 아니면 의결권을 직접 행사할 것인지 여부를 결정할 수 있다[184].

---

182) Henry T. C. Hu & Bernard S. Black, Equity and Debt Decoupling and Empty Voting II: Importance and Extensions, 156 U. Pa. L. Rev. 625 (2008), 715면.

183) 이외에 Henry T. C. Hu & Bernard S. Black, Equity and Debt Decoupling and Empty Voting II: Importance and Extensions, 156 U. Pa. L. Rev. 625 (2008), 716면에서는 의결권행사시스템을 단순화하여 실질주주가 직접 의결권을 행사할 수 있도록 하는 것이 필요하다는 주장도하고 있다. 그러나 우리 자본시장과 금융투자업에 관한 법률 제315조 및 제316조에서는 이미 이러한 실질주주의 직접 의결권 행사 및 이를 위한 실질주주명부의 작성을 규정하고 있으므로 이에 대해서는 상술하지 않는다.

184) 물론 소액주주의 경우에는 제3장 III. 3. (1)에서 살펴본바와 같이 기본적으로 의안에 대한 정보를 수집 및 검토하여 의결권을 행사하기 위하여 드는 비용이 이러한 의결권 행사를 통하여 본인이 얻게 되는 이익보다 큰 경우가 많다. 그러므로 의안에 상관없이 집합행위 문제에 의하여 주주총회 의안에 대하여 합리적 무관심을 보이거나 다른 주주들의 결의에 무임승차하려는 경향이 있다. 그러나 의안에 따라 당해 주주의 이해관계에 중대한 영향을 미치는 것 이라면 직접 자료를 검토하여 의결권을 행사하게 될 수도 있다. 그러므로 의안의 구체적 내용 등에 대해서 기준일 이전에 미리 알 수 있게 된다면, 주식 대여 등 의결권 분리 거래로 인한 이익을 얻을 것인지 아니면 의결권을 직접 행사할 것인지 여부를

즉 적어도 주주들이 의결권 행사여부 및 그 내용을 결정할 수 있는 기회를 가진다는 점에서 의결권 분리를 통한 의사결정의 왜곡이 줄어들 수 있다. 또한 위와 같은 주식대차의 경우를 상정하지 않는다고 하더라도 뒤에서 보는 대로 기준일과 주주총회일 사이의 간격을 축소하여 기준일 이후 주식을 매각하여 의결권 과다보유가 발생하는 것을 줄이기 위해서는 위와 같은 기준일 이전의 의안자료의 제공이 필요하다. 우리나라의 경우 상장회사는 임시주주총회를 소집하면서 상법 제354조에 의하여 기준일 2주 전에 기준일을 공고하고, 기준일이 경과되어 주주총회에서 의결권 행사를 할 주주들의 확정되어 주주명부가 작성되면 이를 기초로 상법 제363조에 의하여 주주총회 2주 전에 주주명부 상의 주주들에게 주주총회 참석장 및 의안자료를 발송하는 등 주주총회 소집통지를 한다. 그러므로 기준일 이후 상당기간이 경과된 이후에야 주주들에게 의안에 관한 자료가 제공된다. 따라서 기준일 이전에 주식을 대여할지 아니면 의결권을 행사할 지 여부에 대한 제대로 된 의사결정이 어렵다. 비상장회사의 경우도 크게 다르지 않다. 다만 비상장회사의 경우에는 실질주주명부 작성의 필요가 없으므로 기준일을 설정하지 아니하고 주주총회를 개최하는 것도 가능하다.

예를 들어서 홈페이지 혹은 금융감독원 전자공시시스템 게시 등 전자적 방법으로 이사회가 주주총회 소집결의를 하고 기준일을 공고하는 시점에 의안자료를 같이 공고하게 한다면, 큰 비용을 들이지 않으면서도 주주들이 기준일 이전에 의결권 행사여부 및 그 내용을 결정할 수 있다. 실제로 영국의 경우에는 상장회사의 주주총회 의안에 대한 정보를 주주총회 소집통지시점 혹은 그 이전에 웹사이트에 공고하도록 하고 있다. 그리고 위 소집통지는 주주총회일로부터 최소한 6주 이전에 행해져야 하고, 뒤에서 보는 바와 같이 영국 상장회사의 의결권 행사기준일은 주주총회일로부터 48시간 이전(영업일이 아닌 기간은 제외)을

보다 합리적으로 판단할 수 있고, 위와 같은 집합행위의 문제가 완화될 수 있다.

넘어서서 정할 수 없으므로 기준일 이전에 의안에 대한 정보가 웹사이트에 공고된다[185]. 이를 통해 의결권 분리에 의한 의사결정의 왜곡이 줄어들 수 있다. 또한 이와 같이 하는 경우에는 입법적으로 기준일 이후 주주총회 소집통지기간을 줄여서 기준일과 주주총회일 사이의 간격을 뒤에서 논의하는 바와 같이 축소할 수 있다. 상법 제363조의 주주총회 소집통지기간 2주는 주주로 하여금 출석의 기회를 보장하고 의안자료 검토 및 준비의 시간을 주기 위한 것이다[186]. 그러므로 기준일 이전에 주주총회 일시, 장소 및 의안을 통지한다면, 입법적으로 위 2주의 준비기간을 줄이는 것도 가능하다.

---

185) The Companies (Shareholders' Rights) Regulations 2009 No. 1632 (Regulation 20, section 360B), available at http://www.opsi.gov.uk/si/si2009/uksi_20091632_en_3#pt3-11g9.
원문은 다음과 같다.
Traded companies: publication of information in advance of general meeting
11.   After section 311 of the Companies Act 2006 insert−
"Traded companies: publication of information in advance of general meeting
311A.−(1) A traded company must ensure that the following information relating to a general meeting of the company is made available on a website−
(a)the matters set out in the notice of the meeting;
(b)the total numbers of−
(i)shares in the company, and
(ii)shares of each class,(이하 생략)"
Traded companies: notice of AGM
16.−(1) Section 337 of the Companies Act 2006 (public companies: notice of AGM) is amended as follows.
(중간 생략)
(4) After that subsection insert−
"(3) Where a notice calling an annual general meeting of a traded company is given more than 6 weeks before the meeting, the notice must include−(이하 생략)"
186) 정동윤, 손주찬, 대표편집, 주석상법 회사편 제3권, 한국사법행정학회, 60면 동 기간은 강행규정은 아니고 일반적으로 주주의 동의로 단축이 가능하다고 해석된다.

제2목 주주총회 기준일과 주주총회일의 간격 축소

우리나라의 경우 보통 회사 정관에서 사업연도 말일을 정기주주총회 기준일로 하고, 실제 정기주주총회는 사업연도 말일로부터 3개월 이내에 개최하도록 하고 있다. 그러므로 주주총회 기준일에 주식을 소유하여 의결권을 취득한 주주와 실제 주주총회일에 당해 주식을 소유하고 있는 사람이 달라지는 경우가 많다. 미국의 경우에도 일반적으로 주주총회 기준일과 주주총회일 사이에는 한 달 정도의 간격이 있다고 한다[187]. 약 10%의 주식이 주주총회 기준일과 주주총회일 사이에서 거래되고 있다는 통계도 있다[188]. 이러한 경우 기준일 이후에 여러 가지 이유로 주식을 처분하면 자연스럽게 의결권 과다보유가 발생한다. 물론 의도적으로 주식을 기준일에 차입하여, 이를 매도[189]한 이후에 주식가치가 하락하는 방향으로 의결권을 행사하고 당해 주식을 시장에서 취득하여 반환함으로써 그 차액을 이익으로 취득하는 거래도 가능하다.

그러므로 기준일과 주주총회일의 시간적 간격을 줄이는 것이 이러한 문제점을 해결하기 위한 효과적이고 실행 가능한 대안이 될 수 있다[190]. 실제로 영국의 경우 상장회사의 주주총회 기준일은 주주총회일

---

187) Henry T. C. Hu & Bernard S. Black, Equity and Debt Decoupling and Empty Voting II: Importance and Extensions, 156 U. Pa. L. Rev. 625 (2008), 717면
188) W. Scott Bauman, Robert E. Miller & E. Theodore Veut, Managing Portfolio Turnover: An Empirical Study, Quarterly Journal of Business and Economics, Vol. 44, 2005, 15면.
189) 주식을 대여한 상태에서 매도를 하게 되면 결국 주식가치가 하락하는 경우 이익을 보게 되므로 주식에 대하여 음의 경제적 이해관계를 가진 상황에서 의결권을 행사하게 된다. 공매도의 경우에도 같다.
190) 같은 취지로는 Charles M. Nathan, Empty Voting and Other Fault Lines Undermining Shareholder Democracy: The New Hunting Ground for Hedge Funds, Corp. Governance Advisor, 2007, 8면 및 Marcel Kahan & Edward B. Rock, The Hanging Chads of Corporate Voting, 96 Geo. L. J. 1227 (2008),

로부터 48시간 이전(영업일이 아닌 기간은 제외)으로 정하도록 규정하고 있다[191].

　우리나라의 실무상 상장회사 주주총회의 경우 기준일 이후 최소한 3주 내지 4주 정도가 소요된다고 본다. 이는 상법 제363조의 주주총회 소집통지기간 2주 및 자본시장과 금융투자업에 관한 법률 제315조 및 제316조의 한국예탁결제원의 실질주주명부 작성기간 1주 내지 2주를 고려한 것이다[192]. 비상장회사는 주주명부 작성에 시간이 많이 소요되

　　1270면 Marcel Kahan & Edward B. Rock, On Improving Shareholder Voting, RATIONALITY IN COMPANY LAW: ESSAYS IN HONOUR OF DD PRENTICE (2009), 264면 이하에서는 미국에서의 중앙예탁결제시스템(Central Securities Depository)의 도입을 주장하면서 이를 도입하는 경우 기존의 DTC(Depository Trust Company) 중심의 예탁시스템과는 달리 주식소유관계가 분명해지고, 배당금 지급관계가 명백해지는 장점이 있다고 한다. 특히 무엇보다도 공통적이고 현재의 소유관계를 직접적으로 반영하는 주주명부의 작성이 가능해지기 때문에 기준일이 주주총회일에 상당히 근접하게 될 수 있는 장점이 있다고 한다. 그리고 이를 통해 기준일과 주주총회일의 간격에 의하여 발생하는 주식에 대한 이해관계와 의결권의 분리 문제를 방지할 수 있다고 한다.

191) The Companies (Shareholders'Rights) Regulations 2009 No. 1632 (Regulation 20, section 360B), available at http://www.opsi.gov.uk/si/si2009/uksi_20091632 _en_3#pt3-l1g9.
　　원문은 다음과 같다.
　　Traded companies: share dealings before general meetings
　　20.section 360A of the Companies Act 2006 insert－
　　"Traded companies: requirements for participating in and voting at general meetings
　　360B.－ (중간 생략)
　(2) A traded company must determine the right to vote at a general meeting of the company by reference to the register of members as at a time (determined by the company) that is not more than 48 hours before the time for the holding of the meeting.
　(3) In calculating the period mentioned in subsection (1)(b) or (2), no account is to be taken of any part of a day that is not a working day.
192) 증권예탁결제원 증권 등 예탁업무규정 제42조 제1항 및 제2항, 동시행세칙 제31조 제2항 및 제3항에 의하면 임시주주총회의 경우 주주총회 기준일의 통지를

지 않는다는 점이 다를 수 있다. 그리고 비상장회사는 기준일을 설정하지 아니하고 주주총회를 개최하는 것도 가능하다는 점에서 문제의 소지가 적다.

우선 실질주주명부 작성기간은 실무상 단축이 가능할 것으로 생각된다. 모든 주식거래가 전자화되어 그 거래기록이 자동 저장되는 오늘날 특정시점의 주주를 확정하기 위하여 1주 내지 2주 정도의 장기간이 필요한지는 의문이다. 실질주주명부는 기준일 당시 금융투자업자 등 예탁자들이 투자자계좌부에 기재된 실질주주 명세를 한국예탁결제원에 통지하면, 한국예탁결제원에서 예탁자계좌부의 기재를 기초로 이를 합산하여 발행회사에 통보함으로써 작성된다. 그러므로 현재에도 예탁자와 한국예탁결제원의 협조를 전제로 실질주주명부 작성기간을 단축할 수 있다. 또한 위 두 계좌부가 모두 전산으로 자동관리되는 현실에 있어서 예탁자 및 한국예탁결제원의 시스템을 개선하여, 예탁자 및 한국예탁결제원의 실질주주명세 파악 및 통지 등 실질주주명부 작성업무를 전자화 및 자동화한다면 위 기간을 단축할 수 있을 것으로 보인다[193].

다음으로 주주총회 소집통지기간에 대해서 살펴보자. 앞서 본 바와 같이 기준일 공고 시점에서 미리 전자적인 방법[194]으로 주주총회 일시,

---

받은 예탁자는 주주명부폐쇄기준일 현재의 예탁주식에 대하여 예탁자 자기소유분은 해당 예탁자를, 투자자예탁분은 그 투자자를 실질주주로 하여 그 성명 및 주소, 소유주식의 종류 및 수 등을 기재한 실질주주명세를 3영업일이내에 예탁결제원에 통지하여야 한다. 예탁결제원은 예탁자로부터 실질주주명세를 통지받은 경우 이를 합산하여 6영업일 이내에 발행인에게 통지하여야 한다.

193) Charles M. Nathan, Empty Voting and Other Fault Lines Undermining Shareholder Democracy: The New Hunting Ground for Hedge Funds, Corp. Governance Advisor, 2007, 8면에 의하면 현재 기술적으로는 주주총회 기준일을 주주총회보다 상당기간 이전에 설정할 필요가 전혀 없으며, 주주총회 전일의 영업마감시감 혹은 주식시장 종료시간 기준으로 의결권 행사 주주를 정하는것도 가능하다고 한다.

장소 및 의안자료를 공고한다면 굳이 실질주주명부가 나온 이후에 다시 2주의 준비기간을 두어 소집통지를 할 이유는 없는 것으로 보인다[195]. 이미 상법 제368조의4에 의하여 회사는 이사회의 결의로 주주가 총회에 출석하지 아니하고 전자적 방법으로 의결권을 행사할 수 있음을 정할 수 있고, 이러한 경우 회사는 의결권행사에 필요한 양식과 참고자료를 주주에게 전자적 방법으로 제공하여야 한다. 즉 전자적 방법을 통한 의안자료 배포와 의결권 행사가 도입되어 있다. 그러므로 주주총회 소집통지기간 2주는 입법적으로 재검토할 수 있을 것으로 보인다.

더구나 기준일과 주주총회일의 시간적 간격을 줄임으로써 각종 거래비용을 줄일 수 있다. 기준일과 주주총회일 사이의 기간 동안 주식을 취득한 주주는 매도인과 의결권 구속계약 등을 체결하는 방법으로 의

---

194) 현재 이미 주주총회의 인터넷중계, 인터넷 화상회의 방식의 주주총회, 인터넷을 통한 의결권 행사위임, 주주총회에 참석하지 않고 전자투표(electronic voting, e-voting)의 방식으로 투표가 이루어지는 인터넷을 통한 의결권 행사, 주주들이 인터넷을 통하여 주주총회에 참여하여 토의를 하고 의결권을 비롯한 주주권을 행사하는 온라인 주주총회 (on-line general shareholder meeting) 등이 기술적으로 가능하다. 원용수, 정보화로 인한 회사법의 변화가능성에 대한 고찰 - 미국법상의 논의를 중심으로-, 21세기 상사법의 전개(정동윤선생화갑기념논문집, 1999), 343면 이하 ; 박상근, 인터넷과 주주총회, 서울대학교 법학 42권, 107면 이하.

195) 실질주주가 전자적 통신기기 등을 통하여 직접 의결권을 행사한다고 생각해 보자. 이론적으로는 의결권 행사지시를 수령하는 시점에서 당해 의결권 행사지시를 하는 자가 기준일 현재 주주인지 여부가 확정되지 않아도 된다는 지적도 있다. 가사 의결권 행사지시를 하였으나 실제로는 기준일에 당해 주식 중 일부를 보유하고 있지 않은 것으로 밝혀지는 경우가 생긴다고 하더라도 당해 의결권 행사지시의 찬성, 반대, 기권의 비율에 따라서 실제 보유주식에 대하여 의결권을 인정하면 되기 때문이다. Charles M. Nathan, Empty Voting and Other Fault Lines Undermining Shareholder Democracy: The New Hunting Ground for Hedge Funds, Corp. Governance Advisor, 2007, 8면 및 Marcel Kahan & Edward B. Rock, The Hanging Chads of Corporate Voting, 96 Geo. L. J. 1227 (2008), 1270면.

결권을 행사할 수 밖에 없다. 기준일과 주주총회일 사이의 기간이 줄어드는 경우에는, 위와 같은 계약체결을 위한 불필요한 거래비용이 절약된다.

현재 우리나라의 배당기준일 제도와 관련해서도 주주가 배당기준일(결산일) 이후 주식을 매각한 경우 더 이상 주주가 아님에도 불구하고 차기 주주총회에서 배당액의 확정을 위한 결정에 참여하게 되는 문제점이 있다는 비판이 있다. 이 역시 위 논의와 같은 맥락이다[196].

제3목 이중기준일제도의 도입

1. 미국의 입법례

입법을 통해 기준일 이전의 의안자료의 제공을 위한 기준일과 주주총회일의 간격 축소를 고려할 수 있다. 실제로 미국에서는 양자를 반영한 이중기준일 제도를 도입하고 있다.

미국 회사법에 의하면 일반적으로 주주총회 이전에 회사가 기준일을 정하고, 기준일의 주주가 주주총회 통지를 받을 권한 및 의결권을 행사할 권한을 가진다. 일반적으로 주주총회일로부터 60일을 초과하지 않는 기간 내에 기준일을 설정할 수 있다[197]. 기준일은 미국 연방증권거래법 상의 의결권 대리행사권유제도와도 관련이 있어서, 기준일의 주주에게 의결권 대리 위임장 및 각종 신고서 등 공시서류를 제공하게 된다.

---

196) 안수현, 상법개정안의 배당제도 및 실무상의 문제 : 기준일 제도를 중심으로, BFL 제20호(2006.11), 127면.
197) 미국 델라웨어주 회사법213조 (a); 미국 모범회사법 7.07 (a)에서는70일을 초과하지 않는 기간 내에 기준일을 정하도록 하고 있다. (http://www.abanet.org/buslaw/library/onlinepublications/mbca2002.pdf)

연혁적으로는 주주총회 소집 통지를 받는 주주와 의결권을 행사할 주주를 같은 기준일을 기준으로 정하는 것이 일반적이었다. 그러나 이러한 동일기준일 제도에서 벗어나 이중기준일 제도를 채택하려는 시도들이 많아지고 있다. 대표적으로 미국 델라웨어주 회사법에서는 2009년 8월 1일 시행된 개정회사법을 통해 이중기준일 제도를 도입하였다. 종전의 위 회사법 제213조 (a)에서는 주주총회 소집통지를 받을 주주를 정하기 위한 기준일을 주주총회로부터 60일을 초과하지 않되, 적어도 10일 이전의 기간에 정할 수 있도록 규정하였다. 그리고 위 기준일이 동시에 의결권을 행사하는 주주를 정하는 기준일이 된다고 규정하였다. 그러나 개정법에서는 이사회가 주주총회 소집통지를 받을 주주를 정하기 위한 기준일 이후의 날로서 주주총회일 혹은 그 이전의 날을 정하여 의결권 행사를 하는 주주를 정하기 위한 기준일을 별도로 정할 수 있도록 하였다198). 미국 모범회사법도 같은 취지의 개정안이 나와 있는 상황이다199). 이러한 법개정의 가장 큰 목적이자 효과는 의결권 행사를 하는 자를 정하는 기준일을 주주총회일 혹은 주주총회일에 상당히 근접한 날로 정하여서 기준일 이후에 주식을 처분하여 더 이상 주식에 대

---

198) 원문은 다음과 같다.

§ 213. Fixing date for determination of stockholders of record.

(a) In order that the corporation may determine the stockholders entitled to notice of any meeting of stockholders or any adjournment thereof, the board of directors may fix a record date, which record date shall not precede the date upon which the resolution fixing the record date is adopted by the board of directors, and which record date shall not be more than 60 nor less than 10 days before the date of such meeting. If the board of directors so fixes a date, such date shall also be the record date for determining the stockholders entitled to vote at such meeting unless the board of directors determines, at the time it fixes such record date, that a later date on or before the date of the meeting shall be the date for making such determination. (http://delcode.delaware.gov/title8/c001/sc07/index.shtml 참고)

199) Changes in the Model Business Corporation Act — Proposed Amendments to Shareholder Voting Provisions Authorizing Remote Participation in Shareholder Meetings and Bifurcated Record Dates, 65 Bus. Law. 153, 156-160 (Nov. 2009)

하여 이해관계를 가지지 않는 자가 의결권을 행사하는 것을 방지할 수 있다는 점이라고 한다[200].

비록 델라웨어 주 회사법 상으로는 주주총회일 당일 혹은 그에 근접한 날에 의결권 행사를 위한 기준일을 정하는 것이 가능하게 되었지만, 아직은 연방증권거래법 상의 문제 때문에 상장회사들이 이러한 이중 기준일 제도를 채택하는 것이 어려운 상황이다. 예를 들어 SEC General rules and regulations promulgated under the Securities Exchange Act of 1934 14c-2(b)에서는 합병이나 분할 등에 대한 각종 신고서 등 공시서류가 적어도 주주총회일 20일 전에 주주들에게 제공되도록 하고 있다[201]. 그러므로 실무상 의결권 행사를 할 주주를 정하기 위한 기준일을 주주총회일 20일 이전으로 정하지 않을 수 없다. 게다가 실제로 위 공시서류를 제공받을 주주를 확정하여 그 명단을 작성하고, 공시서류를 인쇄하고 이를 송달하는 시간을 고려한다면 주주총회일 20일 전보다 더 이전에 기준일이 설정되어야 한다. SEC에서는 위와 같은 연방증권거래법 상의 공시서류 제공 조항을 개정하여 이중기준일 제도가 그 취지에 맞게 적극적으로 활용될 수 있도록 하는 방안을 검토하고 있다[202].

---

200) Securities and Exchange Commission, Concept Release on the U.S. Proxy System, 75 Fed. Reg. 42,982, 43,017-20 (July 22, 2010), 131면 Roberta S. Karmel, Voting Power Without Responsibility or Risk—How Should Proxy Reform Address the Decoupling of Economic and Voting Rights?, 55 Vill. L. Rev. 93 (2010), 122-123면.

201) 예를 들어 미국 1934년 연방증권거래법 Schedule 14A, Form S-4, Form F-4 등의 경우 주주총회 일 20일 전에 주주에게 제공되도록 규정하고 있다. 이외에 SEC General rules and regulations promulgated under the Securities Exchange Act of 1934 14(a) 및 14(h) 등의 경우에 유사한 규정이 있다.

202) Securities and Exchange Commission, Concept Release on the U.S.Proxy System, 75 Fed. Reg. 42,982, 43,017-20 (July 22, 2010), 131면 이와 관련하여 SEC에서는 위와 같이 주주총회 의결권 행사 기준일을 주주총회와 근접한 시점에 설정하는 경우에는 기준일 이후 주식을 처분한 자가 의결권을 행사함으로 인하여 생기는 의결권과 주식에 대한 이해관계의 불일치문제를 해결할 수 있

이를 위해서는 델라웨어 주 회사법과 동일하게 주주총회 통지 기준일의 주주에게 위 공시서류를 제공하도록 규정하고 의결권 행사 기준일은 별도 설정이 가능하도록 하는 방법, 혹은 의결권 행사 기준일 이전에 위 공시서류를 공개하도록 하여 다른 제3자도 열람 가능하도록 하는 방법이 고려되고 있다. 양자의 경우 모두 의결권 대리행사 권유와 관련하여 문제점이 있을 수 있다고 한다. 주주총회 통지 기준일의 주주에게 위임장 양식을 보내고, 이에 주주가 서명하여 위임장을 송부하였다고 하자. 그 후 의결권 행사 기준일 시점에 소유주식 수량이 변동한 경우 기존 위임장의 효력을 어떻게 볼 지가 문제된다. 예를 들어 소유 수량이 증가한 경우에 별도의 추가 위임이 없는 이상 기존 위임장의 수량한도 내에서만 위임이 있는 것으로 취급할 지, 아니면 당해 위임장의 취지를 고려하여 증가한 주식수량 부분에 대해서도 위임의 효력이 미치는 것으로 볼 수 있는지 여부가 검토되어야 한다. 전자는 당사자의 의사를 존중한다는 측면이 있으나 위임장 권유 제도의 효율적 운영을 저해하고, 이에 비해 후자는 당사자의 의사를 넘어선 의결권 위임을 인정한다는 단점이 있다.

2. 우리나라에서의 도입 가부

이중기준일 제도에 의해 주주총회 소집통지 기준일과 의결권 행사 기준일을 분리하여, 의결권 행사 기준일과 주주총회일이 거의 차이나지 않도록 할 수 있다. 그러므로 기준일 이후에 주식을 매각하여 주식에 대하여 이해관계를 가지지 않는 자가 의결권을 행사하는 것을 방지한다는 장점이 있다. 그러나 이러한 미국의 입법례를 우리나라에서도 그대로 받아들일 수 있는지 여부에 대해서는 몇 가지 의문이 제기될 수

고, 주주총회 통지 기준일 이후에 주주총회 통지를 받은 주주가 그 의안의 경중을 판단하여 주주총회 의결권 행사 기준일 이전에대여한 주식을 다시 반환받아 의결권을 행사할 수 있는 기회를 보장할 수 있다고 하고 있다. 반면에 위와 같은 경우에는 의결권 행사 기준일상의 주주가 의안에 관한 자료를 제공받고 이에 대해서 충분히 검토할 수 있는 시간이 주어지지 않는 단점이 있다고 한다.

있다. 여기서는 이에 대하여 검토한다.

(1) 정기주주총회 재무제표 승인의 관점

상법 제449조에 의하면 이사는 상법 제447조에서 규정하는 대차대 조표, 손익계산서, 이익잉여금처분계산서 또는 결손금처리계산서 등 재 무제표를 정기총회에 제출하여 그 승인을 요구하여야 하고, 이에 대한 총회의 승인을 얻은 때에는 지체없이 대차대조표를 공고하여야 한다.

즉 우리 회사법제에서는 미국의 회사법제와는 달리 재무제표 승인 이 정기주주총회에서 이루어진다. 그러므로 결산기 말을 기준일로 하는 경우, 재무제표 준비를 위하여 상당한 시일이 소요되므로 주주총회는 결산기 말로부터 상당한 기간을 두고 개최된다. 그러므로 기준일과 주 주총회일 사이의 차이를 줄이는 것이 불가능하다는 지적이 있을 수 있다.

그러나 이는 결산기 말을 기준일로 한다는 전제에서 가능한 비판이 다. 의결권행사 기준일을 결산기 말이 아닌 정기주주총회에 가까운 날 로 하는 경우에는 재무제표 승인 결의가 필요하다고 하더라도 여전히 이중기준일 제도의 운영이 가능하다. 예를 들어 정기주주총회를 3월 말 에 하는 경우 의결권 행사 기준일을 3월 말에 근접한 날로 정하면 된다.

상법 제449조 제2항의 재무제표확정은 직전 사업연도 재무상태에 대한 회사의 계산이 정당하다는 것을 승인하는 의미를 가진다[203]. 그러 므로 이를 반드시 결산기 말의 주주가 승인하여야 하는 논리필연적인 이유는 없다[204]. 물론 재무제표가 결산기 말을 기준으로 작성되므로 기

---

203) 정동윤, 손주찬, 대표편집, 주석상법 회사편 제4권, 한국사법행정학회, 83면
204) 결산기 말을 배당기준일로 하는 것의 문제점에 대한 지적으로는 안수현, 상법개 정안의 배당제도 및 실무상의 문제 : 기준일 제도를 중심으로, BFL 제20호 (2006.11), 138면 이하.

준시점인 결산기 말의 주주가 이를 승인하여야 한다고 볼 수도 있다. 그러나 중요한 것은 직전 사업연도 재무상태에 대한 회사의 계산 및 재무제표 작성이 정당하다는 것을 승인하는 것이다. 그러므로 오히려 재무제표가 작성되어 보고되는 주주총회 직전 시점의 주주가 이를 승인하는 것이 타당하다는 지적도 가능하다. 나아가 재무제표 승인은 계산의 정확성을 담보할 수 있다면 주주가 아니라 이사회에서 승인권한을 가지는 것도 무방하다는 논의도 있다[205]. 그러므로 재무제표 승인을 위한 정기주주총회의 의결권을 반드시 결산기 말의 주주가 행사하여야 하는 것은 아니다. 오히려 결산기 말의 주주의 경우는 주주총회 이전에 주식을 매각하여 주식에 대한 이해관계를 가지지 않을 가능성이 있어서 재무제표 승인을 위한 의사결정이 왜곡될 수 있다. 그러므로 주주총회 직전으로 기준일을 정하여 주식에 대하여 이해관계를 가지지 않는 자가 재무제표 승인결의에 참여할 가능성을 줄이는 것이 보다 타당하다.

2012. 4. 15. 시험된 개정 상법 제449조의 2에 의하면 정관의 정함에 의하여 재무제표가 법령 및 정관에 따라 회사의 재무상태 및 경영성과를 적정하게 표시하고 있다는 외부감사인의 의견이 있고 감사(감사위원회 설치회사의 경우에는 감사위원) 전원의 동의가 있는 등의 요건을 갖춘 경우에는 재무제표확정의 승인을 이사회 결의로 할 수 있게 하고 있다. 그러므로 개정 상법 하에서는, 이사회 결의로 재무제표 승인을 하는 회사의 경우 재무제표 승인결의와 관련한 이중 기준일 제도의 문제점에 관한 논의는 의미가 없어지게 된다.

(2) 배당 결정의 관점

다음으로 우리나라는 정기주주총회에서 상법 제449조 제2항의 재무제표 승인을 통하여 이익잉여금 처분계산서를 승인하고 이를 통해 배

---

205) 안수현, 상법개정안의 배당제도 및 실무상의 문제 : 기준일 제도를 중심으로, BFL 제20호(2006.11), 125면.

당이 확정되게 된다는 점에서 미국의 법제와는 다르다는 점이 지적될
수 있다.

현재 실무상 상장회사 및 비상장회사를 불문하고 대부분 정관으로
사업연도 말일을 정기주주총회 의결권 행사 기준일로 하고 동시에 위
일자의 주주 혹은 질권자에게 배당금을 지급하도록 하고 있다[206]. 이와
관련하여 이중기준일 제도를 도입하는 경우 제기될 수 있는 문제점은
두 가지이다. 하나는 배당 결정을 위한 의결권행사 기준일을 상법 제
462조 제1항의 배당가능이익 산정의 기준이 되는 사업연도 말이 아닌
주주총회 직전으로 변경할 수 있는지의 문제이다. 두번째로 배당기준일
과 배당결정을 위한 의결권 행사 기준일이 달라져서 배당을 받는 자와
배당을 결정하는 주주총회에서 의결권을 행사하는 자가 달라지게 되는
문제가 생긴다.

첫번째 문제에 대하여 우선 살펴보면 배당은 주주에 대한 출자의 반
환으로서 재무적으로는 회사의 투자기회에 비하여 그 자본이 과다한
경우 이를 반환하여 자기자본비용을 줄이는 효과를 가진다[207]. 즉 신주
발행과 반대의 거래이고, 자기주식 취득과는 동일한 효과를 가진다[208].
그러므로 배당 결정 시점에서 회사의 재무상태 및 투자기회를 고려한
종합적인 경영판단이 필요하다. 배당가능이익이 풍부하다고 하더라도,
배당결정 시점에서 배당을 하여 자본을 유출하는 것보다 이를 재투자
하여 더 많은 수익을 올리는 것이 회사 및 주주에게 이익이 된다면 배
당을 하지 않는 것이 타당하다. 이에 비하여 배당가능이익이 많지 않다
고 하더라도 회사의 투자기회가 부족하여 자본비용을 줄이는 것이 회
사 및 주주에게 유리하다면 배당을 하는 것이 옳다. 결국 배당가능이익

---

206) 한국상장회사협의회 상장회사 표준정관 제13조 및 제45조 제3항.
207) 박정식, 박종원, 조재호 공저, 현대재무관리 제6판(2004), 400면.
208) 상법 제341조에 의하여 회사는 일반적으로 배당가능이익 범위내에서 자기주식
    취득이 가능하다.

은 사업연도 말을 기준으로 결정되나, 이러한 배당가능이익 중 어느 정
도를 배당할 지의 문제는 배당결정 시점에서의 회사의 재무상황에 따
라 결정되어야 한다. 그러므로 배당결정 시점에서의 주주가 배당에 대
한 의결권을 가지는 것이 오히려 합리적이다. 게다가 현재처럼 결산기
말의 주주가 배당에 대한 의결권을 가지는 경우 정기주주총회 이전에
주식을 매각하여 주식에 대한 이해관계를 가지지 않는 자가 의결권을
행사하여 의사결정이 왜곡될 수 있다209).

두번째 문제에 대해서는 배당을 받는 자와 배당에 대해서 의결권을
행사하는 자가 달라지면, 배당을 결정하는 주주는 배당을 하지 않는 방
향으로 의사결정을 할 수 있다는 점이 지적될 수 있다210). 앞서 본 바와
같이 배당은 회사의 자기자본비용을 감소하는 효과를 가지므로 배당을
하지 않는다고 하여 회사 혹은 배당결정을 하는 주주에게 무조건 이익
이 되는 것은 아니다. 그러나 배당기준일과 정기주주총회 의결권 행사
기준일 사이에 주식이 양도되면, 주식을 취득한 주주의 입장에서는 배
당을 하게 되는 경우 그 배당금을 받지 못하면서 자신의 주식가치가 감
소되게 되므로 배당이 회사에 필요하고 이익이 되어도 배당에 반대할
수 있다211). 위 문제는 근본적으로 배당기준일과 배당에 대한 의결권

---

209) 안수현, 상법개정안의 배당제도 및 실무상의 문제 : 기준일제도를 중심으로,
BFL 제20호(2006.11), 138면.
210) 정부가 제출한 2008. 10. 21.자 상법 일부개정법률안(의안번호 1556)에 의하면
향후 상법이 개정된 후에는 정관의 규정에 따라 이사회에서 재무제표 승인과
배당결정을 할 수 있다. 그러므로 정관에 의하여 이사회에서 배당을 결정하게
된다면 위와 같은 문제는 발생하지 않는다.
211) 위 문제에 대해서 주식을 양도하는 경우에 계약을 통하여 주주총회에서의 배당
결정에 관한 의결권 행사에 대해서는 이를 기존 주주에게 위임하도록 하여 해
결이 가능하다는 지적도 있을 수 있다. 그러나 현재 배당액에 대한 결의는 재무
제표 승인결의에 포함되어 있다. 그러므로 주식 매수인의 입장에서는 주주로서
회사가 제출한재무제표가 타당하지 않다고 생각하는 경우에는 재무제표 승인결
의에 반대할 수 있는 권리가 인정되어야 할 것이다. 그러므로 실제로 주식매수
인이 이 부분에 대한 의결권까지는 위임을 원치 않을 수 있다. 이를 감안한다면,

행사 기준일을 일치시키면 해결될 수 있다. 즉 양자의 기준일을 모두 배당을 승인하는 정기주주총회 직전으로 일치시키는 것이다.

배당에 대한 의결권 행사의 기준일을 정기 주주총회 직전으로 하는 것의 타당성에 대해서는 앞서서 살펴보았다. 남은 문제는 배당기준일을 사업연도 말이 아닌 정기 주주총회 직전으로 하는 것이 가능한지 여부이다. 그러나 배당기준일을 반드시 사업연도 말로 하여야 하는지에 대한 논리 필연적인 이유는 찾기 힘들다. 사업연도 말이 배당가능이익 산정의 기준일이 되므로 이 때의 주주가 배당을 받아야 한다고 주장할 수 있다. 그러나 이는 합리적인 근거가 될 수 없다. 상법 제354조에 의하면 회사는 배당을 받을 자를 정하기 위하여 일정한 기간을 정하여 주주명부의 기재변경을 정지하거나 일정한 날에 주주명부에 기재된 주주 또는 질권자를 그 권리를 행사할 주주 또는 질권자로 볼 수 있다. 즉 배당기준일을 사업연도 말 이외의 날로 하는 것도 상법 상 허용된다. 단지 동조 제3항에 의하여 배당청구권 행사일에 앞선 3월내의 날로 기준일을 정하기만 하면 된다. 게다가 위와 같은 주장은 상법 제462조의3의 중간배당, 혹은 자본시장과 금융투자업에 관한 법률 제165조의 12에서 규정하는 분기배당의 경우에 배당기준일을 사업연도 말 이후로 하고 있는 점을 설명할 수 없다. 양자의 경우 모두 전기 사업연도 말의 배당가능이익을 재원으로 하여 배당을 할 수 있다. 그러나 배당기준일은 전기 사업연도말 이후로서 중간배당의 경우에는 정관에서 정하는 날, 분기배당의 경우에는 그 사업연도 개시일부터 3월, 6월 및 9월 말일로 하고 있다(상법 제462조의 3 제1항 및 제2항, 자본시장과 금융투자업에

계약을 통하여 배당액에 대한 의결권만을 분리하여 주식매도인에게 부여할 수 있는 방법이 마땅치 않고, 상호 협상을 통하여 적절한 방법을 찾아내기 위해서는 상당한 시간과비용이 소요될 수 있다. 그러므로 이러한 계약을 통한 해결방법은 문제를 해결하기에 적절하지 못할 뿐더러 불필요한 거래비용을 야기한다. 따라서 법제도적으로 배당기준일을 의결권행사기준일과 일치시키는 것이 보다 직접적인 해결방법이 된다.

관한 법률 제165조의 2 제1항 및 제4항). 오히려 배당기준일을 사업연도 말로 하는 것에 대한 여러 가지 문제점이 제기되고 있다[212]. 우선 배당기준일 이후 주주총회 배당결정일까지 상당기간이 소요되어 그 동안 주식을 매매하는 주주들이 생긴다. 이러한 주주들은 배당에 의한 주식가치 감소분을 고려한 가격으로 거래하기를 원한다. 그런데 향후 주주총회에서 배당액이 어떻게 결정될지 예측하기가 어려워서 시장의 불확실성이 야기된다. 또한 사업연도 말을 배당기준일로 하는 실무를 당연한 것으로 여기는 나라는 전 세계적으로 일본과 한국에 불과하므로, 이는 글로벌 스탠다드에 부합하지 않는다는 지적도 있다[213]. 그러므로 이러한 점을 종합적으로 고려해 보면 배당기준일을 굳이 사업연도말로 설정해야 할 필요성을 인정하기 힘들다. 오히려 주주총회 의결권 행사 기준일과 동일하게 주주총회 직전으로 정하여 배당을 받는 자와 배당에 대한 의결권을 행사하는 자가 달라지는 문제점을 해결하는 것이 타당하다.

(3) 의결권 대리행사 권유의 관점

마지막으로 자본시장과 금융투자업에 관한 법률 제152조 이하의 **의결권 대리행사 권유**제도와 이중기준일 제도가 부합하지 않는다는 지적이 가능하다. 이중기준일 제도의 경우 의결권 행사 기준일이 주주총회 직전으로 결정되므로 대리행사 권유시점에 의결권 대리행사 권유의 대상이 확정되지 않는다는 지적이 있을 수 있다[214]. 이는 의결권 대리행

---

212) 浜田道代, 新會社法の下における基準日の運用問題(上), 商事法務 제1772호(2007. 7. 15), 10-14면 안수현, 상법개정안의 배당제도 및 실무상의 문제 : 기준일 제도를 중심으로, BFL 제20호(2006.11), 138면.

213) 浜田道代, "新會社法の下における基準日の運用問題(下)," 商事法務 제1773호(2007. 7.25), 16면 안수현, 상법개정안의 배당제도 및 실무상의 문제 : 기준일 제도를 중심으로, BFL 제20호(2006.11), 139면.

214) 이에 대해서 오히려 주주총회와 기준일사이의 기간이 줄어들게 되므로 의결권 대리행사 권유자의 입장에서는 굳이 의결권 대리행사권유의 방법이 아닌 주식

사를 권유하는 회사 혹은 주주의 입장에서의 문제점이다. 그러나 의결권 대리행사권유제도의 기본적 취지는 그 권유 상대방인 일반주주의 보호에 있으므로 이중기준일 제도로 인하여 그 기본 취지가 훼손되지는 않는다고 본다[215]. 또한 의결권 대리행사권유 제도는 우리나라와 미국 모두 도입하고 있으므로, 이 문제는 우리나라뿐만 아니라 미국에서도 마찬가지로 발생한다.

우선 이중기준일 제도를 도입하는 경우에는 의결권 대리행사 권유[216)는 주주총회 소집통지를 위한 기준일의 주주에게 하는 방법을 생

매수의 방법을 택하면 된다는 지적이 있다. 이를 통해 위임장 권유를 통한 의결권 과다보유의 문제가 감소하게 된다는 것이다. Henry T. C. Hu & Bernard S. Black, Equity and Debt Decoupling and Empty Voting II: Importance and Extensions, 156 U. Pa. L. Rev. 625 (2008), 716면 이상복, 적대적 M&A 공격방법의 개선과제 : 공개매수와 위임장권유를 중심으로, 기업법연구 20권 3호(2006.09), 110면 및 116면 이하에 의하면 위임장 권유 제도는반대주주의 주주명부 확보의 곤란 등 반대주주에 비해 지배주주 혹은 현 경영진에게 유리하게 제도가 설계되어 있는 문제가 있다. 이중기준일 제도를 통해 의결권 대리행사 권유의 방법이 아닌 직접 주식매수의 방법으로 경영권 경쟁이 이루어지는 경우 위와 같은 문제점은 나타나지 않게 된다.

215) 김재범, 주주의결권의 대리행사와 위임장권유자의 책임, 경영법률 제9집(1999), 한국경영법률학회, 187면 및 양만식, 위임장권유와 주주총회결의의 취소, 기업법연구 제23권 제3호(통권38호) 163면에 의하면 의결권대리행사 권유를 규제하는 취지는 첫째, 권유자가 일반주주에게 관련정보를 적절히 공시하게 함으로써 위임장권유에 내재하는 남용의 가능성을 방지하는 것과 둘째, 주주가 합리적인 판단으로 자신의 의사를 결의에 반영할 수 있게 하고, 자신의의결권이 실질적으로 행사될 수 있도록 운영되도록 하는 것이라고 한다. 이중기준일 제도하에서도 권유자의 관련 정보 공시는 가능하고, 의결권을 위임하는 주주의 입장에서는 주식을 의결권 행사기준일까지 계속 보유하는 한 의결권 위임을 통한 주주권 행사가 가능하다. 그러므로 이중기준일 제도로 인하여 의결권 위임의 기본취지가 훼손되지는 않는다. 김건식, 노혁준, 박준, 송옥렬, 안수현, 윤영신, 최문희 공저, 회사법(제2판), 박영사, 2010, 109면에서도 의결권 대리행사권유제도는 일반주주의 의사형성에 도움을 주고 그 의사가 주주총회 결의에 제대로 반영되기 위한 것이라고 한다.

각할 수 있다[217]. 문제는 소집통지 기준일의 주주가 의결권 행사기준일 이전에 주식을 매매하여 의결권이 인정되는 주식수량이 달라질 수 있다는 점이다. 우선 주주가 주식을 매도하여 그 수량이 감소된 경우에는 당연히 감소된 수량을 기준을 의결권 대리행사를 할 수 밖에 없다. 이로 인하여 의결권 대리행사 권유자가 불측의 손해를 입게 된다고 비판할 수도 있다. 그러나 현재에도 의결권 위임을 한 주주가 언제라도 그 위임을 철회하거나 다른 자에게 의결권 대리행사를 위임할 수 있다는 것이 통설 및 판례의 입장이다[218]. 그러므로 이중기준일 제도를 도입하

---

216) 의결권 대리행사 권유행위의 법적 성질에 대해서는 두 가지 입장이 있다. 첫째로 회사가의결권의 대리행사를 권유하는 경우는 대리인선임에 관한 중개계약의 청약이고, 회사 이외의 자가 권유하는 경우는의결권의 대리행사를 목적으로 하는 위임계약의 청약으로 보는 견해가 있다. 현재 우리나라의 통설의 입장이다. (정동윤, 회사법(제6판), 2000, 박영사, 320면 이철송, 회사법강의(제19판), 박영사, 2011, 453면 김재범, 주주의결권의 대리행사와 위임장권유자의 책임, 경영법률 제9집(1999), 188면 윤호일, 위임장권유 및 의결권신탁제도, 상사법연구 서돈각박사·손성규 박사 고희기념(1990), 169면 금융감독원 기업공시실무안내(2010), 340면 등) 이에 비해 투표유인행위설에 의하면 위임장의 권유는총회의 목적사항에 대하여주주의 찬부를 묻는 이른바 투표유인행위이고, 주주가 위임장을 반송하는 것이 투표라고 본다. 즉 권유자는 피권유자의 결정내용을 그대로 총회에 전달하는 사자의 지위를 갖는다고 본다(신영무, 증권거래법(1989), 403면 참조) 투표행위 유인설의 입장에서는 의결권대리행사권유는 그 본질상 의결권행사 기준일의 주주에게 이루어져야 한다고 볼 수도 있다. 그러나 상법 제368조의3에서 서면에 의한 의결권 행사의 경우 정관의 근거를 요한다는 점에서 의결권대리행사권유를 서면투표와 동일하게 보는 투표행위 유인설의 입장은 타당하지 않다.

217) Securities and Exchange Commission, Concept Release on the U.S. Proxy System, 75 Fed. Reg. 42,982, 43,017-20 (July 22, 2010), 131면.

218) 박상근, 주주권의 포기와 의결권의 대리행사, 상사판례연구 제7권(2007.05), 32면 ; 대법원 2002. 12. 24 선고 2002다54691 판결 정동윤, 회사법(제6판), 2000, 박영사, 335면 권기범, 현대회사법론(제3판), 삼지원, 2010, 583면 강희갑, 회사법강의(2004), 책과 사람들, 459면 임홍근, 회사법(2000), 법문사, 378면 자본시장과 금융투자업에 관한 법률 제152조 제6항 및 동법 시행령 제163조 제1항 제7호에서는 의결권위임장 용지에 위임일자와 위임시간을 기재하도록 하고 있

지 않는 경우에도, 이미 의결권 대리행사 권유자는 주주총회 전까지 의결권 위임이 철회될 수 있는 불확실한 지위에 있다. 따라서 위와 같은 비판은 타당하지 않다. 다음으로 의결권을 위임한 주주의 소유수량이 증가한 경우에는 별도의 추가 위임이 없는 이상 최초 위임장의 수량한도 내에서만 위임이 있는 것으로 취급할 지, 아니면 당해 위임장의 취지를 고려하여 증가한 주식수량 부분에 대해서도 위임장의 효력을 인정할 수 있는지 여부가 문제된다. 당사자의 위임의사는 위임 당시 소유주식에 한정되는 것이므로, 그 후 취득한 주식에 대해서 추가적인 위임의사 없이 위임의 효력을 인정하는 어렵다[219]. 다만 이러한 경우 의결권 위임 이후의 주식취득분에 대해서 주주가 직접 의결권을 행사하게 되면 상법 제368조의 2의 의결권 불통일 행사로서 회사가 이를 거부하는 경우 의결권 행사가 허용되지 않을 수 있다는 지적이 가능하다. 그러나 만약 대리인과 주주의 의사가 배치되어 의결권 불통일 행사가 문제된다면, 주주가 의결권 위임을 철회하고 주식 전부에 대해서 본인의 의사대로 의결권을 행사할 수 있다. 따라서 의결권 불통일 행사 규정에 의하여 주주의 의사에 따른 의결권 행사가 허용되지 않을 위험은 인정하기 어렵다.

제4목 기준일 이후 주식을 취득한 자에 대한 의결권의 인정

1. 의결권 인정의 필요성 및 방안

주주총회일과 기준일 사이의 기간 축소 이외에, 기준일 이후에 주식

다. 이는 이중 위임의 경우 나중에 이루어진 위임을 통해 먼저 이루어진 위임을 철회한 것으로 볼 수 있다는 전제에서, 어느 위임장이 나중에 작성된 유효한위임장인지를 명확히 판정하기 위한 것이다.

219) 자본시장과 금융투자업에 관한 법률 제152조 제6항 및 동법 시행령제163조 제1항 제7호에서는 의결권 위임장 용지에 의결권 피권유자가 소유하고 있는 의결권있는 주식 수 및 위임할 주식 수를 명확히 기재하도록 하고 있다.

을 취득한 경우에도 이를 회사에게 입증할 수 있다면 당해 주주에게 의결권을 인정하는 것도 고려할 수 있다. 이는 기준일 제도와 관련한 현재의 실무나 해석과는 배치된다. 그러나 기준일 제도로 인한 불가피한 의결권 분리현상을 줄이기 위하여 고려할 수 있는 입법방안의 하나이다.

앞서 본 바와 같이 실무상 주주총회 기준일과 주주총회 사이에는 정기주주총회의 경우 3개월 남짓, 임시주주총회의 경우에도 상장회사의 경우에는 적어도 3주 내지 4주의 기간이 있다. 따라서 위 기간 동안 주식이 처분되어 의결권 과다보유가 발생하는 경우가 매우 많아서 문제이다. 물론 이러한 경우에 해석론을 통하여 당해 주주가 주식에 대하여 음의 이해관계를 가진 경우에는 상법 제386조 제4항을 통해 의결권의 사전적 제한을 할 수 있고, 지배주주의 충실의무 이론 혹은 다수결의 남용이론의 적용도 가능하다. 그러나 위 이론은 상당한 지분을 가진 주주가 의결권 행사를 통해 자신의 사적인 이익을 추구하려고 하는 경우에 효과적으로 적용될 수 있는 것이다.

그러나 기준일 이후 주식거래는 위와 같은 사적인 동기가 아닌 불가피한 사정으로 이루어지는 경우도 많다. 예를 들어 기준일 이후에 지배주주 지분에 대한 M&A가 이루어지는 경우 기존의 지배주주가 기준일 당시 주주라는 이유로 의결권을 행사하게 된다. 이러한 경우에도 굳이 상법 제386조 제4항의 특별이해관계가 인정되는 등의 경우에만 의결권이 제한된다는 것은 상당히 어색하다. 왜냐하면 위와 같은 경우 주식에 대하여 이해관계가 없는 자에게 의결권을 인정하는 것은 회사의 입장에서 주주확정의 편의를 위하여[220] 도입된 기준일 제도의 반사적 효과에 의한 것이다. 그러나 이러한 행정적 편의를 위한 규정이 주주의 재산권 보호라는 가치에 우선할 수는 없기 때문이다.

---

220) 이철송, 회사법강의(제19판), 박영사, 2011, 281면에 의하면 기준일 제도는회사
　　가 주식사무의 효율적인 진행을 위하여 정할 수 있으며, 반드시 그 채택이 강제
　　되는 것도 아니다.

그러므로 회사의 입장에서는 기준일 상의 명부를 기준으로 의결권을 추정하되, 기준일 이후 주식을 취득한 자가 주식 취득거래와 관련하여 기준일 시점의 어떤 주주가 위 주식취득자에게 어느 정도 수량의 주식을 매각하였는지 여부 및 주주총회 시점에서 위 주식취득자가 주주임을 회사에게 입증하는 경우에는, 기준일의 주주의 의결권을 인정하지 아니하고 위 주식 취득인의 의결권을 인정하도록 입법하는 것이 필요하다221). 이와 같은 입법은 주주총회 시점에 주식에 대한 재산권을 가진 주주에게 의결권을 인정하는 것이어서 다른 의결권 제한의 경우와는 달리 재산권 제한 등의 문제도 생기지 아니한다. 또한 실무상으로도 기준일 이후 상당한 지분에 대한 주식거래가 이루어지는 경우 매수인의 의사대로 의결권이 행사되도록 의결권 구속계약 등을 체결하는 경우가 대부분이다. 그러므로 위와 같이 기준일 이후 매수인의 의결권을 인정하는 입법을 한다고 하여도 거래계에서 실무상 달라지는 부분은 많지 않다. 오히려 의결권 구속계약의 체결 등 불필요한 거래비용이 감소한다.

다만 한 가지 유의할 점이 있다. 회사의 입장에서는 기준일 시점에서의 주주명부를 기준으로 의결권을 행사할 자를 정한다. 그러므로, 주

---

221) 이는 대법원 1998. 9. 8. 선고 96다45818 판결 및 그 원심판결의 논리와도 일맥상통한다. 비록 명의개서 미필주주에 대한 판결이기는 하나, 위 대법원판결에서는 주식회사가 주주명부상의 주주가 형식주주에 불과하다는 것을 알았거나 중대한 과실로 알지 못하였고 또한 이를 용이하게 증명하여 의결권 행사를 거절할 수 있었음에도 의결권 행사를 용인하거나 의결권을 행사하게 한 경우에는 그 의결권 행사는 위법하다고 하였다. 그 원심판결(서울고법 1996. 9. 13. 선고 95나38730 판결)에서는 "실질주주가 아닌 형식주주에게 소집통지를 하고 의결권을 행사하게 한 이 사건 주주총회의 결의는 소집절차 및 결의방법에 있어서 법령 또는 정관을 위배한 잘못이 있다"고 하였고, 대법원에서도 이러한 취지를 특히 배척하지 않았다. 회사가 실질주주가 누구인지를 알 수 있는 경우라면 명부상의 형식주주가 아닌 실질주주에게 주주총회 소집통지를 하고 의결권을 행사하게 하였어야 했다고 해석할 여지도 있다.

주총회 당시에 주식을 소유하고 있음을 입증하여도 이를 어느 주주로부터 매수하였는지를 입증하지 못하면, 명부상 주주 중 어느 주주의 주식이 이에 해당하는 지를 식별할 수 없어서 의결권 중복인정의 위험이 있다. 상장회사 주식을 거래소에서 매수한 경우에는 경쟁매매제도에 의하여 거래가 체결되므로 매도인이 누구인지를 알기 어렵다. 그러므로 이러한 경우에는 주식소유의 증명만으로 의결권이 인정되기는 어렵다. 결국 비상장회사 주식이 기준일 이후 매도된 경우, 혹은 상장회사 주식의 경우라도 장외매매 혹은 시간외대량매매 등을 통하여 그 매도인이 분명히 드러난 경우에만 주식소유사실의 입증을 통한 의결권의 인정이 가능하다.

2. 명의개서 제도와의 관계

이러한 입법론에 대하여 주주명부에 명의개서가 되어 있지 않음에도 주식 양수인의 의결권을 인정하게 되어 주주명부에 반하는 권리행사를 인정한다는 비판이 가능하다. 그러나 상법 제354조에 의하여 기준일 설정이 된 경우에는 기준일 이후의 주식양수인도 명의개서는 가능하기 때문에 반드시 주주명부에 반하는 권리행사가 되는 것은 아니다. 다만 기준일 설정과 동시에 주주명부가 폐쇄되거나 혹은 주주명부 폐쇄의 방법만으로 의결권을 행사할 자를 정하는 경우에는 주식 양수인이 주주명부에 명의개서를 할 수 없어서 위와 같은 비판이 가능하다.

그러나 주주명부 제도는 회사가 기명주주에 대한 집단적, 계속적 법률관계를 처리함에 있어서 주주를 정태적으로 파악하기 위한 기술적 수단일 뿐이다[222]. 즉 일일이 주식 양도 여부를 파악하기 어려운 회사의 입장에서 주식사무 처리의 편의를 위하여 주주명부에 대한 권리추정력과 면책력이 인정된다. 이를 통해 주주명부에 기재된 자가 주주로

---

222) 이철송, 회사법강의(제19판), 박영사, 2011, 281면 정진세, 주주명부제도 : 회사의 실질주주 인정 가능성, 비교사법 8권 2호(2001.12), 304면.

서 추정되고, 회사가 주주명부에 기재된 자에게 주주권 행사를 허용한 경우에는 가사 주주명부에 기재된 자가 실제 주주가 아닌 경우에도 회사는 면책된다(상법 제353조). 그러나 명의개서 전에도 주식 양수인이 주식 취득사실을 입증하여 회사가 주식 양수인의 주주권 행사를 인정하는 데에 어려움이 없다면, 굳이 이러한 경우에도 주주명부의 형식적 기재에 얽매일 필요는 없을 것이다. 이러한 경우에는 오히려 주주에게 의결권을 인정한다는 상법의 기본원칙으로 돌아가는 것이 합리적이다223). 또한 주주명부가 폐쇄된 경우에는 명의개서가 허용되지 않으므로 명의개서를 하지 않은 것을 주식양수인의 귀책사유로 보기 어렵다는 점에서도 그러하다.

더구나 상법 제337조에서는 명의개서를 주주권 행사의 효력요건이 아닌 회사에 대한 대항요건으로 구성하고 있다. 그러므로, 회사가 주주명부에 반하여 실제 주주에게 의결권을 인정하는 것은 허용된다224). 따

---

223) 상법 제336조 제1항에서 주식의 양도방법으로 주권양도의 의사합치 및 주권의 교부만을 요건으로 하고 있는 이상, 기준일 혹은 주주명부 폐쇄일 이후의 주식 양수인의 경우에도 주주로서의 지위를 취득하게 된다. 그러므로 위 주식양수인에게 의결권 행사를 인정하는 것이 주주에게 의결권을 인정한다는 상법의 기본 원칙에 오히려 부합한다.

224) 상법 제337조에 대해서는 주주명부의 기재는 주주만을 구속한다는 편면적구속설(증권법리설)과 주주와 회사를 모두 구속한다는 쌍방적구속설(사단법리설)이 있다. 그러나 현재 대부분의 학설은 회사가 주주명부의 기재에 반하여 명의개서를 하지 않은 주식양수인에게 의결권을 인정할 수 있다는 편면적 구속설의 입장이다(이철송, 회사법강의(제19판), 박영사, 2011, 295면 정진세, 주주명부제도 : 회사의 실질주 인정 가능성, 비교사법 8권 2호(2001.12), 305면). 상법 제337조의 "회사에 대항할 수 없다"는 문언에 비추어 편면적 구속설의 입장이 타당한 것으로 생각된다. 대법원2001. 5. 15. 선고 2001다12973 판결 및 대법원 1989. 10. 24. 선고 89다카14714 판결 등 다수의 판결에서도 상법 제337조 제1항의 규정은 기명주식의 취득자가 주주명부상의 주주명의를 개서하지 아니하면 스스로 회사에 대하여 주주권을 주장할 수 없다는 의미이고, 명의개서를 하지 아니한 실질상의 주주를 회사 측에서 주주로 인정하는 것은 무방하다고 하여 같은 입장을 취하고 있다.

라서 단순히 주주명부 기재에 반하여 의결권을 인정하는 것이 실질적
으로 문제가 되기는 어렵다. 그러므로 입법을 통하여 기준일 설정 혹은
주주명부 폐쇄 이후에 주식이 양도된 경우에 주주가 회사에 주식양수
사실을 증명하는 경우에는 의결권 행사를 허용하는 것을 충분히 고려
할 수 있다. 또한 주식에 대하여 이해관계를 가지지 않는 주식양도인의
의결권 행사로 인한 의사결정의 왜곡가능성을 고려하면 그 필요성도
인정된다.

제4항 주식 대차거래 시장의 규제를 통한 의결권 분리의 억제

주식대차거래 시장의 규제를 통하여 의결권 분리를 억제할 수 있다
는 논의도 있다. 주식대차 거래는 그 자체로 주식에 대한 이해관계와
의결권을 분리시키는 역할을 한다. 게다가 주식차입에 드는 비용은 매
우 저렴하여, 그 거래규모가 상당하다. 미국의 논의에 의하면 이는 연간
20 Basis Point(0.2%) 정도, 즉 하루에 약 0.055 Basis Point(0.00055%)
정도에 불과하다[225]. 그러므로 주식 대차거래 시장을 규제하여 의결권
분리 거래를 효과적으로 규제할 수 있다는 논의가 많다. 그러나 주식대
차거래는 의결권 분리 이외에 공매도 계약의 결제 등 다른 여러 가지
목적으로 이용된다. 단지 의결권 분리의 제한을 이유로 주식대차거래를
규제한다면, 다른 측면에서의 부작용을 낳을 수 있다. 따라서 주식대차
거래 전반에 대한 종합적인 검토가 필요하다. 이는 본서의 범위를 벗어
난다. 그러므로 여기서는 의결권 분리와 관련한 주식대차거래 제한에
대한 논의를 간략히 살펴보는 정도에 머무르기로 한다.

---

225) Henry T. C. Hu & Bernard S. Black, Equity and Debt Decoupling and Empty
Voting II: Importance and Extensions, 156 U. Pa.L. Rev. 625 (2008), 708면

제1목 기관투자자의 의결권 행사에 대한 면책조항의 도입

기관투자자의 경우 개별 회사에 대한 의결권 행사가 전체적인 Portfolio에 큰 영향을 미치지 않는 경우도 있어서, 개별 회사의 의결권을 직접 행사하지 않고, 주식을 대여하여 그 수익을 취득하는 것이 투자자에게 보다 이익이 된다고 판단할 수 있다[226]. 특히 기관투자자들의 고객이나 투자자는 주식 대여를 통해 대여수수료를 얻지 않고, 직접 의결권을 행사하는 것은 기관투자자들의 고객 혹은 투자자에 대한 선관의무 내지 충실의무 위반이라는 주장을 할 수도 있다[227]. 이는 기관투자자들에 대하여 상당한 부담이 된다. 그러므로 주식대여를 하지 않고 의결권을 직접 행사하여도 기관투자자가 고객을 위한 의무를 위반한 것이 아니라는 점을 명문의 면책규정을 통해 분명히 한다면, 의결권 분리 거래를 상당 부분 억제할 수 있다는 지적이 있다[228].

그러나 이에 대한 반론도 있다. 대부분의 기관투자자들은 경영진과 원만한 관계를 유지하기 위하여 경영진의 제안대로 의결권을 행사하는 경향이 있다고 한다[229]. 그러므로 위와 같이 기관투자자들의 의결권 행

---

226) Jennifer E. Bethel, Gang Hu & Qinghai Wang, The Market for Shareholder Voting Rights around Mergers and Acquisitions: Evidence from Institutional Daily Trading and Voting, 15 J. Corp. Fin. 129 (2009), SSRN.com, http://papers.ssrn.com/sol3/papers.cfm?abstract_id=1276466. 6-7면.

227) 자본시장과 금융투자업에 관한 법률 제79조에서도 집합투자업자는 투자자에 대하여 선량한 관리자의 주의로써 집합투자재산을 운용하여야 하고, 투자자의 이익을 보호하기 위하여 해당 업무를 충실하게 수행하여야 한다고 하여 집합투자업자의 투자자에 대한 선관의무 및 충실의무를 규정하고 있다.

228) Henry T. C. Hu & Bernard S. Black, Equity and Debt Decoupling and Empty Voting II: Importance and Extensions, 156 U. Pa. L. Rev. 625 (2008), 709 면

229) Ehud Kamar, Does Shareholders Voting on Acqusitions Matter?, 2006, law.bepress.com, 11면 Jennifer E. Bethel, Gang Hu & Qinghai Wang, The Market for Shareholder Voting Rights around Mergers and Acquisitions: Evidence from Institutional Daily Trading and Voting, 15 J. Corp. Fin. 129

사를 장려하는 규정을 도입한다면 기관투자자들이 주주로서 회사에게 이
익이 되는 방향이 무엇인지를 판단하여 의결권을 행사하기보다는 경영진
에게 유리한 방향으로 의결권을 행사하는 문제점이 있다는 것이다[230].

우리 자본시장과 금융투자업에 관한 법률의 경우에도 집합투자업자
가 각 집합투자기구에 속하는 증권의 범위에서 50% 이하의 비율로 증
권을 대여하거나, 각 집합투자기구의 자산총액의 범위에서 30% 이하의
비율로 증권을 차입하는 것을 허용하고 있다(동법 제81조 제1항 제4호,
동법 시행령 제81조 제1항, 금융투자업 규정 제4-53조). 그러므로 집합
투자업자의 증권 대여를 통한 자산운용도 충분히 생각할 수 있다. 다만
증권 대여를 하지 않고 의결권을 행사하였다고 하여 이를 동법 제79조
의 집합투자업자의 선관주의의무 혹은 충실의무 위반으로 보아 문제된
사례는 찾기 어려운 것으로 보인다.

제2목 의결권 분리목적의 주식대차에 대한 간접적 제한

다음으로 의결권 분리 목적의 주식대차를 간접적으로 제한하기 위
하여 주식대여를 통한 이익을 줄여야 한다는 지적이 있다. 예를 들어
주식을 보유한 상태에서 회사로부터 직접 배당금을 수령하는 경우와
주식을 대여한 후 배당에 상응하는 금원을 차입자로부터 받는 것을 구
분하여 후자의 경우에는 세제상 더 불리하게 취급하는 것도 가능하
다[231]. 또한 금융기관에게 적용되는 자본건전성과 경영건전성 규제 등

(2009), SSRN.com, http://papers.ssrn.com/sol3/papers.cfm?abstract_id=1276466.,
14-15면.

230) Martijn Cremers & Roberta Romano, Institutional Investors and Proxy Voting:
The Impact of the 2003 Mutual Fund Voting Disclosure Regulation, Yale Law
& Economics Research Paper No. 349, 2007, Available at SSRN:
http://papers.ssrn.com/sol3/papers.cfm?abstract_id=982493, 25면.

231) Henry T. C. Hu & Bernard Black, Empty Voting and Hidden (Morphable)

을 통해 주식대여의 총량을 규제하는 것도 고려할 수 있다[232]. 우리 자본시장과 금융투자업에 관한 법률 제30조 제1항의 금융투자업자의 영업용순자본비율 규제가 이에 해당할 수 있다. 동법 제30조 제1항, 동법 시행령 제34조, 금융투자업 규정 제3-6조, 제3-10조, 제3-16조 및 제3-22조에 의하면 영업용 순자본비율은 총위험에 대한 영업용 순자본의 비율로 산정된다. 총 위험에는 시장위험과 신용위험, 운영위험이 있다. 보유 주식을 대여하는 경우에는 주식에 대한 Long Position은 변함이 없으므로 시장위험의 일종인 주식위험은 동일하나, 동시에 증권 대여로 인한 신용위험이 증가하여 영업용 순 자본 비율이 악화된다. 위 규정 제3-10조 제2항에서 시장위험과 신용위험을 모두 내포하는 경우에는 양자를 합산하도록 규정하고 있기 때문이다. 그러므로 우리나라의 경우에도 위 재무건전성 규제를 통해 주식대차가 억제될 수 있는 측면이 있으나, 주식대차가 직접적으로 규제되는 것은 아니다.

제3목 의결권 분리 목적의 주식대차에 대한 직접적 제한

주식대차의 목적을 심사하여 의결권 분리목적의 주식대차의 경우에는 이를 제한하여야 한다는 논의도 있다. 실제로 미국 연방준비제도이사회의 Regulation T에 의하면 전문 투자자들만을 대상으로 거래하는 투자매매업자 혹은 투자중개업자의 경우에는 의결권 취득 목적으로 주식을 차입하려는 자에게는 주식을 대여할 수 없도록 하고 있다[233]. 이

Ownership: Taxanomy, Implications, and Reforms, 61 Bus. Law. 1011 (2006), 1066-1067면.

232) Henry T. C. Hu & Bernard Black, The New Vote Buying: Empty Voting and Hidden (Morphable) Ownership, 79 S. Cal. L. Rev. 811 (2006), 903면 Michael P. Jamroz, The Customer Protection Rule, 57 Bus. Law. 1069 (2002), 1070면.

233) Regulation T, 12 C.F.R. § 220.2 (2007); Securities and Exchange Commission, Concept Release on the U.S. Proxy System, 75 Fed. Reg. 42,982, 43,017-20 (July 22, 2010), 144면.

러한 규제를 모든 은행과 투자매매업자, 투자중개업자 및 다른 파생상
품 딜러들에게 확대할 필요가 있다는 지적이 있다[234]. 또한 주식 대차
뿐만 아니라 주식을 매입한 후 주식스왑계약을 체결함으로써 주식 대
차와 같은 효과를 내는 경우에도 위와 같은 Know Your Customer's
-Purpose Rule[235]이 적용될 필요가 있다고 한다. 우리나라는 자본시장
과 금융투자업에 관한 법률 제46조 제2항에서 금융투자업자는 일반투
자자에게 투자권유를 하기 전에 일반투자자의 투자목적·재산상황 및
투자경험 등의 정보를 파악하여야 한다고 하여 일반적인 고객이해의무
(Know Your Customer Rule)만을 도입하고 있다[236]. 이외에 주식대차의
경우에 고객의 목적을 파악할 의무를 부여할지 여부는 입법적인 검토
가 필요하다. 그러나 이에 대해서는 금융투자업자 규제 혹은 주식대차
규제 전반에 관한 논의가 필요하므로 본서에서는 위와 같은 방안도 생
각할 수 있다는 점만을 소개하고 자세하게 다루지 않기로 한다.

---

234) Henry T. C. Hu & Bernard S. Black, Equity and Debt Decoupling and Empty
　　Voting II: Importance and Extensions, 156 U. Pa. L. Rev. 625 (2008), 712면.
235) 기관투자자 이외의 다른 투자자들에게는 위 규제를 적용할 필요가 없는지가 문
　　제될 수 있다. 그러나 위 기관투자자들의 경우에는 여러 회사의 주식에 portfolio
　　로 투자하는 등의 이유로 인하여 주식을 대여받은 자들이 의결권을 어떻게 행
　　사하는지에 대해서 고려할 필요가 없는 경우가 많아서 위와 같은 규제를 고려
　　할 필요가 있다. 이에 비해서 일반 투자자들의 경우에는 주식에 대하여 실제로
　　경제적 이해관계를 가지고 있으므로 그러므로 그들의 의결권이 대여되는 경우
　　이를 대여받은 자가 회사의 이익을 고려하여 신중히 의결권을 행사할 것인지
　　여부를 감안하여 주식 대여 여부를 결정할 것이기 때문에 특별히 Know Your
　　Customer's-Purpose Rule을 적용할 필요가 없다고 한다. Henry T. C. Hu &
　　Bernard S. Black, Equity and Debt Decoupling and Empty Voting II:
　　Importance and Extensions, 156 U. Pa. L. Rev. 625 (2008), 714면.
236) 김건식, 정순섭, 자본시장법 제2판, 2010, 두성사, 550면.

제5절 의결권 분리의 유형별 규제방안 정리

이하에서는 위의 논의를 기초로 앞서 살펴본 의결권 분리의 8가지 유형에 있어서 어떠한 정도와 방법으로 의결권 규제를 하는 것이 바람직한 지에 대해서 살펴본다.

제1항 의결권 과다보유 규제방안

제1목 주식을 소유한 경우

1. 법률에 의한 의결권 과다보유 (A유형)

법률에 의하여 주식을 소유하면서 의결권 과다보유가 된 경우로서 신탁업자가 수탁 받은 주식에 대하여 의결권을 행사하는 경우, 투자신탁 및 투자익명조합에 있어서 집합투자업자가 주식에 대한 직접적 이해관계를 가지지 않으면서 의결권을 행사하는 경우 등이 문제될 수 있다. 그러나 앞서 논한 바와 같이 이는 집합투자업자와 투자자 간의 선관주의의무 혹은 대리비용의 문제로서 검토될 필요가 있으므로 본서에서는 이를 자세히 다루지 아니한다.

2. 법률행위를 통한 의결권 과다보유 (B유형)

주식을 소유하면서 주식스왑계약 등 파생상품 계약을 통하여 이해관계를 이전하거나 혹은 주식대차거래를 통하여 주식에 대하여 이해관계를 가지지 않으면서 의결권만을 행사하는 경우가 이에 해당한다.

이는 전형적으로 의결권 분리에 의한 의사결정의 왜곡 문제가 있는 경우이다. 그러므로 해석론을 통하여 주주가 주식에 대하여 음의 이해관계를 가진 경우에는 상법 제386조 제4항에 의한 특별이해관계 있는 주주로 보아 의결권을 제한하는 것이 필요하다. 또한 위 주주가 지배주주인 경우에는 지배주주의 충실의무 이론 혹은 다수결의 남용이론에 의하여 주주총회 결의 하자소송 혹은 손해배상청구소송 등 사후적 구제가 가능하다.

나아가 위와 같은 경우에는 입법을 통해 의결권을 규제하는 것도 고려할 수 있다. 우선 위와 같은 경우는 다른 거래에 부수하여 의결권 분리가 이루어지는 것이 아니라 의결권 분리 자체를 위하여 거래가 이루어지는 경우이다, 그러므로 회사의 이익과 상반되는 자신의 이익을 위하여 의결권을 행사하기 위하여 의도적으로 이해관계를 이전하였다고 볼 여지가 많다. 즉 의결권 행사의 자격이 없는 것이다. 둘째로 위 경우는 상법 상 주식을 소유하여 회사에 대항할 수 있는 의결권이 인정된다. 그러므로 의결권 구속계약 등 채권적인 권리를 가지는 경우보다 더 강력한 권리를 가진다. 그러므로 입법을 통한 의결권 행사 규제의 필요성이 크다.

이러한 입법의 방법으로는 우선 주주가 음의 이해관계를 가지는 경우에는 의결권이 사전적, 전면적으로 제한됨을 직접적으로 규정할 필요가 있다. 위와 같은 경우 상법 제386조 제4항의 적용을 통해 의결권이 제한될 수 있으나, 특별이해관계의 범위 등 그 해석론에 있어서 여러 가지 논란이 있기 때문이다. 주식에 대한 0의 혹은 양의 이해관계를 가지는 경우에도 그 의결권 행사가 회사의 이익에 반한다면, 지배주주 내지 주요주주의 경우 주주총회 취소소송 등을 통한 사후적 구제가 가능하도록 명시적 규정을 도입하는 것을 생각할 수 있다.

제2목 주식을 소유하지 않은 경우

1. 법률에 의한 의결권 과다보유 (C유형)

주식을 소유하지 않으면서 법률에 의한 의결권 과다보유가 되는 경우로는 명의개서 미필의 반사적 효과로서 의결권이 인정되는 경우와 명의개서폐쇄기간 내지 기준일 이후 주식을 매각하는 경우가 있다.

전자의 경우에 있어서는 우리 대법원 판례가 주식회사가 주주명부상의 주주가 형식주주에 불과하다는 것을 알았거나 중대한 과실로 알지 못하였고 또한 이를 용이하게 증명하여 의결권 행사를 거절할 수 있었음에도 의결권 행사를 용인한 경우에는 그 의결권 행사는 위법하여 주주총회결의를 취소할 수 있다고 한다237). 물론 위 판례는 주주명부상 주주 중 두 사람만이 실질주주이고, 주주명부상에 기재된 나머지 주주 17인은 세무상의 편의를 위하여 명의를 차용한 경우이어서 일반화하기에 어려운 점이 있다. 그러나 적어도 그 판시 상으로는 주주명부 상의 주주가 주식을 실질적으로 소유하지 않는 형식주주에 불과하다면 그 의결권을 제한할 수 있다는 점이 분명히 드러나 있다. 그러므로 이러한 판례를 적극적으로 해석한다면 의결권 과다보유의 문제를 해결할 수 있을 것으로 보인다.

---

237) 대법원 1998. 9. 8. 선고 96다45818 판결 이에 대해서는 회사는 주주명부의 기재와 달리 주주의 자격을 인정할 수 없다는 사단법리설도 있으나 그러나 주주명부는 주권의 증권적 효력을 고정시키는 것이 기본적 역할이 아니고 부단히 변동하는 주주를 회사가 알기 어렵기 때문에 회사 사무처리의 부수적 편의를 도모하기 위한 규정에 불과하므로 주식을 소유하고 있지 않다는 사실이 명확해진 경우에는 주주명부에 기재된자라고 하더라도 주주의 자격을 인정하지 않을 수 있다는 증권법리설이 보다 타당한 것으로 생각된다. 이에 대한 자세한 논의로는 정진세, 주주명부제도 : 회사의 실질주주 인정 가능성, 비교사법 8권 2호 (통권15호)(2001.12), 330면 이하 참고.

후자의 경우에는 기준일 제도에 대한 현재의 실무 및 해석론 상 위와 같은 형식주주에 대한 의결권 제한 법리를 적용하기 힘들다. 그러나 본장 제4절 제3항 제4목에서 살펴 본 바와 같이 입법을 통하여 기준일 이후에 주식이 매각된 경우에도 그 거래사실이 입증되어 회사가 기준일의 주주명부 상의 주주가 실제로 주식을 소유하고 있는 자가 아니라는 점을 용이하게 알 수 있다면, 주식 매수인의 의결권을 인정하고, 주식을 처분한 자(기준일 당시 주주)의 의결권을 제한하는 것을 고려할 수 있다.

이에 더하여 기준일 제도로 인한 의결권 분리의 가능성을 줄이기 위하여 본장 제4절 제3항 제1목 내지 제3목에서 본 바와 같이 기준일과 주주총회일 사이의 간격을 줄이는 것도 필요하다.

2. 법률행위를 통한 의결권 과다보유 (D유형)

주식을 소유하지 않으면서 법률행위를 통하여 의결권 과다보유를 하는 경우로는 의결권구속계약을 통하여 의결권을 행사하는 경우와 의결권 백지위임을 통하여 의결권을 행사하는 경우를 들 수 있다.

이러한 경우에 있어서도 의결권 분리에 의한 의사결정의 왜곡 문제가 나타날 수 있다. 그러므로 해석론을 통하여 위와 같은 방식으로 의결권을 행사하는 자가 주식에 대하여 음의 이해관계를 가진 경우에는 상법 제386조 제4항에 의한 특별이해관계 있는 주주로 보아 의결권을 제한할 수 있다. 또한 다수주주 내지 지배주주가 위와 같은 방식으로 의결권을 행사하는 경우에는 지배주주의 충실의무 이론 혹은 다수결의 남용이론을 통한 사후적 구제가 가능하다. 우리 대법원 판례도 주주의 자유로운 의결권 행사를 보장하기 위하여 주주가 의결권의 행사를 대리인에게 위임하는 것이 보장되어야 한다고 하더라도 주주의 의결권 행사를 위한 대리인 선임이 무제한적으로 허용되는 것은 아니고, 그 의결권의 대리행사로 말미암아 주주총회의 개최가 부당하게 저해되거나 혹은 회사의 이익이 부당하게 침해될 염려가 있는 등의 특별한 사정이 있는 경우에는 회사가 이를 거절할 수 있다고 판시한 바 있다[238].

나아가 위와 같은 경우에도 음의 이해관계를 가진 경우에는 의결권이 사전적, 전면적으로 제한됨을 입법을 통해 규정할 필요가 있다. 주식에 대한 0의 혹은 양의 이해관계를 가지는 경우에도 그 의결권 행사가 회사의 이익에 반한다면, 지배주주 내지 주요주주의 경우 주주총회 취소소송 등을 통한 사후적 구제가 가능하도록 명시적 규정을 도입하는 것을 생각할 수 있다. 다만 본장 제3절 제2항 제3목 2. (2) (다) 다)에서 살펴본 바와 같이 결의의 공정성 요건과 관련하여 B유형보다는 완화된 심사기준을 적용하는 것을 고려할 수 있다. D유형의 의결권 분리거래의 경우에는 주주가 언제든지 이를 취소할 수 있으므로 B 유형보다 문제의 소지가 적고, 주주가 의결권 위임을 취소하지 않고 의결권 과다보유를 한 자의 의결권 행사를 허용한 이상 그 자체로 주식에 대하여 이해관계를 가지는 주주가 회사의 이익을 위하여 의사 결정한 것이라고 볼 수 있기 때문이다.

제2항 의결권 과소보유 규제방안

제1목 주식을 소유한 경우

1. 법률의 규정에 의한 의결권 과소보유 (E유형)
주식을 소유하면서 법률에 의하여 의결권을 행사하지 못하게 된 경우로는 명의개서 미필주주와 주주명부폐쇄기간 내지 기준일 이후 주식을 취득한 주주 등이 있다. 우선 명의개서 미필주주의 경우에 있어서는

---

238) 대법원 2009.4.23. 선고 2005다22701,22718 판결.

본장 제5절 제1항 제2목 1.에서 본 바와 같이 우리 대법원 판례가 주식회사가 주주명부상의 주주가 형식주주에 불과하다는 것을 알았거나 중대한 과실로 알지 못하였고 또한 이를 용이하게 증명하여 의결권 행사를 거절할 수 있었음에도 의결권 행사를 용인한 경우에는 그 의결권 행사는 위법하게 된다고 하고 있다[239]. 그러므로 이러한 판례를 보다 적극적으로 해석[240]하여 명의개서 미필주주가 주식취득사실을 증명하는 경우에는 주식 양도인의 의결권을 부정하고, 당해 명의개서 미필주주에게 의결권을 인정할 필요가 있다. 기준일 이후에 주식을 매수한 경우에는 본장 제4절 제3항 제4목에서 살펴 본 바와 같이 입법을 통하여 주식 매매 거래 당사자 및 거래 수량 등에 대한 입증에 의해 회사가 기준일의 주주명부 상의 주주가 실제로 주식을 소유하는 자가 아니라는 점을 용이하게 알 수 있다면, 당해 주주의 의결권을 인정하고, 주식을 처분한 자(기준일 당시 주주)의 의결권을 제한하는 것을 고려할 수 있다. 그리고 기준일과 주주총회일 사이의 간격을 줄여서 의결권 과소보유의 가능성을 낮추는 것도 생각해 볼 수 있다.

2. 법률행위에 의한 의결권 과소보유 (F유형)

의결권 구속계약 혹은 의결권 백지위임을 통하여 의결권을 이전한 경우 의결권 과소보유에 해당한다. 그러나 이는 당해 주주의 의사 내지 위임의 필요에 의한 것이므로 이를 존중할 필요가 있다. 또한 언제라도 주주가 원하는 경우 의결권 구속계약 혹은 백지위임에 반하여 자신의 의사대로 의결권을 행사할 수 있고 이러한 의결권 행사의 회사법적 효력도 보장된다는 점에서 굳이 이들에게 다시 의결권을 인정할 필요는 없다.

---

239) 대법원 1998. 9. 8. 선고 96다45818 판결.
240) 위 대법원 1998. 9. 8. 선고 96다45818 판결의 원심판결(서울고법 1996. 9. 13. 선고 95나38730 판결)에서는 "실질주주가 아닌 형식주주에게 소집통지를 하고 의결권을 행사하게 한 이 사건 주주총회의 결의는 소집절차 및 결의방법에 있어서 법령 또는 정관을 위배한 잘못이 있다"고 하였고, 대법원에서도 이러한 취지를 특히 배척하지 않았다.

제2목 주식을 소유하지 않은 경우 (H유형)

이러한 경우로는 주식스왑계약 등 파생상품 계약을 통하여 이해관계를 이전받은 경우와 주식 대차계약을 통하여 주식을 대여한 경우가 있다. 이러한 자에 대한 의결권의 인정 여부가 논란이 될 수 있다. 그러나 본장 제3절 제3항에서 본 바와 같이 위와 같은 경우에도 주식에 대한 이해관계를 가진 자에 대한 의결권 이전의 필요성은 크지 않다. 오히려 현금 결제형 주식스왑계약 등에 의해서 동일한 이해관계를 가진 자가 다수 있을 경우 누구에게 의결권을 인정할 것인가에 대한 복잡한 문제를 야기할 우려가 있다.

제 5 장

의결권 분리에 대한 공시제도의 개선

제1절 공시제도 개선의 필요성 및 방향

앞서서는 의결권 분리에 대한 실체적인 규제방안에 대해서 살펴보았다. 그러나 실체적인 규제와 동시에 의결권 분리에 대한 효과적인 공시를 통해 투자자들에게 이에 대한 정확한 정보를 적시에 제공하는 것이 필요하다. 특히 지분공시 등 주주에 대한 규제를 회피하기 위하여 의결권 분리가 이용되기도 한다는 점을 고려하면, 의결권 분리에 대한 공시제도 자체가 의결권 분리의 문제점에 대한 직접적인 해결책이 될 수 있다. 또한 의결권 제한 등 의결권 분리에 대한 실체적인 규제를 위해서도 의결권 분리 현황에 대한 정보의 제공이 필요하다. 마지막으로 지분공시제도 자체의 기능 활성화의 측면에서도 공시제도의 개선이 필요하다.

제1항 지분공시제도의 기능 활성화

본장 제2항에서 살펴보는 바와 같이 현재의 지분공시제도 하에서는 의결권 분리에 대한 공시가 충분하게 이루어지지 못한다. 이는 지분공시제도의 기능[1] 활성화에 장애가 된다. 그러므로 지분공시제도의 기능

---

1) 증권의 발행인에 의한 일반적인 발행공시 혹은 정기/수시공시 제도와는 달리 지분공시제도에 대해서는 왜 지분공시제도가 왜 중요하고, 누구를 위해서 필요한 것인지에 대한 논의가 많지는 않다. 이에 대한 자세한 논의는Merritt B. Fox, Artyom Durnev, Randall Morck & Bernard Y. Yeung, Law, Share Price Accuracy and Economic Performance: The New Evidence, 102 Mich. L. Rev. 331, 2003, 335-344면 및 Michael C. Schouten & Mathias M. Siems, The Evolution of Ownership Disclosure Rules Across Countries (2009). Available at SSRN: http://ssrn.com/paper=1434144, 5면 이하.

활성화를 위하여 지분공시제도를 개선하여 의결권 분리에 대한 효율적인 공시가 이루어지도록 하여야 한다.

제1목 지분공시제도의 기능

상장회사 주식을 일정 지분 이상 보유한 주주에게 그 보유현황을 공시하게 하는 지분공시제도는 여러 가지 기능을 하고 있다. 예를 들어 자본시장과 금융투자업에 관한 법률 제147조에서 규정하고 있는 주식대량보유상황보고제도(5% 보고제도)는 기존의 경영진에게 경영권 방어의 기회를 주고, 잠재적인 인수인에게는 기업인수에 나설 시간을 부여하는 등 기업지배권 시장의 공정한 경쟁을 촉진하는 기능을 한다[2]. 또한 동법 제172조의 주요주주 특정증권 등 소유상황보고제도(10% 보고제도)는 내부자 거래의 예방 및 그 규제를 위한 기능을 한다[3]. 주요주주의 경우 미공개 정보를 이용하여 부당이득을 취할 가능성이 높기 때문이다. 그러나 이러한 기능 이외에도 지분공시제도는 자본시장의 효율성 증대 및 회사지배구조의 개선이라는 기능을 가지고 있다.[4] 여기서는 이러한 기능의 활성화를 위한 의결권 분리에 대한 효율적인 공시의 필요성을 살펴본다.

1. 시장의 효율성 증대

지분공시제도는 시장의 효율성(Market Efficiency)의 증대를 위한 기

---

2) 김건식, 정순섭, 자본시장법 제2판, 2010, 두성사, 228면 금융감독원 기업공시실무안내 (2010), 193면.

3) 김건식, 정순섭, 자본시장법 제2판, 2010, 두성사, 350면 금융감독원 기업공시실무안내 (2010), 250면.

4) 김건식, 정순섭, 자본시장법 제2판, 2010, 두성사, 228면 금융감독원 기업공시실무안내 (2010), 193면에서도 주식대량보유상황보고제도의 경우 증권시장의 투명성제고 혹은 투자자의 주식가치 판단을 위한 정보제공 기능을 한다는 점을 지적하고 있다.

능을 한다5). 지분공시를 통해 당해 주식의 보유현황에 대한 정확한 정보가 시장에 전달됨으로써 투자자가 올바른 판단을 할 수 있다. 그리고 주가에 이러한 정보가 반영되어 주가가 주식의 가치를 보다 정확히 반영할 수 있다. 이는 의결권 보유현황 공시와 자본적 이해관계 공시의 두 가지로 나누어 생각할 수 있다.

첫번째로 의결권 보유현황의 공시를 통해서 어떤 주주들이 당해 회사를 지배하거나 회사의 경영에 영향력을 가지는지를 알 수 있다. 이러한 주주들의 성향 및 특성, 당해 회사의 지분구조 등에 대한 정보를 통해 대주주와 소수주주간의 대리비용 혹은 주주와 경영진 간의 대리비용이 어느 정도인지를 파악할 수 있다,6) 즉 투자자들이 당해 주식의 주가에 이러한 대리비용에 의한 할인이 어느 정도 반영되어야 하는지를 판단할 수 있다7). 또한 의결권 보유현황이 변동되는 경우에도 공시를

---

5) Michael C. Schouten, The Case for Mandatory Ownership Disclosure, 15 Stan. J.L. Bus. & Fin. 127 (2009), Available at SSRN: http://papers.ssrn.com/sol3/p apers.cfm?abstract_id=1327114, 6면 이하.

6) 예컨대 지배주주의 경우에는 경영진을 감시 및 통제할인센티브를 가지고 있어서 주주와경영진 사이의 대리비용의 문제는 크지 않을 수 있고 오히려 소수주주와 지배주주 간의 대리 비용의문제가 중요할 수 있다. 지배주주가 없는 분산된 소유구조 하에서도 일정 지분 이상을가지고 있는 주주(예를 들어 10% 지분 보유 주주)가 지배주주와 같은 정도는 아니더라도 경영진의 감시 및 통제를 위한 역할을 할 수 있고, 어느 정도 이러한 역할을 수행하느냐에 따라서 대리비용이 달라질 수 있다. Anat R. Admati, Paul Pfleiderer & Josef Zechner, Large Shareholder Activism, Risk Sharing, and Financial Market Equilibrium, 102 J. Pol. Econ. 1130, 1994, 1137면 Mike Burkart, Denis Gromb & Fausto Panunzi, Large Shareholders, Monitoring, and the Value of the Firm, 112 Quart. J. Econ. 693, 1997, 670면 Ronald J. Gilson, Controlling Shareholders and Corporate Governance: Complicating the Comparative Taxonomy, 119 Harv. L. Rev. 1641, 2006, 1652면.

7) Ronald J. Gilson & Jeffrey N. Gordon, Controlling Controlling Shareholders, 152 U. Pa. L. Rev. 785 , 2003, 790면 Steen Thomsen, Torben Pedersen & Hans Kurt Kvist, Blockholder Ownership: Effects on Firm Value in Market and Control

통해 지배주주의 변동 내지는 적대적 인수·합병을 통한 변동가능성 혹은 회사 경영진을 감시, 통제할 수 있는 주요주주들의 변동에 대한 정보가 시장에 제공된다. 이 역시 투자판단에 있어서 중요한 역할을 한다[8].

두번째로 주식에 대한 의결권 현황뿐만 아니라 주주들의 주식에 대한 자본적 이해관계의 공시도 중요하다. 이를 통해서 회사의 지배주주가 회사 가치 혹은 주식 가치에 대하여 이해관계를 가지고, 회사의 가치 증대를 위한 의사결정을 하고, 경영진을 감시 및 통제할 인센티브를 가지는지 여부를 판단할 수 있다[9]. 주식의 대량 거래 혹은 자본적 이해관계의 변동이 회사의 미래실적의 변동에 기인하는 것인지 아니면 주식스왑계약의 해지 등 당사자 간의 개별적 계약관계에 기인하는 것으로서 회사의 미래실적 변동과는 큰 관계가 없는 것인지 여부, 당해 주식의 거래를 위한 유동주식(Free Float)이 어느 정도 있는지 여부[10] 등

Based Governance Systems, 12 J. Corp. Finan. 246, 2006, 251면.

8) 예컨대 헤지펀드가 일정 지분 이상의 주식을 확보하였음을 공시하여 적대적 인수·합병 내지는 적극적인 주주권 행사에 나설 것이 예상되는 경우에는 경영진 혹은 지배주주에 대한 감시 및 통제가 증대될 것으로 생각되어 주식의가치가 상향평가될 수 있다. Alon Brav, Wei Jiang, Randall S. Thomas & Frank Partnoy, Hedge Fund Activism, Corporate Governance, and Firm Performance, 63 J. Fin. 1729, 2006, 1755면.

9) 예컨대 헤지펀드가 일정 지분 이상의 주식을 확보하였음을 공시하여 적대적 인수·합병 내지는 적극적인 주주권 행사에 나설 것이 예상되는 경우에는 경영진 혹은 지배주주에 대한 감시 및 통제가 증대될 것으로 생각되어 주식의가치가 상향평가될 수 있다. Alon Brav, Wei Jiang, Randall S. Thomas & Frank Partnoy, Hedge Fund Activism, Corporate Governance, and Firm Performance, 63 J. Fin. 1729, 2006, 1755면.

10) 유동주식이 많을수록 기대수익율이 높고 주가는 저평가되어 있을 가능성이 많다는 입장으로는 Kalok Chan, Yue-Cheong Chan & Wai-Ming Fong, Free Float And Market Liquidity: A Study Of Hong Kong Government Intervention, 27 J. Finan. Res. 179, 2004, 181면 Claudio Loderer & Lukas Roth, The Pricing Discount for Limited Liquidity: Evidence from SWX Swiss Exchange and the Nasdaq, 12 J. Empirical Finance 239, 2005, 240면.

에 대한 정보도 투자자들의 투자판단을 위하여 중요하다[11].

2. 회사지배구조의 개선

다음으로 지분공시제도는 회사 지배구조(Corporate Governance)의 개선을 위한 기능을 한다[12]. 즉 지분공시를 통해 지배주주와 소수주주 간의 대리 비용 혹은 주주와 경영진 간의 대리 비용이 줄어들 수 있다. 이를 통해 사회적 비효율이 감소하고 당해 회사 혹은 주식의 가치 증대 에도 기여할 수 있다[13].

우선 지배주주가 존재하는 집중된 소유구조(Concentrated Share Ownership)의 회사를 보자. 지배주주의 지분공시를 통해 다른 소수주주 들이 지배주주가 지배권을 남용하여 소수주주를 희생하고 개인적인 이 익을 취하는 것을 적절히 감시 및 통제할 수 있다. 지배주주의 권한 남 용행위에 대한 책임추궁이 가능하다. 분산된 소유구조(Dispersed Share Ownership)의 회사의 경우는 다음과 같다. 지분공시를 통해 당해 회사 에 특별한 지배주주가 존재하지 않는다는 점 및 일정 지분 이상을 보유 하고 있는 주주의 내역 등이 공시됨으로써 당해 회사에 대한 인수·합병 시도가 활성화될 수 있다. 이는 그 자체로 경영진에 의한 대리비용 감 소 및 회사 지배구조 개선의 효과가 있다[14]. 지분공시를 통해 회사 경 영진이 주요 주주 현황에 대한 정보를 파악함으로써 주요 주주와의 의

---

11) Zohar Goshen & Gideon Parchomovsky, The Essential Role of Securities Regulation, 55 Duke L.J. 711, 2006, Available at SSRN: http://papers.ssrn.com /sol3/papers.cfm?abstract_id=600709, 723면.
12) Paul G. Mahoney, Mandatory Disclosure as a Solution to Agency Problems, 62 U. Chi. L. Rev. 1047, 1995, 1052면.
13) Allen Ferrell, The Case for Mandatory Disclosure in Securities Regulation around the World, 2 Brook. J. Corp., Fin. & Com. L. 81, 2007, 93면.
14) Bernard Black, The Core Institutions That Support Strong Securities Markets, 55 Bus. Law. 1565, 2000, 1588면.

사소통을 통한 주주이익의 실현이 용이해진다는 장점도 있다[15].

제2목 지분공시제도의 기능 활성화를 위한 의결권 분리 공시의 필요성

1. 자본시장의 효율성 증대

지분공시제도는 의결권 보유현황 및 자본적 이해관계의 공시를 통해서 자본시장의 효율성 증대에 기여하고 있다[16]. 의결권 분리는 위 의결권 보유현황과 자본적 이해관계에 차이가 생기는 대표적인 사례 가운데 하나이다. 의결권 분리에 대한 공시를 통하여 투자자들은 특정 주주의 의결권이 당해 주주가 주식에 대하여 가지고 있는 이해관계를 초과함을 알 수 있다. 이로 인하여 투자자들은 위 주주가 회사의 이익에 반하는 방향으로 의결권을 행사할 수 있음을 인식할 수 있다. 그러므로 이러한 정보가 주가에 반영되고 자본시장의 효율성이 증대된다. 이러한 정보가 제공되지 않는다면 투자자들의 투자판단의 오류 및 자본시장의 비효율이 야기된다[17]. 또한 주식스왑계약 등을 통한 의결권 분리는 인수·합병을 위한 지분취득에 수반하여 이루어지는 경우가 많다. 이러한 정보가 공시되지 않는다면 의결권 보유현황의 변동에 대한 정보가 제

---

15) Michael C. Schouten, The Case for Mandatory Ownership Disclosure, 15 Stan. J.L. Bus. & Fin. 127 (2009), Available at SSRN: http://papers.ssrn.com/sol3/papers.cfm?abstract_id=1327114, 21면 이하.

16) FSA, Disclosure of Contracts for Difference; http://www.fsa.gov.uk/pubs/cp/cp07_20.pdf 20면 이하에서도 의결권분리에 대한 정보가 공시되지 않는 경우에는 비효율적인 가격형성, 왜곡된 기업지배구조, 시장효율성의 감소 등의 문제가 발생할 수 있다고 하고 있다. 또한 대주주와 소액주주 간의 정보비대칭, 발행회사와 대주주 간의 정보비대칭의 문제가 발생할 수 있다고 한다.

17) Chris Waddell, Kendrick Nguyen, Evan Epstein, etc., Identifying the Legal Contours of the Separation of Economic Rights and Voting Rights in Publicly Held Corporations, ROCK CENTER for CORPORATE GOVERNANCE WORKING PAPER SERIES - NO. 90, Stanford Law School(October 2010), 4면 이하.

대로 공시되지 않아 기업 인수·합병에 있어서 자본시장의 비효율을 초
래하게 된다[18]. 따라서 자본시장의 효율성 증대를 위해 의결권 분리가
공시될 필요가 있다.

예컨대 헤지펀드 등 주주권 행사에 적극적인 주체가 은행 등과 파생
상품 계약을 통한 의결권 분리거래를 하고, 은행 등이 파생상품 계약에
의한 위험을 헤지하기 위하여 당해 주식을 취득하였다고 하자. 의결권
분리에 대한 정보가 공시되지 않는 경우 시장에서는 주주권행사에 대
부분 소극적인 은행 등이 주식을 취득하였다는 점만을 인식하게 되어
이를 중요하지 않게 여긴다. 그러나 의결권 분리에 대한 정보가 공시되
는 경우에는 실제로 주주권 행사에 적극적인 헤지펀드가 당해 주식에
투자하였다는 점이 시장에 알려진다. 이는 당해 주식이 저평가되어 있
다는 반증으로 인식되므로 다른 투자자에게도 중요한 정보가 될 수 있다[19].

2. 기업지배구조의 개선

또한 지분공시제도는 기업지배구조의 개선을 통한 기업가치 증대를
위해서도 중요한 기능을 하고 있다. 그러므로 의결권 분리에 대한 정보
가 공시되지 않는 경우에는 이러한 기능이 저해된다. 의결권 분리에 대
한 공시를 통하여 당해 회사, 주주 및 규제기관이 지배주주 등이 의결
권 분리를 통하여 회사의 이익에 반하는 의사결정을 하는 것을 통제하
거나 예방할 수 있기 때문이다. 예컨대 특정주주의 의결권 분리에 대한
정보가 공시된 경우, 다른 주주들은 의결권 대리행사 권유 등을 통하여

---

18) Dirk A. Zetzsche, Challenging Wolf Packs: Thoughts on Efficient Enforcement
of Shareholder Transparency Rules, 2009, Available at SSRN : http://ssrn.com/
paper=1428899, 10-11면에 의하면 Hidden Ownership에 대한 정보가 공시되지
않는 경우 이를 반영하여 주가가 상승하지 않기 때문에 실제로 인수·합병을 하
는 측에서 부담하게 되는 인수비용이 줄어들게 된다고 한다.
19) FSA, Disclosure of Contracts for Difference; http://www.fsa.gov.uk/pubs/cp/cp
07_20.pdf 23면.

의결권 분리 주주의 의사대로 주주총회 결의가 되지 않도록 대비할 수
있다[20]. 또한 이러한 정보를 통하여 회사 혹은 다른 주주나 규제기관이,
의결권 분리를 한 특정 주주가 의결권을 남용하여 자신의 이익을 위해
회사의 이익을 희생하는 의사결정을 하는 데 대하여 소송이나 다른 형
태의 규제를 통하여 제재를 가할 수 있다. 이는 뒤에서 살펴보는 실체
적인 규제의 실현을 위한 공시제도 개선의 필요성과 일맥상통하는 것
이다. 게다가 의결권 분리에 대한 공시를 강제하는 경우, 정보공개에 의
한 규제의 가능성 때문에 의결권 분리에 대한 유인이 줄어들고, 이로
인한 대리비용의 문제도 감소하는 효과를 기대할 수 있다[21]. 또한 의결
권 분리에 대한 공시가 이루어지지 않는 경우, 주식스왑계약을 통해 상
당한 지분을 보유하고 필요한 시기에 이를 파생상품 딜러로부터 양수
하는 것이 가능한 경우에도 이에 대한 정보가 제공되지 않게 된다. 이
는 당해 주주가 경영권 취득을 위한 발판지분(Toe-Hold)을 확보하는 것
을 용이하게 한다. 상대적으로 다른 잠재적 경쟁자들의 경영권 취득 시
도를 어렵게 한다. 그러므로 이는 효율적인 기업지배권 시장의 작동을
방해하는 문제점이 있다[22].

제2항 의결권 분리에 대한 효율적 규제

의결권 분리에 대한 실체적 규제를 효과적으로 적용하기 위해서는
의결권 과다보유 여부 등 의결권분리 현황에 대한 정보가 효과적으로

---

20) Securities and Exchange Commission, Concept Release on the U.S. Proxy System, 75 Fed. Reg. 42,982, 43,017-20 (July 22, 2010), 145면.
21) Stephen M. Bainbridge, Sunlight the Best Disinfectant for Hedge Fund Empty Voting, 2007, http://www.professorbainbridge.com/professorbainbridgecom/2007/01/sunlight-the-best-disinfectant-for-hedge-fund-empty-voting.html.
22) FSA, Disclosure of Contracts for Difference; http://www.fsa.gov.uk/pubs/cp/cp07_20.pdf 25면.

공시되어야 한다[23]).

제1목 사전적 제한의 관점

본서 제4장 제2절에서 논한 바와 같이, 의결권 분리를 통해 주식에 대하여 음의 이해관계를 가진 경우에는 사전적으로 의결권이 제한될 필요가 있다. 이를 위해서는 주주총회를 개최하고 진행하는 입장에서, 혹은 당해 안건의 의결을 추진하는 주주의 입장에서 사전에 특정 주주의 주식에 대한 이해관계를 파악하여 의결권 제한 여부를 판단하는 것이 필요하다. 이에 기반하여 의결권이 제한되는 주식을 제외하고 당해 의안에 대한 의결정족수 충족여부를 결정할 수 있다. 그러나 이러한 판단을 위한 정보들은 기본적으로 주주의 재산보유현황에 대한 사적인 정보로서 회사 등 주주총회를 개최하고 진행하는 입장에서는 이를 상세히 파악하기가 거의 불가능하다. 그러므로 효과적인 공시제도를 통해 주주들의 주식에 대한 이해관계 및 의결권 분리 현황에 관한 정보가 공개되도록 하여야 한다.

이와 관련하여 주주가 회사에 대하여 음의 이해관계를 가지고 있음을 통지하여 의결권 제한 여부를 판단할 수 있도록 하는 것도 고려할 수 있다[24]). 그러나 위와 같은 통지제도를 도입한다고 하더라도 여전히 공시의 필요성은 있다. 공시를 통해, 회사 이외에 다른 주주가 위 의결권 제한 여부를 다투어 주주총회에서 이의를 제기하거나 혹은 사후에 주주총회 취소소송을 제기하는 것이 가능해 지기 때문이다. 특히 지배주주의 의결권 제한이 문제되는 경우에는 회사가 이를 다투는 것을 기

---

23) Andrea Zanoni, Hedge Funds' Empty Voting in Mergers and Acquisitions: A Fiduciary Duties Perspective, Global Jurist, Vol. 9, No. 4, 2009, available at SSRN: http://papers.ssrn.com/sol3/papers.cfm?abstract_id=1285589, 19면.

24) 본서 제4장 II. 3. (1) 3) 나) 참고.

대하기 어렵다. 그러므로 다른 주주 등이 이를 다툴 수 있도록 하는 것이 필요하다.

제2목 사후적 구제의 관점

또한 지배주주 내지 주요주주의 의결권 과다보유의 경우, 의결권 행사에 대한 사후적 구제에 있어서도 위 주주가 주식에 대하여 어떠한 이해관계를 가지고 있고 회사의 이익을 희생하고 자신의 사익을 추구할 가능성이 있는지 여부가 공시되어야 할 필요가 있다.

제3항 공시제도 개선에 대한 비판론에 대한 검토

주식에 대한 이해관계의 공시를 통해 의결권 분리현황을 공시하게 할 필요가 있다는 주장에 대해서는 위에서 살펴 본 찬성론뿐만 아니라 반대론도 여러 가지 관점에서 제기되고 있다. 여기서는 이를 그 논점별로 정리하여 그 타당성 여부를 검토한다.

제1목 정책적 관점에서의 비판론25)

1. 논의의 내용

첫번째로 공시제도 개선론은 주식에 대한 의결권과 상관없이 그 경제적 이해관계에만 초점을 맞추고 있어서, 이를 지분공시제도의 일부로

---

25) Dirk A. Zetzsche, Against Mandatory Disclosure of Economic-only Positions referenced to Shares of European Issuers - Twenty Arguments against the CESR Proposal, Heinrich-Heine-University Duesseldorf Centerfor Business and Corporate Law Research Paper Series (CBC-RPS) (2010. 6.), available at http://ssrn.com/abstract= 1559787, 8면.

서 규제하는 것이 적절하지 않다는 비판이 있다. 기존의 지분공시제도는 주식의 의결권 내지 회사의 지배권과 관련한 것으로서 지배주주와 소수주주 간의 대리인 문제 혹은 주주와 이사회 등 경영진 간의 대리인 문제의 개선기능을 하고 있다. 그러나 공시제도 개선론은 회사에 대한 지배권 혹은 의결권과 관련이 없으므로 기존의 지분공시제도와는 다르다는 것이다.

다음으로는 기존의 지분공시 규정에 대한 적절한 해석을 통해서 법원 혹은 증권 감독당국이 의결권 분리를 통한 지분공시 회피 혹은 의결권 행사 왜곡에 대해서 충분히 규제할 수 있기 때문에 더 이상의 제도 개선은 불필요하다는 지적이 있다. 실제로 CSX v. TCI 사건에서 법원은 의결권 분리를 통한 지분공시제도 회피를 허용하지 않고, 공시의무를 인정하는 결정을 하였다[26]. 대부분의 국가의 지분공시 규정은 주식을 직접 소유한 경우뿐만 아니라 주식의 취득 혹은 의결권 행사에 대한 계약적 권리를 가진 경우도 공시의 대상으로 하고 있으므로, 위와 같은 광범위한 공시규정을 적절히 해석하여 의결권 분리에 대하여 효과적으로 대처할 수 있다고 한다.

2. 검토

공시제도 개선론은 주식에 대한 이해관계에만 초점을 맞추므로 기존의 지분공시제도와 부합하지 않는다는 비판에 대해서는 공시제도 개선론에서도 주식스왑이나 옵션 등 파생상품을 통하여 주식에 대한 이해관계를 가지는 때에는 실질적으로 주식 취득 혹은 의결권을 행사할 수 있는 영향력이 있는 경우가 많음을 전제로 한다는 점을 지적할 수

---

26) CSX Corporation v. The Children's Investment Fund Management (UK) L.L.P. et al. (1:08-Cv-02764-Lak (Filed Mar. 17, 2008) (S.D.N.Y.); CSX Corp. v. Children's Inv. Fund Management (UK) LLP, No. 08-2899-CV, 2008 WL 4222848 (2d Cir. Sept. 15, 2008) 참조.

있다. 그리고 의결권 분리에 의한 의결권 행사의 왜곡 가능성을 줄이고 이에 대한 적절한 규제를 실행하기 위한 것이므로 기존의 의결권 중심의 공시제도와 배치된다고 말하기는 어렵다.

또한 기존의 지분공시 규정의 해석을 통하여 주식에 대한 이해관계를 충분히 공시하고 의결권 분리를 통한 지분공시 회피를 방지할 수 있는지에 대해서는 여러 가지 논란이 있다. 실제로 기존 규정 하에서는 현금결제형 주식스왑 등을 통한 의결권 분리에 대해서는 공시의무가 발생하지 않는다는 입장도 있다[27]. 더구나 기존의 지분공시 규정 하에서도 공시제도 개선론이 의도하는 것과 동일한 정도의 규제가 이루어진다면, 지분공시 규정을 개정하여 이러한 점을 보다 명확히 하는 것을 반대할 이유가 없다. 이와 같은 경우 오히려 규정의 명확성 및 예측가능성이 증가하므로 바람직한 결과를 가져온다.

제2목 회사 지배구조 관점에서의 비판론[28]

1. 논의의 내용

공시제도 개선론은 적대적 인수·합병을 어렵게 하고 기존 경영진 혹은 지배주주의 경영권 유지를 용이하게 하므로 기업지배구조 관점에서 바람직하지 않다는 지적이 있다. 인수·합병 시도를 위한 전 단계로서 파생상품 등을 통하여 주식에 대한 이해관계를 가지게 된 경우에도 공시가 강제된다면, 이로 인하여 주가가 상승하고 기존 경영진 내지 지배

---

27) 위 CSX v. TCI 사건에서 실제로 SEC가 이러한 의견을 표명하였다.

28) Dirk A. Zetzsche, Against Mandatory Disclosure of Economic-only Positions referenced to Shares of European Issuers – Twenty Arguments against the CESR Proposal, Heinrich-Heine-University Duesseldorf Center for Business and Corporate Law Research Paper Series (CBC-RPS) (2010. 6.), available at http://ssrn.com/abstract= 1559787, 11면.

주주가 방어수단을 강구할 수 있어서 인수·합병을 추진하는 것이 상당히 어려워진다. 이는 기업지배구조 관점에서 기존 경영진 내지 지배주주에 대한 통제를 어렵게 하여 대리비용을 증가시킨다는 것이다.

2. 검토

지분공시제도의 대상을 주식에 대하여 이해관계를 가진 경우까지 확장한다면 기존 경영진 내지 지배주주의 이익이 더 증진된다는 지적도 가능하다. 지분공시제도가 기업 인수·합병에 있어서의 공정한 경쟁 및 기존 지배주주 내지 경영진에 대한 경영권 방어기회의 제공을 목적으로 하기 때문이다. 그러나 공시제도 개선론은 새로이 주식을 취득하는 등 기업 인수·합병을 시도하는 자뿐만 아니라 기존의 지배주주 등에 대해서도 적용된다. 그러므로 기업을 인수·합병하려는 자에게만 불이익을 야기한다는 지적은 옳지 않다. 특히 공시제도 개선론은 주식에 대한 이해관계의 공시에 중점을 두고 있으므로 기존 지배주주의 경우에 오히려 더 큰 부담이 될 수도 있다. 이미 회사에 대한 지배권을 취득한 상황에서 주식에 대한 이해관계를 이전한 후, 자신의 개인적 이익을 위하여 회사의 이익과 상반되는 의사결정을 하려는 시도 등이 제한되기 때문이다.

제3목 시장의 효율성 관점에서의 비판론[29]

1. 논의의 내용

시장의 효율성 관점에서의 비판론도 있다. 이에 의하면 파생상품 등

---

29) Dirk A. Zetzsche, Against Mandatory Disclosure of Economic-only Positions referenced to Shares of European Issuers – Twenty Arguments against the CESR Proposal, Heinrich-Heine-University Duesseldorf Centerfor Business and Corporate Law Research Paper Series (CBC-RPS) (2010. 6.), available at http://ssrn.com/abstract= 1559787, 13면.

을 통하여 주식에 대한 이해관계를 가지게 된 경우까지 모두 공시되는 경우, 시장의 입장에서는 기업 인수·합병 시도가 있는 경우와 그렇지 않고 단순히 주식의 가치변동에 대한 이해관계만을 가지려는 경우를 구분하기 어렵다. 기업 인수·합병의 의도가 없는 경우에도 당해 기업이 인수·합병될 것처럼 오인되어 주가상승을 예상한 다른 투자자들이 주식을 매수하여 이로 인해 주가가 상승하는 등 주식가격이 왜곡되고 주식시장의 효율적 가격결정 기능이 저해된다. 이는 결국 주식시장에 대한 투자의 감소를 가져온다고 한다.

2. 검토

그러나 앞서 본 바와 같이 주식에 대한 이해관계의 공시를 통해, 주식 보유현황에 대한 정확한 정보가 시장에 제공되어 투자자가 이를 바탕으로 효율적인 의사결정을 할 수 있게 된다. 주식의 보유현황에 대한 보다 정확하고 많은 정보가 제공되는 이상 시장의 주식가격 산정기능이 저해된다고 보기는 어렵다. 또한 의결권 분리 현황에 대한 공시를 통하여, 지배주주 혹은 주요주주 등이 의결권 분리에 의해 회사의 이익에 반하는 의사결정을 하는 경우 이에 대한 적절한 규제가 가능해진다. 그러므로 일반 투자자의 입장에서는 공시제도 확장을 통해 오히려 지배주주의 권한 남용행위에 의한 손해의 위험성 등을 줄일 수 있다. 이를 통해 주식시장에 대한 투자가 활성화될 수 있다.

제4항 공시제도 개선의 방향

지분공시제도를 통하여 의결권 분리 여부를 공시하기 위해서는 의결권 보유 및 주식에 대한 이해관계의 종합적인 공시가 필요하다.

의결권 보유에는 주주로서 의결권을 가지는 경우 및 의결권 구속계약 혹은 의결권 백지위임 등을 통하여 의결권의 행사내용을 결정할 수 있는 권리를 가지는 경우가 모두 포함된다. 본장 제2절에서 살펴보는 바와 같이 현재의 공시제도 하에서도 위와 같은 의결권 보유에 대한 공시는 충분히 이루어지고 있는 것으로 생각된다.

다음으로는 주식에 대한 이해관계의 공시이다. 주식에 대한 이해관계는 직접적으로 주식을 소유하는 경우 이외에, 간접적으로 주식에 의한 경제적 이익과 동일한 이익을 제공하는 연관자산의 보유를 통해서도 형성될 수 있다. 연관자산은 주식스왑계약이나 옵션, 선물 등 파생상품의 형태를 취하기도 하고, 주식 대차 계약 등의 형태를 취하기도 한다[30]. 또한 연관자산 이외에 관련부수자산의 보유에 의하여도 주식에 대한 이해관계가 변화할 수 있다. 본장 제2절에서 살펴보는 바와 같이, 현재의 지분공시제도는 주식에 대한 이해관계에 대한 공시를 부분적으로 인정하고 있으나, 이해관계에 대한 전반적인 공시가 요구되는 것은 아니다. 이 부분은 해석론 혹은 입법론을 통하여 개선되어야 할 여지가 있다.

여기서는 의결권 분리현상에 대한 적절한 공시를 위한 방안에 대해서 살펴본다. 우선 현행 공시제도 상 의결권 분리현상에 대한 충분한 공시가 가능한지 여부 및 부족하다면 어떠한 점에서 부족한지를 검증해 본다, 그리고 이를 통하여 어떤 점에서 공시제도가 개선되어야 하는지를 생각해 본다. 미국이나 다른 여러 나라의 경우 이러한 공시제도의 개선에 대한 심도 있는 논의가 이루어지고 있어서 우리나라에도 참고가 된다.

---

30) 그 구체적 태양은 제2항 제2목 1. (2) (가) 및 (나) 참고.

제2절 현행 공시제도에 있어서 의결권 분리 공시 여부

의결권 분리를 효과적으로 공시할 수 있는 제도를 마련하는 것이 중요하다. 이를 위해서는 우선 현재의 공시제도가 의결권 분리현상을 충분히 공시할 수 있는지에 대한 검토가 필요하다. 이를 통해서 우리 공시제도 중 어떠한 부분이 의결권 분리에 대한 공시를 위해서 부족하다는 점이 밝혀질 수 있고, 이를 전제로 공시제도의 개선방안을 논하여야 한다.

우리나라의 지분공시제도로서 대표적인 것은 자본시장과 금융투자업에 관한 법률 제147조 상의 주식대량보유상황보고제도(소위 5% 보고)와 동법 제173조에 의한 임원, 주요주주등 주식소유상황보고 제도(소위 10% 보고)를 들 수 있다. 위 두 공시제도는 주로 의결권 보유에 대한 공시에 초점을 두고 있다. 그러므로 위 공시제도를 통하여 주식에 대한 이해관계도 효과적으로 공시될 수 있다면, 주식에 대한 의결권과 이해관계의 분리현상에 대한 공시도 효율적으로 이루어지게 된다. 이하에서는 위 지분공시제도의 내용 및 적용범위에 대해서 살펴보고, 이를 통해 의결권 분리여부가 효과적으로 공시될 수 있는지를 살펴본다.

제1항 주식의 대량보유상황보고제도

제1목 제도의 취지 및 개요

자본시장과 금융투자업에 관한 법률 제147조 이하의 주식 대량보유상황보고제도는 기업지배권시장의 공정한 경쟁 및 증권시장의 투명성을 제고하기 위하여 주권상장법인이 발행한 주식등을 대량보유한 자에 대해 그 보유상황을 공시토록 하는 제도이다[31].

기본적으로 주권상장법인의 주식등을 5%이상 보유하게 되거나 이후 보유비율이 1% 이상 변동된 경우 또는 보유목적이나 중요사항이 변경된 경우에는 당해 주주는 5영업일 이내에 그 보유상황 및 변경내용을 금융위원회에 보고하여야 한다.

제2목 주식 대량보유상황보고제도에 의한 의결권 분리의 공시

주식대량보유상황보고제도의 규제내용은 매우 방대하다. 그러나 여기서는 본서와 주로 관련이 있는, 주식에 대하여 어떠한 이해관계를 가지고 있는 경우에 공시의무가 발생하고 그 공시의 범위 및 내용은 어떠한지에 초점을 맞추어 살펴본다.

1. 주식대량보유상황보고의무의 발생

자본시장과 금융투자업에 관한 법률 제147조에 의하면 본인과 그 특별관계자가 보유하게 되는 주권상장법인의 주식 등의 수의 합계가 그 주식등의 총수의 100분의 5 이상인 경우에는 그 날부터 5일 이내에 그 보유상황, 보유 목적, 그 보유 주식 등에 관한 주요계약내용, 그 밖에 대통령령으로 정하는 사항을 대통령령으로 정하는 방법에 따라 금융위원회와 거래소에 보고하여야 한다.

여기서 중요한 점은 1) 주식뿐만 아니라 주식과 관련이 있는 증권을 포함한다는 점, 2) 본인뿐만 아니라 특별관계자의 보유분까지 고려한다

---

31) 금융감독원, 기업공시실무안내, 2009, 270면.

는 점, 3) 주식의 형식적인 소유뿐만 아니라 그 실질적 보유까지 고려한 다는 점이다.

(1) 대상 증권의 범위

자본시장과 금융투자업에 관한 법률 제147조, 제133조 제1항 및 동 법 시행령 제139조에 의하면 주식대량보유상황보고의 대상이 되는 주 식등이란 주권, 신주인수권이 표시된 것, 전환사채권, 신주인수권부사 채권, 이상의 증권과 교환을 청구할 수 있는 교환사채권, 위 증권을 기 초자산으로 하는 파생결합증권32)(권리의 행사로 그 기초자산을 취득할 수 있는 것만 해당함)을 말한다.

그러므로 단순히 주식을 소유하고 있는 경우뿐만 아니라 다른 증권 을 통하여 주식에 대하여 이해관계를 가지는 경우에도 관련 내용이 공 시된다. 다만 주식 등에 포함되는 증권은 모두 주식에 대하여 양의 경 제적 이해관계를 가지는 증권만이 해당된다. 주식 이외에는 특정한 가 격으로 당해 주식을 취득할 수 있는 증권만을 포함하고 있기에 이러한 증권을 소유하고 있는 자의 경우에는 주식의 가치가 상승하는 경우 자 신이 가지고 있는 주식의 수량보다 더 많은 이익을 얻는다. 그러므로 실제로 주식에 대한 음의 경제적 이해관계가 문제되는 상황에 대한 공 시에는 부족함이 있다. 즉 의결권 과소보유에 대한 공시에는 유용하나, 의결권 과다보유에 대한 공시에는 부족함이 있다33). 그러므로 특히 파

---

32) 자본시장과 금융투자업에 관한 법률 제4조 제7항에 의하면 파생결합증권이란 기 초자산의 가격·이자율·지표·단위 또는 이를 기초로 하는 지수 등의 변동과 연계 하여 미리 정하여진 방법에 따라 지급금액 또는 회수금액이 결정되는 권리가 표 시된 것을 말한다.

33) 최민용, 주식 등의 대량보유의무의 재검토 : 의결권과 수익권의 분리 현상을 중심 으로, 상사법연구 26권 2호(통권55호), 2007, 485면에서도 주식대차거래의 임대 인이나 주식 스왑에 있어서 매수포지션을 가지는 자로 보고의무자가 한정될 수 밖에 없다고 한다.

생결합증권의 경우 주식대량보유상황보고의무 발생 여부의 판단을 위해서는 콜옵션 등 권리의 행사로 주식을 취득할 수 있는 증권만 포함한다고 하더라도, 그 주식대량보유상황보고의 내용에 있어서는 주식에 대한 음의 경제적 이해관계를 야기하는 증권을 가지고 있는지 여부도 공시하도록 하는 것이 필요하다. 이는 공시의 내용에 대한 것이므로 본장 제2절 제1항 제2목 2.에서 자세히 설명한다.

(2) 주식 보유자의 범위

자본시장과 금융투자업에 관한 법률 제147조 및 동법 시행령 제141조에 의하면 주식대량보유상황보고의 대상에는 본인뿐만 아니라 그 특별관계자가 포함되고, 이에는 동법 시행령 제8조의 특수관계인과 공동보유자가 해당된다.

공동보유자는 본인과 합의나 계약 등에 따라 주식 등을 공동으로 취득하거나 처분하는 행위, 주식 등을 공동 또는 단독으로 취득한 후 그 취득한 주식을 상호양도하거나 양수하는 행위, 의결권(의결권의 행사를 지시할 수 있는 권한을 포함함)을 공동으로 행사하는 행위를 할 것을 합의한 자를 말한다.

자신이 직접 주식을 소유하는 경우뿐만 아니라 공동보유자 등을 통하여 주식을 보유하는 경우에 대해서도 공시가 요구된다. 그러므로 위와 같은 합의를 통하여 주식에 대하여 가지게 되는 이해관계에 대해서는 주식대량보유상황보고 제도를 통한 공시가 가능하다[34]. 특히 의결권

---

34) 주식에 대한 이해관계의 공시를 위한 공시제도 개선뿐만 아니라 이러한 공동보유자를 통한 주식보유에 대한 공시 등 기존 제도를 보다 강화하기 위한 노력이 필요하다는 지적도 있다. 특히 공동보유에 대한 공시를 활성화하기 위하여 마치 공정거래법 상 담합행위를 신고한 자에게 과징금을 면제해주는 것과 유사하게 공동보유자 중 1인이 공동보유를 통한 주식보유현황을 최초로 공시하는 경우 당해 보유자에게 특정한 보상을 하는 것을 고려할 수 있다는 입장도 있다. Dirk

공동행사 약정을 통해 다른 주주의 소유주식에 대해서도 의결권 행사 내용을 결정할 수 있게 된 경우에도 공시가 요구된다. 즉 주식을 소유하지 않으면서 법률행위에 의하여 의결권 과다보유에 해당하게 된 경우(D유형)에 대한 공시가 가능하다[35]. 반대로 주주가 의결권 공동행사 약정 등을 통하여 의결권 행사 내용을 결정할 수 있는 권리를 제3자에게 이전한 경우에도 제3자를 통하여 공시가 이루어진다. 즉 주식을 소유하면서 법률행위에 의한 의결권 과소보유가 되는 경우(F유형)에 대한 공시도 가능하다.

(3) 주식의 보유형태

(가) 주식 보유형태의 종류

자본시장과 금융투자업에 관한 법률 제147조, 제133조 제3항 및 동법 시행령 제142조에 의하면 주식대량보유상황보고의 대상이 되는 주식 등의 보유란 1) 누구의 명의로든지 자기의 계산으로 주식 등을 소유하는 경우, 2) 법률의 규정이나 매매, 그 밖의 계약에 따라 주식 등의 인도청구권을 가지는 경우, 3) 법률의 규정이나 금전의 신탁계약·담보계약, 그 밖의 계약에 따라 해당 주식 등의 의결권(의결권의 행사를 지시할 수 있는 권한을 포함함)을 가지는 경우, 4) 법률의 규정이나 금전의 신탁계약·담보계약·투자일임계약, 그 밖의 계약에 따라 해당 주식 등의 취득이나 처분의 권한을 가지는 경우, 5) 주식 등의 매매의 일방예약을 하고 해당 매매를 완결할 권리를 취득하는 경우로서 그 권리행사

A. Zetzsche, Challenging Wolf Packs: Thoughts on Efficient Enforcement of Shareholder Transparency Rules, Heinrich-Heine-University Duesseldorf Centerfor Business and Corporate Law Research Paper Series (CBC-RPS) (2010. 2.), available at: http://ssrn.com/abstract=1428899, 26면 이하.

35) 이는 공동보유자 개념에도 해당하지만 자본시장과 금융투자업에 관한 법률 제147조, 제133조 제3항 및 동법 시행령 제142조 제3호에서 규정하는 계약에 따라 해당 주식 등의 의결권(의결권의 행사를 지시할 수 있는 권한을 포함함)을 가지는 경우에도 해당하므로 그 자체로 보유개념에 포섭될 수도 있다.

에 의하여 매수인으로서의 지위를 가지는 경우, 6) 주식 등을 기초자산으로 하는 자본시장과 금융투자업에 관한 법률 제5조 제1항 제2호에 따른 옵션계약상의 권리를 가지는 경우로서 그 권리의 행사에 의하여 매수인으로서의 지위를 가지는 경우, 7) 주식매수선택권을 부여받은 경우로서 그 권리의 행사에 의하여 매수인으로서의 지위를 가지는 경우를 말한다.

위와 같이 다양한 주식보유형태를 포괄하므로 법률의 규정이나 계약에 의하여 의결권을 보유하는 경우도 공시가 요구된다. 그러므로 의결권 과다보유 중 법률의 규정에 의한 경우(A유형 및 C 유형)에 대한 공시도 가능하다. 특히 C유형에 속하는 경우인 기준일 이후에 주식을 처분한 경우는 주식처분에 대한 지분공시 및 당해 회사 기준일의 비교를 통해 C유형에 의한 의결권 과다보유 사실을 쉽게 인식할 수 있다. 기준일 이후에 주식을 취득하는 등 E 유형에 해당하는 경우도 지분공시를 통하여 이를 쉽게 인식할 수 있다.

이외에 자기의 계산으로 주식 등을 소유하는 것의 의미 및 그로 인한 의결권 분리의 공시 가능성에 대해서는 논란이 있으므로 따로 살펴본다.

(나) 자기의 계산으로 주식 등을 소유하는 경우의 해석

가) 자기의 계산으로 주식을 소유하는 경우에 대한 일반적 해석론

자본시장과 금융투자업에 관한 법률 상 자기의 계산으로 주식을 소유하는 경우에 대한 명확한 정의규정이 없으므로 이는 해석의 문제로 귀결된다. 우리 법제에서는 자기의 계산으로 주식을 취득한 경우를 주식을 소유하고 있는 경우와 동일하게 보고 있는 경우가 많다[36]. 가장

---

36) 예를 들어 보험업법 제2조 제16호에서는 최대주주와 주요주주에 대하여 규정하면서 명의를 불문하고 자기의 계산으로 주식을 소유하는 경우는 자신의 명의로

대표적인 것이 자기주식취득의 경우이다. 상법 제341조는 회사는 특별한 사유가 없는 이상 배당가능이익을 초과하여 자기의 계산으로 자기의 주식을 취득하지 못한다고 하여, 명문으로 자기의 계산으로 타인명의로 취득하는 것도 취득에 포함하고 있다37). 이에 관하여 회사 아닌 제3자의 명의로 회사의 주식을 취득하더라도 그 주식취득을 위한 자금이 회사의 출연에 의한 것이고 그 주식취득에 따른 손익이 회사에 귀속되는 경우라면, 상법 기타의 법률에서 규정하는 예외사유에 해당하지 않는 한, 그러한 주식의 취득은 회사의 계산으로 이루어져 회사의 자본적 기초를 위태롭게 할 우려가 있는 것으로서 상법 제341조가 금지하는 자기주식의 취득에 해당한다는 판례가 있다38). 자본시장과 금융투자업에 관한 법률 제165조의 2에 의하면, 상장법인이 당해 법인의 명의와 계산으로 자기의 주식을 취득하는 경우뿐만 아니라 대통령령이 정하는 금전의 신탁계약 등에 의하여 자기의 주식을 취득하게 하는 경우도 자기주식의 취득으로 보고 있다. 신탁법상의 신탁은 수탁자가 재산권을 이전받기는 하나 타인의 이익을 위하여 관리·처분하는 것이므로, 주식을 신탁하였다는 것은 자기계산으로 타인 명의로 주식을 보유하는 것으로 해석된다39).

주식을 소유하는 경우와 동일하게 보고 있다

37) 이외에도 상법 제342조의2가 규정하는 자회사의 모회사주식 취득금지에서도 명문으로 이를 규정하지는 않으나 학설은 일치하여 자회사가 모회사의 주식을 취득하는 것은 자기의 계산에서 타인 명의로 취득하는 것도 포함하는 것이라고 한다. 하명호, 구 독점규제 및 공정거래에 관한 법률 제9조 제2항에서 정한 '처분'의 의미, 대법원 판례해설(61호), 223면.

38) 대법원 2003. 5. 16. 선고 2001다44109 판결 동 판례에서는 회사가 대여금을 실질적으로 회수할 의사 없이 제3자에게 주식인수대금 상당을 대여하고 제3자는 그 대여금으로 주식인수대금을 납입한 경우 자기주식의 취득에 해당하여 무효라고 하였다.

39) 하명호, 구 독점규제 및 공정거래에 관한 법률 제9조 제2항에서 정한 '처분'의 의미, 대법원 판례해설(61호), 224면. 대법원 2006.5.12. 선고 2004두312 판결도 같은 취지로 판시하고 있다. 위 판결에 의하면 구 독점규제 및 공정거래에 관한 법률 제9조 제2항은 같은 법 제14조 제1항의 규정에 따라 지정된 상호출자제한

구 일본상법 제210조 및 이에 대한 일본 학설의 견해도 위와 같다. 동조에 의하면 회사가 타인 명의, 자기 계산으로 주식을 취득하는 경우 이는 자기주식의 취득으로서 위법하며, 여기서 자기의 계산이란 손익이 회사에게 귀속하는 경우를 말한다. 단순히 타인에게 대부나 보증을 통해 주식을 취득하게 하는 경우는 이에 해당하지 않지만, 실질상 매각손익이나 이익배당이 회사에 귀속된다면 자기의 계산으로 취득한 것으로 본다[40].

나) 의결권에 대한 법적 권리가 있는 경우로 한정하여야 한다는 반론

자기의 계산으로 주식을 소유하는 경우의 해석과 관련하여 주식 대량보유상황 보고제도에 있어서는 의결권에 대한 법적 권리가 있는 경우로 한정해야 한다는 반론도 있다[41]. 주식대량보유상황보고제도는 의

기업집단에 속하는 회사가 회사의 합병, 영업전부의 양수, 담보권의 실행, 대물변제의 수령으로 인하여 자기의 주식을 취득 또는 소유하고 있는 계열회사의 주식을 취득 또는 소유하게 된 경우에 당해 주식을 취득 또는 소유한 날부터 6개월 이내에 처분하도록 규정하고 있는바, 공정거래법 제9조 제1항이 계열회사 사이의 상호출자를 금지하고 있는 취지가 그로 인하여회사의 자본적 기초가 위태롭게 되고, 기업의 지배구조가 왜곡되며, 기업집단이 쉽게 형성·확장되는 것을 방지하고자 하는 데 있는 점, 공정거래법 제9조 제2항의 취지도 회사의 합병 등으로 부득이하게 계열회사 사이에 상호출자의 상태가 발생하게 된 경우 조속히 이를 해소함으로써 계열회사 사이에 상호출자의 상태가 유지되는 것을 막고자 하는 데 있는 점, 공정거래법 제7조의2가 같은 법의 규정에 의한 주식의 취득 또는 소유는 취득 또는 소유의 명의와 관계없이 실질적인 소유관계를 기준으로 하도록 규정하고 있는 점 등에 비추어 보면, 공정거래법 제9조 제2항에서 말하는 '처분'이란 회사의 합병 등으로 취득 또는 소유하게 된 계열회사의 주식에 대하여 그 의결권행사를 잠정적으로 중단시키는 조치를 취하거나 그 주식을 다른 금융기관 등에 신탁하는 것만으로는 부족하고, 상호출자의 상태를 완전히 해소할 수 있도록 그 주식을 다른 사람에게 실질적으로 완전히 소유권 이전하여 주는 것을 의미한다고 한다.

40) 上柳克郞·鴻常夫·竹內昭夫, 新版 注釋會社法(3), 有斐閣, 1986, 221-224면.
41) 최민용, 주식 등의 대량보유의무의 재검토 : 의결권과 수익권의 분리 현상을 중심으로, 상사법연구 26권 2호(통권55호), 2007, 475면 및 485면.

결권의 취득에 중점을 두므로, 그 대상이 되는 주식등은 의결권과 연결된 제한적인 개념이라는 것이다. 예를 들어 현물인도형이 아닌 현금결제형 콜옵션의 경우에는 공시가 강제되지 않는다고 한다.

다) 논의에 대한 검토

자본시장과 금융투자업에 관한 법률에서 말하는 '자기의 계산으로 주식을 소유'하는 것의 구체적인 의미에 대하여 직접적으로 개념규정을 하고 있는 판례나 학설은 찾아보기가 어렵다. 그러나 이에 대한 일반적인 해석론을 종합하여 볼 때, '자기의 계산으로' 주식을 소유한다는 것은 결국 자신의 비용으로 주식을 취득하고 그 주식의 시가변동 등에 의한 위험은 자신이 부담하는 것이라고 생각된다. 일본의 학설에서 말하고 있는 매각손익이나 이익배당이 자신에게 귀속할 것이라는 요건도 결국은 위의 요건에 포함되는 것이다. 이러한 관점에서 본다면 가격변동 및 배당수익 등에 따른 손익을 부담하는 등 주식에 대하여 경제적 이해관계를 가지고 있으면서, 동시에 당해 주식의 취득 비용도 부담한 경우에는 주식대량보유상황보고에 의하여 공시가 될 수 있다.

위와 같은 해석론에 대해서 법적으로 의결권과 무관한 경우까지 공시가 강제되지는 않는다는 반론도 있다. 그러나 주식에 대한 이해관계의 공시는, 당해 주주에 대한 의결권 행사제한 여부를 판정하고, 다른 주주 내지 투자자에 대하여 투자판단에 필요한 정보를 제공하기 위하여 필요하다. 그리고 제3자의 명의로 회사의 주식을 취득하더라도 그 주식취득을 위한 자금이 자신의 출연에 의한 것이고 그 주식취득에 따른 손익이 자신에게 귀속되는 경우라면 의결권 행사에 대한 구체적인 약정이 없는 경우라도 사실상 주식에 대한 이해관계를 가지는 자의 의사대로 의결권이 행사되는 경우가 많다. 게다가 우리 자본시장과 금융투자업에 관한 법률상으로는 자기 계산으로 주식을 소유하는 경우라고 규정하고 있을 뿐 의결권 행사에 대한 권한을 요건으로 하고 있지 않다.

그러므로 문언상으로도 위와 같은 경우에 공시가 필요하다고 볼 여지
가 있다. 취지상으로도 자기 계산으로 주식을 보유하고 있는 경우에는
의결권 행사에 대한 법적 권리가 없는 경우라도 사실상 의결권 행사에
영향을 미칠 가능성이 있으므로, 의결권 행사에 대한 법적 권리 여부를
불문하고 자기계산으로 주식을 소유한 경우는 공시되도록 한 것이라고
볼 수 있다. 또한 자기주식 취득규제 등 다른 법률에서 자기의 계산으
로 주식을 취득하는 경우라는 동일한 문구를 해석함에 있어서도 당해
주식의 취득 비용을 부담하고, 가격변동 및 배당수익 등에 따른 손익을
부담하게 되는 등 주식에 대하여 이해관계를 가지는 경우를 이에 해당
하는 것으로 해석한다. 그러므로 해석의 일관성 및 균형성 차원에서도
주식대량보유상황보고제도의 해석에 있어서도 같은 취지로 해석하는
것이 보다 타당하다. 따라서 자본시장과 금융투자업에 관한 법률 제147
조의 자기의 계산으로 주식을 취득하는 경우를 의결권에 관한 권리가
있는 경우로 한정하여 해석하는 것은 타당하지 않다.

라) 의결권 분리에의 적용

그러므로 의결권에 관한 권리가 없더라도 주식 보유에 따른 손익이
자신에게 귀속되는 등 주식에 대한 이해관계를 가지는 경우(H유형의
의결권 과소보유)에 대해서도 실제로 주식취득 과정이 존재하고 그 자
금이 실질적으로 자신의 출연에 의한 것이라면 지분공시가 이루어져야
한다.

다만 단순히 현금결제형 주식스왑계약만을 체결한 경우에는 주식의
가격 변동에 따른 손익은 귀속되나, 주식의 취득 자체가 없으므로 주식
취득비용을 부담하였다고 보기도 어려우므로 이러한 경우에는 해석론
상으로는 자기계산으로 주식을 소유한 경우에 해당한다고 보기 어렵다.

그러나 위와 같은 경우에도 파생상품 딜러가 주식에 대한 short position

을 헤지하기 위하여 실제 주식을 취득한 경우에는 주식스왑계약 상대
방의 의사대로 의결권을 행사할 가능성이 있다. 그러므로 단순히 현금
결제형 주식스왑계약만을 체결한 경우에도, 파생상품 딜러가 당해 주식
을 취득하여서 실제로 위 계약 상대방의 의사대로 의결권이 행사될 가
능성이 있다면, 이에 대해서는 그 취득비용을 계약상대방이 부담하지
않았다고 하더라도 입법을 통하여 지분공시를 강제하는 것이 필요할
수 있다. 그렇지 않은 경우에는 위와 같은 거래를 통해 지분공시의무를
회피하려는 시도가 가능하기 때문이다. 앞서 본 Perry Corp.-Rubicon
Ltd. 사례 및 CSX Corp.- TCI 사례에서도 주식은 파생상품 딜러가 소유
하였으나 그 이해관계는 주식스왑계약의 상대방이 가지고 있었다. 이
경우 파생상품 딜러가 주식스왑계약 상대방의 의사대로 의결권을 행사
할 것이라는 사실상의 기대가 있음에도 지분공시의무를 회피하려고 하
였다는 점이 문제되었다. 실제로 제3절에서 자세히 살펴보는 바와 같이
영국, 홍콩, 호주, EU 등의 경우에는 위와 같이 그러므로 단순히 현금결
제형 주식스왑계약만을 체결한 경우에도, 파생상품 딜러가 당해 주식을
취득하여서 실제로 위 계약 상대방의 의사대로 의결권이 행사될 가능
성이 있는 경우에는 지분공시를 요구하는 방향으로 제도를 개혁하였거
나 그렇게 개혁하려는 논의가 있다.

2. 주식대량보유상황보고의 내용

(1) 보고의 범위 및 절차

자본시장과 금융투자업에 관한 법률 제147조, 동법 시행령 제153조,
제154조, 제155조 및 제157조, 증권의 발행 및 공시 등에 관한 규정 제
3-10조에 의하면 주권상장법인의 주식 등을 대량보유하게 된 자는 그
날부터 5일 이내에 그 보유상황, 보유 목적(발행인의 경영권에 영향을
주기 위한 목적 여부를 말함), 보유 주식 등에 관한 신탁계약·담보계약
그 밖의 주요계약의 내용, 대량보유자와 그 특별관계자에 관한 사항, 보
유 주식 등의 발행인에 관한 사항, 변동 사유, 보고자 및 특별관계자별

보유 또는 변동 주식 등의 종류 및 수, 보고자 및 특별관계자별 취득
또는 처분 일자·가격 및 방법, 보고자 및 특별관계자별 보유형태, 취득
에 필요한 자금 또는 교환대상물건의 조성내역(보고대상 주식 등의 취
득과 직접 또는 간접적으로 관련된 자금등의 조성경위 및 원천을 말하
며, 차입의 경우에는 차입처, 차입기간 그 밖의 계약상의 주요내용을 포
함함) 등을 보고하여야 한다.

또한 그 보유 주식 등의 수의 합계가 그 주식 등의 총수의 100분의
1 이상 변동된 경우에는 그 변동된 날부터 5일 이내에 그 변동내용을
금융위원회와 거래소에 보고하여야 하고, 주식 등의 보유 목적이나 그
보유 주식 등에 관하여 대량보유자와 그 특별관계자에 관한 사항, 보유
목적, 보유 또는 변동 주식 등의 종류와 수, 취득 또는 처분 일자, 보유
주식 등에 관한 신탁·담보계약, 그 밖의 주요계약 내용을 보고하여야
하며, 주요계약내용 등의 변경이 있는 경우에는 5일 이내에 금융위원회
와 거래소에 보고하여야 한다.

다만, 주식 보유 목적이 경영권에 영향을 주기 위한 것이 아닌 경우
와 국가, 지방자치단체, 한국은행 등의 경우에는 보유 상황, 대량보유자
와 그 특별관계자에 관한 사항, 주식 등의 발행인에 관한 사항, 취득 또
는 처분 일자·가격 및 방법, 주식 등의 보유기간 동안 경영권에 영향을
주기 위한 행위를 하지 않겠다는 확인 등만을 보고서에 기재하면 된다.

(2) 보유주식에 대한 주요계약 내용 보고의 범위

특히 여기서 주목해야 할 것은 당해 주식의 보유상황, 보유 목적뿐
만 아니라 보유주식 등에 관한 신탁계약·담보계약 그 밖의 주요계약의
내용을 보고하고 이에 변동이 생기는 경우 변동보고하여야 한다는 점
이다. 증권의 발행 및 공시 등에 관한 규정 제3-12조에 의하면 주식 등
의 대량보유상황 보고 시 보유주식 등에 관한 주요 계약서사본을 첨부

하여야 한다. 또한 주요 계약내용과 관련하여 계약당사자의 성명, 보고
자와의 관계, 관련 주식 등의 종류, 주식수, 금액 기타 계약상의 주요내
용을 기재하여야 한다[42]. 그러므로 이러한 주요계약으로 인정되는 경우
에는 당해 계약의 내용 전체가 공시될 수 있다.

여기서 말하는 주요계약의 범위에 대해서는 관련 법규 상 명확한 규
정이 없다. 실무상으로는 담보계약, 신탁계약, 매도계약, 대차계약, 장외
매매계약, 환매조건부계약 등 주요계약을 말하는 것으로 이해되고 있
다.[43] 이에 대해서는 위 5% 보고제도의 취지에 비추어 주식의 취득을
통한 의결권 행사에 영향을 줄 수 있는 계약에 한정되고, 풋옵션 등 주
식에 대한 이해관계만을 이전하는 계약은 해당하지 않는다는 입장도
가능하다. 그러나 의결권 분리에 대한 지분공시의 필요성을 고려할 때,
주식 등의 대량보유자가 당해 주식에 대하여 가지는 이해관계에 영향
을 미치는 계약 전반을 포함하는 것으로 해석하는 것이 합리적이라고
생각된다. 당해 주식 등에 대한 신탁계약이나 담보계약 이외에도 주식
스왑 계약이나 옵션 계약 등 주식에 대한 이해관계를 형성하는 소위 연
관자산에 해당하는 계약에 대해서는 공시가 필요하다. 이렇게 해석하는
경우 주식을 소유하면서 주식스왑계약 등 법률행위를 통해 이해관계를
이전하여 의결권 과다보유가 되는 B유형의 경우에도 공시가 가능하다.
물론 이에 의하여 그러한 이해관계 이전의 상대방, 즉 H유형의 의결권
과소보유에 대해서도 공시가 가능하다. 다만 이는 당해 주식과 관련이
있는 연관자산에 의한 의결권 과다보유에 한정된다. 즉 합병 상대방회
사의 주식보유로 인하여 주식에 대한 이해관계가 달라지는 등 관련부
수자산에 의한 이해관계는 여전히 공시되기 어렵다.

또한 주식 등의 취득에 필요한 자금 또는 교환대상물건의 조성내역

---

42) 금융감독원, 기업공시실무안내, 2009, 331-332면.
43) 금융감독원, 기업공시실무안내, 2009, 331면.

을 공시하여야 한다. 그러므로 주식 등의 취득 비용을 부담하지 않는 등 주식에 대한 이해관계를 가지고 있지 않으면서도 형식적으로 주식을 소유하고 그 의결권을 행사하는 경우에 대해서 공시가 가능하다.

제3목 정리

자본시장과 금융투자업에 관한 법률상의 주식대량보유상황보고제도는 그 보고의 내용과 범위에 있어서 상당히 다양한 주식에 대한 이해관계의 형태를 아우르고 있다. 주식 등에 대한 보유개념을 확장하고 당해 주식에 관한 주요계약 및 주식취득자금의 원천 등을 공시하도록 하고 있고, 주식에 대한 이해관계의 공시와 병행하여 법률의 규정이나 각종 계약에 의하여 당해 주식에 대한 의결권 행사권한을 가지는 경우도 공시가 요구되기 때문이다[44]. 의결권 분리에 대해서도 앞서 살펴 본 바와 같이 A 유형에서 H 유형까지 대부분의 유형이 공시가 가능하다.

다만 주식가치에 연동하는 파생상품 등 주식 자체와 관련된 연관자산의 보유에 의한 의결권 분리는 공시가 가능하나, 당해 회사 주식의 가치와 관련이 있는 다른 회사 주식 등 관련부수자산의 보유에 의한 이해관계에 대해서는 공시되지 않는 부분이 있다. 그러므로 이 부분에 대해서는 제도의 보완이 필요하다.

---

44) 주식대차거래의 경우에도 주식대량보유상황보고제도에 의한 공시가 가능하다. 주식대차거래를 하는 경우 주식대량보유상황보고와 관련하여 대여자는 보유형태가 실질소유 등에서 인도청구권으로 변경되므로 보유 형태 변경보고 대상에 해당되며, 이와 별도로 보유주식 등에 관한 계약부분에 주요 대차계약내용을 기재하여야 한다. 이에 비해 차입자는 차입한 주식의 소유권을 가지므로 주식대량보유상황보고 의무를 부담하며, 보유주식 등에 관한 계약부분에 대차계약내용을 기재하여야 한다. 금융감독원, 기업공시실무안내, 2009, 334면.

제2항 임원 및 주요주주 등의 특정증권 등 소유상황보고제도

제1목 제도의 취지 및 개요

자본시장과 금융투자업에 관한 법률 제173조에 의한 임원 및 주요주주 등의 특정증권 등 소유상황보고제도는 주권상장법인의 임원 또는 주요주주는 일반인에게 공개되지 않은 발행회사의 중요경영사항 및 주식관련 정보에 접근하기가 용이하기 때문에 이를 이용하여 발행회사의 특정증권등을 거래함으로써 부당이득을 취할 가능성이 높으므로 해당 회사의 특정증권등에 대한 소유상황 및 변동내역을 공시하도록 하는 제도이다[45].

제2목 주요주주 등의 특정증권 등 소유상황보고에 의한 의결권 분리의 공시

주요주주 등의 특정증권 등 소유상황보고제도의 규제는 그 범위가 매우 넓으나, 여기서는 주로 의결권분리의 경우에 공시의무가 발생하는지 여부 및 이와 같이 공시의무가 발생한 경우에 있어서 그 공시의 범위 및 내용은 어떠한지에 초점을 맞추어 살펴본다.

1. 주요주주 등의 특정증권 등 소유상황보고의무의 발생

자본시장과 금융투자업에 관한 법률 제173조 제1항에 의하면 주권상장법인의 임원 또는 주요주주는 임원 또는 주요주주가 된 날부터 5일 이내에 누구의 명의로 하든지 자기의 계산으로 소유하고 있는 특정증권등의 소유상황을, 그 특정증권 등의 소유상황에 변동이 있는 경우에

---

45) 금융감독원, 기업공시실무안내, 2009, 287-288면.

는 그 변동이 있는 날부터 5일까지 그 내용을 대통령령으로 정하는 방법에 따라 각각 증권선물위원회와 거래소에 보고하여야 한다.

여기서 중요한 점은 1) 주식뿐만 아니라 주식과 관련이 있는 특정증권 등을 대상으로 한다는 점, 2) 당해 회사의 주식을 일정비율 이상 소유한 자 뿐만 아니라 당해 주식을 소유하지 않는 경우라고 하더라도 당해 회사의 임원이거나 경영에 영향을 미칠 수 있는 자의 경우에는 그 소유하고 있는 특정증권 등을 공시하여야 한다는 점, 3) 주식의 형식적인 소유뿐만 아니라 자기의 계산을 통한 소유까지 고려한다는 점이다.

(1) 주식 소유자의 범위

주요주주 등의 특정증권 등 소유상황보고제도에서는 임원 및 주요주주의 특정증권 등 소유상황이 공시되게 된다. 자본시장과 금융투자업에 관한 법률 제173조, 제9조, 동법 시행령 제9조 및 금융투자업 규정 제1-6조에 의하면 임원이란 당해 회사의 이사 및 감사를 말하고, 주요주주란 1) 누구의 명의로 하든지 자기의 계산으로 법인의 의결권 있는 발행주식총수의 100분의 10 이상의 주식(그 주식과 관련된 증권예탁증권을 포함함)을 소유한 자 및 2) 임원의 임면 등의 방법으로 법인의 중요한 경영사항에 대하여 사실상의 영향력을 행사하는 주주로서 대통령령으로 정하는 자를 말한다. 위 사실상의 영향력을 행사하는 자라 함은 1) 단독으로 또는 다른 주주와의 합의·계약 등에 따라 대표이사 또는 이사의 과반수를 선임한 주주 혹은 2) 경영전략·조직변경 등 주요 의사결정이나 업무집행에 지배적인 영향력을 행사한다고 인정되는 자로서 의결권 있는 발행주식총수의 100분의 1 이상을 소유하는 임원(상법 제401조의2 제1항 각 호의 자를 포함함)인 주주를 말한다.

따라서 의결권의 백지위임 혹은 의결권 구속계약 등 법률행위를 통하여 의결권을 과다보유하고 있는 경우(D유형)에 대해서도 이러한 의결권 과다보유가 회사의 지배를 야기할 정도라면 공시가 가능하다. 또한 이러한 의결권 구속계약 등의 명세가 공시되는 과정에서 D 유형과 대칭되는 F 유형의 의결권 과소보유에 대해서도 어느 정도 공시가 가능할 것으로 보인다.

주요주주 등의 특정증권 등 소유상황보고제도의 경우에는 주식대량보유상황보고제도에 비하여 그 공시정보의 범위가 작으므로 의결권 분리에 대한 공시의 관점에서는 실제로 주식대량보유상황보고를 통하여 대부분의 정보가 이미 공시된다. 그러나 이는 당해 주주가 회사의 주식 등을 5% 이상 보유하고 있음을 전제로 한다. 이에 비해 주요주주 등의 특정증권 등 소유상황보고제도의 경우에는 당해 회사의 임원 및 사실상 영향력을 행사하는 이사 등의 경우에는 그 지분율이 5% 미만이라고 하더라도 공시의 대상이 된다. 이러한 점에 있어서는 발행 회사 및 투자자에게 회사의 주요주주들이 주식에 대하여 가지고 있는 이해관계 및 의결권 분리여부를 보다 광범위하게 공시할 수 있다는 장점이 있다.

(2) 대상 증권의 범위

주요주주 등의 특정증권 등 소유상황보고제도에서는 임원 및 주요주주 등이 보유하고 있는 당해 회사의 특정증권등을 공시한다. 그러나 이는 공시의무가 발생한 경우 그 공시 내용에 대한 것이며, 공시의무의 발생 여부에 있어서는 당해 주주가 보유하고 있는 의결권 있는 주식을 기준으로 한다. 다만 자본시장과 금융투자업에 관한 법률 제173조에 의하면 당해 주식과 관련된 증권예탁증권의 경우에는 임원 및 주요주주 등의 특정증권 등 소유상황보고제도의 발생여부를 고려함에 있어서 함께 판단한다. 당해 주식을 기초로 한 증권예탁증권을 보유하고 있는 경우에는 예탁기관이 당해 주식의 형식적 소유자로서 의결권의 행사 및 배당금의 수령권한 등을 가지고, 예탁증권보유자는 예탁자와의 예탁계약 내용에 따라서 배당금을 수령하거나 의결권 행사를 지시할 수 있는 권리를 가지는 것이 보통이다46). 그러므로 증권예탁증권 보유자에 대해서도 임원 및 주요주주등의 특정증권 등 소유상황보고의무를 부과함으로써 주식을 형식적으로 보유하고 있지는 않으나 주식에 대하여 이해관계를 가지고 있는 경우에 대한 정보가 공시될 수 있다.

(3) 주식의 소유형태

주요주주 등의 특정증권 등 소유상황보고의 대상이 되는 주요주주란 기본적으로 누구의 명의로 하든지 자기의 계산으로 법인의 의결권 있는 발행주식총수의 100분의 10 이상의 주식(그 주식과 관련된 증권예탁증권을 포함함)을 소유한 자를 말한다. 자기의 계산으로 주식을 보유하는 것의 의미에 대해 앞서 살펴 본 해석론을 참조한다면, 주식을 소유하거나 의결권을 가지지 않는 경우에도 당해 주식의 취득 비용을 부담하고, 가격변동 및 배당수익 등에 따른 손익을 부담하는 등 주식에 대하여 이해관계를 가지는 경우(H유형)에는 주요주주 등의 특정증권 등 소유상황보고에 의하여 공시가 될 수 있다. 또한 이러한 경우 자기계산 보유관계가 공시되면, 그와 대칭관계에 있는 B유형의 의결권 분리에 대한 정보도 일부 공시될 수 있다.

2. 주요주주 등의 특정증권 등 소유상황보고의 내용

(1) 광범위한 대상증권을 통한 주주의 이해관계의 공시

자본시장과 금융투자업에 관한 법률 제173조, 제172조, 동법 시행령 제196조에 의하면 임원 및 주요주주등의 특정증권 등 소유상황보고제도의 대상이 되는 특정증권 등은 1) 그 법인이 발행한 증권47), 2) 1)의

---

46) 우리 기업이 미국 시장에 상장한ADR 증권 등에 대한 Prospectus 참조 대표적으로 과거 국민은행 ADR의 경우에는 http://www.sec.gov/cgi-bin/browse-edgar?action=getcompany&CIK=0001143680&owner=exclude&count=40
47) 동법 시행령 제196조에 의하여 다음의 증권은 여기서 제외된다.
    1. 채무증권. 다만, 다음 각 목의 어느 하나에 해당하는 증권은 제외한다.

증권과 관련된 증권예탁증권, 3) 그 법인 외의 자가 발행한 것으로서 1) 및 2)의 증권과 교환을 청구할 수 있는 교환사채권, 4) 1) 내지 3)의 증권만을 기초자산으로 하는 금융투자상품을 말한다[48].

따라서 단순히 주식을 소유하고 있는 경우뿐만 아니라 다른 증권을 통하여 주식에 대한 이해관계를 가지고 있는 경우에도 관련 내용이 공시된다. 또한 주식이나 이에 대한 증권예탁증권, 교환사채권 등 주식에 대하여 양의 이해관계를 가지는 증권뿐만 아니라 이를 기초자산으로 하는 금융투자상품도 포함한다. 자본시장과 금융투자업에 관한 법률 제 5조에 의하면 1) 기초자산이나 기초자산의 가격·이자율·지표·단위 또는 이를 기초로 하는 지수 등에 의하여 산출된 금전등을 장래의 특정 시점에 인도할 것을 약정하는 계약, 2) 당사자 어느 한쪽의 의사표시에 의하여 기초자산이나 기초자산의 가격·이자율·지표·단위 또는 이를 기초로 하는 지수 등에 의하여 산출된 금전 등을 수수하는 거래를 성립시킬 수 있는 권리를 부여하는 것을 약정하는 계약, 3) 장래의 일정기간 동안 미리 정한 가격으로 기초자산이나 기초자산의 가격·이자율·지표·단위 또는 이를 기초로 하는 지수 등에 의하여 산출된 금전 등을 교환할 것을 약정하는 계약에 있어서 그러한 계약상의 권리도 파생상품으로서 금융투자상품의 하나이다.

그러므로 주요주주가 해당 주식을 기초자산으로 하는 풋옵션을 가

가. 전환사채권 나. 신주인수권부사채권 다. 이익참가부사채권 라. 그 법인이 발행한지분증권(이와 관련된 증권예탁증권을 포함한다) 또는 가목부터 다목까지의 증권(이와 관련된 증권예탁증권을 포함한다)과 교환을 청구할 수 있는 교환사채권2. 수익증권3. 파생결합증권(법 제172조제1항제4호에 해당하는 파생결합증권은 제외함)

48) 금융감독원 전자공시시스템 상의 임원 및 주요주주등의 특정증권 등 소유상황보고서 서식에 의하면 특정증권 등으로 주로 보통주, 우선주, 신주인수권 표시증서, 전환사채권, 신주인수권부사채권, 이익참가부사채권, 교환사채권, 증권예탁증권 등을 공시하고 있다.

지거나 주식 스왑계약을 통하여 주식에 대한 경제적 이해관계를 헤지하고 단지 의결권만을 행사하고 있는 경우(B유형)도 이에 대한 공시가 필요하다.

(2) 소유상황의 변동보고를 통한 주주의 이해관계의 공시

자본시장과 금융투자업에 관한 법률 제173조, 동법 시행령 제200조에 의하면 주권상장법인의 임원 또는 주요주주는 임원 또는 주요주주가 된 날부터 5일 이내에 누구의 명의로 하든지 자기의 계산으로 소유하고 있는 특정증권 등의 소유상황을, 그 특정증권 등의 소유상황에 변동이 있는 경우에는 그 변동이 있는 날부터 5일까지 그 내용을 대통령령으로 정하는 방법에 따라 각각 증권선물위원회와 거래소에 보고하여야 한다. 보고서에는 보고자, 해당 주권상장법인, 특정증권 등의 종류별 소유현황 및 그 변동에 관한 사항을 기재하여야 한다.

이 경우 당해 주식을 기준일 이후에 취득하거나 처분하는 것도 공시가 가능하므로 이에 의하여 기준일제도라는 법률의 규정에 의한 의결권 분리(C유형 및 E유형)도 공시가 가능하다.

제3목 정리

자본시장과 금융투자업에 관한 법률상의 주요주주 등의 특정증권 등 소유상황보고 역시 그 보고의 내용과 범위에 있어서 A유형에서 H유형에 이르는 대부분의 의결권 분리유형에 대한 공시가 가능하다. 다만 기본적으로 10% 이상 주식을 보유하거나 회사의 경영에 영향력을 행사하는 경우만을 대상으로 하므로 주식대량보유상황보고제도에 비하여 범위가 한정된다. 또한 주식대량보유상황보고제도와 마찬가지로 당해 주식의 가치와 관련이 있는 다른 회사 주식 등 관련부수자산의 보유에 의한 이해관계의 공시가 어렵다는 한계가 있어서 이 부분은 보완이 필요하다.

다만, 앞서 본 바와 같이 주식대량보유상황보고제도의 경우에는 주식 등을 5% 이상 보유한 주주의 경우에만 보고의무를 부담하지만, 주요주주 등 특정증권 등 소유상황보고의 경우에는 지분율이 5% 이하인 경우에도 당해 회사의 임원 및 사실상 영향력을 행사하는 이사 등의 경우에는 공시의 대상이 된다. 그러므로, 이러한 점에서는 발행 회사 및 투자자에게 회사의 주요주주들이 회사 주식에 대하여 가지고 있는 이해관계를 보다 광범위하게 공시할 수 있어서 의미가 있다.

제3항 기업 인수·합병 시 Put Back Option 등 부여에 대한 공시제도

제1목 제도의 취지 및 개요

자본시장과 금융투자업에 관한 법률 제159조 내지 제161조, 동법 시행령 제167조 내지 제171조, 증권의 발행 및 공시 등에 관한 규정 제4-2조 내지 제4-5조, 금융감독원 기업공시서식작성기준에 의하면, 상장회사 혹은 주식 등을 모집, 매출한 회사는 사업보고서 및 분,반기 보고서와 합병, 분할, 중요한 영업 혹은 자산의 양수도, 자기주식 취득 등 주요사항에 대한 주요사항보고서의 제출의무가 있다.

이러한 공시는 회사의 경영상황에 대한 공시로서 회사의 지분소유 현황 및 주주의 회사 주식에 대한 이해관계를 공시하려는 목적이 있는 것은 아니다. 그러나 앞서 살펴본 바와 같이 기업인수·합병을 위한 인수자금 조달 과정에서 재무적 투자자에게 대상 주식에 대한 Put Back Option을 부여하는 경우가 많다. 이러한 경우 재무적 투자자들은 가격 하락 부분에 대해서는 대상 주식에 대한 이해관계를 가지지 않게 되어 의결권 과다보유에 해당한다. 주식가치 하락에 의한 손실을 부담하지 않으므로 적어도 회사의 가치가 하락하지 않는 방향으로 의결권을 행사할 인센티브는 적을 수 있다. 금융감독원에서는 2010. 3. 22. 기업공시서식작성기준의 개정을 통하여 이러한 Put Back Option에 대한 내용을 사업보고서 및 분,반기 보고서와 합병 및 주식인수(중요자산 양수)에 대한 주요사항보고서에 기재하도록 하고 있다.

또한 2010. 6. 11. 자본시장과 금융투자업에 관한 법률 시행령 제171조 제2항의 개정을 통하여 다른 법인의 지분증권이나 그 밖의 자산을 양수하는 자에 대하여 미리 정한 가액으로 그 지분증권등을 양도할 수 있는 권리를 부여하는 계약 또는 이에 상당하는 계약 체결에 관한 결정이 있은 때에는 이를 독립적인 주요사항 보고서 제출사유로 명시하였다.

그러므로 이에 의하여 대상 주식에 대한 의결권 분리가 공시될 수 있으므로 이에 대해서도 간략히 살펴본다. 다만 이는 풋백옵션 관련 정보는 인수기업의 재무구조에 영향을 미칠 수 있는 중요한 투자정보임에도 관련 내용이 즉시 공시되지 않고 정기보고서에 첨부되는 감사보고서의 주석사항으로 공시됨에 따라 투자자가 중요한 정보를 모르고 증권거래를 할 수 있어 이를 개선하기 위한 것이다[49]. 그러므로, 의결권 분리에 대한 공시라기보다는 인수기업의 재무구조에 대한 공시이다. 그리고 인수기업이 사업보고서 및 주요사항보고서 제출의무가 있는 법인인 경우에 한하여 그 Put Back Option이 공시되는 것이므로, 대상 주식에 대한 의결권 분리 전반이 공시되는 효과가 있지는 아니하다.

제2목 Put Back Option 등에 대한 공시내용

자본시장과 금융투자업에 관한 법률 제161조 제1항 및 동법 시행령

---

49) 금융감독원 2010. 3. 22. 보도자료, 기업인수시 재무적 투자자에게 제공된 풋백옵션 공시강화 참고.

제171조 제2항에 의하면, 상장회사 혹은 주식 등을 모집, 매출한 회사는 다른 법인의 지분증권이나 그 밖의 자산을 양수하는 자에 대하여 미리 정한 가액으로 그 지분증권 등을 양도[50]할 수 있는 권리를 부여하는 계약 또는 이에 상당하는 계약 체결에 관한 결정이 있은 때에는 주요사항 보고서를 제출하여야 한다. 즉 Put Back Option 부여로 인하여 특정 주식에 대하여 이해관계를 가지게 되고, 그러한 거래가 당해 기업의 자산규모에서 상당한 부분을 차지할 경우에는 이를 별도의 보고서를 통하여 공시하여야 한다. 다만 여기서 공시 대상 규모에 해당하는지 여부는 Put Back Option의 대상이 되는 특정 주식에 대한 지분율이 아니라, 그러한 Put Back Option의 규모가 당해 Option 발행기업의 자산규모에 비추어 어느 정도나 되는 지를 기준으로 한다는 점에 유의할 필요가 있다.

또한 자본시장과 금융투자업에 관한 법률 제159조 내지 제161조, 동법 시행령 제167조 내지 제171조, 증권의 발행 및 공시 등에 관한 규정 제4-2조 내지 제4-5조의 위임을 받아 금융감독원 기업공시서식작성기준에서는 위 Put Back Option에 대한 공시사항을 규정하고 있다.

우선 사업보고서 및 분, 반기 보고서와 관련하여 동 기준 제4-2-9조에서는 제조업 및 서비스업을 영위하고 있는 회사의 경우 위 보고서 중 사업의 내용 부분에서 공시서류작성기준일 현재 회사가 보유 또는 의무를 부담하고 있는 파생상품(신용파생상품을 포함함), 기타 타법인 주식 또는 출자증권 등의 인수와 관련하여 체결한 풋옵션(Put Option), 콜

---

50) 동조 제1항 제1호 및 제5호에서 중요한영업 또는 자산의 양수기준에 해당하는 양수·양도는 양수·양도하려는 영업부문의 자산액(장부가액과 거래금액 중 큰 금액을 말한다)이 최근 사업연도말 현재 자산총액의 100분의 10 이상인 양수·양도 혹은 양수·양도하려는 자산액(장부가액과 거래금액 중 큰 금액을 말한다)이 최근 사업연도말 현재 자산총액의 100분의 10 이상인 양수·양도 (다만, 일상적인 영업활동으로서 상품·제품·원재료를 매매하는 행위 등 금융위원회가 정하여 고시하는 자산의양수·양도는 제외함)에 한정한다.

옵션(Call Option), 풋백옵션(Put Back Option) 등 계약 및 그 계약에 관한 내용을 기재하도록 한다. 그 내용에는 계약(상품)의 명칭, 거래상대방, 계약일, 만기일, 계약 체결 목적, 계약내용(조건), 계약금액, 결제 방법, 중도상환 가능여부 및 상환조건 등을 포함한다. 또한 동 기준 제4-3-5조에 의하면 금융업을 영위하는 회사도 위 보고서 중 사업의 내용 부분에서 공시서류작성기준일 현재 회사의 파생상품거래 현황, 기타 타 법인 주식 또는 출자증권 등의 인수와 관련하여 체결한 풋옵션(Put Option), 콜옵션(Call Option), 풋백옵션(Put Back Option)등 계약을 기재하여야 한다.

또한 동 기준 제12-5-1조에 의하면 합병보고서 혹은 주식의 인수에 의한 주요자산 양수보고서에서도 합병등과 관련한 투자위험요소 등에 관하여 거래상대방 또는 제3자와 풋옵션(Put Option), 콜옵션(Call Option), 풋백옵션(Put Back Option)등 계약을 체결한 경우 계약 상대방, 계약일, 계약내용(대상, 행사가격, 행사기간 등) 등을 기재하여야 한다.

그러므로 기업 인수·합병에 있어서 재무적 투자자가 대상 기업 주식에 대하여 풋옵션을 보유하거나 주식 스왑계약 등을 통하여 보유주식에 대한 이해관계를 이전하고 단지 의결권만을 행사하는 경우에는 위 규정에 의하여 공시가 요구된다. 따라서 이러한 측면에서는 의결권 분리에 대한 공시가 가능하다고 할 수 있다.

제3목 정리

Put Back Option 등에 대한 사업보고서, 분, 반기보고서, 주요사항보고서 상의 공시규정을 통하여 당해 재무적 투자자 및 인수기업의 대상 회사 주식에 대한 이해관계가 공시되어 의결권 분리에 대한 공시가 가능하다. 다만 이러한 공시규정은 기업인수·합병에 있어서의 Put Back

Option 등의 부여라는 일부 현상에 대해서만 국한된다. 또한 인수기업이 사업보고서 및 주요사항 보고서 제출대상기업인 경우에만 공시가 가능하다. 그러므로 공시범위가 상당히 한정되어 있다. 기본적으로는 앞서 살펴본 주식대량보유상황보고제도 및 주요주주 등 특정증권 등 소유현황보고제도와 같은 포괄적인 지분공시제도의 개선을 통하여 주식에 대한 이해관계의 공시가 효과적으로 이루어질 수 있도록 하는 것이 필요하다. 이하에서는 이러한 전제 하에서 논의를 진행하도록 하겠다.

제3절 각국에서의 의결권 분리에 대한 공시제도 개선론

앞서 살펴 본 바와 같이 우리의 지분공시제도의 경우 의결권 분리에 대한 공시가 어느 정도 가능하나 특히 관련부수자산에 의한 주식에 대한 이해관계의 경우에는 공시가 어려운 부분이 있어 이에 대한 개선이 필요하다. 그러한 공시제도 개선의 구체적 방법론에 대해서는 신중한 검토가 필요하다. 이와 관련하여 다수의 국가에서 파생상품 등 주식에 대한 이해관계 공시를 지분공시에 포함시키는 내용의 제도개선을 하였고, 특히 미국에서 이와 관련한 상세한 논의가 있어서 이를 참고할 만하다[51].

제1항 영국에서의 공시제도 개선 논의

영국은 The disclosure rules of the Takeover Panel 8.3을 2005년 11월 개정하여 주식에 대하여 옵션을 가지거나 주식 취득 권리를 부여하는 파생상품을 보유한 경우에도 주요주주 공시를 하도록 하였다[52].

또한 이에 더하여 영국 Financial Services Authority (이하 "FSA")에서는 현금결제형 주식스왑계약[53] 등(cash settled contracts for difference),

---

51) Marcel Kahan & Edward B. Rock, Hedge Funds in Corporate Governance and Control, 155 U. PA. L. REV. 1021, 2007, 1077면.

52) FSA, Disclosure of Contracts for Difference; http://www.fsa.gov.uk/pubs/cp/cp 07_20.pdf 11면 및 36면 이하.

53) 현금결제형 파생상품에 해당하는지 여부에 대해서는 당해 계약의 내용이 기준이 되어야 할 것이다. 계약상으로 당사자가 현물인도와 현금정산에 대해서 선택권

주식 자체에 대한 인도청구권이나 의결권은 없으나 주식에 대하여 이
해관계를 가지게 된 경우에 대해서도 이를 공시하는 방향으로 규정을
개정할 것을 고려하고 있다. 이러한 규정개정의 목적은 위와 같은 이해
관계를 공시하지 않는 경우 주식시장에서 비효율적인 가격형성이 발생
하고, 기업지배권 시장이 왜곡되게 되며, 시장의 효율성이 감소하게 된
다는 점을 들고 있다. 위 내용은 실제로 앞서서 의결권 분리현상에 대
한 지분공시가 필요한 이론적 이유에 대하여 살펴본 바와 대동소이하
므로 자세하게 논하지는 않는다. 이와 관련하여 FSA에서는 현재의 지
분공시제도를 강화하여 주식에 대한 경제적 이해관계를 보다 포괄적으
로 공시하게 하는 방법과 현재의 지분공시제도와 유사한 별도의 공시
제도를 통해 주식에 대한 이해관계 전반을 공시하게 하는 방법을 제안
하고 있다[54].

제2항 홍콩에서의 공시제도 개선 논의

홍콩의 경우에는 홍콩 Securities and Futures Commission(이하
"SFC")에서 Part XV of the Securities and Futures Ordinance를 개정하여

을 가지는 경우에는 당사자의 진정한 의도가 무엇인지가 중요하다. 당사자의 진
정한 의도가 현물인 기초자산을 인도하는 것이라면 현물정산형으로 볼 수 있다
는 지적도 있다. 그러나 대부분의 파생상품거래에서는 현물인도 없이 차액을 현
금으로 정산하는 것이 현실이라는 점을 고려하면 이 같은 해석에는 의문이 있을
수 있다. (김홍기, 파생상품과 도박규제, 비교사법 14권 1호 (통권36호) (2007년),
544면 및 정순섭, 파생상품의 금융규제법상 문제점, 이십일세기 한국상사법학의
과제와 전망 : 심당 송상현선생화갑기념논문집, 2002, 629면) 다만 지분공시에
있어서는 계약 상 당사자가 현물정산을 선택할 수 있다면, 주식에 대한 인도청구
권이 있는 것이므로 지분공시가 일반적으로 요구된다고 보는 것이 타당할 것으
로 생각된다.

54) FSA, Disclosure of Contracts for Difference; http://www.fsa.gov.uk/pubs/cp/cp
07_20.pdf 7면 이하 및 Appendix 1 참고.

주요주주 공시제도(substantial shareholder disclosure)와 관련하여 그 지분비율을 10%에서 5%로 하향조정하고, 보고기간을 5영업일에서 3영업일로 줄이며, 현금결제형 주식 파생상품의 경우에도 주식에 대하여 이해관계를 가진 것으로 보아 공시하도록 하였다[55]. 동 규정의 개정 논의는 1998년부터 시작되었으며, 각종 공청회 및 의견수렴 과정을 거쳐서 2001년 2월에 개정법안이 제안되고, 2002년 3월 의회에서 통과되어 2003년 4월부터 시행되고 있다.

위 개정규정에 의하면[56] 상장회사의 의결권 있는 주식 5% 이상에 대하여 이해관계(interest)를 가지고 있는 주주는 주요주주(substantial shareholder)로서 그러한 이해관계의 내용을 공시하여야 한다. 이러한 이해관계 공시의 내용에는 주식가치 하락의 경우 이익을 보는 short position을 가진 경우도 포함된다. short position이 있는 경우 이를 long position과 상계해서는 아니되고 각각 별도로 공시하여야 한다.

이해관계의 범위가 문제되는데, 당해 주식을 직접 보유하거나 보유할 수 있는 권리를 가지는 경우뿐만 아니라 주식의 가격변동에 의하여 일정한 지급을 받을 수 있는 권리를 가지는 경우도 해당한다. 특히 당해 주식 실물에 대한 인도청구권을 부여하는 주식파생상품 뿐만 아니라 그 결제금액이 전부 혹은 부분적으로 당해 주식의 가치 혹은 그 가치의 변동에 따라 결정되는 주식파생상품의 경우에도 이해관계를 가진

---

55) Hongkong Securities and Futures Commissions; Consultation Paper of the Review of the Disclosure of the Interest Regime under Part XV of the Securities and Futures Ordinance http://www.sfc.hk/sfc/notes/consult/EN/apps/som/direviewconsult.nsf/content/Download/1/$FILE/Part%20XV%20Consultation%20Paper%2020010 5%20-%20English.pdf 6면 이하.

56) 이하 개정규정의 내용은Hongkong Securities and Futures Commissions, Outline of Part XV of the Securities and Futures Ordinance (CAP. 571) Disclosure of Interests 1.1.3, 2.6.3.1, 2.1.2, 2.3.1, 2.5.2 등 참고 http://www.sfc.hk/sfcRegulatoryHandbook/EN/displayFileServlet?docno=H339

것으로 인정된다. 즉 현금결제형 주식스왑 등 주식파생상품을 통하여 당해 주식에 대하여 이해관계를 가진 경우에도 공시가 필요하다.

제3항 호주에서의 공시제도 개선 논의

호주에서도 현금결제형 주식스왑 등에 의하여 주식에 대하여 이해관계를 가지게 된 경우에도 지분공시를 요구하는 등 주식에 대한 경제적 이해관계에 대한 공시제도를 확대하는 것을 고려하고 있다. 앞서 살펴 본 Glencore-Austral Coal 사건 이후에 호주의 기업인수합병 심사위원회(Takeover Panal)에서는 Guidance Note 20을 도입하였다. 이에 의하면 현금결제형 주식스왑으로 인하여 주식에 대하여 long position을 가지게 되는 경우, 기존의 주식 보유분과 합산하여 지분비율이 5%를 초과한다면 이를 공시하여야 한다[57]. 이를 통해서 현금결제형 주식스왑을 통하여 지분공시제도를 회피하려는 시도가 많이 줄어들었다고 한다. 그러나 앞서 본 바와 같이 호주 항소법원은 Glencore-Austral Coal 사건에서 현금결제형 주식스왑의 경우 지분공시의무의 대상이 되지 않는다는 입장을 보였으므로, 위와 같은 Guidance Note 20의 법적 유효성이 문제된다고 할 수 있다. 그러므로 Corporations Committee of the Business Law Council of Austrailia에서는 지분공시제도에 관한 호주 Corporations Act Part 6C. 1을 개정하여 현금결제형 주식스왑을 통하여 주식에 대하여 이해관계를 보유하고 있는 경우에도 지분공시의 대상이 되도록 명시하여야 한다는 입장을 표명하였다[58].

---

57) Issues Pater on Improving Austrailia's Framework for Disclosure of Equity Derivative Products,http://www.lawcouncil.asn.au/shadomx/apps/fms/fmsdow nload.cfm?file_uuid=E90C7EC3-1E4F-17FA-D26A-0F76E4F2E08A&siteName=lca), 4면.

58) Issues Pater on Improving Austrailia's Framework for Disclosure of Equity DerivativeProducts,http://www.lawcouncil.asn.au/shadomx/apps/fms/fmsdownload.cfm?file_uuid=E90C7EC3-1E4F-17FA-D26A-0F76E4F2E08A&siteName=lca), 5면

제4항 EU에서의 공시제도 개선 논의

EU 차원에서도 주식에 대한 이해관계의 공시를 위하여 지분공시제도를 확대하고자 하는 움직임이 있다[59]. 프랑스, 네덜란드, 포르투갈 등 EU 각국에서 이러한 방향으로의 규정개정을 진행하고 있다.[60] 특히 EU 전체적으로도 Committee of European Securities Regulators(이하 "CESR")을 중심으로 이러한 논의가 이루어지고 있다. CESR은 행정적 집행력을 가진 기구가 아니고 그 제안이 구속력을 가지지 않는다. 그러나 위 기구가 EU 각국의 증권 감독기구 책임자를 구성원으로 한다는 점에서, 사실상 EU 각국의 제도 개선과 관련하여 무시할 수 없는 영향력을 가지고 있다[61].

---

59) COMMITTEE OF EUROPEAN SECURITIES REGULATORS, CESR/09-1215b, CONSULTATION PAPER-CESR proposal to extend major shareholding notifications to instruments of similar economic effect to holding shares and entitlements to acquire shares(2010. 2.), 3면.

60) CESR의 제안 이전에 이미 프랑스에서는 주식 파생상품 등을 통하여 주식을 보유한 것과 동일한 이해관계를 가진 경우 이에 대해서도 합산하여 지분공시를 하도록 규정을 개정하였다. 또한 포르투갈은 주식을 소유한 것과 동일한 이해관계를 가지는 경우에도 지분공시를 강제하는 지분공시제도 개선안을 발표하였고, 네덜란드도 현금결제형 파생상품을 통해 주식을 소유한 것과 동일한 이해관계를 가지게 된다면, 이에 대해서도 대상 주식의 의결권행사에 영향을 미칠 수 있다고 보아 지분공시를 강제하는 규정개정안을 발표하였다. 이외에 스위스의 경우에는 주식을 직접 보유한 경우와 주식에 대하여long position을 가진 경우, 주식에 대하여 short position을 가진 경우 등 세 가지 경우를 구분하여 공시하도록 하는 지분공시제도 개선안을 발표하였다. COMMITTEE OF EUROPEAN SECURITIES REGULATORS, CESR/09-1215b, CONSULTATION PAPER-CESR proposal to extend major shareholding notifications to instruments of similar economic effect to holding shares and entitlements to acquire shares(2010. 2.), 8면.

61) Dirk A. Zetzsche, Against Mandatory Disclosure of Economic-only Positions referenced to Shares of European Issuers - Twenty Arguments against the CESR Proposal, Heinrich-Heine-University Duesseldorf Center for Business and

제1목 개요

CESR 에서는 옵션이나 주식스왑 계약 등 파생상품을 통하여 상장
회사 주식을 보유하거나 주식을 취득할 수 있는 권리를 가지는 것과 동
일한 경제적 효과가 있는 경우에는 회사에 대한 의결권 행사에 영향을
미칠 수 있으므로 이에 대한 지분공시의무를 인정할 것을 제안하고 있
다. 즉 주식을 실제로 보유하고 있는 경우 이외에도 파생상품 등을 통
하여 주식가치 상승을 통한 이익 혹은 가치 하락을 통한 손실을 부담하
는 경우에는 이를 공시할 필요가 있다는 것이다.

제2목 공시제도 확장의 근거

공시제도 확장의 근거는 다음과 같다. 투자자가 위와 같은 파생상품
을 통하여 주식을 보유한 것과 동일한 이해관계를 가지게 되는 경우,
파생상품 딜러 등 그 계약 상대방은 주식 가격변동에 따른 위험을 헤지
하기 위하여 그 기초가 되는 주식을 실제 취득하여 보유하는 경우가 대
부분이다. 이러한 경우 투자자가 계약을 통하여 명시적으로 의결권 행
사에 대한 권리를 보유하지 않는 경우에도, 시장 관행 상 투자자가 의
결권 행사내용에 영향을 미칠 수 있거나 파생상품 계약 종료 이후에 위
주식을 계약상대방으로부터 실제로 취득할 수 있는 경우가 많다. 파생
상품 딜러 등 계약상대방은 의결권 행사내용에 따른 당해 주식의 가치
변동에 대하여 이해관계를 가지지 않으므로, 투자자의 요구에 따라 의
결권을 행사하게 되는 경우가 많다. 또한 파생상품 계약 종료 이후에는
당해 주식을 더 이상 보유할 이유가 없어서 이를 투자자에게 처분하는
경우가 많다. 그러므로 위와 같이 의결권 행사 및 주식취득에 대한 사
실상의 권리 내지 영향력을 가지는 경우에 대하여 지분공시를 강제하

Corporate Law Research Paper Series (CBC-RPS) (2010. 6.), available at
http://ssrn.com/abstract= 1559787, 6면.

지 않는다면 지분공시제도의 실효성이 줄어든다. 위와 같은 형태의 투자를 통한 지분공시제도의 회피가 가능하기 때문이다. 게다가 위의 경우 파생상품 딜러는 파생상품 계약 종료시까지 당해 주식을 처분하지 않는다. 그러므로 거래가 가능한 유동주식량(free float)이 줄어들게 되는데, 이러한 중요한 정보를 위 투자자만이 독점하는 것은 타당하지 않다고 한다.

또한 기업지배구조의 측면에서도 위와 같은 투자는 의결권 과다보유로 인한 empty voting 혹은 의결권 과소보유로 인한 hidden ownership 을 야기하는 문제점이 있다. 따라서 이에 대한 효과적인 규제를 위해서도 위와 같은 투자에 대한 공시가 필요하다. 특히 위에서 설명한 파생상품 계약을 통하여 주식에 대하여 이해관계를 보유하면서 사실상 영향력을 행사하는 hidden ownership 에 대한 공시가 이루어지지 않는다면, 이는 주식시장의 실패를 야기한다고 한다. 주식 대량 거래 및 보유현황에 대한 정보가 제대로 제공되지 않아 시장에서의 정확한 주식가격 형성이 어려워지고, 유동주식량에 대한 투명성이 저해될 위험이 있기 때문이다. 또한 인수·합병 전에 상당량의 주식이 위와 같은 방법으로 미리 취득되는 경우 적정한 가격에 공개매수 제의가 이루어지고 소수주주가 경영권 프리미엄을 공유할 수 있는 기회가 박탈당할 수 있다고 한다62).

제3목 공시제도 확장의 내용

CESR에서는 옵션이나 주식스왑계약 등 파생상품을 포함하여 주식

---

62) COMMITTEE OF EUROPEAN SECURITIES REGULATORS, CESR/09-1215b, CONSULTATION PAPER-CESR proposal to extend major shareholding notifications to instruments of similareconomic effect to holding shares and entitlements to acquire shares(2010. 2.), 6면.

을 보유하거나 주식을 취득할 수 있는 권리를 가지는 것과 동일한 경제
적 효과를 가져오는 경우 일체에 대한 공시가 필요하다고 한다. 주식스
왑계약, 콜옵션의 취득 및 풋옵션의 발행 등 공시가 필요한 경우를 예
시할 수는 있으나 특정 파생상품에 한하여 공시의무를 인정한다면 여
전히 지분공시의무 회피의 문제가 발생하기 때문이다. 또한 현물결제형
뿐만 아니라 현금결제형 파생상품의 경우에도 이를 통해 주식에 대한
이해관계를 가진 경우에는 그 의결권 행사에 영향을 미칠 가능성이 높
기 때문에 공시가 필요하다고 한다. 주식에 대하여 long position을 가져
서 의결권 행사에 영향을 미칠 수 있다면, 가사 동시에 short position을
가지는 경우에도 이를 상계하여 공시의무를 인정하지 않는 것은 허용
되지 않는다고 한다.

　지분공시의 대상이 되기 위해서는 일정 지분율 이상의 주식에 대한
영향력이 인정되어야 한다. 이러한 지분율의 산정방법이 문제되는데,
이는 대상 주식의 지분율을 명목적으로 그대로 적용하는 방법과 당해
파생상품 등의 델타 값[63]을 고려하여 지분율을 정하는 방법을 생각할
수 있다[64]. CESR에서는 후자의 방법이 타당하다고 한다. 델타 값은 당
해 파생상품 보유자가 주식에 대하여 이해관계를 가지는 비율을 반영
한다. 그러므로 100주의 주식에 대한 파생상품을 보유한 경우에도 델타
값이 0.2인 경우에는 20주의 가치 변동에 대한 이해관계를 가지게 된다.
파생상품 딜러 등 계약 상대방도 파생상품으로 인한 위험을 헤지하기

---

[63] 파생상품의 가치평가에 있어서 델타 값은 기초자산의 가치가 1원 변화하는 경우
당해 파생상품 가치의 변화비율을 의미한다. 박정식, 박종원, 조재호 공저, 현대
재무관리 제6판(2004), 다산출판사, 778면.
[64] 예를 들어서 100주의 주식에 대하여 현금결제형 주식스왑 혹은 콜옵션을 보유한
경우에 있어서 전자의 방법에 의하면 100주의 주식에 대한 영향력을 인정하여
이를 그대로 보유지분율에 합산한다. 그러나 후자의 방법에 의하면 파생상품의
종류에 따라 델타 값이 달라지므로 델타 값이 1인 현금결제형 주식스왑의 경우
에는 100주 전체에 대하여 델타 값이 0.2인 콜옵션의 경우에는 20주에 대해서만
보유지분율에 합산하게 된다.

위하여 20주의 주식만을 취득하게 된다. 그러므로 이에 대해서만 의결권 행사 혹은 주식 처분 등에 대한 영향력 행사가 가능하다[65].

주식에 대한 이해관계의 공시에 있어서도 기존의 지분공시제도와 유사한 예외를 도입할 수 있다고 한다[66]. 예를 들어서 시장 조성 목적으로 long position을 취득하는 경우 혹은 고객과 체결한 파생상품 계약으로 인한 위험을 헤지하기 위한 목적 등 파생상품 영업을 위하여 long position을 취득하는 경우 등에는 예외를 인정할 수 있다고 한다.

제5항 미국에서의 공시제도 개선 논의

제1목 논의의 배경

미국의 지분공시 공시제도[67]는 1934년 미국연방 증권거래법 Section

---

65) COMMITTEE OF EUROPEAN SECURITIES REGULATORS, CESR/09-1215b, CONSULTATION PAPER-CESR proposal to extend major shareholding notifications to instruments of similar economic effect to holding shares and entitlements to acquire shares(2010. 2.), 10면 이하

66) COMMITTEE OF EUROPEAN SECURITIES REGULATORS, CESR/09-1215b, CONSULTATION PAPER-CESR proposal to extend major shareholding notifications to instruments of similar economic effect to holding shares and entitlements to acquire shares(2010. 2.), 14면 파생상품 계약 등 자체에서 그 기초가 되는 주식에 대한 의결권 행사 혹은 주식 취득에 영향력을 행사하지 않는다는 점을 명시하는 경우에는 위와 같은 공시의무를 면제하는 것도 고려할 수 있는지가 문제된다. CESR에서는 이러한 경우에도 실제로 투자자가 위와 같은 영향력을 행사하는 것을 파생상품 딜러 등 계약상대방이 허용한다면 이를 방지하기 어렵고, 이를 통해 공시의무를 회피할 수 있다는 점에서 이러한 면책조항의 도입은 문제가 있다고 한다.

67) 미국 연방 증권거래법의 관련 내용은 http://www.law.uc.edu/CCL 및 http://www.sec.gov/divisions/corpfin/ecfrlinks.shtml 을 참조하였다.

13D 및 Section 13G에 의한 5% 보고[68], 동법 Section 13F에 의한 기관
투자자의 주식소유현황보고[69], 동법 Section 16에 의한 이사, 임원 및
10% 이상 지분을 가진 주요주주에 대한 주식소유현황보고[70]와 미국
연방투자회사법(The Investment Company Act of 1940) Section 30에 의
한 뮤추얼 펀드에 대한 주식소유현황보고[71]의 4가지 규제로 나누어져
있다.

미국 지분 공시제도는 4가지 공시규제 별로 공시의무의 발생 요건
및 공시범위에 대한 내용이 서로 달라서 너무 복잡하고 이해하기 어렵
다. 게다가 비논리적이고 일관성이 없다는 비판도 있다[72]. 경제적으로

68) 공시에 관한 세부적인 내용 및 서식은SEC General rules and regulations promulgated
under the Securities Exchange Act of 1934(17 CFR Part 240)의 Regulations 13D-G
및 Schedule 13D [17 CFR 240.13d-101] Statement of beneficial ownership 와
Schedule 13G [17 CFR 240.13d-102] Statement of beneficial ownership 참조
69) 헤지펀드를 포함한 기관투자자들은 또한 그 투자현황에 대한 공시의무를 진다.
그러므로 1억 달러 이상의 미국 회사 주식을 보유하고 있는 경우에는 매 분기
별로 1934년 미국연방 증권거래법 Section 13D에 의한 기관투자자의 주식소유현
황보고를 하여야 한다. 공시에 관한 세부적인 내용은 SEC General rules and
regulations promulgated under the Securities Exchange Act of 1934(17 CFR Part
240)의 Regulations 13D-G의 §240.13f-1 Reporting by institutional investment
managers of information with respect to accounts over which they exercise
investment discretion 참조.
70) 공시에 관한 세부적인 내용 및 서식은 SEC General rules and regulations
promulgated under the Securities Exchange Act of 1934(17 CFR Part 240)의
Section 16 rules [17 CFR 240.16a-1 - 240.16e-1] Ownership reports and trading
by officers, directors and principal security holders 및Exchange Act Form 3-5 참조
71) 뮤추얼 펀드들은 분기별로 미국 연방투자회사법(The Investment Company Act
of 1940) Section 30에 의한 주식소유현황보고를 하여야 한다.
72) 규제의 집행에 있어서도 차이가 있다. 미국 1934년 연방증권거래법 상의 Section
13D에 의한 5% 이상 주식 보유자의 공시의무와 동법Section 16에 의한 주요주
주 및 내부자의 공시는 효과적으로 집행되고 있으나, 미국 연방증권거래법 상의
Form 13F에 대해서는 공시가 효과적으로 강제되고 있지 않은 문제점이 있다고
한다 James D. Cox & Randell S, Thomas, Letting Billions Slip Through Your

그 실질이 동일한 상황임에도 거래의 형식에 따라 서로 다른 결과를 야기한다. 그리고 의결권 분리 현상에 대해서도 효율적으로 대응하지 못하고 있다. 위와 같은 공시제도간의 차이 혹은 위에서 본 공시의 공백은 과거에는 중요하지 않다고 볼 수도 있었으나, 적어도 의결권 분리 현상이 많이 나타나고 장외 파생상품 및 주식 대여시장이 활성화된 오늘날에는 이러한 차이나 규제 공백을 더 이상 존치시킬 수가 없다는 지적이 있다[73].

그래서 미국에서는 이러한 4가지 규제를 단순화하여 하나의 지분 공시체제로 통합하는 동시에 의결권 분리에 대한 효과적인 지분공시규제를 마련하여야 한다는 논의가 이루어지고 있다. 이러한 논의에서는 지분 공시의무의 발생요건과 공시범위에 대한 단일한 규정체계를 통해 의결권과 경제적 이해관계 양자를 모두 포함할 수 있는 공시규정을 마련하여야 한다고 한다. 또한 장래에는 관련부수자산(related non-host assets)에 대한 공시도 필요하다고 한다[74]. 그리고 현재의 공시제도 하에서도 관련부수자산(related non-host assets) 중 핵심적인 요소인 합병 등 회사의 기초적 변경을 야기하는 중요거래에 있어서의 인수회사와 대상회사 등 당사회사의 주식보유현황에 대한 공시는 필요하다고 한다.[75]

Fingers: Empirical Evidence and Legal Implications of the Failure of Financial Institutions to Participate in Securities Class Action Settlements, 58 Stan. L. Rev. 411 (2005), 411면 및 445면 내지 448면.

73) Henry T. C. Hu & Bernard S. Black, Equity and Debt Decoupling and Empty Voting II: Importance and Extensions, 156 U. Pa. L. Rev. 625 (2008), 682면-683면

74) Jonathan Cohen, Negative Voting: Why It Destroys Shareholder Value and A Proposal to Prevent It, 45 Harv. J. on Legis. 237 (2008), 246면 투자자가 합병과 관련하여 존속회사와 소멸회사 양자에 지분을 가지고 있는 경우 등 관련부수자산에 대해서는 현재의 미국 연방증권거래법령 상의 공시규정상으로는 공시가 요구되지 않는다.

75) Henry T. C. Hu & Bernard Black, Empty Voting and Hidden (Morphable) Ownership: Taxanomy, Implications, and Reforms, 61 Bus. Law. 1011 (2006), 1048면.

제2목 지분공시제도 개선을 위한 방법론

이러한 지분공시제도 개선을 위한 구체적인 방법론으로는 여러 가지가 논의되고 있다. 이 중 우리 공시제도와 관련하여 생각할 수 있는 부분으로는 주식에 대한 이해관계를 포괄적으로 공시하도록 하고 있는 미국 1934년 연방증권거래법 Section 16의 10% 보고의무의 공시기준을 5% 보고, 기관투자자, 뮤추얼 펀드 등의 공시에 대해서도 동일하게 확대적용하자는 논의를 들 수 있다[76].

미국 연방증권거래법령 상의 5% 보고는 수익적 소유(beneficial ownership)를 요건으로 하고 있다[77]. SEC General rules and regulations promulgated under the Securities Exchange Act of 1934(17 CFR Part 240)의 Regulations 13D-G § 240.13d-3(Determination of beneficial owner)에 의하면 수익적 소유(beneficial ownership)는 단독으로 혹은 공동으로 의결권 혹은 지배력을 행사할 수 있는 권한에 초점을 두며, 직접적 혹은 간접적으로, 여하한 계약, 약정, 양해 및 관계 등에 의하여 주식을 소유하는 것을 포함한다. 또한 여하한 옵션이나 워런트 등을 통하여 60일 이내에 주식을 취득할 권리를 가지는 경우에도 수익적 소유에 해당한다[78].

---

76) 이외에도 기관투자자 공시의대상이 되는 기관투자자 및 공시 대상 증권의 범위 확대 등 여러 가지가 논의되고 있다. Henry T, C. Hu, Swaps, the Modern Process of Financial Innovation and the Vulnerability of a Regulatory Paradigm, 138 U. PA. L. REV 333, 1989, 335면 Edward D. Kleinbard, Equity Derivatives Products: Financial Innovation's Newest Challenge to the Tax System, 69 Tex.L. REV. 1319, 1991, 1331면.

77) 미국 연방증권거래법령 상의 Schedule 13D 및 13G에 의한 신고의무에 대한 자세한 내용은Daniel Bertaccini, To Disclose or Not to Disclose? CSX Corp., Total Return Swaps, and Their Implications for Schedule 13d Filing Purposes, 31 Card. L. Rev. 267, 2009, 271면 이하 참조.

78) Louis Loss, Joel Seligman, Securities Regulation Aspen Law & Business

이러한 수익적 소유개념은 의결권을 중심으로 하므로 주식에 대한 이해관계의 공시에 있어서는 부족한 점이 있다. 의결권 분리에 많이 이용되고 있는 주식스왑의 경우를 살펴보면, 위 주식스왑계약이 발행회사의 주식에 대한 여하한 계약, 약정, 양해 및 법률적 혹은 비법률적 관계에 해당하는지 여부가 문제된다. 단순히 현금결제되는 주식스왑계약이 공시의무를 발생시키는 것은 아니라고 보는 것이 일반적이다[79]. 앞서 본 바와 같이 CSX Corp. v. Children's Investment Fund Management (UK) LLP, 사건에서 SEC도 마찬가지 입장을 밝혔다. 그러나 위 사건에서 법원은 방론으로 현금결제형 주식스왑에서도 사실상 주식스왑계약을 체결한 당사자가 그 의결권 행사내용을 결정할 수 있는 경우가 많으므로 지분공시가 필요할 수 있다는 입장을 밝혔다[80].

미국 연방증권거래법령 상의 10% 보고의 경우에도 보고의무의 발생에 관한 10% 소유 여부의 판단은 위 Regulations Section 16 rules (17 CFR 240.16a-1 - 240.16e-1, Ownership reports and trading by officers, directors and principal security holders)에 의하여 위 5% 보고와 동일하게 SEC Regulations 13D-G § 240.13d-3에 의한 수익적 소유(beneficial ownership) 개념에 의한다. 그러므로 만약 현금결제형 주식스왑계약이 5% 보고상의 수익적 소유 기준에 해당하지 않는다면, 이는 10% 보고상의 공시요건에도 해당하지 않게 된다[81].

(2003), 제5권, 2182면.

79) Chin-Chong Liew, Disclosure Requirements for Purely Cash-Settled Derivatives, HONG KONG LAWYER, 2000. 7., 27면.

80) CSX Corporation v. The Children's Investment Fund Management (UK) L.L.P. et al. (1:08-Cv-02764-Lak (Filed Mar. 17, 2008) (S.D.N.Y.); CSX Corp. v. Children's Inv. Fund Management (UK) LLP, No. 08-2899-CV, 2008 WL 4222848 (2d Cir. Sept. 15, 2008) 참조.

81) Jonathan Cohen, Negative Voting: Why It Destroys Shareholder Value and A Proposal to Prevent It, 45 Harv. J. on Legis. 237 (2008), 248면.

10% 보고의무 발생에 대한 수익적 소유개념에 비하여, 10% 보고의 대상이 되는 증권에 대한 규정은 보다 광범위하다. 미국 1934년 연방증권거래법 Section 13의 주식에 대한 수익적 소유요건이 충족되어 10% 보고의무가 발생하는 경우, 그 공시의무의 대상이 되는 주식보유 현황의 범위는 미국 1934년 연방증권거래법 Section 16의 규정에 의한 수익적 소유(beneficial ownership) 개념에 의한다. 5% 보고에 적용되는 SEC 규정 13D-G § 240.13d-3에 의한 수익적 소유 개념이 의결권의 보유에 초점을 두는 반면에 미국 1934년 연방증권거래법 Section 16에 의한 수익적 소유는 경제적 이해관계에 초점을 둔다. 위 규정에 의하면 여하한 옵션, 전환 증권, 주식 매수청구권, 당해 지분증권의 가격과 관련하여 전환 혹은 행사가 가능한 유사한 권리, 지분증권의 가치에서 파생하는 가치와 연동된 유사증권이 공시되어야 한다. 10% 보고양식인 미국 연방증권거래법령 상의 Form 3, 4 및 5[82])에 의하면 그 형태에 상관없이 모든 종류의 경제적 이해관계를 공시하여야 한다. 이러한 주식보유현황의 공시범위는 매우 넓다. 주식관련 파생상품의 가치가 주식의 가치와 연동되기만 하면 공시가 필요하다. 파생상품과 관련하여 공시하도록 요구하고 있는 정보의 범위도 넓어서, 그 명목과 행사가격, 행사시기, 파생상품의 대상이 되는 증권의 명칭과 금액 등을 공시하여야 한다[83]).

미국의 공시제도 개선논의에서는 위와 같은 10% 보고 상의 공시 대상의 결정에 관한 실질적 소유기준을 다른 지분공시제도에 있어서도

---

82) Form 3은 최초 10% 보유요건을 충족한경우의 공시양식이고, Form 4는 이에 대한 변경공시양식이며, Form 5는 연차 공시보고서 양식이다. 모든 보고서는 일반 투자자에게 공시되고, Form 3의 경우에는 10% 보유 요건을 만족한 이후부터 10일 이내에 공시되어야 한다.

83) Henry T. C. Hu & Bernard Black, Empty Voting and Hidden (Morphable) Ownership: Taxanomy, Implications, and Reforms, 61 Bus. Law. 1011 (2006), 1046면 미국 연방투자회사법(The Investment Company Act of 1940) Section 30에 의한 뮤추얼펀드 지분공시제도도 10% 보고의 실질적 소유기준과 유사한 기준을 적용하고 있다.

일관되게 적용하여야 한다고 한다. 이를 통해 의결권 중심의 공시에서 벗어나 주식에 대한 이해관계를 보다 효과적으로 공시할 수 있다. 이를 통해 의결권 분리에 대한 효과적인 공시가 이루어진다면, 의결권 분리를 통하여 회사 및 다른 주주의 의익을 희생하고 자신의 이익을 위하여 의결권을 행사하려는 시도가 감소할 것이라고 한다. 위와 같은 시도가 공개되는 경우, 그로 인한 평판위험 등 각종 부담을 감수하기는 쉽지 않다는 것이다. 또한 의결권 분리에 대한 규제도입의 관점에서도 의결권 분리의 실태파악 및 이를 기초로 보다 효과적인 대응방안 모색이 가능해질 것이라고 한다[84].

제3목 최근의 공시제도 개선

이러한 공시제도 개선 논의의 영향으로, 2010년 7월 장외파생상품 및 관련시장 규제를 위한 The Wall Street Reform and Consumer Protection Act of 2010 (소위 Dodd-Frank Act)이 제정되면서[85], 특정 주식스왑계약을 체결한 경우에는 5% 보고 및 10% 보고와 관련하여 주식의 수익적 소유자로 볼 수 있도록 1934년 미국연방 증권거래법 Section 13이 개정되었다[86]. 이에 의하면 SEC가 재무부 및 기타 당국자와의 충

---

84) Henry T. C. Hu & Bernard Black, Empty Voting and Hidden (Morphable) Ownership: Taxanomy, Implications, and Reforms, 61 Bus. Law. 1011 (2006), 1055면

85) 위 법 제정 이전의미국의 파생상품 규제는 장내파생상품 규제와 장외파생상품 규제로 나뉘어 있었고, 장외파생상품에 대해서는 그 계약 체결 및 결제와 관련하여 거의 규제가 없었는데 위 법의 제정을 통하여 장내 및 장외 파생상품에 대한 체계적 규제 및 특히 장외파생상품 거래 및 결제의표준화가 이루어졌다. Chris Waddell, Kendrick Nguyen, Evan Epstein, etc., Identifying the Legal Contours of the Separation of Economic Rights and Voting Rights in Publicly Held Corporations, ROCK CENTER for CORPORATE GOVERNANCE WORKING PAPER SERIES - NO. 90, Stanford Law School(October 2010), 37면 이하

86) The Wall Street Reform and Consumer Protection Act of 2010, Pub. L. No.

분한 협의를 통하여 주식스왑계약을 통하여 주식을 직접 취득할 수 있는 가능성이 있고 위 Section 13의 공시제도의 목적 상 이를 주식의 수익적 소유로 간주할 필요성이 있다고 판단하는 일정 주식스왑의 경우에는 주식의 수익적 소유에 해당하는 것으로 정할 수 있다. 그러므로 이에 근거하여 SEC가 관련 규정을 제정하는 경우 일정한 주식스왑계약에 대해서는 주식의 수익적 소유로 보아 5% 보고 및 10% 보고가 요구된다.

111-203, 124 Stat. (http://www.gpo.gov/fdsys/pkg/PLAW-111publ203/pdf/PLAW-111publ203.pdf)
본 규정의 원문은 다음과 같다.
SEC. 766. REPORTING AND RECORDKEEPING.
(e) SECURITY-BASED SWAP BENEFICIAL OWNERSHIP. — Section 13 of the Securities Exchange Act of 1934 (15 U.S.C. 78m) is amended by adding at the end the following:
"(o) BENEFICIAL OWNERSHIP. — For purposes of this section and section 16, a person shall be deemed to acquire beneficial ownership of an equity security based on the purchase or sale of a security based swap, only to the extent that the Commission, by rule, determines after consultation with the prudential regulators and the Secretary of the Treasury, that the purchase or sale of the security-based swap, or class of security-based swap, provides incidents of ownership comparable to direct ownership of the equity security, and that it is necessary to achieve the purposes of this section that the purchase or sale of the security-based swaps, or class of security-based swap, be deemed the acquisition of beneficial ownership of the equity security."

제4절 우리나라의 지분공시제도 개선방안

제1항 우리나라의 지분공시제도 개선의 필요성

앞서 본 바와 같이 자본시장의 효율성 증대 및 기업지배구조의 개선이라는 지분공시제도의 본래의 기능을 활성화하고, 의결권 분리에 대한 효율적 규제를 위한 제도적 토대를 마련하기 위하여 주주의 주식에 대한 이해관계 전반을 파악할 수 있게 하는 적절한 공시제도의 마련이 필요하다. 위에서 본 각국의 지분공시제도 개선논의도 이러한 필요성을 감안한 것이다.

우리나라의 5% 보고제도 및 10% 보고제도는 그 보고의무의 발생 및 보고의 내용과 범위에 있어서 상당히 다양한 경우의 주식에 대한 실질적 소유형태 혹은 주식에 대한 이해관계 보유의 형태를 아우르고 있다. 주식가치에 연동하는 파생상품 등 연관자산을 통한 주식에 대한 이해관계에 대해서는 현재의 공시제도에서도 대부분 공시가 되고 있다. 그러나 당해 회사 주식의 가치와 관련이 있는 다른 회사 주식 등 관련 부수자산을 통한 주식에 대한 이해관계에 대해서는 아직 공시되지 않는 부분이 있다. 따라서 이 부분에 대한 개선이 필요하다.

제2항 우리나라에서의 지분 공시제도 개선에 관한 기존의 논의

주식에 대하여 의결권 없이 이해관계만을 보유하고 있는 경우 및 이해관계 없이 의결권만 보유하고 있는 경우에 대해서 현재의 공시제도가 이를 적절하게 규제하고 있지 못하므로 공시제도를 개선할 필요가

있다는 논의가 있다[87]. 의결권과 수익권의 분리현상은 헤지펀드의 투자
활동 확대와 그를 통한 파생상품 시장의 발달에 기인한다. 헤지펀드나
파생상품 시장에 대한 규제 여부는 별론으로 하더라도 적어도 투자자
에게 파생상품이나 헤지펀드의 투자활동 등으로 인한 의결권과 수익권
의 분리현상에 대한 정보를 제공하는 것은 투자판단의 자료제공이라는
측면에서 그 필요성이 인정될 수 있다는 것이다.

이러한 논의에서는 주식에 대하여 의결권을 보유하지 않고 다만 주
식의 가격변동, 배당 등으로 인한 경제적 이익 및 손실만을 부담하게
되는 경우에 대해서는 지분공시의무가 발생하는 것으로 보기 어렵다고
한다[88]. 현재의 주식대량보유상황보고제도는 의결권의 취득을 중심으
로 하고 있고, 그 대상이 되는 주식 등은 의결권에 중점을 둔 제한적인
개념이라는 점을 근거로 한다. 그리고 이러한 해석론을 전제로 관련 규
정의 개정을 통하여 의결권과 수익권의 분리현상이 공시되도록 하여야
한다는 입법론을 제시하고 있다. 이를 위한 방법은 크게 두 가지이다.
하나는 주식 등의 개념을 의결권 또는 배당을 받을 권리 등 제반 경제
적 권리로 확장하는 방법이고, 다른 하나는 보유의 개념에 의결권과 별
개로 수익권을 취득 또는 취득하기로 예정된 행위를 포함시키는 방법
이라고 한다. 특히 후자와 관련해서는 미국 1934년 연방증권거래법
Section 16에 의한 수익적 소유(beneficial ownership)의 개념이 참고가
될 수 있다고 한다.

---

87) 최민용, 주식 등의 대량보유의무의 재검토 : 의결권과 수익권의 분리 현상을 중심
    으로, 상사법연구 26권 2호(통권55호), 2007, 483면 이하.
88) 최민용, 주식 등의 대량보유의무의 재검토 : 의결권과 수익권의 분리 현상을 중심
    으로, 상사법연구 26권 2호(통권55호), 2007, 475면 및 485면.

제3항 우리나라의 지분공시제도 개선 방안

제1목 해석론적 관점

주식대량보유상황보고제도에서는 주식 등에 대한 보유개념을 확장하고 당해 주식에 관한 주요계약 및 주식취득자금의 원천 등을 공시하도록 하고 있다. 다만 의결권을 보유하지 않고 주식에 대하여 이해관계만을 가지는 경우에 있어서는 자기의 계산으로 주식을 보유하고 있는 경우라고 해석될 수 있어야 공시가 요구된다고 볼 수 있는데, 이에 대해서는 해석상의 논란이 있다. 의결권과 관계없이 주식에 대한 이해관계만을 가지는 경우는 포함된다고 볼 수 없다는 견해도 있다[89]. 그러나 자본시장과 금융투자업에 관한 법률 제147조의 자기의 계산으로 주식을 취득하는 경우를 의결권에 관한 권리가 있는 경우로 한정하여 해석하는 것은 의결권 여부를 요건으로 하지 않는 위 규정의 법문에 비추어 보더라도 타당하지 않다. 의결권에 관한 권리가 없더라도 주식 보유에 따른 손익이 자신에게 귀속되는 등 주식에 대한 이해관계를 가지고 그 주식취득을 위한 자금이 자신의 출연에 의한 것이라면, 자기의 계산으로 주식을 소유한다는 점이 인정되므로 지분공시가 필요하다고 해야 한다. 다만 단순히 현금결제형 주식스왑계약만을 체결하였고 관련하여 주식의 취득이 없는 경우에는 주식의 가격 변동에 따른 손익은 귀속되나, 주식의 취득 자체가 없으므로 주식 취득비용을 부담하였다고 보기도 어렵다. 그러므로 해석론상으로는 주식대량보유상황보고가 필요하다고 보기 어렵다.

또한 주식대량보유상황보고에 있어서 공시되는 주식과 관련한 주요

---

89) 최민용, 주식 등의 대량보유의무의 재검토 : 의결권과 수익권의 분리 현상을 중심으로, 상사법연구 26권 2호(통권55호), 2007, 475면 및 485면.

계약의 범위에 대해서는 관련 법규 상 명확한 규정이 없다.90) 이에 대
해서는 법문상 주요계약을 의결권과 관련한 계약 등으로 특별히 한정
하고 있지 않은 점, 의결권 분리에 대한 지분공시의 필요성 등을 고려
할 때, 주식의 대량보유자가 당해 주식에 대하여 가지는 이해관계에 영
향을 미치는 주요 계약 전반을 포함하는 것으로 해석하는 것이 합리적
이다. 당해 주식 등에 대한 신탁계약이나 담보계약 이외에도 주식스왑
계약이나 옵션 계약 등 주식에 대한 이해관계를 형성하는 소위 연관자
산에 해당하는 계약에 대해서는 공시가 필요하다.

제2목 입법론적 관점

단순히 현금결제형 주식스왑계약만을 체결한 경우에도 파생상품 딜
러가 주식에 대한 short position을 헤지하기 위하여 실제 주식을 취득한
경우 등에는 주식스왑계약 상대방의 의사대로 의결권을 행사할 가능성
이 있다. 그러므로 이러한 경우에 대해서는 주식 취득비용을 계약상대
방이 부담하지 않았다고 하더라도 입법을 통하여 지분공시를 강제하는
것이 필요할 수 있다. 그렇지 않은 경우에는 위와 같은 거래를 통해 지
분공시의무를 회피하려는 시도가 가능하기 때문이다. 이에 대해서는 제
2절 제1항 제2목 1. (2)에서 자세히 살펴보았다.

또한 주식의 가치와 관련이 있는 다른 회사 주식 등 관련부수자산의
보유에 의한 주식에 대한 경제적 이해관계에 대해서는 현행 지분 공시
제도를 통해서는 공시가 충분하다고 할 수 없다. 그러므로 미국의 공시
제도 개혁안에서 주장하고 있는 바와 같이 관련부수자산에 의한 이해
관계를 포함하여 주식의 이해관계에 영향을 미치는 거래관계와 의결권

---

90) 실무상으로는 담보계약, 신탁계약, 매도계약, 대차계약, 장외매매계약, 환매조건
부계약 등 주요계약을 말하는 것으로 이해되고 있다. 금융감독원, 기업공시실무
안내, 2009, 331면

보유의 원인이 되는 거래관계를 각각 구별하여 공시하는 것이 필요하다[91].

위와 같은 공시범위의 확대가 투자자에게 무리한 부담을 부과하는 것이라는 비판도 있을 수 있다. 그러나 우선 이는 지분공시제도의 기능 활성화와 의결권 분리에 대한 효율적 규제의 필요성 등을 고려할 때, 불필요하다고 보기 어렵다. 또한 일정 지분 이상의 주식을 가진 주주들에게만 공시를 강제한다는 점에서 비례의 원칙을 벗어난 과도한 제한이라고 보기도 어렵다. 관련부수자산을 통하여 주식에 대한 이해관계가 변화하게 되는 사례로는 합병이나 영업양수도 등에 있어서 상대회사의 주식을 보유하고 있는 경우가 많다. 이러한 경우에는 보통 그 상대회사와 관련하여 어차피 지분공시를 하여야 할 때가 많다. 그러므로 공시의무자의 입장에서 관련부수자산에 대한 내용까지 공시하는 것이 큰 부담이 되지 않을 것이다.

---

91) Henry T, C. Hu, Swaps, the Modern Process of Financial Innovation and the Vulnerability of a Regulatory Paradigm, 138 U. PA. L. REV 333, 1989, 335면. Edward D. Kleinbard, Equity Derivatives Products: Financial Innovation's Newest Challenge to the Tax System, 69 Tex.L. REV. 1319, 1991, 1331면.

제5절 결어

의결권 분리에 대해서는 의결권 제한 등 실체적인 규제를 함과 동시에 의결권 분리에 대한 효과적인 공시제도를 통해 투자자들에게 이에 대한 정확한 정보를 적시에 제공하는 것이 필요하다. 이를 위해서는 주식에 대한 의결권의 보유현황뿐만 아니라 주식에 대한 이해관계도 효과적으로 공시되어야 한다. 이를 통해 의결권 분리 여부를 판단할 수 있기 때문이다.

우리나라의 현행 지분공시제도는 주식에 대한 의결권은 효과적으로 공시하고 있으나, 주식에 대한 이해관계의 공시에는 부족한 점이 많다. 그러므로 이를 위하여 현행 지분공시제도의 개선이 요구된다. 미국이나 영국, 호주, 홍콩에서도 이러한 관점에서 지분공시제도의 개선을 위한 방안을 모색하고 있다.

의결권 분리에 대한 공시를 통해 자본시장의 효율성 증대 및 기업지배구조의 개선이라는 지분공시제도의 기능을 활성화할 수 있다. 또한 의결권 분리에 대한 공시 자체로써 적절한 규제효과를 창출함과 동시에 의결권 제한 등 의결권 분리에 대한 실체적 규제를 효율적으로 집행할 수 있다.

제 6 장

결 어

본서에서는 주식에 대한 이해관계와 의결권이 분리되는 사례들을 고찰하고, 이를 우리 회사법 및 증권법 이론에 기초하여 유형화해 보았다. 그리고 이를 바탕으로 의결권 분리현상의 문제점 및 이에 대한 규제방안에 대해서 생각해 보았다.

우선 논의의 전제로서 제2장에서는 의결권 분리현상의 분석을 위하여 의결권 보유 및 주식에 대한 이해관계의 개념을 설정하고 이를 통해 의결권 분리현상을 유형화하여 보았다. 의결권 보유에는 주주로서 의결권을 행사하는 경우와 의결권 구속계약이나 의결권 백지위임을 통하여 의결권 행사내용을 결정할 수 있는 법률적 권리가 있는 경우가 있다. 주식에 대한 이해관계는 주식 가치의 변동 혹은 배당수익 등을 통해 경제적 이득을 향유하거나 손실을 부담하게 되는 관계를 말한다. 그리고 의결권 보유와 주식에 대한 이해관계가 일치하지 않는 경우를 의결권 분리라고 한다. 이에 의하면 의결권 분리는 주식에 대한 이해관계에 비하여 의결권을 과다보유 혹은 과소보유하고 있는지 여부, 주식의 소유 여부, 그 원인이 법률행위인지 법률의 규정인지 여부에 따라 8가지 경우로 나눌 수 있다. 그리고 그 유형에 따라 우리나라 및 외국의 의결권 분리사례를 분석해 보았다.

이에 기초하여, 제3장에서는 의결권 분리의 문제점 및 규제의 필요성에 대해서 살펴보았다. 의결권 분리에 대해서는 그 사회적 효익 및 비용에 대해서 찬반양론이 분분하다. 의결권 분리의 장점으로는 보다 많은 정보를 가진 주주의 의사결정 가능성 혹은 인수·합병의 활성화 등이 주장된다. 그러나 위와 같은 사회적 효익은 그 자체로 궁극적인 목적이 될 수 없거나 경영권 방어수단 제한과 같은 다른 제도적 대안을 통해서도 달성할 수 있다. 그러므로 이를 이유로 반드시 의결권 분리를 허용하여야 한다고 보기는 어렵다. 반면에 의결권 분리는 회사 의사결정의 왜곡이라는 본질적 문제점이 있다. 주식에 대한 이해관계를 가지지 않기 때문에 회사의 이익을 위한 최선의 결정을 하기 위한 인센티브가 부족하다. 오히려 자신의 사적 이익을 위하여 의결권을 행사하고, 이를 통해 다른 주주에게까지 손해를 끼칠 위험이 있다. 이러한 문제점을 해결하기 위하여 의결권 분리의 경우 사전적인 의결권 제한 혹은 사후적 구제수단 도입의 필요성이 있다.

이러한 전제에서 제4장에서 의결권 분리의 문제점을 해결하기 위한 구체적인 규제방안에 대해서 살펴보았다. 이러한 방안으로는 의결권 과다보유의 경우 의결권 행사를 제한하거나 이와 대칭하여 의결권 과소보유의 경우 의결권을 인정하는 방법을 생각할 수 있다. 그러나 이러한 규제는 기본적으로 당사자의 재산권을 제약하는 측면이 있어서 필요최소한의 범위 내에서 이루어져야 한다. 그러므로 의결권 분리가 이론적으로 문제가 있다고 하여, 의결권 분리 전반에 대하여 규제를 한다는 것은 현실적이지 않다. 실제로 의결권 분리로 인한 의사결정 왜곡 등의 위험이 명백한 경우에 있어서, 그 문제점의 정도에 따라 필요한 규제를 하는 것이 바람직하다. 주식에 대하여 음의 이해관계를 가지는 경우에는 회사의 이익에 반하는 의사결정을 할 인센티브가 있음이 명확하므로 그 의결권 행사를 사전적으로 제한할 필요가 있다. 이에 비해서 양의 이해관계를 가지는 의결권 과다보유의 경우에는 이러한 위험이 명확하지 않으므로, 지배주주 혹은 주요주주에 한하여 회사의 이익에 반하는 의결권 행사를 한 경우 사후적으로 주주총회 결의 하자소송 등을 통한 구제를 인정하는 것이 바람직하다. 또한 의결권 과소보유의 경우에 의결권을 인정하는 것도 이론적으로는 생각할 수 있으나, 현실적으로 주식에 대하여 이해관계를 가져서 의결권을 인정할 자를 정하기가 쉽지 않고, 동일한 현금결제형 주식스왑계약이 실제 문제되는 주식수보다 많이 체결된 경우에는 누구에게 의결권을 인정할 지를 정할 수 없다는 점에서 바람직하지 않다. 이러한 직접적 규제 이외에 주주총회 의결권 행사를 위한 기준일과 주주총회일의 간격을 줄이고, 기준일 이후에 주식을 취득한 자가 이를 회사에 입증하는 경우 그 의결권을 인정하는 등 의결권 분리의 문제점을 해결하기 위한 간접적인 제도개선 방안을 생각해 볼 수 있다.

의결권 분리의 문제점 해결을 위한 실체적 규제방안 이외에도, 절차적으로 지분공시제도의 개선을 통하여 의결권 분리 여부에 대한 정보를 시장에 효율적으로 전달하는 것도 중요하다. 현재의 지분공시제도는 의결권 보유현황에 대해서는 정확하고 상세한 정보를 전달하고 있으나, 의결권을 보유한 자들이 주식에 대한 이해관계를 얼마나 가지고 있는지를 공시함에 있어서는 부족함이 있어서 이 부분을 보완하는 것이 필요하다. 이를 통해 자본시장의 효율성을 증대하고 기업지배구조를 보다 효과적으로 개선할 수 있다. 동시에 의결권 분리에 대한 실체적 규제의 효율적 시행을 위한 제도적 기반을 마련할 수 있다.

본 논문본서에서는 주로 회사법 및 증권법제와 관련하여 의결권 분리현상에 대하여 논하였다. 그러나 제2장 제2절에서 유형화한 바와 같이 독점규제 및 공정거래에 관한 법률, 금융지주회사법, 은행법 등 개별법령에 있어서도 법률의 규정에 의하여 의결권이 분리되는 경우가 많이 있다. 주식취득금지 혹은 주식취득 승인제도 등을 준수하지 않고 주식을 취득한 경우 이에 대한 제재로서 의결권 제한을 규정하는 경우가 많고, 이를 통해 의결권 과소보유 현상이 발생한다. 특히 대주주 변경승인을 얻지 못하였다는 이유로 의결권이 제한되는 경우에는 반사적으로 다른 소수주주들의 회사에 대한 의사결정권한이 확대되는 결과가 올 수도 있다. 그러므로 이러한 점에 대한 진지한 고민이 필요하다. 의결권 제한을 통한 제재가 과연 적정한 것인지 아니면 의결권 분리에 의한 부작용을 고려하여 다른 효과적인 제재방법을 찾아 볼 수 있는 것인지 여부 등에 대한 논의가 이루어져야 한다. 이러한 의결권 분리는 개별 법령의 취지 및 그 정책적 필요성에 따라서 달리 판단될 수 있으므로 본서에서는 자세하게 다루지 못하였다. 그러나 위 개별 규제법령에 의한

의결권 분리의 경우에도 그 타당성 여부가 논리적으로 검토될 필요가
있다.

또한 본서에서는 다루지 않았으나, 주식에 대한 이해관계와 의결권
의 분리에 대한 논의를 기반으로 이와 유사한 다른 문제들에 대한 논의
도 이루어지고 있다. 우선 도산상태의 회사의 경우에는 채권자가 회생
절차 개시 여부 등에 대한 의결권을 가지게 되는데, 채권자가 채권에
대한 이해관계를 가지지 않는다면 의결권 분리의 문제가 생긴다1). 또한
주식에 대한 의결권뿐만 아니라 대표소송제기권, 회계장부 등 자료열람
권, 주주제안권, 배당청구권 등 다른 종류의 주주권에 대해서도 주식에
대한 권리와 경제적 이해관계의 분리가 문제될 수 있다[544]. 위 문제들
에 대해서는 의결권 분리에 관하여 본서에서 논의한 쟁점 이외에도 도
산법 상 채권자의 의결권 혹은 의결권 이외의 다른 주주권의 본질적 특
성을 고려한 검토가 필요하다.

회사의 주식과 관련한 다양하고 복잡한 거래가 활성화되면서, 이제
는 더 이상 주식을 소유하는 경우와 그렇지 않은 경우의 이분법은 성립
할 수 없고, 양자의 사이에 다양한 형태의 스펙트럼이 존재하게 되었다.
의결권 분리현상 역시 이를 반영하는 것으로 볼 수 있다. 회사법이나

---

1) 이를 Empty Crediting이라고 한다. Henry T. C. Hu & Bernard S. Black, Debt,
Equity and Hybrid Decoupling: Governance and Systemic Risk Implications, 14
Eur. Fin. Mgmt. 663 (2008), 684면 이하 Eric B. Fisher & Andrew L. Buck,
Hedgs Funds and the Changing Face of Corporate Bankruptcy Practice, Am.
Bankr. Inst. J., 2007. 1., 24면 이하 Chris Waddell, Kendrick Nguyen, Evan
Epstein, etc., Identifying the Legal Contours of the Separation of Economic
Rights and Voting Rights in Publicly Held Corporations, ROCK CENTER for
CORPORATE GOVERNANCE WORKING PAPER SERIES - NO. 90, Stanford
Law School(October 2010), 24면 이하.
  Henry T. C. Hu & Jay L. Westbrook, Abolition of the Corporate Duty to Creditors,
107 Colum. L. Rev. 1321 (2007), 1329면.

증권법적인 관점에서 이러한 현상을 어떻게 다룰 것인지에 대한 진지한 고민이 필요한 시점이다. 아직 우리나라에서 의결권 분리 현상에 대한 논의나 연구가 많지는 않은 상황이나, 앞으로 활발한 연구가 이루어져야 할 필요가 있다.

참고문헌

1. 국내 문헌

(1) 단행본

강희갑, 회사법강의(책과 사람들, 2004)

곽윤직 대표편집, 민법주해(박영사, 2002)

권기범, 현대회사법론(제3판)(삼지원, 2010)

금융감독원, 기업공시실무안내(2010)

김건식, 회사법연구(II)(소화출판사, 2010)

김건식, 노혁준, 박준, 송옥렬, 안수현, 윤영신, 최문희 공저, 회사법(제2판)(박
    영사, 2010)

김건식, 정순섭, 자본시장법(제2판)(두성사, 2010)

김영세, 게임이론 제3판(박영사, 2007)

김형배, 김규완, 김명숙, 민법학 강의 제10판(신조사, 2011)

노희진, 김규림, 헤지펀드의 국내 허용방안(한국증권연구원, 2008)

박세일, 법경제학(박영사, 2006)

박정식, 박종원, 조재호 공저, 현대재무관리 제6판(다산출판사, 2004)

송옥렬, 상법강의(홍문사, 2011)

오용석, 미국 헤지펀드 규제 현황과 시사점(한국은행 조사연구실, 2007)

이기수, 회사법(박영사, 2009)

이준구, 미시경제학(제4판)(법문사, 2007)

이철송, 회사법강의(제19판)(박영사, 2011)

이필상, 재무관리(제4판)(박영사, 2004)

임홍근, 회사법(법문사, 2000)

정동윤, 손주찬, 대표편집, 주석상법(한국사법행정학회, 2003)

정동윤, 회사법(제6판)(박영사, 2001)

정동윤, 상법(상) 제5판(법문사, 2010)

정찬형, 상법강의(상) 제14판(박영사, 2011)

채동헌, 주식회사와 법(청림출판, 2004)

최기원, 신회사법론(제12대정판)(박영사, 2007)

최준선, 회사법(제2판)(삼영사, 2006)

한국증권거래소(기업인수목적회사 해설, 2009)

(2) 논문

권오성, 의결권구속계약에 관한 소고, 변호사 38집(2008)

김건식, 명의개서의 해태와 무상발행신주의 귀속. 판례월보 통권 223호(1989)

김건식, 무의결권우선주에 관한 연구, 회사법연구(II)(소화출판사, 2010)

김건식, 소수주주의 보호와 지배주주의 성실의무 : 독일법을 중심으로, 법학
    32권 3호(1991)

김교창, 이른바 실념주의 문제, 변호사(제10집)(서울제일변호사회, 1979)

김병연, 자산운용에 있어서 이해상충규제에 관한 재검토 : 이해관계인과의 거
    래 및 대규모기업집단규제와 관련하여, 증권법연구 9권 1호(2008)

김상규. 상호주 규제에 관한 연구, 법학논총 14집(1997)

김선웅, 주주권 행사 관련 제도의 문제점과 개선방향, 기업지배구조연구 28호
    (2008)

김수경, 공의결권(Empty voting) 규제에 관한 소고 : 의결권 매수(Vote-buying)
    에 대한 미국판례법의 적용가능성을 중심으로, 상사판례연구 24집 1
    권(2011)

김원규, 주주의 책임에 관한 소고, 상사판례연구 제20집 제3호(2007)

김재범, 주주의 충실의무에 관한 연구, 고려대학교 법학박사학위 논문(1993)

김재범, 주주의결권의 대리행사와 위임장권유자의 책임, 경영법률 제9집(1999)

김좌광, 유가증권대차거래의 과세상의 문제점, 조세연구 3집(2003)

김홍수, 특별한 이해관계가 있는 주주의 의결권행사, 연세법학연구 2집(통권2
    호) 고 이정한박사 추모논문집(1992)

김홍수, 회사합병에 관한 연구, 연세대학교대학원 법학박사학위논문(1989)

남기윤, 회사법과 기업법과의 관계, 광운대학교논문집 제19집(1990)

노혁준, 부실계열사 합병과 합병비율, 상사법연구 27권 4호(통권61호), 한국상
    사법학회(2009)

박상근, 인터넷과 주주총회, 서울대학교 법학 42권(2001)

박상근, 주주권의 포기와 의결권의 대리행사, 상사판례연구 제7권(2007)

박영석, 국내 의결권 거래에 관한 실증연구, CGS 제40권(2008)

박준, 홍선경, 김장호, 채무자회생 및 파산에 관한 법률 제120조의 해석 : 지급
　　　결제제도, 청산결제제도 및 적격금융거래에 대한 특칙의 적용범위,
　　　BFL 제22호(2007)

성희활, 국내 헤지펀드의 본격 도입에 따른 규제체계 정비방향에 대한 고찰,
　　　KRX Market 제63호(2010)

송옥렬, 기업 경영권 승계의 사회적 효율성, BFL 제19호(2006)

송인방, 지배주주의 행위기준 : 미국 판례법상 신인의무이론을 중심으로, 법학
　　　연구 21집(2006)

송치승, 주식대차의 구조이해와 우리나라 주식대차의 개선방안, 한국증권연구
　　　원(2003)

송호신, 지배주주의 권리와 책임, 한양법학 23집(2008)

안강현, Vote-Buying, 법조 584권(2005)

안동섭, 기업의 사회적 책임을 위한 입법론, 국제항공우주법 및 상사법의 제문
　　　제 : 현곡 김두환교수화갑기념논문(1994)

안수현, 상법개정안의 배당제도 및 실무상의 문제 : 기준일제도를 중심으로,
　　　BFL 제20호(2006)

양동석, 대주주와 소수주주간의 법률문제, 비교사법 5권2호(통권9호)(1998)

양만식, 위임장권유와 주주총회결의의 취소, 기업법연구 제23권 제3호(통권38
　　　호)(2009)

양승규, 명의차용에 의한 주식인수와 주주자격, 서울대학교 법학(통권 51
　　　호)(1982)

원용수, 정보화로 인한 회사법의 변화가능성에 대한 고찰 －미국법상의 논의
　　　를 중심으로－, 21세기 상사법의 전개(정동윤선생화갑기념논문집)(1999)

윤영신, 동양그룹의 합병형 LBO와 배임죄, BFL 제36호(2009)

윤호일, 위임장권유 및 의결권신탁제도, 상사법연구; 서돈각박사, 손성규박사
　　　고희기념(1990)

이상복, 적대적 M&A 공격방법의 개선과제 : 공개매수와 위임장권유를 중심으
　　　로, 기업법연구 20권 3호(2006)

이제원, 기관투자자의 의결권 행사에 관한 법적 검토, 상장협 41호(2000)

이지수, 미국법제도 아래에서의 지배주주(controlling shareholder)의 책임(1), 기
　　　업지배구조연구 21호(2006)

임재연, 주식대량보유상황 보고제도(5% RULE), 변호사 회원연구논문집 26집, (1998)

임재호, 명의개서전의 주식양수인의 지위, 사회과학논총(안동대학사회과학연구소)(1989)

정동윤, 주주의 의결권 행사에 관한 계약의 효력, 법조 23권(1974)

정순섭, 국제증권금융거래에 관한 법적 문제 : 리포 거래를 중심으로, 경영법률 14집 2호(2004)

정순섭, 미국의 펀드 의결권행사 공시제도, 기업지배구조 리뷰 통권36호(2008)

정승화, 유가증권 대차거래제도의 발전과제, 증권예탁 제49호(2004)

정진세, 주주명부제도 : 회사의 실질주주 인정 가능성, 비교사법 8권 2호(2001)

최문희, 기업집단에서의 회사기회유용, BFL 제19호(2006)

홍복기, 지배주주의 충실의무, 기업환경의 변화와 상사법 : 손주찬교수고희기념논문집(1993)

허항진, 국제적 증권담보거래에 대한 법적 소고, 상사법연구 28권 2호(통권63호)(2009)

최민용, 주식등의 대량보유의무의 재검토 : 의결권과 수익권의 분리 현상을 중심으로, 상사법연구 26권 2호(통권55호)(2007)

최한준. 실질주주의 법리에 관한 연구 -실질주주의 유형과 그 보호를 중심으로-, 고려대학교 박사학위논문(1995)

2. 일본 문헌

(1) 단행본

上柳克郎 등 편저, 新版註釋會社法(5), 有斐閣(1986)

鈴木竹雄, 新版會社法(全訂第二版)(1994)

(2) 논문

小出 篤, 株式會社における剩余金分配權限の所在について : 株主總會權限の機能的理解の觀点から, 1. 法學協會雜誌 122卷 2號(2005)

酒卷俊雄, 株主總會の意義と權限, 判例タイムズ臨時增刊 52卷 5號(1048)(2001)

川北英隆, 議決權行事のコスト : 株式インデツクス運用をめぐり, アメリカ法 2004-1(2004)

神田秀樹, 資本多數決と株主間の利害調整(1), 法學協會雜誌 제98권 제6호 (1981)

神田秀樹, 資本多數決と株主間の利害調整(4), 法學協會雜誌 제98권 제12호(1981)

神田秀樹, 資本多數決と株主間の利害調整(5), 法學協會雜誌 제99권 제2호 (1982)

安井威興, 特別利害關係株主の議決權行使と不當決議, 法學研究 제60권 제12호, 慶應義塾大學法學研究會

大森忠夫, 議決權, 株式會社法講座(第三卷)

龍田節, 株主の議決權の排除, 法學論叢 제64권 제3호

出口正義, 株主の議決權制限の法理, 上智法學論集 제19권 제1호(1975)

喜多了祐, 特別利害關係株主の議決權行使と總會の決議, 金融·商事判例 增刊號 No.651(會社法の研究 86 經濟法令研究會)(1982)

喜多了祐, 株主總會における特別利害關係の再構成, 商事法務 919(1990)

竹田省, 合併會社の株主として被合併會社, 商法の理論と解釋, 有斐閣(1973)

久保欣哉, 合併營業讓渡決議における株主の特別利害關係, 商法の爭點, (1978)

長浜洋一, 株主權の法理, 成文堂(1980)

龍田節, 株主の議決權の排除, 法學論叢 제64권 제3호(1975)

森淳二朗, 資本多數決制度の再構成, 商事法務第1190號(1989)

淸弘正子, 株主總會における資本多數決濫用と權利濫用理論 : フランス法との比較研究, 比較會社法研究 : 奧島孝康敎授還曆記念 . 第1卷(2001)

中村一彦, 改正會社法と企業の社會的責任, 金融·商事判例增刊號 No.651 (會社法の研究 86 經濟法令研究會)(1982)

浜田道代, 新會社法の下における基準日の運用問題(上), 商事法務제1772호(2007)

柳川範之, 株主總會と取締役會 : 權限配分規定について . 會社法の經濟學, 東京大學出版會(1998)

3. 서양 문헌

(1) 단행본

Jeffrey D. Bauman, Alan R. Palmiter, Frank Partnoy, Corporations Law and Policy-Materials and Problems 6th ed., Thomson West(2007)

John H. Choper, John C. Coffee Jr. Ronald J. Gilson, Cases and Materials On Corporations, 6th ed.(2004)

Robert C. Clark, Corporate Law, Little Brown(1986)

Frank H. Easterbrook & Daniel R. Fischel, The Economic Structure of Corporate Law, Harvard Univ. Press(1996).

Ronald J, Gilson, Bernard S. Black. The Law and Finance Of Corporate Acqusitions 2nd ed.(1995)

Alfred Hueck, Gesellschaftsrecht : ein Studienbuch, 19 Aufl Munchen : C.H. Beck(2009)

Reinier R. Kraakman ,et. al., The Anatomy of corporate Law, Oxford University Press(2004)

William A. Klein & John C. Coffee. Jr., Business Organization and Finance, Legal and Economic Principles(2007)

Louis Loss, Joel Seligman, Securities Regulation Aspen Law & Business Vol. 5(2003)

(2) 논문

Anat R. Admati, Paul Pfleiderer & Josef Zechner, Large Shareholder Activism, Risk Sharing, and Financial Market Equilibrium, 102 J. Pol. Econ. 1130 (1994)

Iman Anabtawi, Some Skepticism about Increasing Shareholder Power, 53 UCLA L. Rev. 561(2006)

Iman Anabtawi, Lynn A. Stout, Fiduciary Duties for Activist Shareholders, 60 Stan. L. Rev. 1255(2008)

Thomas J. Andre, Jr., A Preliminary Inquiry into the Utility of Vote Buying in the Market for Corporate Control, 63 S. Cal. L. Rev. 533, (1990)

M. Thomas Arnold, Shareholder Duties under State Law, 28 Tulsa L.J.

213(1992)

Stephen M. Bainbridge, The Case for Limited Shareholder Voting Rights, 53 UCLA L. Rev. 601(2006)

Stephen M. Bainbridge, Investor Activism: Reshaping the Playing Field? 5 (UCLA Sch. of Law, Law-Econ Research Paper No. 08-12, http://papers.ssrn.com/sol3/papers(2008)

Stephen M. Bainbridge, The Scope of the SEC's Authority over Voting Rights (UCLA School of Law Research Paper No. 0716), available at http://ssrn.com/abstract=985707

Stephen M. Bainbridge, Sunlight the Best Disinfectant for Hedge Fund Empty Voting(2007), http://www.professorbainbridge.com/professorbainbridge com/2007/01/sunlight-the-best-disinfectant-for-hedge-fund-empty-voting voting.html.

W. Scott Bauman, Robert E. Miller & E. Theodore Veut, Managing Portfolio Turnover: An Empirical Study, Quarterly Journal of Business and Economics, Vol. 44(2005)

Lucian Arye Bebchuk, The Case for Increasing Shareholder Power, 118 Harv. L. Rev. 833(2005)

Lucian A. Bebchuk, Limiting Contractual Freedom in Corporate Law: The Desirable Constraints on Charter Amendments, 102 Harv. L. Rev. 1820(1989), Available at SSRN: http://papers.ssrn.com/sol3/papers.cfm?abs tract_id=415320

Lucian A. Bebchuk, The Myth of the Shareholder Franchise, 93 Va. L. Rev. 675(2007)

Lucian A. Bebchuk, Toward Undistorted Choice and Equal Treatment in Corporate Takeovers, 98 Harv. L. Rev. 1695(1985)

Lucian Arye Bebchuk & Marcel Kahan, A Framework for Analyzing Le-gal Policy Towards Proxy Contests, 78 Cal. L. Rev. 1073(1990)

Lucian Arye Bebchuk, Reinier Kraakman & George Triantis, Stock Pyramids, Cross-Ownership and Dual Class Equity: The Mechanisms and Agency Costs of Separating Control From Cash-Flow Rights, Concentrated Corporate Ownership (R. Morck, ed.)(2000)

A. A. Berle, Jr., For Whom Corporate Managers Are Trustees: A Note, 45 Harv.

L. Rev. 1365(1932)

A. A. Berle, Jr., Non-Voting Stock and "Bankers' Control", 39 Harv. L. Rev. 673(1926)

Daniel Bertaccini, To Disclose or Not to Disclose? CSX Corp., Total Return Swaps, and Their Implications for Schedule 13d Filing Purposes, 31 Card. L. Rev. 267(2009)

Jennifer E. Bethel, Gang Hu & Qinghai Wang, The Market for Shareholder Voting Rights around Mergers and Acquisitions: Evidence from Institutional Daily Trading and Voting, 15 J. Corp. Fin. 129(2009), SSRN.com, http://papers.ssrn.com/sol3/papers.cfm?abstract_id=1276466.

Sandra Betton & B. Espen Eckbo, Toeholds, Bid Jumps, and Expected Payoffs in Takeovers, Review of Financial Studies Vol. 13(2000)

Bernard Black, The Core Institutions That Support Strong Securities Markets, 55 Bus. Law. 1565(2000)

Bernard S. Black, Is Corporate Law Trivial? A Political and Economic Analysis, 84 Nw. U. L. Rev. 527(1990)

Bernard Black, Shareholder Passivity Reexamined, 89 Mich. L. Rev. 520(1990)

Bernard Black & Reinier Kraakman, Delaware's Takeover Law: The Uncertain Search for Hidden Value, 96 Nw. U. L. Rev. 521(2002)

Bernard Black & Reinier Kraakman, A Self-Enforcing Model of Corporate Law, 109 Harv. L. Rev. 1911(1996)

Douglas H. Blair et al., Unbundling the Voting Rights and Profit Claims of Common Shares, 97 J. Pol. Econ. 420(1989)

Margret M. Blair, Lynn A. Stout, A Team Production Theory of Corporate Law, 85 Va. L. Rev. 247(1999)

Alon Brav, Wei Jiang, Randall S. Thomas & Frank Partnoy, Hedge Fund Activism, Corporate Governance, and Firm Performance, 63 J. Fin. 1729(2006)

Alon Brav & Richmond D. Mathews, Empty Voting and the Efficiency of Corporate Governance. Journal of Financial Economics (forthcoming) (2010), Available at SSRN: http://ssrn.com/abstract=1108632.

Geoffrey Brennan, Loren Lomasky, Democracy and Decision, The Pure Theory of Electoral Preference, Cambridge University Press(1993)

Arturo Bris, Toeholds, Takeover Premium and Probability of Being Acquired, 8 J. Corp. Fin. 227(2002)

Mike C. Burkart & Samuel Lee, One Share -One Vote: the Theory, 12 Rev. Finance 1(2008)

Mike Burkart, Denis Gromb & Fausto Panunzi, Large Shareholders, Monitoring, and the Value of the Firm, 112 Quart. J. Econ. 693(1997)

Kalok Chan, Yue-Cheong Chan & Wai-Ming Fong, Free Float And Market Liquidity: A Study Of Hong Kong Government Intervention, 27 J. Finan. Res. 179(2004)

Changes in the Model Business Corporation Act? Proposed Amendments to Shareholder Voting Provisions Authorizing Remote Participation in Shareholder Meetings and Bifurcated Record Dates, 65 Bus. Law. 153,(2009)

Robert Charles Clark, Vote Buying and Corporate Law, 29 Case W. Res. L. Rev. 776(1979)

Susan E.K. Christoffersen, Chistopher C. Geczy, David K. Musto, and Adam V. Reed, Vote Trading and Information Aggregation, 62 J. Fin. 2897(2007)

Ronald H. Coase, The Problem of Social Cost, 3 J.L. & Econ. 1(1960)

John C. Coffee, Jr., By-Law Battlefield: Can Institutions Change the Outcome of Corporate Control Contests?, 51 U. Miami L. Rev. 605(1997)

Jonathan Cohen, Negative Voting: Why It Destroys Shareholder Value and A Proposal to Prevent It, 45 Harv. J. on Legis. 237(2008).

Douglas R. Cole, E-Proxies for Sale?Corporate Vote-Buying in the Internet Age, 76 Wash. L. Rev. 793(2001)

James D. Cox & Randell S, Thomas, Letting Billions Slip Through Your Fingers: Empirical Evidence and Legal Implications of the Failure of Financial Institutions to Participate in Securities Class Action Settlements, 58 Stan. L. Rev. 411(2005)

Martijn Cremers & Roberta Romano, Institutional Investors and Proxy Voting: The Impact of the 2003 Mutual Fund Voting Disclosure Regulation, Yale Law & Economics Research Paper No. 349(2007), Available at SSRN: http://papers.ssrn.com/sol3/papers.cfm?abstract_id=982493

Kevin C. Cunningham, Examination of Judicial Policy on Corporate Vote Buying in the Context of Modern Financial Instruments, 64 N.Y.U. Ann. Surv. Am. L. 293, (2008)

Robert Daines & Michael Klausner, Do IPO Charters Maximize Firm Value? Antitakeover Protection In IPOs, 17 J.L., Econ. & Organ. 83(2001)

Ernesto Dal Bo, Bribing Voters, 51 Am. J. Pol. Sci. 789(2007)

Reza Dibadj, Networks of Fairness Review in Corporate Law, San Diego Law Review, Vol. 45(2008)

E. M. Dodd, Jr., For Whom Are Corporate Managers Trustees?, 45 Harv. L. Rev. 1145 (1932)

Onnig H. Dombalagian, Can Borrowing Shares Vindicate Shareholder Primacy?, 42 U.C. Davis L. Rev. 1231(2009)

Darrell Duffie, N. Garleanu & L. H. Pedersen, Securities Lending, Shorting, and Pricing, 66 J. Fin. Econ. 307(2002).

Frank H. Easterbrook & Daniel R. Fischel, The Corporate Contract, 89 Colum. L. Rev. 1416(1989)

Frank H. Easterbrook & Daniel R. Fischel, Voting in Corporate Law, 26 J.L. & Econ. 395(1983)

Allen Ferrell, The Case for Mandatory Disclosure in Securities Regulation around the World, 2 Brook. J. Corp., Fin. & Com. L. 81(2007)

Eric B. Fisher & Andrew L. Buck, Hedgs Funds and the Changing Face of Corporate Bankruptcy Practice, Am. Bankr. Inst. J.(2007).

Merritt B. Fox, Artyom Durnev, Randall Morck & Bernard Y. Yeung, Law, Share Price Accuracy and Economic Performance: The New Evidence, 102 Mich. L. Rev. 331(2003)

Tamar Frankel, The New Financial Assets: Separating Ownership from Control, 33 Seattle L. Rev. 931(2010)

Bruno S. Frey, Reto Jegen, Motivation Crowding Theory: A Survey of Empirical Evidence, CESifo Working Paper Series No. 245(2000), Available at SSRN: http://papers.ssrn.com/sol3/papers.cfm?abstract_id=203330

Christa K.M. de la Garza, Conflict of Interest Transactions: Fiduciary Duties of Corporate Directors Who Are Also Controlling Shareholders, 57 Denv. L.J. 609(1980).

Ronald J. Gilson, Controlling Shareholders and Corporate Governance:

Complicating the Comparative Taxonomy, 119 Harv. L. Rev. 1641(2006)

Ronald J. Gilson & Jeffrey N. Gordon, Controlling Controlling Shareholders, 152 U. Pa. L. Rev. 785(2003)

Paul A. Gompers, Joy L. Ishii & Andrew Metrick, Extreme Governance: An Analysis of Dual-Class Companies in the United States 3 (Rodney L. White Ctr. for Fin. Research, Paper No.12-04(available at http://ssrn.com/abstract=562511)(2008)

Jeffrey N. Gordon, Shareholder Initiatives: A Social Choice and Game Theoretic Approach to Corporate Law, 60 U. Cin. L. Rev. 347(1991)

Zohar Goshen, Controlling Strategic Voting: Property Rule or Liability Rule, 70 S. Cal. L. Rev. 741(1997)

Zohar Goshen, Voting (Insincerely) in Corporate Law, 2 Theorectical Inquiries L. 825(2001)

Zohar Goshen & Gideon Parchomovsky, The Essential Role of Securities Regulation, 55 Duke L.J. 711(2006), Available at SSRN: http://papers.ssrn.com/sol3/papers.cfm?abstract_id=600709

Sanford J. Grossman & Oliver D. Hart, One Share?One Vote and the Market for Corporate Control, 20 J. Fin. Econ. 175(1988)

Sanford J. Grossman & Oliver D. Hart, Takeover Bids, the Free Rider Problem and the Theory of the Corporation, Bell Journal of Economics 42(1980)

Lawrence A. Hammermesh, Corporate Democracy and Stockholder-Adopted By-Laws: Taking Back the Street?, 73 Tul. L. Rev. 409(1998)

Milton Harris & Artur Raviv, Corporate Governance, Voting Rights and Majority Rules, 20 J. Fin. Econ. 203(1988)

Richard L. Hasen, Vote Buying, 88 Cal. L. Rev. 1323(2000)

Hong Kong Government Intervention, 27 J. Finan. Res. 179(2004)

Henry T, C. Hu, Behind the Corporate Hedge: Information and the Limits of Shareholder Wealth Maximization, J. Applied Corp. Fin., Fall 1996

Henry T. C. Hu, Misunderstood Derivatives: The Causes of Informational Failure and the Promise of Regulatory Incrementalism, 102 Yale L.J. 1457 (1993)

Henry T, C. Hu, Swaps, the Modern Process of Financial Innovation and the Vulnerability of a Regulatory Paradigm, 138 U. Pa. L. Rev. 333 (1989)

Henry T. C. Hu & Bernard S. Black, Debt, Equity and Hybrid Decoupling: Governance and Systemic Risk Implications, 14 Eur. Fin. Mgmt. 663 (2008)

Henry T.C. Hu & Bernard S. Black, Debt and Hybrid Decoupling: An Overview, M&A Lawyer, Vol. 1(2008)

Henry T. C. Hu & Bernard Black, Empty Voting and Hidden (Morphable) Ownership: Taxanomy, Implications, and Reforms, 61 Bus. Law. 1011 (2006)

Henry T. C. Hu & Bernard S. Black, Equity and Debt Decoupling and Empty Voting II: Importance and Extensions, 156 U. Pa. L. Rev. 625(2008)

Henry T. C. Hu & Bernard Black, Hedge Funds, Insiders, and the Decoupling of Economic and Voting Ownership: Empty Voting and Hidden (Morphable) Ownership, 13 J. Corp. Fin. 343(2007).

Henry T, C. Hu & Bernard S. Black, Hedge Funds, Insiders and Empty Voting: Decoupling of Economic and Voting Ownership in Public Companies(working paper 2006); available at www.ssrn.com

Henry T. C. Hu & Bernard Black, The New Vote Buying: Empty Voting and Hidden (Morphable) Ownership, 79 S. Cal. L. Rev. 811(2006)

Henry T. C. Hu & Jay L. Westbrook, Abolition of the Corporate Duty to Creditors, 107 Colum. L. Rev. 1321(2007)

P. Ireland, Shareholder Primacy and the Distribution of Wealth, 68 Mod. L. Rev. 49(2005)

Michael P. Jamroz, The Customer Protection Rule, 57 Bus. Law. 1069(2002)

Micheal C. Jensen and William H. Meckling, Theory of The Firm: Managerial Behavior, Agency Costs and Ownership Structure, 3 J. Fin. Econ. 305 (1976)

Marcel Kahan & Edward B. Rock, The Hanging Chads of Corporate Voting, 96 Geo. L. J. 1227(2008)

Marcel Kahan & Edward B. Rock, Hedge Funds in Corporate Governance and Control, 155 U. Pa. L. Rev. 1021(2007)

Marcel Kahan & Edward B. Rock, On Improving Shareholder Voting, Rationality in Company Law: Essays In Honour of DD Prentice(2009)

Ehud Kamar, Does Shareholder Voting on Acquisitions Matter? Am. L. & Econ.

Ass'n Ann. Meetings Working Paper 64(2006), available at http://law.bepress.com/alea/16th/art64

Roberta S. Karmel, Voting Power Without Responsibility or Risk?How Should Proxy Reform Address the Decoupling of Economic and Voting Rights?, 55 Vill. L. Rev. 93(2010)

Jonathan J. Katz, Barbarians At The Ballot Box: The Use Of Hedging To Acquire Low Cost Corporate Influence And Its Effect On Shareholder Apathy, 28 Cardozo L. Rev. 1483(2006)

Edward D. Kleinbard, Equity Derivatives Products: Financial Innovation's Newest Challenge to the Tax System, 69 Tex. L. Rev. 1319(1991)

Bruce H. Kobayayshi & Larry E. Ribstein, Outsider Trading as an Incentive Device, 40 U.C. Davis L. Rev. 21(2006)

Norman D Lattin, Equitable Limitation on Statutory or Charter Powers given to Majority Stockholders, 30 Mich. L. Rev. 1165(1940)

Michael Lee, Empty voting: Private Solutions to a Private Problem, 2007 Colum. Bus. L. Rev. 885(2007)

Saul Levmore, Voting with Intensity, 53 Stan. L. Rev. 111(2000)

Chin-Chong Liew, Disclosure Requirements for Purely Cash-Settled Derivatives, Hong Kong Lawyer(2000)

Martin Lipton & Paul K. Rowe, Pills, Polls and Professors: A Reply to Professor Gilson, 27 Del. J. Corp. L. 1, 28(2002)

Claudio Loderer & Lukas Roth, The Pricing Discount for Limited Liquidity: Evidence from SWX Swiss Exchange and the Nasdaq, 12 J. Empirical Finance 239(2005)

Charles J. Lynch, A Concern for the Interest of Minority Shareholders under Modern Corporation Laws, 3 J. Corp. Law 19(1977)

Paul G. Mahoney, Mandatory Disclosure as a Solution to Agency Problems, 62 U. Chi. L. Rev. 1047(1995)

Henry G. Manne, Some Theoretical Aspects of Share Voting: An Essay in Honor of Adolf A. Berle, 64 Colum. L. Rev. 1427(1964)

David Marcus, Hedge Fund Voting; The Devil We Don't Know, Corporate Control Alert(2006)

Shaun Martin & Frank Partnoy, Encumbered Shares, 2005 U. Ill. L. Rev.

775(2005)

Sara B. Moeller, Frederick B. Schlingemann & Rene Stulz, Wealth Destruction on a Massive Scale? A Study of Acquiring Firm Returns in the Recent Merger Wave, 60 J. Fin. 257(2005)

Anish Monga, Using Derivatives to Manipulate the Market for Corporate Control, 12 Stan. J. L. Bus. & FIN. 186(2006)

Charles M. Nathan, Empty Voting and Other Fault Lines Undermining Shareholder Democracy: The New Hunting Ground for Hedge Funds, Corp. Governance Advisor(2007)

Zvika Neeman, The Freedom to Contract and the Free-Rider Problem, 15 J.L. Econ. Org'n 685(1999)

Zvika Neeman & Gerhard O Orosel, On the Efficiency of Vote Buying when Voters have Common Interests, 26 International Review of Law and Economics 536(2006)

Troy A. Paredes, On the Decision to Regulate Hedge Funds: The SEC's Regulatory Philosophy, Style, & Mission, 2006 U. Ill. L. Rev. 975 (2006)

Frank S. Partnoy, Some Policy Implications of Single-Stock Futures, Futures & Derivatives Law Report(2001)

Frank S. Partnoy & Randall S. Thomas, Gap Filling, Hedge Funds, and Financial Innovation, 38 Vanderbilt Univ. L. & Econ. Research Paper, No. 06-21 (2006), available at http://ssrn.com/abstract=931254

Joe Pavelich, Note, The Shareholder Judgment Rule: Delaware's Permissive Response to Corporate Vote-Buying, 31 J. Corp. L. 247(2005)

Geert T.M.J. Raaijmakers, Securities Lending and Corporate Governance, Tussen Themis En Mercuris 241(2005), available at http://ssrn.com/asbstract=928312

Roberta Romano, Less Is More: Making Shareholder Activism A Valued Mechanism Of Corporate Governance, Yale Law & Economics Research Paper No. 241(2000), Available at SSRN: http://papers.ssrn.com/sol3/p apers.cfm?abstract_id=218650

Ariel Rubinstein, Perfect Equilibrium in a Bargaining Model, 50 Econometrica 97(1982)

Michael C. Schouten, The Case for Mandatory Ownership Disclosure, 15 Stan.

J.L. Bus. & Fin. 127(2009)

Michael C. Schouten, The Mechanisms of Voting Efficiency, Centre for Business Research, University of Cambridge, Working Paper No. 411 (Harvard/Stanford International Junior Faculty Forum 2010)

Michael C. Schouten & Mathias M. Siems, The Evolution of Ownership Disclosure Rules Across Countries(2009). Available at SSRN: http://ssrn.com/paper=1434144

Michael D. Schmitz, Shareholder Vote Buying?A Rebuttable Presumption of Illegality, 1968 Wis. L. Rev. 927(1968)

Ilya Segal, Contracting with Externalities, 114 Q. J. Econ. 337(1999)

Joel Seligman, Equal Protection in Shareholder Voting Rights: The One Common Share, One Vote Controversy, 54 Geo. Wash. L. Rev. 687(1986)

David Skeel, Behind the Hedge-In the Untamed World of Hedge Funds, Rigged Deals and Manipulated Markets Help the Wealthy Thrive While Ordinary Investors Wither, Legal Affairs(2005)

Earl Sneed, The Stockholder May Vote as He Pleases: Theory and Fact, 22 U. Pitt. L. Rev. 23(1960)

Holger Spamann, Derivatives and Corporate Governance ? Empty Voting and the Market, Working Paper supported by Program on Corporate Governance at Harvard Law School (Draft at October 20, 2010)

Lynn A. Stout, Lecture and Commentary on the Social Responsibility of Corporate Entities: Bad and Not-So-Bad Arguments for Shareholder Primacy, 75 S. Cal. L. Rev. 1189(2002)

Brian T. Sullivan, CSX Corp. v. Children's Investment Fund Management and the Need for SEC Expansion of Beneficial Ownership, 87 N.C.L. Rev. 1300(2009)

Robert Thompson, The Limits of Hedge Fund Activism 16 (Berkeley L. and Econ. Workshop Working Paper No. 7, 2006), available at http://repositories.cdlib.org/berkeley_law_econ/Fall2006/7/

Robert B.Thompson & Paul H. Edelman, Corporate Voting, 62 Vand. L. Rev. 129(2009)

Steen Thomsen, Torben Pedersen & Hans Kurt Kvist, Blockholder Ownership: Effects on Firm Value in Market and Control Based Governance

Systems, 12 J. Corp. Finan. 246(2006)

Chris Waddell, Kendrick Nguyen, Evan Epstein, etc., Identifying the Legal Contours of the Separation of Economic Rights and Voting Rights in Publicly Held Corporations, Rock Center for Corporate Governance Working Paper Series - NO. 90, Stanford Law School(2010)

David Yermack, Shareholder Voting and Corporate Governance, Annual Review of Financial Economics Vol. 2(2010)

Andrea Zanoni, Hedge Funds' Empty Voting in Mergers and Acquisitions: A Fiduciary Duties Perspective, Global Jurist, Vol. 9, No. 4(2009), available at SSRN: http://papers.ssrn.com/sol3/papers.cfm?abstract_id=12 85589

Dirk A. Zetzsche, Against Mandatory Disclosure of Economic-only Positions referenced to Shares of European Issuers ?Twenty Arguments against the CESR Proposal, Heinrich-Heine-University Duesseldorf Center for Business and Corporate Law Research Paper Series (CBC-RPS) (2010), available at http://ssrn.com/abstract= 1559787

Dirk A. Zetzsche, Challenging Wolf Packs: Thoughts on Efficient Enforcement of Shareholder Transparency Rules(2009), Available at SSRN : http://ssrn.com/paper=1428899

Dirk A. Zetzsche, Continental AG vs. Schaeffler, Hidden Ownership and European Law ? Matter of Law or Enforcement?, European Business Organization Law Review, Vol. 10(2009)

Michael Zurkinden, Corporate Vote Buying: The New Separation of Ownership and Control (2009), Available at SSRN: http://ssrn.com/abstract=1338624

(3) 기타

Committee of European Securities Regulators, CESR/09-1215b, Consultation Paper-CESR proposal to extend major shareholding notifications to instruments of similar economic effect to holding shares and entitlements to acquire shares(2010)

Committee of European Securities Regulators, Public Statement of the Market Participants Consultative Panel CESR/10/567(2010)

FSA, Disclosure of Contracts for Difference; http://www.fsa.gov.uk/pubs/cp/cp07
_20.pdf;

Hongkong Securities and Futures Commissions; Consultation Paper of the
Review of the Disclosure of the Interest Regime under Part XV of the
Securities and Futures Ordinance http://www.sfc.hk/sfc/notes/consult/EN
/apps/som/direviewconsult.nsf/content/Download/1/$FILE/Part%20XV%20
Consultation%20Paper%20200105%20-%20English.pdf;

Issues Pater on Improving Austrailia's Framework for Disclosure of Equity
Derivative Products,http://www.lawcouncil.asn.au/shadomx/apps/fms/fms
download.cfm?file_uuid=E90C7EC3-1E4F-17FA-D26A-0F76E4F2E08A
&siteName=lca)

Securities and Exchange Commission, Concept Release on the U.S. Proxy
System, 75 Fed. Reg. 42,982, 43,017-20, (2010)

The Companies (Shareholders' Rights) Regulations (2009) No. 1632 (Regulation
20, section 360B), available at http://www.opsi.gov.uk/si/si2009/uksi_20
091632_en_3#pt3-11g9.

찾아보기

김지평

제43회 사법시험 합격 (2001)
서울대학교 법과대학 (법학사, 2002)
대법원 사법연수원 (33기, 2004)
미국회계사 시험 합격 (2007)
서울대학교 법과대학원 (법학석사, 상법전공, 2006)
서울대학교 법과대학원 (법학박사, 상법전공, 2011)
육군법무관 (2004-2007)
김·장 법률사무소 (2007-현재)

*본저의 내용은 저자가 속한 사무실 내지 여하한 단체의 공식적인 의견과 관련이 없습니다.

주요논저

주주총회와 이사회의 권한배분에 대한 법적 연구 (석사학위논문, 2006.1.)
주식의 실질소유에 대한 소고 (인권과 정의, 2008.4.)
이사회의 승인이 없는 경우 신주발행계약의 효력과 회사의 책임 (인권과 정의, 2009.2.)
주권발행권 주식양도와 상호주보유규제 (인권과 정의, 2009.12.)
인터넷에서의 저작권 보호를 위한 기술적 조치에 관한 법적 검토, Law & Technology 제5권 제5호 (서울대학교 기술과법센터, 2009)
SaaS 방식의 소프트웨어 이용과 관련한 저작권법적 쟁점, Law & Technology 제6권 제3호 (서울대학교 기술과법센터 , 2010)
주식에 대한 이해관계와 의결권의 분리에 대한 소고, BFL 제44호 (서울대학교 금융법센터, 2010)
주식에 대한 경제적 이익과 의결권의 분리에 관한 연구 (서울대학교 법학박사학위논문, 2011)
사모투자전문회사의 사원간 권한분배 및 지배관계에 대한 소고, 저스티스 통권 제130호 (한국법학원, 2012. 6.)

주식에 대한 경제적 이익과 의결권

초판 인쇄 ‖ 2012년 6월 25일
초판 발행 ‖ 2012년 7월 2일

지은이 ‖ 김지평
펴낸이 ‖ 한정희
펴낸곳 ‖ 경인문화사
주소 ‖ 서울시 마포구 마포동 324-3
전화 ‖ 718-4831
팩스 ‖ 703-9711
출판등록 ‖ 1973년 11월 8일 제10-18호
홈페이지 ‖ www.kyunginp.co.kr / 한국학서적.kr
이메일 ‖ kyunginp@chol.com

ⓒ경인문화사, 2012
ISBN 978-89-499-0861-8 94360
값 31,000원

*잘못 만들어진 책은 구입하신 서점에서 교환해 드립니다.